新编21世纪远程教育精品教材

• 经济与管理系列 •

财政学

（第二版）

安秀梅　编著

中国人民大学出版社
·北京·

新编 21 世纪远程教育精品教材
编委会

作者简介

安秀梅，经济学博士，中央财经大学财政与公共管理学院教授，兼任中国财政学会理事、全国高校财政学教学研究会理事、北京市海淀区人大党委法律顾问、海淀区人大财经委委员。主要研究领域：财税理论与政策、政府治理、公共财政管理。专著有《公共治理与中国政府预算管理改革》《政府公共支出管理》等。在《财贸经济》《财政研究》《中国行政管理》等刊物上发表文章 40 余篇。

内容简介

本书内容既注重财政基本理论知识和基本技能的阐述，又密切结合我国经济发展的新形势，对近年来财政改革与发展中的重大理论和实践问题进行了较为深刻的阐述，在保持财政学体系的科学性、系统性和完整性的同时，突出前瞻性、创新性和实践性。通过本书的学习，学生可以对现代财政学的基本理论和基本知识有较全面的理解和认识，可以拓展理论视野，可以培养运用所学知识进行宏观经济分析的能力和解决实际问题的能力。

总　序

我们正处在教育史尤其是高等教育史上的一个重大的转型期。在全球范围内，包括在我们中华大地，以校园课堂面授为特征的工业化社会的近代学校教育体制，正在向基于校园课堂面授的学校教育与基于信息通信技术的远程教育相互补充、相互整合的现代终身教育体制发展。一次性学校教育的理念已经被持续性终身学习的理念所替代。在高等教育领域，从 1088 年欧洲创立博洛尼亚（Bologna）大学以来，21 世纪以前的各国高等教育基本是沿着精英教育的路线发展的，这也包括自 19 世纪末创办京师大学堂以来我国高等教育短短百多年的发展史。然而，自 20 世纪下半叶起，尤其在迈进 21 世纪时，以多媒体计算机和互联网为主要标志的电子信息通信技术正在引发教育界的一场深刻的革命。高等教育正在从精英教育走向大众化、普及化教育，学校教育体系正在向终身教育体系和学习型社会转变。在我国，党的十六大明确了全面建设小康社会的目标之一就是构建学习型社会，即要构建由国民教育体系和终身教育体系共同组成的有中国特色的现代教育体系。

教育史上的这次革命性转型决不仅仅是科学技术进步推动的。诚然，以电子信息通信技术为主要代表的现代科学技术的进步，为实现从校园课堂面授向开放远程学习、从近代学校教育体制向现代终身教育体制和学习型社会的转型提供了物质技术基础。但是，教育形态演变的深层次原因在于人类社会经济发展和社会生活变革的需求。恰在这次世纪之交，人类社会开始进入基于知识经济的信息社会。知识创新与传播及应用、人力资源开发与人才培养已经成为各国提高经济实力、综合国力和国际竞争力的关键和基础。而这些是仅仅依靠传统学校校园面授教育体制所无法满足的。此外，国际社会面临的能源、环境与生态危机，气候异常，数字鸿沟与文明冲突，对物种多样性与文化多样性的威胁等多重全球挑战，也只有依靠世界各国进一步深化教育改革与创新、人与自然的和谐发展才能得到解决。正因为如此，我国党和政府提出了“科教兴国”“可持续发展”“西部大开发”“缩小数字鸿沟”以及“人与自然和谐发展”的“科学发展观”等基本国策。其中，对教育作为经济建设的重要战略地位和基础性、全局性、前瞻性产业的确认，对高等教育对于知识创新与传播及应用、人力资源开发与人才培养的重大意义的关注，以及对发展现代教育技术、现代远程教育和教育信息化并进而推动国民教育体系现代化、构建终身教育体系和学习型社会的决策更得到了教育界和全社会的共识。

在上述教育转型与变革时期，中国人民大学一直走在我国大学的前列。中国人民大学是一所以人文、社会科学和经济管理为主，兼有信息科学、环境科学等的综合性、研究型大学。长期以来，中国人民大学充分利用自身的教育资源优势，在办好全日制高等教育的同时，一直积极开展远程教育和继续教育。中国人民大学在我国首创函授高等教育。1952年，校长吴玉章和成仿吾创办函授教育的报告得到了刘少奇的批复，并于1953年率先招生授课，为新建的共和国培养了一大批急需的专门人才。在20世纪90年代末，中国人民大学成立了网络教育学院，成为我国首批现代远程教育试点高校之一。经过短短几年的探索和发展，中国人民大学网络教育学院创建的“网上人大”品牌，被远程教育界、媒体和社会誉为网络远程教育的“人大模式”，即“面向在职成人，利用网络学习资源和虚拟学习社区，支持分布式学习和协作学习的现代远程教育模式”。成立于1955年的中国人民大学出版社是新中国建立后最早成立的大学出版社之一，是教育部指定的全国高等学校文科教材出版中心。在过去的几年中，中国人民大学出版社与中国人民大学网络教育学院合作创作、设计、出版了国内第一套极富特色的“新编21世纪远程教育精品教材”。这些凝聚了中国人民大学、北京大学、北京师范大学等北京知名高校学者教授、教育技术专家、软件工程师、教学设计师和编辑们广博才智的精品课程系列教材，以印刷版、光盘版和网络版立体化教材的范式探索构建全新的远程学习优质教育资源，实现先进的教育教学理念与现代信息通信技术的有效结合。这些教材已经被国内其他高校和众多网络教育学院所选用。中国人民大学出版社基于“出教材学术精品，育人文社科英才”理念的努力探索及其初步成果已经得到了我国远程教育界的广泛认同，是值得肯定的。

2005年4月，我被邀请出席《中国远程教育》杂志与中国人民大学出版社联合主办的“远程教育教材的共建共享与一体化设计开发”研讨会并做主旨发言，会后受中国人民大学出版社的委托为“新编21世纪远程教育精品教材”撰写“总序”，这是我的荣幸。近几年来，我一直关注包括中国人民大学网络教育学院在内的我国高校现代远程教育试点工程。这次更有机会全面了解和近距离接触中国人民大学出版社推出的“新编21世纪远程教育精品教材”及其编创人员。我想将我在上述研讨会上发言的主旨做进一步的发挥，并概括为若干原则作为我对包括中国人民大学出版社、中国人民大学网络教育学院在内的我国网络远程教育优质教育资源建设的期待和展望：

- 新编21世纪远程教育精品教材的教学内容要更加适应大众化高等教育面对在职成人、定位在应用型人才培养上的需要。
- 新编21世纪远程教育精品教材的教学设计要更加适应地域分散、特征多样的远程学生自主学习的需要，培养适应学习型社会的终身学习者。
- 在我国网络教学环境渐趋完善之前，印刷教材及其配套教学光盘依然是远程教材的主体，是多种媒体教材的基础和纽带，其教学设计应该给予充分的重视。要在印刷教材的显要部位对课程教学目标和要求做明确、具体、可操作的陈述，要清晰地指导远程学生如何利用多种媒体教材进行自主学习和协作学习。
- 应组织相关人员对多种媒体的远程教材进行一体化设计和开发，要注重发挥多种媒体教材各自独特的教学功能，实现优势互补。要特别注重对学生学习活动、教学交互、学习评价及其反馈的设计和实现。

- 要将对多种媒体远程教材的创作纳入对整个远程教育课程教学系统的一体化设计和开发中，以便使优质的教材资源在优化的教学系统、平台和环境中，在有效的教学模式、学习策略和学习支助服务的支撑下获得最佳的学习成效。
- 要充分发挥现代远程教育工程试点高校各自的学科资源优势，积极探索网络远程教育优质教材资源共建共享的机制和途径。

中华人民共和国教育部远程教育专家顾问
丁兴富

前　言

自 1776 年亚当・斯密在《国富论》中创立了财政学以来，以政府与市场的关系为切入点、以公平与效率为主线、以研究公共资源配置和公共产品有效提供为主要内容的财政学已经走过了 200 多年的发展历程。伴随着公共财政框架体系的建立，整个社会经济环境发生了巨大的变化，政府职能与作用方式发生了深刻变革，财政学的基本理念、研究视角、理论基础、研究范围、研究内容和研究方法等也发生了巨大的变化。党的十八届三中全会提出“全面深化改革的总目标是推进国家治理体系和治理能力现代化”，要求建立现代财政制度，赋予财政新的职能定位，明确财政是国家治理的基础和重要支柱。政府作为社会公共事务的管理者和协调者，其职能和活动范围已经涉及各种各样的社会问题，覆盖社会管理领域的方方面面，财政成为政府治国理政最为重要的政策工具之一。2014 年修订的《中华人民共和国预算法》提出建立全面规范、公开透明的现代预算制度，建立跨年度预算平衡机制，强化预算控制，允许地方政府发行地方债务。这就要求财政学科的发展与时俱进，从理论到实践、从法律法规到规章制度进行全方位的深入改革，即在国家治理现代化框架下对财政基本理论和实践等一系列问题进行重新思考和定位。

本书是在 2006 年第一版基础上进行的修订、补充和完善。本次修订由安秀梅、曹雪姣、李丽珍共同完成，由安秀梅教授最后总纂、修改完善并定稿。全书共分市场经济与公共财政、财政职能、财政支出原理、购买性支出、转移性支出、财政收入总论、税收原理与税收制度、公债、政府预算与管理、政府间财政关系、财政政策 11 章内容。其中，本书重点修订了第一、四、七、八、九、十、十一章的内容，修订的主要内容集中于以下 7 个方面：第一，打破传统主流财政理论关于政府与市场关系定位的论断，介绍了新时期政府与市场关系发展变化的宏观背景，对政府与市场的关系进行了重新定位；第二，修订了财政支农支出的主要内容和投资重点，补充了国家精准扶贫的相关内容，增添了政府购买服务、PPP 等中国财政实践发展中出现的新范式，进一步丰富了现代财政学的理论与实践；第三，充实了之前税收制度的内容，删去了营业税部分，增加了“营改增”改革的相关内容；第四，丰富了第八章的内容，在原来国债的基础上增加了地方债相关内容；第五，顺应建立现代预算制度的要求，增加了中期预算和全口径预算体系的内容，补充了深化预算管理制度改革的主要内容；第六，增加了我国政府间事权与支出责任的划分情况、划分原则，修正了关于税权划分和转移支付的现状的阐述，进一步完善了分税制改革的内容；第七，增加了2008年全球金融危机后我国实施财政政策的主要内容，增添了以大国治理定位财政政策的内容。

修订后的教材较好地体现了现代财政学的理论和实践前沿，既注重财政学基本理论、基本知识、基本技能的阐述，又密切结合我国经济社会发展的新形势，对近年来财政改革与发展中的重大理论和实践问题进行了较为深刻的阐述，在保持财政学体系的科学性、系统性、完整性的同时，突出了前瞻性、创新性和实践性。与以往财政学教材相比，本书及其网络资源中设置了学习导航、引导案例、课程讲解、概念解释、拓展区、提示音、即时练习、课程作业、例题分析、模拟试题、背景资料以及各章专题等栏目，大大增强了教材的实用性，使教材信息量大、内容丰富且深入浅出、理论与实践紧密结合。通过本书的学习，学生可以对现代财政学的基本理论和基本知识有较全面地理解和较深刻地认识，对基本财政范畴、内在关系及其运动规律有较系统地掌握，为以后其他专业课的学习打下坚实的基础。同时，本书的学习还可以拓宽学生的理论视野，培养学生运用所学的财政学理论知识进行宏观经济分析和解决实际问题的能力。

本书在编写过程中，学习、参考并引用了有关财政学教材及学界最新研究文献，特此说明并深表感谢。本书的出版得到了中国人民大学网络学院和中国人民大学出版社的大力支持和帮助，在此一并表示衷心感谢。

由于水平有限，书中定有不少疏漏和错误，恳请读者批评指正。

编　者

2017年6月

目录

第一章

市场经济与公共财政

【学习导航】

请使用2学时学习本章内容。通过本章学习着重理解市场经济、市场失灵的基本理论、政府职能与公共财政之间的内在联系。

本章考试的重点是政府职能和公共财政的内涵和任务。

【引导案例】

街边的路灯和自己家里的房灯都为我们提供了很大的方便，路灯坏了我们走路可能摔跤，房灯坏了我们可能碰壁。可是房灯坏了，我们总是会自己买灯泡及时更换，但路灯坏了我们一般则只是埋怨。

学习本章内容，请思考：同样是为我们提供照明的灯，为什么房灯坏了我们会自己更换，而路灯坏了我们则只会抱怨呢？

☞ 解答提示请参考网络教学资源“案例分析”中的相关内容。

第一节　市场经济体制

一、市场经济的基本特征

（一）市场经济的概念

目前，世界上许多国家都实行市场经济，我国在今后相当长的一段时期内的奋斗目标也是建立和完善社会主义市场经济，那么到底什么才是市场经济呢？对此，许多著名经济学家已有描述。诺贝尔经济学奖获得者萨缪尔森和诺德豪斯合著的《经济学（第 13 版）》将市场经济定义为："市场经济是一种有关资源配置的组织，在这种组织形式中，生产什么，怎样生产和为谁生产的问题主要是由市场的供求关系决定的，厂商以追求利润最大化为动机来购买投入、进行生产和出售产品，而拥有要素收入的居民则决定市场上的商品需求。厂商的供给和居民的需求间的相互作用决定着市场上物品的价格和数量。"一部权威的西方经济学辞典——《麦克米兰现代经济学辞典》对市场经济的定义为："市场经济是一种以价格为基础来做出关于资源配置和生产决策的经济体制，而价格是在生产者、消费者和生产要素的所有者之间自愿形成的，市场经济可以发生于私有制的资本主义经济，也可以在某种程度上作用于社会公有制经济。"

概括地说，市场经济是各经济单位和个人依据一定的市场规则，通过市场运行机制进行资源配置的一种经济体制。

市场经济的必然性寓于商品经济之中，也就是说，商品经济的历史发展必然引导出市场经济。市场经济是支配整个社会经济的商品经济，市场经济与商品经济的真正区别是在外延上，即二者的发展程度不同。从历史上看，简单商品经济内部仍然有市场调节。但是，简单商品经济之所以不能叫做市场经济，不是因为价值规律对它不起调节作用，如果价值规律对它不起调节作用，它就根本上连商品经济也不是，而是因为简单商品经济在社会经济中不占支配地位，不可能在全社会建立市场经济体制。随着商品经济进一步发展，随着商品生产向社会生产的各行各业扩张，特别是在产业革命之后农业中的自然经济基础彻底瓦解，从而农业也转向交换经济，商品生产和商品交换取代了自然经济而在社会经济中居于支配地位，全社会的生产和流通以及资源配置都受价值规律调节。这时，整个社会的经济运行方式都表现为市场调节，商品经济就历史性地扩展为市场经济。

提示音

市场经济与自然经济和计划经济的比较

市场经济以市场作为资源配置的主要形式。它同自然经济有以下区别：它是在广泛的社会分工基础上进行的，而不是局限于自然分工和生产组织内部个别分工的经济；它是生产与交换的统一，以取得交换价值为直接生产目的；它是以市场需求为主要制约的经济形式，产品生产规模具有不断扩大的趋势，而不是局限于满足生产者个人的消费。

市场经济又是与计划经济相对立的经济形式。计划经济是在生产资料社会占有的前提下，由社会中心计算和掌握社会需求与供给状况，编制计划指标，调节整个社会的生产与分配，直接实现对社会资源的配置。因此，市场经济与计划经济的资源配置方式是截然不同的，但是市场和计划并不是截然对立和相互排斥的概念。计划调节和市场调节都是调节经济的手段。市场经济以市场调节为主，并不意味着一切经济活动都完全听凭市场的自发调节。恰恰相反，由于市场机制本身固有的缺陷，如市场无力调节公共产品、市场对外部影响无能为力、市场调节下收入分配容易导致贫富悬殊等，仍然需要利用计划手段来纠正市场运行的某些偏差。因此，市场经济中的市场调节并不排斥计划调节。

（二）市场经济的特征

市场经济是通过市场供给和需求配置资源的经济。根据世界各国的经验，运作规范、有效的市场经济体制一般具有如下基本特征。

1. 经济关系市场化

一切经济活动都是直接或间接地处于市场关系之中，所有的劳动产品和生产要素都通过市场加以配置，市场机制是推动生产要素流动和促进资源优化配置的基本的运行机制。

2. 市场竞争平等化

竞争是市场经济有效性的最根本保证。但竞争必须有效，否则也很难取得良好的效果。从规范的市场经济体制来看，有效的市场竞争主要包括三个方面的内容：一是竞争必须公平，所有的市场参与者在市场进入和从事交易上，机会和地位是平等的。二是竞争必须相对充分。三是竞争必须有序，由于价值规律的作用，商品和服务的交换只能在等价的基础上进行。任何一方都不享有行政的和司法的特权。市场机制正是通过优胜劣汰的竞争，迫使参与竞争的各方设法提高对资源的利用效率，从而达到社会效益的最大化。

3. 经济活动法治化

市场经济是竞争经济，而竞争离不开规则，离不开法治。没有好的法治环境，市场主体的独立性、市场竞争的有效性、政府行为的规范性和市场秩序的有序性都将缺乏根本的保证。因此，从根本上讲，现代市场经济是法治经济。市场经济多种多样，只有建立在法治基础上的现代市场经济才是实现资源有效配置和富民强国的有效途径。因此，市场经济应将所有经济活动纳入科学而完善的法规体系中，使管理部门按照相关的法律法规来评价、控制与协调各类经济活动，从而将整个经济运行建立在健全而科学的法制基础上。

4. 企业经营自主化

这一特征主要包括两层含义：一是企业拥有明确和独立的产权并受到法律的有效保护。企业是自主经营、自负盈亏、自我约束、自我发展的商品生产者或经营者。企业具有进行商品生产经营所应拥有的全部权力，根据自身利益进行独立的经营决策和市场选择，自主地开展生产经营活动。二是企业对自己的决策和行为负民事责任。这两个方面相互联系，相辅相成，缺一不可。如果企业的决策常常受到外来干预，它就不可能也不应当对其决策的后果负责。反过来，如果企业不能对自己的行为后果真正负责，拥有决策自主权就是危险的。

5. 政府职能规范化

现代市场经济的一个突出特点是政府与经济之间保持一定的距离。市场经济的正常运转离不开政府的作用，但政府的作用不能过大，其行为必须受到法律的约束，否则，如果政府任意对经济活动进行干预，同样会损害民间经济的活力和创造力。

6. 经济生活开放化

市场经济活动的各种有机体和因素，包括各种性质的经济组织和价格、供求关系、利率等都要对国内外市场开放，以利各种资源、信息的交流，促进经济活跃、有序、协调、高效率地发展。它反对任何形式的边界封锁、部门分割和非关税贸易壁垒。

7. 宏观调控间接化

政府部门不直接干预企业的生产和经营，而是间接地通过经济手段和财政、金融等政策调节，营造一定的市场环境来引导、规范企业的生产和经营活动。

二、市场运行机制

“机制”一词源于希腊文，原意是机械、机械装置及其运动原理。后被广泛用于自然科学和社会科学，泛指某一复杂系统的内部结构、运动和工作原理及其内在规律性。经济机制就是指经济系统内部的优化资源配置与协调各种经济利益关系的方式和机理，亦称经济运行机制，实际上就是经济规律起调节作用的形式。市场运行机制作为一种经济机制，是指通过市场价格波动、市场主体之间的利益竞争、市场供求关系的变化来调节经济运行的机制。它主要包括供求机制、价格机制、竞争机制和风险机制。概括而言，市场运行机制就是依靠价格、供求、竞争等市场要素的相互作用，自动调节企业的生产经营活动，实现社会经济的按比例协调发展。

构成市场运行机制的一系列相关因素之间呈现出一种整体的交互作用和循环联动的联系和作用机理，各种机制都不是单独存在的，而是表现为一个相互渗透、相互影响的集合体，在这个集合体中分别扮演不同的职能并且共同发挥市场运行机制的整体功能。例如，人们一般总是讲，价格机制最为基本因而至关重要。但是，如果撇开供求，价格机制也就不存在了；如果抽掉竞争，不要说没有了风险，连供求和价格及其相互作用也都没有了。因此，各项机制之间总是存在这种高度的相关性，其中任何一个因素变动，都会引起其他因素相应的变化，并且往往互为因果。对于市场运行机制的把握，绝不要忽视它的这种整体性特征，割裂其相关要素的内在联系而片面地强调某一点。

（一）价格机制

价格机制是商品的供给与需求同价格的相互制约作用。供求的变化，引起价格变动；价格的变动又会引起供求的变化。正是在这种联系和变动中，供求趋向一致，价格与价值趋向一致，价值规律的要求得以实现。

价格机制对市场经济运行的作用是多方面的。对于生产同种产品的生产者来说，价格机制传递着如何生产的信号。价格高于价值，增加供给；价格低于价值，减少供给。供给量与价格水平呈正比例变动。从深层次看，这种变动是生产者通过价格机制比较生产费用和产出的效用，按照边际成本等于价格的要求，确定自己的生产规模和生产要素的投入量，获得最大利益的过程。

对于生产不同产品的生产者来说，价格机制传递着调整生产方向和生产规模的信号。在社会分工条件下，各生产部门之间存在着内在联系，反映在价格上就是不同商品价格间的比价关系。任何一种商品价格的变动，都会影响到整个价格体系的变化，从而引导社会劳动和社会资金的流向，调整产业结构和社会劳动在各生产部门间的分配，实现资源的优化配置和产业结构的合理化。

对于消费者来说，价格机制传递着改变需求方向和需求规模的信号。价格水平的涨落，影响消费者的购买行为和结构，从而影响消费者的需求规模。不同商品比价发生变化，会促使消费者寻求替代商品，放弃或少消费高价商品，转向或多消费低价商品。

对于宏观调控者来说，价格机制以价格总水平的变动影响经济活动。国家根据价格总水平的变化，采取调节货币供应量等手段，使价格总水平符合宏观调控目标的要求。

（二）供求机制

供求机制是商品供求关系相互对立和影响，使供求趋于平衡的运动。在一定的市场需求条件下，市场供给总量是由整个社会生产能力决定的。社会需求是消费者愿意购买并有支付能力的需求。当某一种商品需求大于供给时，这个商品的价格就会上升，刺激生产者增加产量，以获取利润，一旦产量增加之后，市场价格又趋下跌；相反，如果一种商品供给大于需求，价格就会下跌，这时生产者会减少产量以避免亏损，产量下降，商品的市场价格就会上升。供求双方相互矛盾、相互作用，使供求趋于均衡。

从微观上看，引起供给变化的主要因素包括劳动投入量的增减、可供支配的资源、生产技术水平、生产规模及其组织、市场竞争状况、自然条件等。市场中，引起需求变动的主要因素包括市场主体及其行为的变动、使用价值的自然寿命和市场寿命、相关产品的可替代程度、经济条件及收入状况等。受这些因素的影响，供给量和需求量不会相等，不是供给大于需求，就是需求大于供给。

从宏观上看，引起供给和需求变化的主要因素包括社会生产可供支配的自然资源和劳动资源、技术水平、社会生产总规模、社会劳动生产率、人口数量及其结构、分配政策等。

供求机制要充分发挥作用的条件是，供求关系能够灵活波动。只朝着供给大于需求的方向背离，或是只朝着需求大于供给的方向背离，都不利于供求机制发挥其在市场运行中的作用。

（三）竞争机制

竞争机制是指市场行为主体之间为获得最大利益而相互制约、相互作用。市场竞争导致的优胜劣汰，会促进生产要素的流动，有利于资源的优化配置和生产效率的不断提高。

竞争机制可以促进生产者在生产过程中，以最少的劳动投入形成价值并使之增值，改进技术，提高效率。竞争机制可以促进社会供求平衡，生产者都必须关心市场动向，掌握市场信息，根据市场需求配置企业资源，这种以需求为导向的生产，有利于实现市场供求平衡。

（四）风险机制

市场风险主要来自市场竞争，市场风险的大小主要取决于以下三个因素：一是市场竞争的规模。竞争双方所投入的竞争成本越大，市场风险越大。二是市场竞争的激烈程度。市场竞争的激烈程度主要表现为企业之间在争夺市场占有率、提高销售额和盈利率方面的抗衡状态。市场竞争越激烈，竞争双方所面临的风险也越大。三是市场竞争的方式。竞争方式主要指竞争双方所采取的手段和策略。如果竞争双方都采取提高质量、增加品种、降低成本及加强售后服务等手段，进行正当竞争，那么对双方都能减少风险。如果竞争双方以轮番降价的方式，或以破坏对方信誉、窃取对方经济情报等损害对方利益，甚至损害消费者利益的方式，进行不正当竞争，那么对双方都会增大风险，并可能导致两败俱伤。因此，要使市场机制对社会主义市场经济发挥积极作用，必须提倡正当竞争，反对和制止不正当竞争。只有这样，才能尽可能减少市场竞争风险给企业或其他生产者带来的损失和对社会生产力的破坏。

三、社会主义市场经济体制

（一）社会主义市场经济的认识过程

我国对社会主义市场经济的认识经历了一个较为曲折的过程。党的十一届三中全会以前的相当长的时期内，我国实行的是“一大二公”的计划经济。十一届三中全会以后，我国开始进行全方位的经济体制改革，党的十二大提出了计划经济为主，市场调节为辅；十二届三中全会进一步指出商品经济是社会经济发展不可逾越的阶段，我国社会主义经济是公有制基础上的有计划的商品经济；十三大提出社会主义有计划的商品经济的体制应该是计划与市场内在统一的体制；十三届四中全会后，我党提出建立适应有计划的商品经济发展的计划调节与市场调节相结合的经济体制和运行机制；1992 年年初邓小平同志的南方谈话进一步提出，计划经济不等于社会主义，资本主义也有计划；市场经济不等于资本主义，社会主义也有市场，计划和市场都是经济手段，计划多一点还是市场多一点，不是社会主义与资本主义的本质区别。这个精辟论断从根本上解除了把计划经济和市场经济看作属于社会基本制度范畴的思想束缚，使我们在认识计划与市场关系问题上有了新的重大突破；十四大明确提出了建立社会主义市场经济体制，对于我国现代化建设事业具有重大而深远的意义。十四届三中全会正式作出了《中共中央关于建立社会主义市场经济体制若干问题的决定》，把十四大提出的建立社会主义市场经济体制的目标和原则具体化、系统化，对有关的重大问题，都做出了明确的原则性规定，把社会主义市场经济的理论和实践大大推进了一步。十四届五中全会提出到 2010 年建立和完善社会主义市场经济体制的历史任务，为中国发展社会主义市场经济作出了重大的战略部署：到 20 世纪末，经过三个阶段，初步建立起社会主义市场经济新体制。十六届三中全会审议通过了《中共中央关于完善社会主义市场经济体制若干问题的决定》，明确了完善社会主义市场经济体制的主要任务是：完善公有制为主体、多种所有制经济共同发展的基本经济制度，建立有利于逐步改变城乡二元经济结构的体制，形成促进区域经济协调发展的机制，建设统一开放竞争有序的现代市场体系，完善宏观调控体系、行政管理体制和经济法律制度，健全就业、收入分配和社会保障制度，建立促进经济社会可持续发展的机制。十八届三中全会审议通过了《中共中央关于全面深化改革若干重大问题的决定》，指出经济体制改革是全面深化改革的重点，核心问题是处理好政府和市场的关系，使市场在资源配置中起决定性作用和更好发挥政府作用。市场决定资源配置是市场经济的一般规律，健全社会主义市场经济体制必须遵循这条规律，着力解决市场体系不完善、政府干预过多和监管不到位问题。

（二）社会主义市场经济的基本特征

社会主义市场经济是社会主义制度与市场机制结合的一种经济运行方式，作为一个整体概念，它有双重属性，即既有市场经济作为资源配置方式的一般属性，又有受社会主义制度制约的特殊属性。社会主义市场经济就是要使市场在社会主义国家宏观调控下对资源配置起基础作用，使经济活动遵循价值规律的要求，适应供求关系的变化；通过价值杠杆和竞争机制的功能，把资源配置到效益较好的环节中去，并给企业以压力和动力，实现优胜劣汰；运用市场对各种经济信息反应比较灵敏的优点，促进生产和需求的及时协调。它具有以下一些基本特征：

（1）在所有制结构上，坚持以公有制为主体，多种所有制经济共同发展。在社会主义条件下，公有制经济不仅包括国有经济和集体经济，还包括混合所有制经济中的国有成分和集体成分，而且公有制形式可以多样化，一切反映社会化大生产规律的经营方式都可以大胆利用。

（2）在分配制度上，坚持实行以按劳分配为主体，多种分配方式并存的制度，把按劳分配和按生产要素分配结合起来，坚持效率优先，兼顾公平，既鼓励先进，合理拉开收入差距，又兼顾公平，对过高的收入进行调节，防止两极分化，逐步实现共同富裕。

（3）在宏观调控上，坚持把人民的眼前利益与长远利益、局部利益和全局利益结合起来，更好地发挥政府和市场两种机制的作用。在社会主义市场经济条件下，国家是全体劳动人民利益的代表，虽然也存在着国家、集体和个人三者之间的利益矛盾，但其长远利益、根本利益是一致的。因此，国家可以通过宏观调控把国家、集体和个人三者之间的利益协调起来，把局部利益和整体利益、眼前利益与长远利益结合起来，保证市场经济朝着健康的方向发展。

（4）坚持党的领导，发挥党总揽全局，协调各方的领导核心作用是我国社会主义市场经济的一个重要特征。党的领导是中国特色社会主义最本质的特征，充分发挥市场机制的积极作用，矫正、弥补市场缺陷，在市场作用和政府作用的问题上努力形成市场作用和政府作用有机统一、相互补充、相互协调、相互促进的格局，实现有效的政府治理，推动经济社会持续、健康发展。

拓展区

阅读网络教学资源“重点解析”栏目第一章中的“社会主义市场经济的特殊性”，对上述内容加深理解。

第二节　市场失灵与市场缺陷

一、市场失灵

市场失灵是指完全依靠市场机制的作用无法达到社会福利的最佳状态，一是单靠市场机制不能达到社会资源配置最优的目的，二是市场机制对一些以社会效益为目标的活动无能为力。具体看，市场失灵主要表现在以下几方面。

（一）公共产品（public goods）

公共产品又称公共物品，指的是这样一类产品和服务：一些人对这类产品或服务的使用并不影响其他人对这类产品或服务的使用，而且供应这类产品或服务的成本与享用它的效果，并不随使用它的人数的变化而变化。公共产品的特征是消费的非竞争性和效用的非排他性。

（二）外部性（externalities）

外部性又称外部效应，指某种经济活动给与这项活动无关的主体带来的影响，这就是说，这些活动会产生一些不由生产者或消费者承担的成本（称为负外部性），或不由生产者或消费者获得的利益（称为正外部性）。

拓展区

阅读网络教学资源“案例分析”栏目第一章中的“污染的治理”，理论联系实际地分析问题。

超链接

美国环保机构主页：http：//www. epa. gov

（三）垄断

垄断是对市场的控制。如果是生产者垄断，即为一般所说的垄断或卖方垄断。如果是购买者垄断，就称为买方垄断。这两种垄断都会引起市场失灵。

（四）信息失灵

完全竞争市场的一个基本假定是信息是完全的，买者和卖者都在确定性的情况下知道所有商品和生产要素的质量、现在价格和未来价格。但现实生活中，信息往往是不完全的、不对称的，而且获得信息要付出很高的成本。信息的不完全性、不对称以及相应发生的信息成本会影响市场机制运行的结果，影响市场配置资源的效率。如可能会发生道德危险。道德危险就是拥有信息多的一方以自己的信息优势来侵犯拥有信息少的一方的利益，实现自己利益的可能性。也可能会产生逆向选择。逆向选择是指信息不对称情况下，拥有信息少的一方作出不利于另一方的选择。这种逆向选择不利于卖方，也会不利于整个市场的交易活动。

（五）优值品（merit goods）

“优值品”概念最初是由穆斯格雷夫提出来的，它是指对于某些商品或服务，虽然社会评价较高，但由于私人评价较低（如基础教育等），在完全竞争的市场机制条件下，易出现供给不足问题。

拓展区

阅读网络教学资源“案例分析”栏目第一章中的“进城农民工的工伤保险制度”，理论联系实际地分析问题。

二、市场缺陷

我们把完全竞争市场运行结果中不令人满意的方面称为市场缺陷，即它所产生的资源配置和收入分配状态是不理想的。即使现实的市场能够严格符合完全竞争市场的所有条件，其产生的结果也是不好的。市场缺陷的主要表现有以下几方面。

（一）宏观经济失衡

市场调节实现的经济均衡是一种事后调节并通过分散决策而完成的均衡，它往往具有相当程度的自发性和盲目性，由此会产生周期性的经济波动和经济总量的失衡。总供求的长期失衡，不仅会破坏价格机制，还会导致商品市场、要素市场的供求失衡，社会资源配置低效。

（二）收入分配不公

市场能促进经济效率的提高和生产力的发展，但不能自动带来社会分配结构的均衡和公正。市场交换过程只能在既定的收入分配格局下实现资源的有效配置，却无法改变原有的收入分配格局。人们的自然禀赋的不同，后天的环境条件、教育程度、劳动技能存在着的差异，造成市场经济下出现收入水平差别。

（三）经济秩序失范

在市场经济活动中，以谋求自我利益最大化为目标的市场主体之间存在着激烈的竞争，产生利益矛盾和冲突是不可避免的，而当事人自己以及市场本身不具备划分市场主体产权边界和利益界限的机制，更不具备化解冲突的能力，由此会造成经济秩序失范。

第三节　政府职能与公共财政

一、政府职能

（一）政府职能的含义

政府职能是指政府依法对国家政治和社会事务进行管理时应承担的职责和所具有的功能。政府职能是国家职能的一个重要组成部分，是一个由相互联系的行政管理活动的各职能构成的严密体系，行使职能的依据是国家宪法和法律赋予行政主体的行政权力。

政府职能按其属性可分为政治职能、经济职能和社会职能。政治职能，也称阶级统治职能，是指政府所承担的维护和实行阶级统治、保卫国家和社会安全的职能。它最集中地体现了政府的阶级性质，有鲜明的阶级性。这是政府最主要的职能之一。经济职能是指政府所承担的组织和管理社会经济建设的职能。这是现代政府最重要的一项职能。社会职能是指政府所具有的管理社会事务的职责和功能，这也是现代社会政府所应承担的一项重要职能。这类事务一般具有社会公共性，无法完全由市场解决，应当由政府从全社会的角度加以引导、调节和管理。

按照转变职能、权责一致、强化服务、改进管理、提高效能的要求，今后政府职能着重强调建设服务型政府，要进一步完善政府的经济调节、市场监管、社会管理和公共服务职能，减少和规范行政审批职能。其中，经济调节主要是为经济发展提供良好的宏观经济环境，对社会总需求和总供给进行总量调控，并促进经济结构调整和优化，保持经济持续快速协调健康发展。经济调节主要运用经济手段和法律手段，同时通过制定规划和政策指导、发布信息以及规范市场准入，引导和调控经济运行。经济调节的主要内容包括调节经济总量、调节经济结构、调节地区经济、调节收入分配、调节对外经济关系等方面。市场监管就是依法对市场主体及其行为进行监督和管理，维护公平竞争的市场秩序，形成统一、开放、竞争、有序的现代市场体系。界定和保护各类产权；创造良好的信用环境；促进全国统一市场的形成，扩大市场对内对外开放，逐步消除行政性垄断，加强对自然垄断行业的规范；对产品定价和产品质量信息披露行为进行严格监管等。社会管理就是通过制定社会政策和法规，依法管理和规范社会组织、社会事务，化解社会矛盾，调节收入分配，维护社会公正、社会秩序和社会稳定。公共服务就是提供公共产品和服务，包括加强城乡公共设施建设，发展社会就业、社会保障服务、发布公共信息等，维护宏观经济稳定、市场秩序和社会秩序，为社会公众生活和参与社会经济活动提供保障和创造条件。

（二）政府职能的发展阶段

纵观人类社会发展史，在不同的社会形态、不同的经济发展阶段以及不同的经济体制和政治体制下，政府职能的具体构成既存在共性，也存在很大差别。某些政府职能是几个社会形态或经济发展阶段的政府所共有的，而另一些政府职能却是某个社会形态或经济发展阶段的政府所特有的。

从西方国家的历史看，政府职能主要经历了三个阶段。

第一阶段为**“夜警政府”**阶段。在自由资本主义经济时期，市场经济体制已完全建立起来，资产阶级能够依靠自己的力量发展经济。亚当·斯密认为，市场价格机制就像一只“看不见的手”，指引着个人追求私利的活动，客观上也增进了社会利益。个人利益和社会利益是一致的，政府没有必要干预经济活动。政府的职能定位是一个“守夜人”，发挥防盗贼、防火烛的守护作用；随着竞争的发展，政府的经济职能被描绘为竞赛场上的“裁判员”或“巡视员”，发挥维护市场秩序、确保公平竞争的作用。政府不断增进国民财富的有效方法是给予市场充分的自由。亚当·斯密之后的其他古典经济学家和新古典经济学家也都主张自由放任，强调政府不干预经济。

随着资本主义的发展，出现了垄断，打破了平衡的市场格局，仅仅依靠市场已无法实现资源的优化配置，因此对政府职能提出了新的要求。

第二阶段为**“全能政府”**阶段。20 世纪 30 年代，大危机深刻揭示出市场经济的“缺陷”，于是，政府被赋予了“宏观经济调节”或“宏观经济管理”的职能，以弥补市场的体制性“缺陷”。凯恩斯主义者提出了有效需求不足理论，由有效需求不足的解决途径中引申出政府干预经济的必要性。政府的动机与社会公共利益是一致的，政府行为的目标是社会福利函数的最大化。这一阶段，政府的干预活动主要有：扩大政府投资份额；加强政府对经济的计划引导；利用财政政策和货币政策调节国民经济增长速度、物价水平和经济结构；实施收入分配政策，控制贫富差距，建立和完善社会保障制度。从 20 世纪 50 年代到 70 年代，资本主义进入高速增长时期，与政府转变职能、加强宏观调控有着直接的关系。

但是，政府对市场的过度干预也导致了资源配置的低效率，经济出现了“滞胀”，动摇了凯恩斯的理论。

第三阶段为**“有效政府”**阶段。从 20 世纪 80 年代起，西方国家对政府职能进行了一系列改革，寻求自由放任与政府干预之间的平衡。不再片面地强调市场或政府占主导地位，而是注重两者间的折中与合作。正如世界银行在其《1990 年世界发展报告》中所指出的：“竞争性市场是人类迄今为止发现的有效进行生产和产品分配的最佳方式，但是，市场不能在真空里运转，它们需要只有政府才能提供的法律与规章制度体系。所以，二者都有巨大的、不可替代的作用。经验表明，二者协调一致运行时，经济社会就会取得惊人的成就；而二者相互对立时，就会给经济社会带来灾难性的后果。经济发展的一般过程已经说明，政府干预不是越多越好，过多的干预取代了市场的作用，使经济发展反而变得缓慢。正确的态度是：要求政府在某些方面减少干预，而在其他方面则要多加干预，即让市场在它们可以运行的方面运行，并立即有效地介入市场力所难及的方面。历史经验表明，这是一条尽快提高生产力，增加收入和持续发展经济的最可靠的途径。明智的看法是，将政府干预看作为一种特别稀缺的资源，必须谨慎地、节约地、适时地使用这种资源。”

在这一阶段，政府的职能是为市场创造各种基础条件，通过有效的政策支持市场的运作。具体讲有以下几种主要职能：一是提供公共产品和公共服务，这些是私人企业不宜承担或无力承担的；二是维护市场秩序，确保公平竞争；三是实施宏观经济调节；四是支持社会保障制度和提供一般福利设施。总之，市场经济中政府的经济职能集中到一点，就是为各行各业营造一个稳定、公平、有序、有效的投资环境和经营环境。政府的这种经济职能应概括为“公共服务性”的，政府不涉足营利性的一般企业，只经营公益性或非营利性的甚至福利性的企业或事业。

(三) 新时期政府与市场关系的新进展

1. 政府与市场关系变化发展的宏观背景

(1) 世界格局不断调整促进了政府核心治理理念的深刻变化。

伴随着世界秩序的深刻变化，全球治理领域出现了许多亟待各国合作协商解决的新问题，发达国家和发展中国家共同面临着新的发展和治理任务。在一个日益互联互通的世界中，各国的国家治理体系建设需要放到国际关系层次进行思考和谋划。几乎每一个国家的治理体系都面临对外开放、经济全球化、外部环境的考验。在同外部世界互联互通中增强自身国家治理能力，而不是孤立于外部世界、独善其身，成为世界上大部分国家治理体系和治理能力现代化面临的一个问题。

在旧的国际制度日趋僵化和改革不力的背景下，有效的全球治理以及为之建章立制变得更加迫切，各类新兴国际制度涌现出来，这是当前全球治理体系变革领域发生的一个积极现象。以我国为例，自党的十八大以来，为促进民族复兴、和平发展营造有利的国际环境，政府提出了建立以合作共赢为核心的新型国际关系、构建新型大国关系、亲诚惠容的周边外交理念和真实亲诚的对非工作方针等具体外交原则。在大国思维的指引下，政府职能与作用方式也发生了深刻的变革。我国政府提出了“一带一路”、亚太区域经济一体化、成立亚洲基础设施投资银行和金砖国家开发银行等具体措施，这将为我国建立与其他国家共同利益奠定基础，同时也为中国打开国际商品市场提供有利的外部条件。

(2) 经济新常态激发了政府与市场关系的新思考。

随着中国经济进入新常态，社会、经济、宏观、微观的运行体系都面临重大调整，经济减速、通货膨胀压力加大、产能过剩和经济结构失衡等主要矛盾给中国经济发展带来了严峻的挑战，而单一领域的工具难以达到预期目标，全面改革与调整需要各领域的多种工具相互配合进行综合治理。创新宏观调控理念，稳增长、调结构、促改革，加快改革开放，激发市场内在活力。坚持经济的内涵式增长，做到经济发展方式要实现从主要依靠要素投入量的扩大转向依靠要素效率的提高；学习模仿型为主的技术进步方式转向自主创新为主；经济增长要由主要依靠投资、出口和消费拉动转向依靠投资和消费拉动。要通过制度创新、技术创新等质量型经济政策实现结构转变，为社会提供更平等的发挥创造力的机会。利用价格管理、投资或储蓄政策、税收增减、利率的调整、货币量供给控制等数量型经济政策，缓解通货膨胀，调节经济结构矛盾。

(3) 多中心治理激发了政府与市场作用模式的新变化。

传统的治理模式坚持以政府为唯一权威的单中心治理结构，这阻碍了政府对于公共精神和服务理念的落实，造成政府对公民本身作为社会治理行为主体合法地位的忽视，极大地浪费了社会治理的资源，耗散了公共服务的能量，造成了政府一般化、标准化的公共服务公共物品供给与公众多元化、复杂化的公共服务公共物品需求之间的矛盾。随着改革思维从“二分法”（政府与市场）向“三分法”（政府、市场与社会）转变，理顺政府、市场与社会三者间的关系，实现多中心治理已经成为当前及今后改革的主旋律。

近年来，多中心治理理念开始备受世界各国的普遍关注，新的治理危机进一步激发了政府与市场作用模式的不断变化。从社会分工的角度而言，政府在承担养老、医疗、教育等方面的事务与微观主体相比，并不具备绝对的竞争优势。面临着人口老龄化加剧，养老、医疗、教育等基本公共服务难以满足公众社会需求的残酷现实，政府可以从节约支出成本、提高资金使用效率的角度出发，将自身承担的社会事务通过购买合同、公私合作、去行政化等方式将其交由社会力量来负责，调动社会实体的积极性，借助社会资本来处理相应的社会公共事务。

2. 政府与市场关系的重新定位

目前主流财政理论认为市场失灵是政府干预市场的出发点，并据此提出解决所谓“市场失灵”问题的方案。而在实践中，政府在依据市场失灵理论干预市场的过程中，往往由于扭曲激励、技术能力有限等不足，进而引发“规制不能”和“规制不足”等“政府失灵”问题。主流财政理论将市场失灵当作政府干预的起点，把市场和政府视为配置资源的两个对立主体，这种对概念的混淆和对角色定位的混乱可能是主流财政理论在实践中指导作用失效的主要原因所在。面对着新的财政现象、财政问题的不断涌现，主流财政学理论开始对现实财政和经济问题丧失基本的解释能力和预测能力，因此，构建财政学的新的研究范式，重新定位政府与市场间的关系，提出更具解释力的财政理论迫在眉睫。

（1）坚持市场在资源配置中的决定性作用。

市场不仅仅是交易活动的场所，而且更重要的是价值创造的大系统，所有市场活动的参与者，包括政府、企业、自然人、生产者、消费者等，都在其中按照同样的规则、遵守同样的规律、基于平等的地位、满足各自不同的需求。发挥市场在资源配置中的决定性作用，要实现市场在所有社会生产领域的资源配置中处于主体地位，对于生产、流通、消费等各环节的商品价格拥有直接决定权。市场决定资源配置的机制，体现为以利润为导向引导生产要素流向，以竞争为手段决定商品价格，以价格为杠杆调节供求关系，使社会总供给和总需求达到总体平衡，生产要素的价格、生产要素的投向、产品消费、利润实现、利益分配主要依靠市场交换来完成。

（2）树立科学的市场平台观，明确政府是市场的参与主体之一。

市场是价值创造的系统，这种价值创造过程不是单一的价值链，而是多个市场参与者相互联系的价值凝结，为服务系统中相互联系的各个市场行为主体提供平台，是服务系统赖以存在的基础。市场作为一个平台，政府以及以政府为代表的公共部门，与企业以及企业为代表的私人部门一样，都是市场平台上平等的市场活动参与者，是市场机制的有机构成部分。在市场平台的交易活动中，以政府为代表的公共部门和以企业为代表的私人部门是两种不同的资源配置主体，各自代表着不同的利益诉求——私人追求个人利益的最大化，而公共部门则要满足社会公共需要，实现公共价值最大化而参与市场活动。

（3）以实现公共价值最大化为目标进一步理顺政府与市场的关系。

公共物品与服务的提供是为了满足公共价值的最大化，因此公共物品与服务的提供应由公共部门来主持，但具体的生产方式则是多样化的。公共部门既可以考虑直接生产公共产品与服务，也可以考虑和私人部门进行合作，将生产外包给私人部门。具体由哪一方市场参与主体来生产决定于哪一方的生产更满足这种公共物品与服务的生产要求，政府会选择由生产成果更能满足公共价值最大化的一方来生产。最终，在公共部门与私人部门的交易互动、竞争合作的关系中，公共需求能被有效满足，资源也得到最有效的配置。

拓展区

阅读网络教学资源“重点解析”栏目第一章中的“我国政府在全面建设小康社会中的主要职能”，对上述内容加深理解。

超链接

中华人民共和国政府网：http：//www. gov. cn

中华人民共和国财政部：http：//www. mof. gov. cn

二、政府失灵的类型和原因

如同市场失灵有不同的类型及成因一样，政府失灵也有不同的表现、类型及其根源。政府失灵有种种表现，可以归纳为官僚机构提供公共产品的低效和浪费、公共决策失误、内部性与政府扩张、寻租及腐败等基本类型；而导致这些缺陷的主要原因在于公共产品供求关系的特点、公共决策的内在困难以及缺少一种有效的非市场机制——它能够把私人的或组织的成本与效益同整个社会的成本与效益进行调节和计算。下面，我们具体讨论政府失灵的这几种类型及其成因。

（一）公共产品供给的低效率

前面说过，政府机构可以弥补市场缺陷、纠正市场失灵，履行资源配置、收入分配和经济稳定的职能，这些职能包括提供公共产品和管制自然垄断、外部效应、信息不对称，等等。然而，由于公共机构尤其是政府机构的本性以及公共产品供求关系的特点，使得它们提供公共产品也难以做到高效，甚至时常出现公共产品供给过剩或成本偏高现象。

按照公共选择理论的推论，导致公共机构提供公共产品低效率尤其是官僚机构低效率的主要因素有：

（1）公共机构尤其是政府部门垄断了公共产品的供给，缺乏竞争机制。市场竞争迫使私人企业设法降低成本和提高效益，那些不以最高效率的方式来有效使用资源的企业最终将被淘汰出局。然而，在公共机构中却没有这种优胜劣汰的竞争机制。公共机构提供公共产品并未面临直接的竞争，即使它们低效率运作，仍能持续生存下去，造成了“X—低效率”——也就是说，由于没有竞争的对手，官僚机构有可能过分投资，生产出多于社会需要的公共产品，如不适当地扩大机构、增加雇员、提高薪金和办公费用，从而造成大量的浪费。

（2）公共产品的估价或评价上的困难。官僚机构提供公共产品所追求的是社会效益，而非经济效益，社会效益的衡量缺乏准确的标准和可靠的估算方法及技术；同时，要合理确定社会对某一类公共产品需求的数量、提供公共产品的政府机构的规模以及对这些机构绩效的评估是困难的，甚至是不可能的。按照沃尔夫的说法，并没有一个公式能够说明政府活动的产出的必要和最小的限度，也没有简单而一致的标准可以用来准确衡量“非市场”规模的大小。

（3）政府机构及官员缺乏追求利润的动机。私人企业经理具有降低成本、追求利润的动机，其企业有创新激励机制，而政府机构没有这方面的机制，其官员也无追求利润的动机。由于官员不能把利润占为己有，加上公共产品的成本与收益难以测定，所以，与企业经理不同，官员的目标并不是利润的最大化，而是机构及人员规模的最大化，以此增加自己的升迁机会和扩大自己的势力范围。也许某些公共部门的效率与私人企业一样高，但却存在着另一种浪费，即提供公共产品的公共部门具有超额生产公共产品的内在倾向，这种“过剩”的产品或服务最终是以社会所付出的巨额成本为代价的，是一种社会浪费。

（4）缺乏监督机制。政府官员的行为必须受到立法者、公民或选民的政治监督。但是现实中的监督机制往往是不健全的，许多监督形式是软弱无力的。特别是监督信息的不对称、不完全使得对官员的监督徒有虚名。政府官员一般都是在信息不对称的环境中工作的，立法者和选民都缺少足够的必要信息来有效地监督公共机构及其官员的活动，官员（被监督者）比监督者（立法者和选民）拥有更多的关于公共产品及服务方面的信息，尤其是成本、价格方面的信息。这样，监督者完全可能由被监督者所操纵，后者有可能制定并实施某些有利于自身利益而损害公共利益的公共政策。

（二）公共政策失效

政府对经济生活干预的基本手段是制定和实施公共政策，以政策、法规及行政手段来弥补市场的缺陷，纠正市场的失灵。在市场经济条件下，存在着两种基本的决策类型：市场决策和公共决策。如前所述，所谓的市场决策也就是市场主体（主要是企业和个人）根据市场供求关系来决定私人产品（private goods）的生产和供应，即企业决定生产什么，如何生产和为谁生产；作为消费者的个人决定购买和消费什么产品或服务等。所谓的公共决策则是国家或政府部门为公共产品的生产与供应、为干预社会经济的运行而作出的决策。与市场决策相比，公共决策是一个更复杂的过程，存在着种种困难、障碍和制约因素，使得政府难以制定并执行好的或合理的公共政策，导致公共政策失效。这非但不能起到补充市场机制的作用，反而加剧了市场失灵，带来更大的资源浪费，甚至引发社会灾难，这是政府失灵的一个基本表现。

公共政策失效的主要原因来自公共决策过程本身的复杂性和困难以及现有公共决策体制和方式的缺陷。具体来说有以下原因：

（1）社会实际并不存在作为政府公共政策追求目标的所谓公共利益。“阿罗不可能性定理”表明了将个人偏好或利益加总为集体偏好或利益的内在困难。这一定理说的是：试图找出一套规则或程序，来从一定的社会状况下的个人选择顺序中推导出符合某些理性条件的社会选择顺序，一般是办不到的。阿罗证明，简单加法不足以在个人偏好中排出一个一致的共同次序，这些个人偏好本身也是根据不同的标准而分类的。布坎南也指出：在公共决策或集体决策中，实际上并不存在根据公共利益进行选择的过程，而只存在各种特殊利益之间的“缔约”过程。

（2）各种公共决策机制及投票规则的缺陷。以多数原则为基础的民主制是现代国家所采用的一种通用的决策体制，它较之于独裁制或专制体制，是一种巨大的进步和更合理的决策体制。但是，布坎南和塔洛克分析指出，这种民主体制是很不完善的，甚至可以说是相当不民主的。韦默和维宁也指出，无论是直接民主制，还是间接（代议）民主制都有其内在缺陷：前者中固有的问题有周期循环或投票悖论和偏好显示是否真实等问题。后者中固有的问题主要是被选出的代表由于其“经济人”特性而追求自身利益的最大化，而不是选民或公共利益的最大化；而选民却难以对其实施有效的监督。现有的投票规则或表决方式（如一致通过、过半数、相对多数、绝对多数、三分之二多数等）也远非是完美的。例如，多数原则不可能是完全民主的，它将出现多数人对少数人的强制；一致同意原则的决策成本太高，且容易贻误决策时机；即使按照多数原则作出的决策也未必反映大多数人的偏好。邓肯·布莱克提出的“中间投票人”模型说明了这一点，该模型解释了为什么多数选择制最终使人们选择的政策成为符合中间选民之偏好的政策。因此，迄今为止，没有一种投票制度能以令人满意的方式沟通个人与集体，因而十全十美的民主政治是不存在的。

(3) 信息的不完全、公共选择议程的偏差、投票人的“近视效应”、沉积成本、先例等对合理决策的制约。例如，决策信息的获取总是困难而且需要成本的，选民和政治家所拥有的信息都是有限的，因而许多公共政策实际是在信息不完全的情况下作出的，这就很容易导致决策失误。又如，政治家和选民的“近视效应”也是导致公共决策失误的一个原因。由于政策效果的复杂性，大多数选民难以预测其对未来的影响，因而着眼于近期的影响，考虑眼前利益，而政治家或官员由于受选举周期或任期的影响，他们的时间贴现率要高于社会时间贴现率，其结果通常是在政治家或官员的短期行为和长远利益之间产生明显的脱节。为了显示政绩，谋求连任或晋升，他们就会迎合选民的短见，制定一些从长远看弊大于利的政策。

(4) 政策执行上的障碍。政策的有效执行依赖于各种因素或条件。美国政策科学家史密斯认为，理想化的政策、执行机构、目标团体和环境是政策执行过程中所牵涉的重大因素。具体地说，政策的形成、类型、渊源、范围及受支持的程度，社会对政策的印象，执行机构和人员、主管领导的方式和技巧，执行的能力与信心，目标团体的组织或制度化程度，接受领导的情形以及先前的政策经验，社会的政治、经济和文化环境的不同，凡此等等都是影响政策执行成败所需考虑和认定的因素。这些因素中的任一方面或各方面之间的配合出了问题，都可能招致政策的失效。例如，政策执行依赖于强有力的执行组织及各部门或单位的密切配合，执行机构不健全、各部门不协调合作、执行人员不力，必将引起政策失效。又如，在政策执行博弈中，由于中央与地方分权，中央与地方利益的差别，地方政府有可能与中央政府讨价还价，力求从中央获得更多的利益，并导致“上有政策，下有对策”现象的发生。

（三）内部性与政府扩张

公共机构尤其是政府部门及其官员追求自身的组织目标或自身利益而非公共利益或社会福利，这种现象被人们称为内部性（internalities）。有如外部性被看成是市场失灵的一个重要原因一样，内部性被认为是政府失灵的一个基本原因。市场缺陷理论的核心是外在性，而非市场缺陷理论的核心是内在性。

根据沃尔夫的界定，内部性也就是公共组织或非市场组织自身的目标，是公共组织用以评价全体成员、决定工资、提升和发放津贴、比较次一级组织以协助分配预算管理的标准，或者说，是指导、规制和评估机构运行和机构人员行为的准则。沃尔夫认为，内部性或组织目标是使机构中的全体成员发挥最大机构职能的重要因素。因此可以预见，像外部性影响市场活动的结果一样，内部性同样会影响非市场活动的结果。在非市场条件下，"内部性"扩大机构供给曲线，即提高机构成本，使其高于技术上的成本，导致多余的全部成本、较高的单位成本和比社会有效水平更低的非市场产出水平，这样就产生了政府失灵。

既然内部性决定了公共组织尤其是官僚机构的行为及运行，那么它应是各种政府失灵类型的一个最基本的或深层次的根源。它可以用来解释各种政府失灵，但是将它运用来解释政府扩张及低效最为合适。在这一点上，公共选择学者已提出了一个较为完整的政府扩张论，对政府扩张的内在根源作了颇为深入的分析。缪勒从下列五个方面说明了现代政府扩张的原因：政府作为公共产品的提供者和外在效应的消除者导致扩张；政府作为收入和财富的再分配者导致扩张；利益集团的存在导致扩张；官僚机构的存在导致扩张；财政幻觉导致扩张。

一些公共选择和政策分析学者着重从官僚机构、利益集团和立法机构"铁三角"(Iron Triangle）的存在及其相互勾结来解释政府为什么扩张。他们认为，作为公共选择或公共决策执行机构的官僚机构及其官僚也是按"经济人"模式行事的，他们的目标是自身利益的最大化，追求的是升官、高薪和轻松的工作以及各种附加的福利。这可以通过扩大机构的规模及增加人员来实现，这就出现了帕金斯定律（Parkinson's Law）所指出的情况，即无论政府的工作量是增加还是减少（甚至无事可做），政府机构及其人员的数量总是按同一速度增长。所有这些目标的实现都取决于官僚机构预算收入的增加，官僚的自利效用最大化行为最终表现为"最大化预算收入"。于是在整个预算过程中，就必然发生以立法机构为一方和以官僚机构为另一方的关于预算的讨价还价——官僚总是要从立法机构中获得更多的预算收入；而在官僚背后的是各种特殊的利益集团，它们是各种官僚机构的服务对象，希望官僚机构争取更多的预算收入，以获得各种好处。另外，立法官员也不是中立的，他们是在各种利益集团的支持或赞助下当选的，当选后也必须为充当赞助者的特殊利益集团服务。因此，在整个预算过程，特殊利益集团、官僚和立法者便形成所谓的"铁三角"。这三种人虽然各自追求自身利益的最大化，但有一点是共同的，即力争增加某一方面的预算收入。正是这种"铁三角"的作用，使得政府预算总是呈现不断增长的趋势，而不管公众是否需要更多的公共产品和服务。公共机构的规模往往比作用相当的私营机构大一倍。

另一些公共选择学者则分析公共活动开支的分散性和利益分配的集中性是如何导致政府扩张的。梅尔泽和斯科特认为，在现代国家中，公共行动费用的分散性和利益分配的集中性，是国家机构及其职能膨胀的主要原因之一。这种费用分散与利益集中促进了国家开支的增加，而不是减少。政治家们知道，通过提出新的开支计划，而不是充当削减公共开支的辩护人，他们就能以较低的代价获得更多的额外选票；由于赋税负担是分散的，每个公民最终只能从国家努力节约的做法中得到点滴好处，而某些人却能从维持或增加国家的开支中得到许多好处。新开支的利益可能被用来优先照顾对候选人投赞成票的选民，或决定这位候选人是否再次当选的选民。在这种情况下，赞成乱花钱计划的利益集团，可能会比寻求减少国家开支的联盟更加有效。奥尔森认为，当政治联盟和院外活动集团由于长期的任期和经济利益而使其得到增强时，市场失灵最为显著。他们能够迫使政府采取行动，通过津贴、关税、税收优惠、限额、直接开支计划等，以社会其他人的代价来换取他们的集体成员的利益。沃尔夫将公共机构的低效或膨胀的这一原因称为“负担与义务的分离”，尤其是“微观的分离”——从现有的或将来的政府项目中获得的利益，集中在某一个特定的集团，而支出的负担却是普遍地加在公众（纳税者或消费者）身上。

（四）寻租及腐败

寻租（rent-seeking）及腐败是非市场缺陷或政府失败的又一个基本类型。寻租是政府干预的副产品。当政府干预市场时，就会经常形成集中的经济利益和扩散的经济费用，政府干预带来了可以“租金”形式出现的经济利益——按照布坎南的定义，租金是支付给资源所有者款项中超过那些资源在任何可替代的用途中所得款项的那一部分，是超过机会成本的收入。寻租则是为这样的干预而进行的游说活动，是“用较低的贿赂成本获得较高的收益或超额利润”。在现代寻租理论中，一切利用行政权力大发横财的活动都可以称为寻租活动，租金则泛指政府干预或行政管制市场而形成的级差收入（即超过机会成本的差价），一切市场经济中行政管制都会创造出这种差价收入即租金。寻租活动的特点是利用各种合法或非法的手段（如游说、疏通、拉关系、走后门等），以获得拥有租金的特权。寻租活动导致政府失败，因之它使资源配置扭曲，或说它是资源无效配置的一个根源；寻租作为一种非生产性活动，并不增加任何新产品或新财富，只不过改变生产要素的产权关系，把更大一部分的社会财富装入私人腰包；寻租导致不同政府部门及官员争权夺利，影响政府声誉和增加廉政成本；它妨碍公共政策的制定与执行过程，降低行政运转速度甚至危及政权稳定。寻租及腐败是经济发展、政治稳定和文化进步的陷阱。一旦落入这个陷阱，就会使社会处于低效、停滞，甚至紊乱的状态。

公共选择学者一般都将租金归因于政府对自由市场经济的干预。在市场体制下，只有政府才能借助于行政和法律手段，创造不平等的竞争环境并维持归一部分人所有的租金。布坎南认为，只要政府的行动主要限于保护个人权利、人身和财产并实施自愿议价的私人合同，那么市场过程就支配经济行为，并且保证出现的任何经济租金将因竞争性的进入而消失。但是，如果政府行为大大超出了由最低限度的或保护性状态所规定的限度，如果政府像它已经大规模地做过的那样，逐渐干预市场的细节过程，那么租金下降或消失的趋势就会被抵消，并且可能完全停止。因此，寻求租金的活动同政府在经济中的活动范围和领域有关，同国有部门的相对规模有关。

按照公共选择学者的看法，既然寻租是政府干预的必然产物，那么在有政府干预的地方就可能产生寻租现象。缪勒将寻租分为三种类型：通过政府管制的寻租；通过关税和进出口配额的寻租；在政府合同中的寻租。例如，在现代社会，不少行业经常试图通过政府许可证来限制他人的加入，以保持其利润或高工资；国内制造商经常为国外进口的关税和限额而进行游说，以使其能高价出售产品；政府也可以通过直接确定价格来为生产者创造租金。

公共选择学者认为，寻租得到的利润并非是生产的结果，这一特点称为寻租行为的非生产性。用布坎南的话来说，浪费在寻租活动中的资源本来可以在其他的经济活动中用来生产受重视的货物和服务，而在寻租过程中，这些资源却“没有生产出纯粹价值”，“没有任何社会报酬”，是社会资源的浪费。奥尔森则分析了寻租对经济增长所产生的负面影响。

他证明，在稳定社会里，寻租的“分配联合”把资源转变为卡特尔活动的游说活动，并脱离生产；除对经济效率的这种直接影响之外，靠联合来保护其租金的企图降低了社会采用新技术并使资源重新配置以满足变动中情况的能力。其结果是，分配上联合的积累越大，经济增长的速度就越慢。

总之，通过对政府失灵的表现、类型及其根源的分析，公共选择和政策分析学者得出的基本结论是：**市场的失灵并不是把问题转交给政府去处理的充分条件，市场解决不好的问题，政府未必解决得好，甚至会把事情弄得更糟。**所以，沃尔夫说：“企求一个合适的非市场机制去避免非市场缺陷并不比创造一个完整的、合适的市场以克服市场缺陷的前景好多少。换句话说，在市场‘看不见的手’无法使私人的不良行为变为符合公共利益行为的地方，可能也很难构造‘看得见的手’去实现这一任务。”

三、政府失灵的矫正

公共选择和政策分析学者进而提出克服政府干预行为的局限性，纠正和防范政府失灵，改善政府机构及公共部门工作效率的对策措施。在他们看来，说明西方民主社会中左右公共产品生产及供应的决策过程，揭示政府失灵的根源，其目的是要对症下药，采取有效的措施来克服这种现象。在公共选择学者看来，分析政府行为的效率并寻找政府最有效率工作的规则制约体系是公共选择理论的最高目标。

第一，要明确政府在市场所扮演的角色，政府干预是针对市场失灵而言的，市场失灵的部分就是政府干预的部分，干预过多或干预不够都不利于市场经济的发展。

第二，转变政府管理职能、提高政府行政水平。具体来说，首先，建设服务型政府，把政府过去作为由高级向低级逐级任命和发号施令的政治与行政管理机器转变为面向社会公众提供公共物品和公共服务的公共机构，由强制性行政干预转向服务监控，动员社会力量来发展社会经济。其次，加强政府工作人员的素质，强化他们的法律意识，使其能做出科学合理的决策，依法行政。可以定期或不定期地对政府公务员进行相关考核，督促他们不断学习，提高自身技能。再次，引入竞争和激励机制，提高政府机构办事效率。建立公开公正的人才选拔制度，优胜劣汰的岗位竞争制度，刺激政府公务员提高办事效率。最后，完善的信息网络，建立快速、灵活的信息传递网络，为政府制定和实施正确的经济政策、干预调节经济运行过程提供重要的条件，提高效率。

第三，深化政府机构改革，完善政府组织构架，抑制政府权力的过度增长。对于机构臃肿，人员冗余等现象要及时精简政府机构和人员，重新定位政府职能，合理缩减政府规模，降低开支，使资源效用达到最大化。

第四，对于寻租行为，公共选择学派提出了两种遏制的措施：（1）政府应从一些具体的经济领域退出来，这样就避免了政府在这些领域设租的可能；（2）应该完善相关的法律法规，加强对政府部门的监督。

第五，对于矫正政府官僚主义，必须打破政府垄断公共产品生产的局面，这就势必要引入竞争机制，以市场为导向，充分考虑成本、质量和效益问题，提高政府效率。同时要加强政府的自律机制，最大限度地减少政府行为的任意性及随意性导致的不公正与腐败，提高公共政策制定和执行的质量。当然，社会各界的监督也是必不可少的。

四、公共财政的内涵和任务

(一) 公共财政的内涵

公共财政是指在市场经济条件下国家提供公共产品或服务的分配活动或分配关系，是满足社会公共需要的政府收支模式或财政运行机制模式，是与市场经济相适应的一种财政类型，是市场经济国家通行的财政制度。其本质在于取之于公众、用之于公益、定之于公决、受之于公众监督，把财政政策的制定和实施、财政资源的筹措和运用与增进人民群众的公共福利紧密结合在一起，在日益提高的水平上解决人们难以通过市场实现的公共需要问题。

公共财政是为市场经济提供公共服务的政府分配行为，具有以下基本特征。

1. 公共性

公共财政的职责范围是满足社会的公共需要。凡不属于或不纳入社会公共需要领域的事项，财政就不必介入；凡属于可以纳入社会公共需要的事项，财政就必须涉足。公共性的具体化既体现了财政服务职能对社会全体人员的覆盖性，又体现了财税调节分配的公平性，还体现了面向社会全体成员监督的公开性。财政的公共性，要求财政资金应退出经营性和竞争性的领域，进而转到满足社会公共需要上来，建立以税收为主要来源、以公共支出为管理重点的公共财政框架体系。公共财政履行职能的方式方法主要是综合运用包括税收、分配在内的各项财政政策，来充分调动各种生产要素，进而加快经济结构的调整、科学技术的进步、社会财富的增长和全社会福利水平的提高。

2. 非营利性

市场经济条件下，政府作为管理者其行为只能以为社会提供公共产品和服务为职责，通过满足社会公共需要的活动，为市场的有序运动提供必需的制度保证和物质基础。因此，公共财政的职责只能是通过满足社会公共需要的活动，为市场的有序运转提供必要的制度保证和物质基础。财政收入的取得，要建立在为满足社会公共需要而筹集资金的基础上；财政支出的安排，要始终以满足社会公共需要为宗旨。政府的财政行为不以盈利为目的，政府及其部门不是市场经营性活动的直接参与者，而是市场规则的制定者和坚定的维护者。

3. 法治性

市场经济是法治经济，财政作为政府直接进行的活动，在市场经济下显然必须受到法律的约束和规范，必须依法理财，依法行政。这意味着社会公众可以通过相应的法律程序，其中主要是通过政府预算的法律权威而根本地决定、约束、规范和监督着政府的财政行为。是否征税，征什么税、征多少税，如何安排财政支出，都应依法律程序公开，不允许有不受监督，游离于预算之外的政府收支。

4. 效率性

效率是经济活动的核心。公共财政作为政府为市场提供公共产品满足社会公共需要的经济活动，其核心也是要解决效率问题。建立公共财政制度就是要最优化制度安排，确保配置效率和生产效率得以实现。在市场经济的条件下，公众首先要求政府的管理更有效率。政府预算既是政府提供公共产品的价格，也是衡量政府运作效率高低的标志。通过实行绩效预算来降低其成本，提高公共服务的质量，逐步降低政府管理费用，目标是成本最低，效率最高。

（二）社会公共需要特征和范围

人类的需要尽管种类繁多，但从最终需要来看可以归纳为两大类：一类是私人、个别需要；另一类是社会公共需要。在现代市场经济条件下，满足社会需要有两个系统：一个是市场系统；另一个是政府系统。市场主要是满足私人的、个别的需要，而社会公共需要则必须由政府通过财政分配来满足。

所谓社会公共需要，是指社会安全、公共秩序、公民基本权利的维护和经济发展的条件等公众共同利益的需要。

相对于微观经济主体（指企业、单位和居民个人）的个别需要而言，社会公共需要具有以下特征：

（1）社会公共需要是社会公众在生活、生产和工作中的共同需要，是相对于社会总体而言的。作为向社会全体公众提供的公共产品，其效用具有“不可分割性”，即它不是向个别人或某个集团提供的。

（2）为了满足社会共同需要而提供的公共产品，应由社会成员共同享用，也就是个别或一些社会成员享用这种公共产品时，并不排斥其他社会成员的享用，即不具有排他性。

（3）社会成员享用为满足社会公共需要所提供的公共产品和劳务，无需直接付出代价或只需支付与提供这些公共产品的耗费不对称的少量费用。

（4）满足社会公共需要的物质来源只能是社会产品的剩余部分，如果剩余产品表现为价值形态，就只能是对剩余价值部分的抽取。因此在社会生产力尚未发展到足以提供剩余劳动和剩余产品时，是不可能出现社会公共需要的。现代社会征收个人所得税，也必须扣除个人及家属的必需生活费用。然而，并非全部剩余产品都是用来满足社会公共需要的。我们知道，封建社会的皇室贵族和资本主义社会的资产阶级都是通过占有剩余产品来满足其私人需要的。我国社会主义国有企业留利中的公益金部分，同样也是来源于剩余产品的价值，而上述这些需要显然都不属于社会公共需要。

社会公共需要包括的范围较广，可以按性质不同划分为以下三个层次：

（1）纯社会公共需要，是指执行国家职能的需要，包括执行国家政权职能和某些社会职能的需要，如公安、司法、国防、外交、行政管理以及普及教育、卫生保健、基础科学研究、生态环境保护等。这类需要可以说是典型的社会公共需要。

（2）准社会公共需要，是指介于社会公共需要和个人需要之间、在性质上难以严格划分的一些需要。如我国的高等教育就属于这种情况。由于招生人数的限制，对高等教育的需要并非全体社会成员都可享用，读大学具有竞争性和排他性，对享受高等教育者可以收费。从这个意义上说，高等教育具有个别需要的特征。但它也可以被列为社会公共需要的范围，因为我国的高等教育是为国家培养专门人才，是社会发展所必需的。

（3）大型公共设施，如邮政、电信、民航、铁路、公路、煤气、电力及城市公共设施等。在我国社会主义市场经济中，公有制在国民经济中占有主导地位，国有资产在社会总资产中占有优势，国有经济控制国民经济的命脉，并对经济结构的调整起主导作用，因而，这部分投资通常是由政府出资兴办的。即使在以私有制为主的资本主义国家，由于这种投资耗资规模大，私人无力承担，或由于在国民经济中具有举足轻重的地位，大多数也是通过国家财政的集中分配来进行的。

（三）我国公共财政的使命和任务

党的十八届三中全会提出“全面深化改革的总目标是推进国家治理体系和治理能力现代化”，赋予财政新的职能定位，明确财政是国家治理的基础和重要支柱，这意味着财政必须与所处时代需要相适应。我国正处于完善社会主义市场经济体制和全面建设小康社会的伟大进程中，公共财政肩负着重要的历史使命，而建立现代财政制度正是社会主义公共财政今后需要完成的核心任务。

1. 深化公共财政改革，转变政府职能，提升服务型政府的现代治理能力

科学合理地处理好政府、市场和社会的关系，进一步明确政府的活动范围。凡属于社会公共领域的事务，市场不能解决或不能有效解决的，财政就必须到位，解决财政的“缺位”问题；凡属于可以通过市场机制解决的领域，财政不应介入，已经介入的要逐步退出，解决财政的“越位”问题；介于两者之间的，财政要发挥“四两拨千斤”的杠杆作用，积极引导社会资金投入。

具体来说，一是政府要转变对资源配置干预过多和干预不当的职能，通过制定公共政策和健全公共财政制度，为市场主体在经济活动中遵循价值、竞争、供求规律，实现经济效率的最大化提供优质高效的行政服务，同时更好发挥政府在宏观调控、市场监管等方面的作用。二是强化财政的公共服务职能，将政府财政活动的范围明确定位在公共领域，提高财政资源在公共部门内部的配置效率，进一步调整和优化财政支出结构，围绕促进基本公共服务均等化和主体功能区建设，完善公共财政体系；进一步简政放权，深化行政审批制度改革，大幅度减少政府对资源的直接配置，推动资源配置依据市场规则、市场价格、市场竞争实现效益最大化。三是加快实施政社分开，推动政府治理与社会自我调节、居民自治实现良性互动，将适合由社会组织提供的公共服务和解决的事项，要交由社会组织承担。

2. 建立现代预算管理制度，约束政府行为，提升责任政府的现代治理能力

现代财政制度是责任财政，要求政府通过加强预算管理，使财务和事务在政府有效履行职能中自始至终实现无缝隙对接，切实对公共资金的每一分效益负起“钱有所值”的行政责任。按照国家治理现代化的目标，应当将预算管理改革与行政体制改革结合起来，尊重客观规律和借鉴国际经验，大力推动建立现代预算制度，做到预算编制科学完整、预算执行规范有效、预算监督公开透明，使政府在现代预算管理制度中提高法治责任能力、公信责任能力、廉洁责任能力、效能责任能力。

具体来说，一是实施全口径预算，确立人大在预算权配置中的主导地位，完善预算审查制度，将一般公共预算、政府基金预算、社会保险预算和国有资本经营预算等所有政府收支纳入人大对政府全口径预算决算的审查和监督范围。二是按照分权制衡的原则，完善预算权配置体系和预算管理体制。按照决策权、执行权、监督权既相互制约又相互协调的原则，改革预算管理体制。要结合大部制改革，解决目前财政部门集预算编制、执行、监督于一身的体制和弊端。三是严格预算执行，增强政府的公信力和执行力。经过人大批准的预算具有法律的效力，必须严格执行。在预算执行中一般不得制定新的增加或者减少收支的政策和措施，确需出台公共政策，在出台之前必须全面评估其对预算支出的影响。四是通过实行预算公开、全口径预算、国库集中支付制度、细化预算编制和量化预算定额标准等，将政府权力关进预算制度的笼子里，对腐败形成天然的隔离。

3. 建立现代税收制度，促进公平竞争和分配正义，提升调控政府的现代治理能力

按照“稳定税负”“逐步提高直接税比重”的原则，稳步推进结构性减税，对现行税制进行有增有减的调整和优化。重点推进“营改增”改革，释放减税空间；提升个人所得税规模并转换税制模式，推进房地产税改革，推进资源税改革和环境保护税的开征。

具体来说，一是加大税收调节力度，逐步形成橄榄型分配格局，促经济持续健康发展和社会和谐稳定。加大个人所得税调节力度，尽快建立综合与分类相结合的个人所得税制。二是逐步扩大房地产税试点改革，完善住房保有、交易环节税收制度。三是推进消费税改革，将部分高档娱乐消费和高档奢侈消费品纳入征收范围。四是推进社会保障费改税，制定实施发展企业年金、职业年金、商业保险的免税、延期征税等优惠政策。五是完善慈善捐助减免税制度，支持慈善事业发挥扶贫济困的积极作用。此外，要建立个人收入和财产信息系统，建立全社会房产、信用等基础数据统一平台，推进部门信息共享，为实施税收调节创造征管条件。

4. 深化分税制财政体制改革，规范政府间财政关系，提升合力政府的现代治理能力

按照事权与财权相匹配、财力与支出责任相匹配、事权和支出责任相适应的原则，继续深化分税制改革。选择均权型财政分权模式，解决集权与分权的难题；选择非对称型财政分权模式，解决财权与事权相匹配的问题；选择法治化财政分权模式，解决财政民主和财政法治问题。

具体来说，一是要在转变政府职能、合理界定政府与市场边界的基础上，明确划分各级政府的事权，在此基础上界定各级政府的支出责任，然后赋予其相应的财权和划分政府间收入，再通过转移支付进行财力余缺的调节。在事权和支出责任的划分上，要考虑公共事项的受益范围、信息的复杂性和不对称性，激励相容。二是结合税制改革，考虑税种属性，进一步理顺中央和地方收入划分，培育和建立地方主体税种，完善地方税体系，增强地方自主财力。三是建立科学、公平、规范、透明的财政转移支付制度。完善一般性转移支付的稳定增长机制，增加一般性转移支付规模和比例，更好发挥地方政府贴近基层、就近管理的优势，促进地区间财力均衡。

5. 推进法治财政建设，加快财税立法步伐，提升法治政府的现代治理能力

法治是国家治理的根本特征，是衡量国家治理是否现代化的基本标准。现代财政制度是法治财政，通过遵循财政法定、权力制衡、财政公开等基本原则实现财政收支活动和管理行为的制度化、规范化、透明化。从长远看，我国亟需制定《财政法》甚至修订《宪法》，对事权、财权、支出责任划分等财税体制问题作出规定，这是建立规范稳定的财税体制的根本保障。目前，我国还需对如下领域的法律进行规范与完善。具体来说，一是继续完善新《预算法》，发挥其在财税法律体系中的引领作用。二是制定《转移支付法》，建立法律化、科学化、透明化的转移支付制度。三是结合增值税改革、房地产税改革等，将现行大多数税种暂行条例上升为法律，落实税收法定原则。四是修订《税收征收管理法》，为推进税制改革创造征管条件。五是制定《行政收费法》，规范收费、基金等征收管理。六是制定《政府债务法》，规范政府债务行为。此外，还应制定《政府投资法》、修订《政府采购法》，规范财政资金支付使用。

拓展区

阅读网络教学资源"专题讨论"栏目第一章中的"从国家出台《国家突发公共事件总体应急预案》谈政府职能"，完成学习活动，并进行讨论。

【历史浏览】

按照以下提示，回顾本章内容，回答复习思考题。

市场运行机制作为一种经济机制，是指通过市场价格波动、市场主体之间的利益竞争、市场供求关系的变化来调节经济运行的机制。

从政府活动的性质讲，政府职能可以分为对资源配置的干预、对收入分配的干预和对经济稳定的干预等三类。

政府失灵有种种表现，可以归纳为官僚机构提供公共产品的低效和浪费、公共政策失效、内部性与政府扩张、寻租及腐败等基本类型。

公共财政是为市场经济提供公共服务的政府分配行为，具有以下基本特征：公共性、非营利性、法治性、效率性。

今后一段时期，我国社会主义公共财政的建设应始终遵循市场原则和发展原则，努力完成以下重要任务：合理界定政府和市场的边界，科学界定各级政府的事权与财权，调整和优化支出结构，加大收入调节力度，转变理财理念和理财原则，以及强化财政管理与监督。

【复习思考题】

1. 如何理解市场和政府的关系？
2. 政府职能如何定位？
3. 政府失灵的表现形式有哪些，为什么会存在政府失灵？政府失灵如何治理？
4. 从公共财政的基本特征谈我国公共财政制度建设。

☞ 请在60分钟内，完成网络教学资源"即时练习"栏目中的本章练习；阅读网络教学资源"参考文献"，了解学习本章的参考文献，如果学有余力，请选择阅读；在网络教学资源"重点概念"中，提供了本章相关概念的检索。

第二章

财政职能

【学习导航】

请使用 3 学时学习本章内容。通过本章学习，重点掌握财政职能的基本含义和实现机制。

本章考试的重点是：财政资源配置职能、收入分配职能、稳定经济职能、监督管理职能的内涵及各项财政职能的实现机制。

【引导案例】

我国的城乡收入差距在近十年经历了一个逐年下降的发展路径。2007 年我国城乡居民收入比达到改革开放以来的最高水平 3.33∶1。从 2010 年开始，农村居民收入增速连续多年超过城镇居民收入，城乡收入差距首次从上一年的 3.33 倍下降到 3.23 倍，2011 年再次下降到 3.13 倍。2012 年，农村居民收入再次“跑赢”城镇居民，城乡居民收入比下降到 3.10∶1。2013 年，城镇居民人均可支配收入 26 955 元，农村居民人均纯收入 8 896 元，城乡收入比为 3.03∶1，较上年微降。2014 年城镇居民人均可支配收入 28 844 元，农村居民纯收入 9 892 元，城乡居民收入比为 2.92∶1，城镇和农村居民的收入水平差距首次降至“3”倍以下。2015 年城镇居民人均可支配收入 31 195 元，农村居民人均可支配收入 11 422 元，城乡居民收入比为 2.73∶1。2016 年城镇居民人均可支配收入 33 616 元；农村居民人均可支配收入 12 363 元，城乡居民人均收入倍差 2.72。2017 年一季度，城镇居民人均可支配收入 9 986 元，增长 7.9%；农村居民人均可支配收入 3 880 元，增长 8.4%，城乡居民人均收入倍差下降到 2.57 倍。

学习本章内容，请思考：政府如何缩小城乡居民收入差距？

☞ 解答提示请参考网络教学资源“案例分析”中的相关内容。

第一节 财政职能概述

一、对财政职能的一般认识

财政职能是指财政作为一种分配活动所具有的内在功能，是财政与生俱来的属性。西方现代财政理论从政府对经济活动的干预角度出发，注重分析财政收支对经济运行的潜在的积极效应，将财政职能归纳为资源配置、收入分配、经济稳定三大职能。结合我国社会经济发展实际和建立市场经济体制下公共财政框架的要求，我们认为在我国现实中的社会主义市场经济下公共财政应该具有资源配置、收入分配、经济稳定和监督管理四大职能。

财政资源配置职能更多的是从效率角度发挥效应的，是财政的基本职能，是其他职能存在、运行并得以发挥作用的前提和条件。财政收支活动本身就具有资源配置的功效，就是政府对社会经济资源的直接安排。无论收支安排是否合理，客观上都能形成一定的资源配置结构。财政收入分配职能更多的是考虑公平，不顾公平的收入分配职能也就失去了其存在的主要价值。虽然收入分配公平的实现很大程度上依赖财政收支安排，但只有合理适度的财政收支活动和政策安排才能实现收入分配的社会公平，财政收支本身并不天然地具有促进公平实现的机制。财政经济稳定职能实际上也是以资源配置为基础，在一定的财政收支安排和政策刺激之下得以实现的。而财政监督职能，相当程度上也是通过财政收支活动和收支过程来实现对经济主体的监督管理，即体现在资源配置职能实现的过程中。

拓展区

阅读网络教学资源“重点解析”栏目第二章中的“财政职能与政府职能间的关系”，对上述内容加深理解。

二、财政职能的发展变迁

财政职能是财政作为一种现象或事物客观具有的内在功能，随着经济社会的发展变化，人们对财政职能的认识与了解也逐渐深化，财政职能的范围也经历了一个不断调整的过程。

长期以来，我国财政学界基本上是在计划经济的背景下探索财政职能的，因此对财政职能的认识也深深地打上了计划经济体制的烙印。在20世纪80年代以前，我国学术界普遍认为财政具有分配、调节、监督三大职能，其中分配职能是财政的基本职能，调节与监督寓于分配职能实现过程之中。80年代最具代表性的观点是认为财政具有四种职能，即筹集资金、运用资金、调节经济和反映监督，有的学者认为筹集资金、运用资金实际上是财政分配职能的两个方面。90年代以来，随着探索建立社会主义市场经济体制，对西方财政经济理论的引进达到高潮，对财政职能的认识也与时俱进，财政理论界多认为市场经济下财政具有资源配置、收入分配和稳定经济三大职能。

西方经济学中的重商学派认为财政具有分配职能、调节职能，古典学派认为财政仅具有分配职能，而凯恩斯学派的代表人物之一、当代美国财政经济学家理查·A. 马斯格雷夫，对西方资本主义国家财政职能进行了明确、系统而权威的论述，把财政职能拓展为资源配置、收入分配、经济稳定三项职能。

财政职能固然是一个重要的财政基本理论问题，但它又是一个十分现实的财政政策问题。它是在面向社会和国家的形势与任务，为实现一定的政策目标，对财政工作实践进行理论概括的基础上提炼出来的。所以财政职能是相对稳定的，具有鲜明的政策针对性。结合我国社会主义市场经济建设与发展实际，我们认为社会主义市场经济下的公共财政具有资源配置、收入分配、稳定经济与监督管理四大职能。

第二节 财政资源配置职能

一、财政资源配置职能的含义

资源配置，广义理解可以是指社会总产品的配置，狭义理解可以是指生产要素的配置。无论何种理解，资源配置就是运用有限的资源形成一定的资产结构、产业结构、技术结构和地区结构，获得一定的经济效益和社会效益。资源配置的目的是用来满足人们的需求。任何社会，相对于人们的需求，资源总是稀缺的，所以，高效地配置资源，始终是经济学研究的核心问题。在现代经济条件下，市场是资源配置的主导，通过市场配置资源具有天然高效率的优点。但市场对资源的配置并不是万能的，市场失灵和市场缺陷都影响市场对资源的合理配置和有效使用。这就需要政府从全社会的整体利益出发，通过包括财政在内的各种手段，介入资源配置领域，实现整个社会资源配置的高效、优化。

财政资源配置职能是指政府通过财政收支以及相应的财政税收政策，调整和引导现有经济资源的流向和流量，以达到资源的优化配置和充分利用，实现最大的经济效益和社会效益的功能。

拓展区

阅读网络教学资源“重点解析”栏目第二章中的“财政资源配置职能的必要性”，对上述内容加深理解。

二、财政资源配置职能的内容

财政资源配置职能既包括对用于满足社会共同需要所需资源的直接分配，也包括财政对全社会资源配置的宏观调节两个方面的内容：（1）调节资源在不同地区间的配置，实现合理的地区生产力布局；（2）调节资源在产业部门之间的配置，形成合理的产业结构；（3）调节全社会资源在政府部门与非政府部门间的配置，形成合理的公共产品与私人产品提供结构；（4）调节资源在政府部门内部的配置，形成合理的资本品与消费品供应结构。通过财政资源配置使各种自然资源和经济资源能够合理分配到国民经济和社会发展的各个部门并得到有效的利用，使得人尽其才、物尽其用、财尽其能。

三、财政资源配置职能的实现机制

（1）科学制定税收政策和支出政策，确定“两个比重”的合理比例，从而实现资源配置总体效率。市场经济条件下市场机制发挥着基础性配置作用，而公共财政作为政府的计划配置，则是为了提高市场配置乃至整个社会资源配置的效率服务的。财政的宏观资源配置效率具体体现为“两个比重”，即财政收入占 GDP 的比重和中央财政收入占国家财政收入的比重，其中第一个比重尤为重要，影响到公共产品与私人产品的提供结构和公共需要的满足程度。而中央财政收入占全国财政收入的比重则涉及国家宏观调控效力和中央、地方政府间的财政关系问题，进而影响到全国性公共产品和地方性公共产品所费资源的配置效率。

拓展区

阅读网络教学资源“重点解析”栏目第二章中的“提高财政收入‘两个比重’的必要性”，对上述内容加深理解。

（2）合理安排政府支出的规模与结构，积极引入政府与社会资本合作机制，从而提升公共资源的配置效率。政府投资规模与结构在产业结构调整中起着重要的作用。按照科学发展观和全面建设小康社会的要求，教育、卫生、科技、农业、社会保障、环境保护、公共设施和基础设施等公益性和公共性领域发展的相对滞后已成为我国经济社会持续协调发展的“瓶颈”。政府需厘清政府、市场和社会各自的职能地位，财政支出的结构要以提供公共产品和服务为主，加大对社会保障、科教文卫事业、公益性项目的支出，加大精准扶贫及老少边穷地区的转移支付力度，增加对新型城镇化建设、农业现代化建设、现代基础设施网络建设等方面的财政支持。在财力有限情况下，政府应通过创新财政投融资结构，引导社会资本参与公共基础设施的建设，并合理运用税收、转移支付、财政补贴等手段，以加快基本公共服务和重点民生事业发展，从而提升公共资源配置效率。

（3）创新财政管理体制与机制。通过全面规范、公开透明的预算制度，规范和约束政府行为，合理安排政府投资规模和结构，政府逐步退出竞争性领域，为市场主体创造公平、开放、透明的发展环境。通过政府向社会力量购买服务、政府与社会资本合作的方式，发挥财政四两拨千斤的重要作用，通过财政资金带动民间资本对基础设施、公共服务的投资，提高社会资源配置效率。

（4）提高财政资源配置本身的效率。收入方面要提高税收征管效率，充分运用现代信息技术对税源进行监管，提高入库率。支出方面，要提高财政资金的使用效率。对每项生产性投资的确定和考核都要进行绩效分析，对于公用建筑和国防工程之类不能回收的投资项目，财政拨款应视为这种工程的成本，力求以最少的耗费实现工程的高质量。我国近年来在支出方面实施部门预算、政府采购、国库集中支付改革，都是为了提高财政资源配置本身的效率。

第三节　财政收入分配职能

一、财政收入分配职能的含义

收入分配通常是指对国民收入的分配。国民收入形成之后，形成流量的收入分配格局和存量的财产分配格局。市场经济条件下，收入分配的最终形成要经过两个环节：一是微观层次的市场分配环节（一般称为初次分配）；二是宏观层次的社会分配环节（也可称为再分配）。在市场经济条件下，市场分配是在各生产经营单位及其内部进行的分配，它以效率为准则，以各种要素的市场价格为依据，按照利益主体为社会提供生产要素的数量和质量的多少进行。由于人们在禀赋、所占有（或继承）资源的不同以及劳动能力、受教育机会等方面存在巨大差异，这就导致由市场决定的初次收入分配结果必然会出现收入分配不公、贫富差距过大的问题。这样，客观上就要求有一种有助于实现公平目标的再分配机制。

提示音

国民收入

国民收入是指在一定时期内（通常为一年）全社会物质生产领域的劳动者新创造的价值之和，即社会总产值中扣除物质耗费以后的余额。它是衡量国民经济运行总量的一个指标，与国民生产总值（GNP）、国内生产总值（GDP）的内涵与测算口径不同。

拓展区

阅读网络教学资源“重点解析”栏目第二章中的“市场机制框架内，缺乏有助于实现公平目标的再分配机制”，对上述内容加深理解。

财政收入分配职能是指财政收支活动客观上具有能够对各社会集团及其成员拥有的国民收入发挥直接与间接影响，进而缩小收入差距、实现收入分配公平的功能。公平分配包括经济公平和社会公平两个方面。经济公平是市场经济的内在要求，它强调的是要素投入和要素收入之间的对应关系，经济公平突出的是效率原则。社会公平则追求社会成员之间的收入分配差距应维持在人们所能接受的合理范围之内。财政收入分配职能的履行，以政府为主体，以社会公平为准则，其目的是通过政府对收入分配的调节来缓解市场分配不公及其一系列矛盾，进而协调社会分配关系，以求得社会经济在良好的环境中稳步、和谐发展。

提示音

我国社会公平的两重含义

一是指保障每个社会成员的基本生存权；二是指社会成员随着经济的发展共同富裕。在市场机制条件下，收入是生产要素占用状况的结果，而生产要素占用状况是效率的前提条件。因此，讲社会公平就要改变效率的条件，这隐含了社会公平要靠非市场机制来解决的命题，即由政府介入，通过财政收支及其活动来矫正收入分配不公，实现大致公平的收入分配。

二、财政收入分配职能的内容

财政收入分配职能的主要内容是通过调节企业的利润水平和居民个人收入水平来实现收入与财富分配的社会公平。通过调节企业的利润水平使之能够比较客观地反映企业的生产经营管理水平和主观努力状况，使企业在条件大体相同的情况下获得大体相同的利润。对居民个人收入水平的调节则是在坚持现行分配制度条件下，贯彻执行现行收入分配政策，即既要合理拉开收入差距，又要注意避免两极分化，逐步实现共同富裕。

三、财政收入分配职能的实现机制

（1）通过税收对高收入水平进行调节。如通过征收累进的个人所得税、社会保障税，把资金从那些较富裕的人们手里征集起来，缩小个人收入之间的差距；通过征收财产税、遗产税和赠与税调节财产分配状态；等等。

（2）通过转移支出增加低收入者的实际收入水平。如社会保障支出、救济支出、补贴等的安排，可以改善低收入阶层居民、丧失劳动能力的居民及其子女的生活、保健或教育状况，提高或维持其实际收入与福利水平，维护社会的安定。

（3）完善社会福利制度。国家兴建公共福利设施、举办各种福利事业以及开展各种社会服务等，可以增进社会成员利益，改善国民的物质文化生活，为广大群众提供生活质量保障，这也使低收入者的实际收入增加，个人收入差距缩小。

（4）建立统一的劳动力市场，促进城乡之间和地区之间人口的合理流动。实际上，打破人口流动壁垒，使劳动者可以通过“以足投票”获得最大效用，是最大限度地调动其劳动积极性、遏制城乡差距和地区差距进一步扩大的有效途径。

第四节　财政稳定经济职能

一、财政稳定经济职能的含义

经济稳定是指在一定时期一个社会宏观经济体系的运行处于大体平稳状态，具体说来是指一定时期全社会总供给与总需求处于相对均衡状态。其具体表现为以下几方面。

（一）充分就业

充分就业指的是全社会有能力工作、愿意工作且又在寻找工作的人的就业状况。西方经济学通常以失业率高低作为衡量就业是否充分的尺度。失业率是指失业人数占劳动力人数的比例。劳动力是指一定年龄范围内有劳动能力且愿意工作的人，失业者是劳动力中那些想找工作但尚未找到工作的人。大多数西方经济学家认为存在4%～6%的失业率是正常的，此时社会经济处于充分就业状态。

（二）物价稳定

物价稳定是指商品和劳务价格总水平的大体稳定，即短期内货币币值不发生过度的上升或下跌，一般用价格指数来表达物价水平的变化。一定时期内物价水平的持续上涨称为通货膨胀，经济学家一般认为，年度通货膨胀率在3%～5%内可以视为物价稳定。与通货膨胀相反的现象是通货紧缩，即一定时期内一般价格水平的持续下降。通货紧缩对国民经济的危害并不亚于通货膨胀，因此防止和治理通货紧缩也是保持物价稳定的应有之意。

（三）经济持续均衡增长

经济增长是指一个国家一定时期内商品和劳务产出在数量上的增加，通常由 GNP 或者 GDP 及其人均水平来衡量。而经济发展不仅仅是产出数量的增加，还表现为随产出增长而带来的经济运行质量的提高，产出与收入结构的变化以及经济、政治和文化条件的变化，表现为第一产业比重的下降，第二、三产业比重的相应上升，意味着人们基本需要的满足和综合素质的提高。经济增长是发展的前提，发展是经济增长的结果。

（四）国际收支平衡

国际收支平衡即一国在国际经济往来中维持经常项目与资本项目的收支合计大体平衡，不出现大的顺差或逆差。随着国际经济交往的密切，一国国际收支平衡状态反映着该国国内经济的稳定程度。在开放的经济条件下，一国国际收支不平衡就意味着该国国内收支的不平衡，或说国内经济处于失衡状态。

财政经济稳定职能是指政府财政通过宏观领域内的资源配置和收入分配作用，即通过对总供给和总需求的影响，解决市场不能自发解决的宏观经济问题，以达到促进经济稳定增长，缓解通货膨胀和失业压力的目的。财政经济稳定职能，其实就是政府财政克服市场在宏观领域内的失灵，在宏观领域内履行资源配置职能和收入分配职能的结合形式。

拓展区

阅读网络教学资源“重点解析”栏目第二章中的“在我国产业结构转型升级的关键时期，政府应着眼的问题”，对上述内容加深理解。

二、财政经济稳定职能的内容

（1）相机决策政策。根据社会总需求和社会总供给的现实情况灵活改变税收和公共支出，以达到实现总供求大体平衡的目标。当总需求非常低，即出现经济衰退时，政府应通过削减税收、降低税率、增加支出等措施刺激总需求。反之，当总需求非常高，即出现通货膨胀时，政府应当增加税收或削减开支以抑制总需求。

（2）自动稳定器政策。通过财政的制度性安排自动地促进总供给和总需求的平衡，包括政府税收的自动变化（累进税率制度）和政府支出的自动变化（转移支付制度）。一般而言，凡是业已规定了的，当经济现象达到某一标准就必须安排的收入和支出，均具有一定的“自动稳定”作用。

（3）在总供给方面，通过投资、补贴和税收政策等手段，解决经济增长的“瓶颈”问题，促进传统工业向现代知识经济转化，以信息产业为纽带加快产业结构的转换，合理利用资源，保护环境，以保证国民经济的可持续发展。

三、财政经济稳定职能的实现机制

财政经济稳定职能主要体现为政府财政活动对总需求和总供给的影响，这种影响将使整个社会的总产出水平和价格总水平发生变化。

（一）财政对总需求的影响

财政对总需求的影响是通过政府的收支活动实现的。政府的收支有各种不同的形式，从收入方面来看有税收、价格和公债，从支出方面来看有购买支出和转移支出。政府的购买支出是总需求的一个组成部分，其数量自然会直接影响总需求，政府的转移支出、税收、公债、定价政策也会间接地影响总需求。政府活动之所以会对总需求产生重大的影响首先在于它的巨大规模。个人、家庭、企业的收支也是社会需求的一个重要组成部分，但就某一个具体单位来说，它对总量的影响微乎其微，只有当从整个私人部门来考虑时，其收支才会成为影响总需求的决定性因素。

（二）财政对总供给的影响

财政对总供给的影响是通过政府对劳动供给和整个社会资本积累的影响而实现的。总供给取决于现有资源的数量以及使用这些资源的技术和组织能力。使用资源的技术及组织能力主要是微观经济讨论的内容，因此，宏观经济对总供给的分析集中讨论资源的供给数量。政府财政活动对资源供给的影响表现在两方面：一方面通过税收或者支出政策（如提供福利）对劳动供给施加影响；另一方面通过财政收支活动对私人投资和整个社会投资总量施加影响。

（三）财政对国际收支的影响

在一个开放的经济体中，总需求不仅仅是国内需求，它还包括外国对本国产品的需求；总供给也不仅仅是国内的生产能力，从国外进口的产品也是总供给的一部分。政府财政活动对外贸和国际收支有着重要的影响，主要表现为政府的关税政策以及国家之间的税收关系对进出口贸易、国际资本流动产生的影响。

第五节 财政监督管理职能

一、财政监督管理职能的含义

对政府预算和财政活动实行监督，是现代政府预算和财政分配活动公开化、民主化的重要体现，也是确保政府公共预算符合广大人民意愿，保证政府收支的合法性，增强政府预算的透明度，提高财政资金使用效益，实现政府依法行政、依法理财的客观要求。公共财政资金取之于公众，要确保其有效地用之于公众，必须构建一整套民主化、科学化的收支决策机制、财政资金运行机制和强有力的监督机制。财政权是一种基本的国家权力，同其他权力一样，必须受到相应的制约和监督。

财政监督管理职能是指政府在预算决策和资金筹集使用过程中，客观上具有的对国民经济各方面的活动情况和财政本身的运行进行反映和制约的功能。财政监督管理职能寓于财政资源配置、收入分配和稳定经济职能之中，辅助这些职能并独立发挥作用。

拓展区

阅读网络教学资源“重点解析”栏目第二章中的“为什么社会主义市场经济财政应该有监督管理职能”，对上述内容加深理解。

二、财政监督管理职能的内容

（一）监督管理宏观经济的运行

跟踪、监测宏观经济运行指标，及时反馈信息，发出预警信号，为国家宏观调控提供决策依据，从而为经济正常运行创造良好的市场环境。

（二）监督管理微观经济的运行，规范经济秩序

主要是建立健全和严格执行财政、税收、会计法规，为市场竞争提供基本的规则，当好市场裁判，保护企业之间的正当竞争；同时，严肃财经纪律，依法治税、依法理财，保证国家财政收入。

（三）监督管理国有资产的运营情况

主要是实施价值形式的监督管理，在搞活、搞好国有企业的同时，实现国有资产的保值增值，促进国家财力的壮大和社会主义生产关系的完善。

（四）监督管理财政部门自身的工作

财政部门也要遵守国家有关法律法规，同时还要通过制定一些内部章程和制度严格规范自身行为，使财税工作走上法制化、规范化轨道，不断提高财政分配效益和财政管理水平。

超链接

中国新闻网：http：//www. chinanews. com

中国财经网：http：//www. cfen. com. cn

三、财政监督管理职能的实现机制

市场经济条件下，由于利益主体的多元化、经济决策的分散性、市场竞争的自发性和排他性，所以需要财政的监督和管理。特别要看到，我国是以公有制为基础的社会主义国家，必须保证政令统一，必须维护国家和人民的根本利益，这就更需要强化财政的监督管理职能。

但随着社会主义市场经济体制的建立与完善和法制化管理的推行，长期以来以政府行政监督为主体的财政监督，日益显露出与市场经济法制管理的不相适应，主要表现为立法监督与执法监督之间的脱节，对抑制市场运行和行政管理中出现的种种不正之风与违法行为缺乏应有的力度和广度；在维护和推行国家的法制化管理、保证实现国家的立法民主监督等方面，存在着相当的滞后性与脆弱性。市场经济比较发达国家的财政监督实现机制应该可以为我国的财政监督改革与完善提供借鉴。与法制管理体制相适应，市场经济发达国家的财政监督职能的运用主体，一般都确定为国家的立法机关，并以此为依托，结合司法、审计、行政、财务、会计、社会中介机构，以及银行金融机构、社会公众、舆论等形式，组成一个相对独立又紧密配合的监督体制，以立法、执法、司法，以及事前、事中、事后监督和日常监察等形式，实行较严密有效的监督，从中体现出财政监督法制化应有的广泛性、权威性、严密性、规范性和实效性。

拓展区

阅读网络教学资源“背景资料”栏目中的《国务院办公厅关于完善支持政策促进农民持续增收的若干意见》，了解该法规；阅读网络教学资源“案例分析”栏目第二章中的“‘计划’变‘规划’，一字之差透出三大信号”，理论联系实际地分析问题；阅读网络教学资源“专题讨论”栏目第二章中的“公平增长与政府责任”，完成学习活动，并进行讨论。

【历史浏览】

按照以下提示，回顾本章内容，回答复习思考题。

财政职能是指财政作为一种分配活动所具有的内在功能，是财政与生俱来的属性。

社会主义市场经济下公共财政应该具有资源配置、收入分配、稳定经济和监督管理四大职能。

财政资源配置过程中，要处理好全社会资源归政府支配的份额，处理好一般性支出与重点支出的关系，投资性支出中重点支出与非重点支出的比例，要提高财政本身资源配置的效率。

财政可以通过税收安排、转移性支出、建立社会福利制度、建立统一的劳动力市场以促进城乡间和地区间人口的合理流动等方式来缩小贫富差距，实现分配公平。

政府可以通过财税政策调节社会总供求关系、平抑经济波动。可采取的政策类型主要有相机抉择政策、自动稳定器政策等。

财政通过制定并执行财税规章制度以反映、监督管理宏微观经济的运行情况，确保国有资产的保值增值，提高财政运行质量。

【复习思考题】

1. 实现资源配置职能的手段与机制有哪些？
2. 如何实现收入分配的社会公平？
3. 稳定经济职能的表现机制如何？
4. 财政监督管理职能的内涵是什么？财政监督管理的必要性何在？

☞ 解答提示请参考网络教学资源“复习思考题答案”中的相关内容。请在60分钟内，完成网络教学资源“即时练习”栏目中的本章练习；阅读网络教学资源“参考文献”，了解学习本章的参考文献，如果学有余力，请选择阅读；在网络教学资源“重点概念”中，提供了本章相关概念的检索。

第三章

财政支出原理

【学习导航】

请使用4学时学习本章内容。通过本章学习，着重理解并掌握财政支出的基本理论、财政支出管理和财政支出绩效评价的主要内容。本章考试的重点是财政支出的若干基本理论和财政支出管理的主要内容。

【引导案例】

近年来，中国经济发展中出现了比较明显的“国进民退”现象：一是国有企业在资源性、能源性领域中的垄断程度越来越高；二是国有企业资源聚集在少数上游产业，并逐渐形成了寡头垄断的地位；三是一些行业和领域在准入政策上虽无公开限制，但实际进入条款限制颇多，门槛过高，民营经济发展中出现了明显的“天花板”现象。

通过学习本章，请思考：市场经济条件下如何科学地界定政府与市场的活动边界？如何把握政府财政支出的范围和政府调控的力度？如何提高财政支出的绩效？

☞ 解答提示请参考网络教学资源“案例分析”中的相关内容。

第一节 财政支出的范围

一、界定财政支出范围的原则

尽管公共产品具有多样性，财政支出范围也是不断变化的，但是在市场经济和公共财政框架这一制度背景下，确定财政支出范围仍是有规律可循的。按照财政支出范围决定于市场经济下政府的职能范围的理论来看，界定财政支出范围的一般原则有以下几条。

（一）私人部门办不到的事情

公共经济学理论认为，私人部门办不到的情况有以下四种：一是公共产品。例如，国防、外交、司法等公共服务和路灯、道路、防洪等基础设施，它们都具有消费的非竞争性和受益的非排他性特征，其消费无法通过市场收费补偿成本，因而市场不能提供或不能有效提供。介于公共产品和私人产品之间的准公共产品，虽然在一定的技术和成本条件下具有排他性，但它们同时又具有公共产品的性质。二是市场不完全。当市场不能提供某种商品或劳务时，市场就是不完全的，即便这种商品或劳务的成本比个人愿意支付的价格要低。这在我国这样的经济转轨国家表现尤为突出。三是经济稳定。市场不能使经济自行趋于充分就业、物价稳定和适度增长，存在不断波动的商业周期。四是社会公平。竞争性市场按要素价格进行分配，这种分配的方式及其结果会导致一部分人因收入过低而不能保障其最低生活水平，出现社会分配不公。消除社会分配不公及导致的各种社会问题，具有正的外部效应，本身就是一种公共产品。

提示音

公共产品与私人产品

微观经济学主要研究私人产品，即可以在市场上购买到的那些商品。例如，水果、服装、火车票等。私人产品具有明确的产权特征，在形体上可以分割和分离，消费或使用私人物品时有明确的专有性和排他性，如果甲已经消费了某个商品，乙就不可能再消费同件商品了；如果丙通过支付某件商品的价格而占有了该商品，不通过交易，丁就不可能也占有同一件商品。

与私人产品相反，在现实经济中还大量存在不具备明确的产权特征，形体上难以分割和分离，消费时不具备专有性和排他性的产品（如国防、道路、广播等），这种物品被称为公共产品。即公共产品是与私人产品相对应的一个概念，消费具有非竞争性和非排他性特征，一般不能或不能有效通过市场机制由企业和个人来提供，主要由政府来提供。许多环境物品也是公共产品，或者具有很强的公共产品性质。例如，大气质量、河流和公共土地。

拓展区

阅读网络教学资源“重点解析”栏目第三章中的“公共产品的特征”，对上述内容加深理解。

（二）私人部门不愿办的事情

私人部门不愿办的情况包括：一是所谓“公地的悲剧”，即追求自身利益最大化的个人，不愿意有效保护自然资源或公共所有的物品，导致公共资源质量的下降，因而保护自然资源和公共产品是公共部门的职责。二是风险和不确定性。由于竞争市场的效率最大化结论是基于完全确定的模型，然而在现实社会中，不确定因素是大量存在的，如价格的变动会受气候、偏好、人口及技术等因素变化的影响而具有不确定性，使得私人部门从事风险产业的意愿不足。风险产业主要包括长周期产业和高新技术产业两类。其中，长周期产业投资大、回收慢，是一般风险产业。因为周期长，未来不确定因素多，合理预期难度大，与周期较短的一般项目相比，有一定的风险。高新技术产业是高风险产业，特点是高投资、高技术、高收益，市场投资可能因为风险高而供给不足或发展缓慢。三是在存在正的外部效应的情况下，由于经济活动的收益不能全部内在化，其他人不付成本也享受到了好处，即其非货币化的社会效益大于直接的经济效益，使它因缺乏激励而供给不足，例如个人不会独自治理环境污染等。

提示音

纯公共产品和准公共产品

纯公共产品是同时具备非竞争性和非排他性的产品和劳务，准公共产品是具备两个特征之一的物品和劳务，包括由私人部门生产的公共产品和由公共部门提供的私人产品（这两种产品都可以称为混合产品）。

拓展区

阅读网络教学资源“重点解析”栏目第三章中的“公共产品的分类和判断”，对上述内容加深理解。

（三）私人部门办不好的事情

公共财政理论认为，私人部门办不好的情况有两种：一是外部不经济。个人或厂商的经济行为使其他市场主体的利益受损，因其成本不能全部内在化，按私人边际收益等于边际成本原则，外部经济活动就会供给过多，使资源配置偏离帕累托效率。比如，各种可导致河流、大气和噪声污染的经营活动。二是垄断或规模报酬递增。竞争市场的效率分析是基于规模报酬固定和递减阶段下的生产行为，若向额外的使用者提供商品和劳务的单位成本随产出增加而降低即规模报酬递增，就会产生垄断，导致市场结构的非竞争性，垄断者可以通过限制产出和提高价格来增加利润，从而无法实现社会福利的最大化。

（四）相对和发展的原则

市场失灵和政府职能的具体内容是历史的而非绝对的，比如，技术的进步和创新，可以导致原先的公共产品丧失非排他性特征，使其外部成本内在化，也可能创造出新的公共产品和外部经济，使某些社会服务的竞争性得到加强。此外，对于准公共产品等大多数市场失灵活动，市场仍然要发挥一定作用，政府不能完全排斥市场行为。正如英国经济学家刘易斯所说的，几乎政府所做的一切，私人公司都曾在某一时期做过，这包括修路、提供警察、救火或仲裁服务。实际上，在大多数公共服务的领域中，最初服务都是由私人提供的，而政府的介入相对较晚。因此，在纯公共产品之外的准公共产品领域，产品都是由政府和市场合作提供，政府不能全部包揽。而且，对于某些公共服务，政府可以引入市场竞争机制，由私人部门或非政府组织提供。

实际上，一个商品或一项服务是否具有公共性，是否需要公共部门来提供，并不是一成不变的。就静态而言，公共产品具有多样性，有纯粹的公共产品（如国防、行政、外交、公检法等），也有混合性的公共产品（教育、科技、文化、卫生、社会保障、环境保护、广播电影电视等），还有供水、供电、供暖、排污、机场、道路、桥梁等基础设施、基础产业以及公益企业。此外，农业和中小企业在某种意义上也具有混合商品的特点，因为它们有明显的外部性，如增加就业、稳定社会等。所以很多国家都在政策或资金上对农业提供支持，以及建立扶持中小企业的融资体系。在上述这些领域政府都是可以有所作为的。当然参与的方式不尽相同。对纯粹公共产品，政府要全额负担，不能由社会和个人负担，对教育、科技、文化、卫生、环境保护以及广播电影电视等混合商品（即混合性的公共产品），政府实行最低保障原则，只承担具有社会效益的那些方面的开支。而对水暖电气、道路桥梁等，政府只需参股或为融资提供担保。但不管怎样，在这些领域，政府都可以发挥其职能作用。

从动态来看，购买公共产品的支出还具有历史性。现在是公共产品的，将来不一定是，而现在不是的将来可能是。比如日本，当初办了很多国有企业，政府要管它们，现在除了烟草专卖一家，其他都私有化了。美国政府当初也支持西部的开发、密西西比河的治理以及电力产业等，后来都逐步退出来了。但有“退”就有“进”，且“进”的比重往往大于“退”的比重。这可以从日本、美国的财政支出占其 GDP 的比重迅速增长得以印证。

公共产品的这种历史性还提醒我们注意到另外一个现象：处于市场经济不同发展阶段的国家，其财政支出的内部构成也是不一样的。在发达国家现在已经不再是公共产品的东西，在发展中国家可能仍然是公共产品，需要财政支出来供给（如电力、交通）。此外，公共产品也具有社会性，即拥有不同历史、文化和风俗的国家与地区公共产品的结构也有区别。例如一些阿拉伯国家，佩戴头巾是一个重要的风俗，头巾的需求量很大，以至往往需要政府的干预才能保证头巾的正常供应，从而使之成为一种准公共产品。

二、科学界定政府财政支出范围

根据我国的具体国情和财政的客观实际，我国的财政支出可以从以下四个领域进行界定。

（一）政权建设领域

各级国家机关，包括国家权力机关、国家行政机关、国家审判机关和国家检察机关，以及武装警察部队等，都是国家机器的基本组成部分，发挥着从事社会管理、保证国家安全等重要职能，财政必须保证其合理的资金需要。同时，由于我国政治制度的性质与特点，依法成立的政党组织、政协常设机构及部分人民团体等，财政也应保证其合理的资金需要。但除此以外的各类社团组织则不应由财政供给经费。

（二）公益性事业发展领域

在我国，事业单位的发展领域比较复杂，大体可以分为三种类型：第一，提供纯公共产品的事业单位。如义务教育、基础研究单位、卫生防疫单位、妇幼保健单位、文物保护单位、公共图书馆和博物馆等，它们提供的产品是纯公共产品，私人不愿或无力承担，只有政府出面组织承担，因而财政必须保证其经费的合理需要。第二，提供准公共产品的事业单位。如高等学校、应用基础研究单位、保护和弘扬民族文化遗产的特殊艺术团体等，它们提供的产品虽具有一定公共产品的性质，但其产生的耗费也可通过向消费者收费取得一定的补偿，对这类单位，财政可以对其补助一部分经费。第三，提供私人产品的单位。如函授学校、职业技术学校、技术开发型科研单位、一般性的艺术表演团体、出版社、杂志社、社会中介机构、招待所等，它们提供的产品是具有排他性和竞争性的私人产品，其发生的耗费完全可以通过为社会提供服务取得收费收入来补偿并获得利润，无须政府举办和出资，因此，这类单位应与财政供给脱钩，由市场去调节。

（三）再分配性转移支出领域

保护社会分配公平、提高社会保障程度，只有政府才能发挥这方面的职能作用。一是要调节不同地区和居民的收入，提高收入分配的公平程度，保证丧失工作能力者、无职业收入者和低收入者的生活和健康需要，如下岗职工基本生活费、城市居民最低收入保证等。二是实行各种社会保险和社会福利救济，以及对欠发达地区的转移支出和扶贫支出等。对社会保障提供资金支持，是公共财政的显著特征。

（四）公共投资支出领域

财政主要应对那些对国民经济有重大影响的非经营性和非竞争性领域进行必要的公共投资，主要包括三个方面：第一，对公共设施、基础设施等非营利性领域进行投资，如道路、桥梁、码头、机场、高铁、农业水利建设以及环境保护、防治污染工程等。第二，对公共服务和民生领域进行投资，如公共交通、邮政、自来水、燃气等城市公用事业。第三，对风险产业或高新技术产业进行投资，主要是重大的技术先导产业，如航天、新能源、新材料等；除此之外，财政应逐步从其他经营性和竞争性领域退出。第四，加强政府对农业的扶持和保护，特别是应有效地实施财政对农业的“绿箱补贴”政策，加大对落后地区、环保项目和农业科技成果的推广和应用，扶持农业公益性事业的发展。

第二节　财政支出的规模

一、财政支出规模的衡量

（一）财政支出规模的含义

财政支出规模是指在一定时期（预算年度）内，政府通过财政渠道安排和使用的财政资金的绝对量和相对量，是根据一定时期国民经济发展状况和政府职能实现的要求等因素测算和完成的政府集中性支出在总量上的反映。

从管理意义上讲，财政支出规模有预算支出规模和决算支出规模两种形式。前者是指在编制年度预算时根据支出的预算要素测算出的年度支出数；后者则是指预算年度内政府财政实际完成的支出总量。预算支出与决算支出往往也是不完全相等的。

财政支出规模反映了政府对国民（内）生产总值的实际占有规模和程度，体现了国家的职能和政府的活动范围，是研究和确定财政分配规模的重要指标。

（二）财政支出规模的衡量指标

衡量财政支出规模的指标通常有绝对指标和相对指标两类。

财政支出规模的绝对指标是指以一国货币单位表示的、预算年度内政府实际安排和使用的财政资金的数量总额。它可以直观地反映某一财政年度内政府支配的社会资源总量，但难以反映政府支配的社会资源在社会资源总量中所占的比重，因而不能充分反映政府在整个社会经济发展中的地位。由于绝对指标是以本国货币为单位，加之不同国家的经济发展水平存在明显差异，故不便于进行国际横向比较；另外，这一指标是以现价反映的名义财政支出规模，与以前年度特别是物价水平变化较大年度的支出绝对额缺少可比性，故不便于支出规模的纵向分析。

因而，通常是以支出的相对指标作为衡量和考察财政支出规模的指标，既可以用作不同国家支出规模的横向比较，也可用作一国不同经济发展时期支出规模的纵向分析。

财政支出规模的相对指标是指预算年度内政府实际安排和使用的财政资金的数量占相关经济总量指标（如国民生产总值、国内生产总值、国民收入等）的比率。它反映了一定时期内全社会创造的财富中由政府直接支配和使用的数额，反映了社会资源在市场和政府配置之间的比例，体现了社会财力的集散程度，也反映了财政支出与宏观经济运行以及国民收入分配的相互关联、相互制约的关系。通过该指标，可以全面衡量政府经济活动在整个国民经济活动中的地位及重要性。

一般地讲，在经济发展水平、产业结构等大致相同的条件下，财政支出相对指标越大，说明财政参与国民（内）生产总值分配的比例越高，社会财力越集中，财政支出的规模越大，政府对经济运行的介入或干预程度也就越高；反之亦然。研究财政支出规模，不仅要研究其绝对量，更要研究其相对量。如果脱离国民经济和社会发展的相关指标去研究和确定财政支出规模，就割裂了经济运行与财政支出的内在联系，也就不能真实、客观、准确地确定财政支出规模。

实践中，各国主要采用财政支出占 GDP（或 GNP）的比重以及财政支出边际系数和财政支出弹性系数等指标来衡量财政支出规模及其变化情况。

财政支出边际系数，即国民（内）生产总值的增加额中用于财政支出部分所占份额的大小。用公式表示为：

$$财政支出边际系数=\frac{年度财政支出增加额}{年度国民（内）生产总值增加额}\times 100\%$$

财政支出弹性系数，是指由国民（内）生产总值的增长所引起的财政支出增长幅度的大小，亦即财政支出增长对国民（内）生产总值的敏感程度。用公式表示为：

$$财政支出弹性系数=\frac{年度财政支出增加率}{年度国民（内）生产总值增长率}\times 100\%$$

二、财政支出规模增长的基本理论

对于财政支出规模不断增长的趋势，许多经济学家从理论上进行了分析研究，其中有代表性的理论主要包括以下几种。

（一）政府活动扩张论

19 世纪 80 年代，德国经济学家阿道夫·瓦格纳（Adolph Wagner）考察了英国产业革命和当时的美、法、德、日等国的工业化状况之后，认为一国工业化经济的发展与本国财政支出之间存在着一种函数关系，即随着现代工业社会的发展，“对社会进步的政治压力”增大以及在工业经营方面因“社会考虑”而要求增加政府支出。后人称之为“瓦格纳法则”。瓦格纳法则可以表述为：随着人均国民生产总值的提高，财政支出占 GNP 的比重相应提高。

瓦格纳认为，形成财政支出规模上升趋势的最基本的原因是工业化。从政治因素看，随着经济的工业化，不断扩张的市场与这些市场中的行为主体之间的关系更加复杂化。这需要建立司法体系和管理制度，以规范行为主体的社会经济活动。从经济因素看，政府对经济活动的干预以及从事的生产性活动也会随着经济的工业化而不断扩大。因为随着工业化经济的发展，不完全竞争市场结构更加突出，市场机制不可能完全有效地配置整个社会资源，需要政府对资源进行再配置，实现资源配置的高效率。另外，城市化以及高居住密度会导致外部性和拥挤现象，这些都需要政府出面进行干预和管制。此外，教育、娱乐、文化、保健以及福利服务的需求收入弹性较大。也就是说，随着人均收入的增加，人们对上述服务的需求增加得更快，要求政府为此增加的支出更多。

（二）梯度渐进增长论

英国经济学家皮考克（Alan Peacock）和威斯曼（Jack Wiseman）在 20 世纪 60 年代初对英国 1890 年以后的财政支出历史数据进行了经验分析，认为在正常年份财政支出呈现一种渐进的上升趋势，但当社会经历激变时（如战争、经济大萧条或其他严重灾害），财政支出会急剧上升；当这种激变时期过后，财政支出水平将下降，但不会低于原来的趋势水平。这就是所谓的梯度渐进增长。因其理论实质上揭示了财政支出增长的两类原因，即内在因素和外在因素，故也称之为内外因素论。

财政支出增长的内在因素是指公民可以忍受的税收水平的提高。一般来说，政府的意愿总是财政支出越多越好，这样可以使政府的权力不断扩大；而民众的意愿是税收负担越低越好。政府的征税水平一旦超过了公众的忍受限度，他们就会通过手中的选票行使否决权。因此，政府的财政支出水平在一定程度上受到税收水平的制约。但是，随着经济的发展和人均收入水平的提高，即使税率保持不变，税收收入也会随之增加，财政支出便与 GNP 呈同步增长。

财政支出增长的外在因素是指社会动荡对财政支出造成的压力。在危急时期，私人部门无法解决战争、饥荒、经济危机等所造成的种种社会经济问题，只有政府采取行动才能缓解这些灾难对社会、经济的消极影响。因此，此时的财政支出必然呈阶梯式上升。皮考克和威斯曼利用三个相互联系的概念即置换效应、审视效应以及集中效应，分析了非常时期的财政支出增长过程。

1. 置换效应

置换效应包括对以前财政支出水平的置换和对私人部门支出水平的置换。前者是指在危急时期，新的、较高水平的支出（税收）替代了以前的、较低的支出（税收）水平；而在危急时期过后，这种新的支出水平因公众的税收容忍程度提高而不会逆转；即使支出水平有所下降，也不会低于原来的趋势水平。后者是指在社会总资源的配置中，私人部门的份额因公共部门的份额增加而减少。也就是说，在危急时期，财政支出在一定程度上会取代私人支出，而且财政支出的增加呈阶梯状。

2. 审视效应

社会动荡暴露出许多社会问题，迫使政府和公众重新审视公共部门和私人部门各自的职责，认识到有些社会经济活动应当纳入政府的活动范围，公共部门需要提供一些新的公共产品。与此同时，随着公众觉悟水平的提高，可容忍的征税水平在危急时期过后明显提高。这样，公共部门规模的扩张、财政支出规模的增长趋势不可避免。

3. 集中效应

在非常时期，中央政府显然要集中较多的财力，甚至会发行大量国债以满足其猛增的需求。即使在正常时期，为了促进经济增长，中央政府的经济活动在整个公共部门的经济活动中所占比重也具有明显提高的倾向。

（三）经济发展阶段论

马斯格雷夫（R. A. Musgrave）和罗斯托（W. W. Rostow）用经济发展阶段论来解释财政支出增长的原因。这一理论在罗斯托的《经济成长的过程》《经济成长的阶段》等著作中得到了集中体现。他们认为：

（1）在经济发展的早期阶段，由于公共产品尤其是经济发展所必需的社会基础设施（如公路、铁路、桥梁、法律和秩序、电力、环境卫生、供水系统、通信、教育等）供给不足，政府公共投资往往要在社会总投资中占有较高比重。因为这些公共投资对于帮助早期阶段的经济“起飞”，以至进入发展的中期阶段来说，是必不可少的前提条件。

（2）当经济发展进入中期阶段后，社会基础设施供求趋于均衡，政府公共投资在社会总投资中的比重有可能降低。但财政支出总规模并不一定下降甚至有可能继续上升，其原因在于：当经济、社会发展进入中期阶段后，市场失灵问题日益突出，并成为阻碍经济发展进入成熟阶段的关键因素。这就要求政府加强对经济的干预，以矫正、补充、完善市场机制的不足。但是政府对经济干预范围的扩大和干预力度的加强必然导致财政支出增长。

（3）随着经济发展由中期阶段进入成熟阶段，公共财政支出结构会发生很大变化，即从社会基础设施投资支出为主的结构，转向以教育、保健和社会福利为主的支出结构，购买性支出相对下降，转移性支出相对上升。从长期看，财政支出结构的这种变化趋势，导致了财政支出规模的不断扩大。

（四）非均衡增长理论

美国经济学家鲍莫尔（William Baumol）认为政府财政支出增长也可以从私人部门与公共部门平均劳动生产率的增长差别（非均衡增长）的角度得到解释。他把国民经济区分为劳动生产率迅速提高的私人部门和劳动生产率提高缓慢的公共部门两个部分，并且假定这两部门的工资水平相同，并且随着劳动生产率的提高而相应提高。在对两部门的有关数据进行测算的基础上，得出下面的结论：

（1）生产率提高缓慢的部门，其产品的单位成本不断上扬；而生产率不断提高的部门，其产品的单位成本或是维持不变，或是不断下降。

（2）如果消费者对生产率提高缓慢部门的产品需求富有弹性，该部门的产品产量将越来越少，甚至可能停产。

（3）如果要维持生产率较低部门的产品在整个国民经济中的比重，必须使生产力不断涌入该部门。

（4）如果要维持这两个部门的均衡增长，政府部门的支出只能增加，同时，也会导致整个经济增长率的不断降低。

根据以上推论，鲍莫尔得出结论，即生产率偏低的政府公共部门必然越来越大，其支出水平也越来越高。

以上分析说明，世界各国的财政支出不论是从绝对规模来看还是从相对比重来看，都呈现出随着人均收入的提高而增长的趋势，而且也从各个角度阐明了形成这种增长趋势的原因。我们把这些原因大致归为以下三个方面：其一，经济性因素。包括经济发展水平、经济体制的选择、物价水平、征税能力以及政府的干预政策等。一般而言，经济发展水平越高，财政支出规模越大；经济管理体制越集权，财政支出规模越大；物价水平越高，名义财政支出规模就会越大；政府的征税能力越强，财政支出规模就越大；如果政府减少干预且干预手段主要是管制而不是财政收支活动，财政支出规模就会相对缩小。其二，政治性因素。包括政局是否稳定、政体结构的行政效率高低等。如果一国政局不稳，出现内乱、战争等突发事件，财政支出规模必然会超常规扩张。如果一国的行政机构臃肿、人浮于事、相互扯皮、效率低下，必然导致财政支出增加。其三，社会性因素。包括人口状况、文化背景等。人口增加，相应的教育、医疗保健、交通、住房、治安等方面的需求就会增加，财政支出的压力增大；人口老龄化导致社会保障支出和其他社会福利性支出增加，这是使上中等收入国家特别是高收入国家财政支出规模不断膨胀的主要原因。

三、财政支出规模的影响因素

一定时期财政支出规模的变动，涉及多种复杂因素，同当时的政治经济条件和国家的方针政策甚至国情都有密切的联系。概括起来，主要有以下几方面的因素。

（一）经济性因素

1. 经济发展水平

财政支出的增长很大程度上取决于经济发展水平。财政是对社会剩余产品进行分配，剩余产品越多，能供财政分配的数量也就越多。经济发展水平高低直接决定着剩余产品率的高低，因而会影响财政支出的规模。一般而言，经济发达国家的财政支出规模普遍要比经济发展落后的国家高。

2. 收入分配体制

收入分配体制的选择对财政支出规模的影响非常重要。一般说来，收入分配体制的集中度越高，财政支出的规模就越大。反之，收入分配体制相对分散，其财政支出规模就比较小。

3. 财政收入规模

一定时期政府的支出规模在很大程度上要受其收入规模的制约。我国传统财政学提出的“量入为出”的理论就是要求按照收入情况来安排支出，保持收支之间的平衡并略有结余。尽管近年来人们对“量入为出”的原则有了新的理解，但一定时期的财政支出规模肯定要受财政收入的制约。事实上，财政支出与收入之间存在着相互制约的关系。财政支出对财政收入的制约主要表现在确定收入预算环节，即一定时期财政收入预算应该考虑财政支出的需要，遵循“量出为入”的原则；而当收入已经确定，支出的安排就要考虑收入所提供的可能，如果不顾收入在量上的制约，无限扩大财政支出，就会使支出在实现过程中缺乏基础，甚至可能出现捉襟见肘、入不敷出的局面，影响预算过程的正常进行，使支出缺乏质量保障。

4. 价格水平

财政分配是在一定的物价水平基础上进行的。价格变化虽然不影响社会产品的实物量，却会影响同等数额货币的支付能力，进而影响财政支出的支付能力和相应的支出需要规模。即如果货币贬值，物价上涨，政府的购买性支出和转移性支出的规模都要扩大，所以，物价上涨是财政支出规模不断膨胀的重要因素。当然，在通货紧缩时期，情况相反。不过，由于财政支出具有刚性，支出规模可能并不会因此而缩小。

5. 宏观经济政策

政府的宏观经济政策会对财政支出规模发生最直接影响。为熨平经济的波动，政府在经济危机时期实施扩张性的财政政策，扩大财政支出活动，会直接增加本年度乃至未来年度的财政支出规模。

（二）政治性因素

1. 政府的职能范围

财政分配主要是围绕政府职能的实现来进行的，财政支出的直接目的是为实现政府职能服务的。即政府职能范围决定了政府活动的范围和方向，也因此决定了财政支出的范围和规模。从社会经济发展的历史来看，政府职能的大小始终是制约财政支出规模的最为重要的因素。由于实行计划经济体制的国家，政府的职能范围较大，因而财政支出占相关经济总量的比重会相对高些；反之，在市场经济体制下，这一比重就会低一些。随着生产社会化程度的提高、经济规模的不断扩大，政府的管理职能和对经济运行的宏观调控功能不断加强，"市场调节成本"越来越高，财政支出的绝对规模也被相应拉大。

2. 国内外环境

国防费用是用来抵御外来侵略、保卫国家主权和领土完整的。因此，国防费用的规模受国际环境尤其是周边国家环境的制约。同时，国际环境又影响到国内政局的稳定和社会的安定，这对国防支出、国家安全支出、武装经费、治安经费和社会管理费用等影响很大。

3. 政府行政效率

若一国的行政机构臃肿，人浮于事，效率低下，经费开支必然增多，这是确定无疑的。我国的行政管理支出长期居高不下，行政效率问题一直得不到有效解决是关键所在。从这个意义上讲，我国的政治体制改革任重而道远。

（三）社会性因素

1. 人口规模和结构

财政支出规模同人口因素有着密切的关系。如果维持原有的消费水平不变，那么支出规模会因人口增加而扩大；如果要提高消费水平，那么支出规模将会更加膨胀。随着人口的增加，要求政府提供更多的就业机会，政府对教育、文化、卫生、体育等项支出随之增加，行政管理和社会管理方面的费用也相应提高。发展中国家人口基数大，增长快，相应的教育、科学、文化、卫生支出等压力较大。特别是对于我国这样的发展中的人口大国，随着人口老龄化问题的不断凸显，人口因素对财政支出规模的影响更是不容忽视。而发达国家的人口老龄化、公众要求改善社会生活质量等问题突出，也会对支出提出新的需求。

2. 社会环境

随着经济社会的发展，社会公众对于公共服务的需求水平大大提升，为迎合多元化的社会公众需求，政府会进一步完善公共服务的提供范围，创新政府公共服务的供给方式，不断扩大财政支出的规模。

第三节　财政支出的结构

一、财政支出结构的含义

财政支出结构是指在一定的经济体制和财政体制下，财政资金用于行政各部门、国民经济和社会生活各方面的数量、比例及其相互关系。它是按照不同的要求和分类标准对财政支出进行科学的归纳、综合所形成的财政支出类别构成及其比例关系。

从财政分配角度分析，财政支出结构反映了财政支出的基本内容及其各类支出的相对重要性，体现了一定时期内国家的财政经济政策取向和政府财政活动的范围、支出责任和重点。对财政支出结构进行全面、系统的分析，目的在于探索财政支出的内在联系及其规律性，分清主次和轻重缓急，合理安排财政资金，形成财政支出的最优结构，保证政府各部门、国民经济和社会发展各方面的资金需求，保证国家履行各项职能的资金需要，提高财政资金使用效率。

从经济运行角度分析，财政支出涉及社会生活的方方面面，对经济运行起着重要的作用，因此，财政支出结构必然体现社会经济生活中各种比例关系的客观要求。更重要的是，在社会主义市场经济条件下，生产要素的配置和调整主要通过市场进行，而财政分配要从宏观上调控市场，主要通过调整财政支出结构来发挥其宏观调控的作用，即通过调整财政支出结构，来协调、引导、控制经济结构、产业结构、消费结构、社会结构，实现国家宏观调控目标。这样，对财政支出结构的分析和调整，则是国家宏观调控的重要手段，是实现宏观调控目标的重要途径。

财政支出结构建立在一定的财政支出分类之上，只有在一定的支出分类基础上，才能对因此而形成的各项支出数额及其所形成的关系作出分析研究。财政支出结构的实质是各类财政支出的分类组合与配置比例。研究目的不同，分类组合的标准就不同，财政支出的结构也就不同。

二、财政支出结构的制约因素

一定时期的财政支出结构，并非任意形成和主观臆断的，而是受政治、经济、社会等多种因素制约的。影响财政支出结构的因素主要有以下几方面。

（一）经济发展水平

经济发展水平是影响财政支出结构的重要因素之一。随着经济的发展，人们日益增长的物质文化需求也随之提升，对于公共服务的需求层次也会不断提升，政府财政支出的结构也应随之发生变化，即逐步由提供基础设施服务为主向提供基本医疗、卫生、科技等民生服务方向转变。

（二）经济体制及资源配置的方式

经济体制及资源配置的方式与财政支出结构有着密切的内在联系。经济体制决定资源的配置方式，也就决定着财政支出的结构。实行计划经济体制的国家，都是由政府垄断社会资源，资源配置方式以政府集中配置为主，政府既承担了“社会公共需要”方面的事务，也承担了大量竞争性、经营性事务。因此，财政支出中经济建设支出所占的比重比较高，而用于社会公益事业开支和社会保障开支等的比重较低。而实行市场经济体制的国家，以市场配置为资源配置的主要方式，政府的职能主要集中于社会管理领域，因此，财政支出中经济建设支出所占比重较低，而用于社会公益事业和社会保障等方面的开支比例明显较高，几乎没有用于竞争性、营利性领域的支出。

（三）国家的职能及政府活动范围

财政是实现国家职能的分配工具，财政支出是实现国家职能的财力保证。因此，国家的职能及政府活动范围决定了一定时期内财政支出的项目、方向和比例，也就决定了财政支出的结构。

政府活动是国家职能的具体体现，国家职能的大小决定了政府的活动范围。国家职能表现为社会管理职能和经济管理职能两个方面。一般说来，在以生产资料私有制为经济基础的国家，国家不介入或很少介入微观经济活动，因而其组织管理经济活动的功能较弱，国家职能主要集中于对社会活动的管理，政府的活动范围也主要集中于社会活动领域。由此决定其财政支出中用于社会公益事业支出和社会保障支出等的比例较高，而用于经济建设支出的比例较低。而在以生产资料公有制为经济基础的国家，国有经济是国民经济的主导力量，国家具有组织领导经济建设的职能，相应承担国有资产的投资建设和为经济建设提供基础设施的任务，因而，国家的经济职能较强，政府的活动范围在经济领域的延伸较深，覆盖面较宽。由此决定其财政支出中直接用于经济建设和与经济建设有关的支出所占比例较高，而相对用于社会公益事业支出和社会保障支出等的比重则较低。这样的财政支出结构，是与国家的职能及政府的活动范围相适应的，也就能够较好地保证国家职能的实现，并为政府的活动提供相应的财力保证。

（四）政府的工作重心及发展目标

生产资料所有制的性质不同，决定了国家职能及政府活动范围不同，因而，财政支出结构不同。但是，生产资料所有制性质相同的国家，或者同一个国家在不同的历史时期或不同的发展阶段中，由于政府的工作重心不同及政府的经济及社会发展目标不同，财政支出的结构也不同。因为财政支出的结构是由政府的工作重心及发展目标决定的，一定时期内的财政资金的流向及比例，必须同该时期政府的工作重心及经济与社会的发展目标相适应，这样才能保证政府所承担的政治、经济任务的完成及发展目标的实现。

拓展区

阅读网络教学资源“重点解析”栏目第三章中的“中国在不同经济体制下的资源配置方式”，对上述内容加深理解。

三、财政支出结构分类

财政支出结构在实践中具有多样性，这是由财政支出有着多种不同分类决定的。在实践中人们出于不同研究目的，以不同视角来观察财政支出，得出了不同分类，从而在人们面前，就呈现出不同的支出结构类别。现代财政理论研究和实践中，常见的分类方法和结构类别大体有以下几种。

（一）按政府职能分类

按政府职能对财政支出进行分类，可将财政支出分为维持性支出、经济性支出和社会性支出三大类。

维持性支出是指政府为维持公共安全和公共秩序的支出。主要包括国防、行政管理和法律方面的支出。维持性支出所提供的公共产品和劳务有两个特点：第一，它是典型意义的公共产品；第二，它是国家和社会赖以正常运行所必需的商品，其需求弹性较小。

经济性支出是指政府为提高资源配置效率和维持经济稳定用于经济发展方面的支出。主要包括基础设施投资支出、国家物资储备支出、基础性科研支出和对特定生产活动的补贴支出等。经济性支出有两个特点：第一，它提供的不是纯粹的公共产品，而是混合产品；第二，经济性支出的范围和规模取决于市场失灵的程度。

社会性支出是政府为提高人们生活质量和促进社会福利而提供社会服务的事业性支出。主要包括文化教育支出、环境保护支出、社会保障支出等。社会性支出的特点是：第一，它提供的对象有的是纯公共产品，有的是混合产品；第二，这些物品需求的收入弹性较高。

由于在不同发展时期，政府职能的侧重点有所不同，从而使按政府职能分类的财政支出结构会发生变化。一般来说，早期政府支出主要用于维持性支出，随着市场经济的发展和成熟，政府的社会性支出和经济性支出的比重将会逐步上升，而维持性支出比重会有所下降。随着经济的进一步发展，市场机制逐步完善，政府用于弥补和矫正市场失灵的经济性支出的比重也会有所下降，与此同时，政府支出的重点逐步转移到社会性支出上，以改善收入分配状况，提高人们的生活质量。

拓展区

阅读网络教学资源“重点解析”栏目第三章中的“国际货币基金组织的政府职能分类方法”，对上述内容加深理解。

超链接

国际货币基金组织：http：//www. imf. org

按政府职能划分的财政支出结构形态是研究财政支出结构中最基本、最常用的方法。这种支出结构可以明确而具体地表明，财政支出在各职能间分配格局和各项职能实现的程度，并从动态上反映出各项财政职能在不同时期的变动情况等。

（二）按行政结构分类

按照行政结构分，可将财政支出分为中央财政支出和地方财政支出。目前世界各国均按照各国国家政权的级次及相互间的独立程度来划分财政支出结构。例如，美国是联邦制国家，其政府权由联邦政府、州政府和地方政府组成，与之相适应，财政支出也由联邦政府财政支出，州政府财政支出和地方政府财政支出三个级次构成。日本是单一制国家，政府机构分为中央、都道府县和市町村三级。相应地，其政府支出由中央政府支出、都道府县政府支出和市町村政府支出组成，后两项也合称为地方支出。

财政支出的行政分类，反映了中央与地方在财政资源配置中的地位和相互关系。从中国历年的改革实践来看，在财政体制当中，中央与地方之间的财政分配关系，一直是财政体制的核心问题。这一问题的焦点，就是中央与地方财政资源配置如何保证恰当的比例关系。

（三）按经济性质分类

财政支出按其经济性质可以分为购买支出和转移支出。

提示音

购买支出与转移支出

购买支出是指政府为开展政务活动的需要，按照等价交换原则，从市场上购买商品和劳务而发生的支付活动。具体包括政府部门的消费支出和投资支出，前者如国防支出、行政支出，后者如各级政府公共投资支出。政府在付出这类支出的同时，获得了相应的商品和劳务的所有权和使用权。政府只有购买这些商品和劳务，才能生产出公众所需的公共产品和劳务（包括混合产品）。它是政府对经济资源的一种消耗，因此又称消耗性支出。

转移支出是指政府单方面地、无偿地支付给其他经济主体的财政资金，不相应地取得商品和劳务。具体包括各种财政补贴支出、社会保障支出和利息支出等。政府在付出资金时，并没有相应地获得任何回报。这时，政府所扮演的是一个“中间人”的角色，将一部分人（纳税人）的收入转移给支出的接受者。

按支出的经济性质分类，有助于分析政府财政支出产生的不同经济影响。一般说来，政府的购买支出主要影响的是社会资源配置。一方面，政府购买的商品和劳务的种类不同，生产的公共产品也就不同，从而对资源配置的结构产生的影响不同。另一方面，由于政府购买支出直接成为一种有效需求，其支出的大小必然影响经济总供给和总需求的平衡状况。转移支出对社会经济的影响主要体现在收入分配上。由于它是政府的一种无偿性支出，因此，转移支出的规模和对象不同，所形成的收入分配格局也就不同。具体说来，这种经济效应体现在两个方面，即收入效应和替代效应。转移支出所产生的收入效应和替代效应与税收的收入效应和替代效应的作用方向正好相反。

（四）按具体用途分类

按财政支出的具体用途分类，可将财政支出分为国防支出、行政管理支出、科学技术支出、教育支出、文化支出、卫生支出、社会保障支出、经济建设支出、债务支出等。

采用这种分类方法，其主要目的是便于对财政资金进行预算管理。由于这种分类使财政资金使用方向一目了然，一方面，它有利于政府部门依据国家在不同时期的方针政策编制预算，合理安排财政支出结构，以及进行支出的具体核算；另一方面，它也有利于立法机关和社会公众对政府支出进行监督。

四、调整和优化我国财政支出结构

合理的财政支出结构政策是国家调节经济与社会发展、优化经济结构的强大杠杆。结合中国当前面临的矛盾和问题，按照市场经济发展要求，财政支出结构必须进行战略性调整，其核心是解决财政支出“越位”与“缺位”的矛盾，力求通过改革和政策调整，着力建立起一个支出合理增长、内部结构合理、能够有效地规范支出行为、管理方式符合现代市场经济要求的支出运行机制。根据这一思路，当前和今后一个时期我国财政支出结构调整、优化的方向和重点如下。

（一）支持社会公共基础设施建设

国际经验表明，社会公共基础设施是实现工业化的基础，特别是在工业化初期，包括基础设施在内的基础产业，更是推动经济快速持续增长的主动力。大力发展社会基础设施如铁路、公路网的建设，城市化及城市基础设施建设等，也是中国经济发展中不可逾越的阶段。国家财政强化基础设施建设投资，既能有效刺激国内需求，迅速带动经济发展，而且投资风险小，长期经济效益和社会效益好，能为闲散资金找到出路，为下岗职工和农村剩余劳动力创造更多的就业机会，有利于增加城乡居民消费，实现国民经济的良性循环和长期稳定发展。世界银行 1994 年发展研究报告《为发展提供基础设施》深刻论述了基础设施与经济发展之间的关系，指出基础设施与经济产出是同步增长的——基础设施存量增长 1%，GDP 就会增长 1%，各国都是如此。该报告甚至还认为，基础设施完备与否，一定程度上决定了一国的成功和另一国的失败，无论是在促使生产多样化、扩大贸易、解决人口增长问题方面，还是在减轻贫困及改善环境条件方面，都具有显著作用。因此，借鉴国际经验，特别是考虑到中国当前内需不足、社会公共基础设施总体落后的现实情况，国家财政采取措施，加大基础设施的投资力度，无疑是一项符合我国国情的正确选择。

（二）着力强化农业基础地位

农业是国民经济的基础产业，又是市场竞争中的弱质产业，世界各国大多都把农业作为政府的保护对象，而财政是政府保护农业的一个重要手段。尤其是随着中国履行加入 WTO 的承诺，降低关税，逐步开放国内市场，而农业由于基础设施差、分散经营造成生产率低下，与国际农产品相比没有竞争优势，因此当前必须强化政府对农业的保护和支持，切实有效地解决农业投入问题。财政必须站在全局的高度，从统筹城乡社会经济发展的大战略入手，并从思想观念上实现“两个转变”：一是由过去的农村支持城市、农业支持工业逐步转变为城市反哺农村、工业反哺农业。二是让公共财政的“阳光”逐步照耀到农村。财政对农业投资的重点在于：支持那些风险大、投资经济效益低、对农业发展起着保护性、开发性或者有示范效益的项目，如大中型农业基础设施、农业科研和新技术推广、生态环境保护等方面投资，这是其他农业投资主体所难以承担的，也是政府财政保护农业的重点所在。此外，从市场经济国家的经验及其中央与地方所处的地位看，不同政府级次的财政农业投资应该有所侧重。大体应是：中央财政应主要承担关系国家经济发展全局、属于全国范围或跨地区、地方无力承担或不适宜由地方承担的支出，如大江大河治理，大型生态农业保护工程，带有全局性、方向性的重点农业科技开发及大型粮棉基地建设等；省级财政掌握的投资，应主要包括全省性及跨地市水利工程建设，全省性农林水利事业发展项目，重大科技成果推广应用等；市地县财政应在承担本区域农业工程设施建设与养护的基础上，重点发展优质高效农业、社会化服务体系及推广先进适用的农业技术等。

（三）进一步优化财政支出结构

当前，在全面建设小康社会、加快推进社会主义现代化建设的新形势下，应加快构建较为完善的公共财政体系，进一步完善和创新财政制度和财政体制，优化财政支出结构，提高财政资金使用的有效性，发挥政府主导作用，合理确定政府供给范围，强化政府责任，明确财政公益服务保障任务，引导社会力量广泛参与，引入市场竞争机制，形成提供主体多元化、提供方式多样化的公益服务新格局。具体来讲，根据我国当前经济社会发展的实际情况，公共财政支出必须优先保证和发展的领域如下：

一是加强公共卫生体系建设，支持医疗卫生体制改革。加大公共卫生应急体系资金投入，大力支持事关人民群众身体健康和生命安全的科技攻关项目和科技成果应用；推进农村医疗制度改革，促进提高农村医疗服务水平，切实维护广大人民群众的身体健康和生命安全等。

二是支持社会保障体系建设，促进就业和再就业，要多渠道筹集并管好、用好社会保障资金，加大对社会保障的支持力度，积极参与、推动和支持各项社会保障制度改革。同时，积极促进就业和再就业工作。要认真落实各项再就业优惠政策，及时拨付资金，促进下岗失业人员再就业，并采取有关政策，支持大学毕业生和农民工的就业工作。

三是认真实施科教兴国战略，支持教育、科技、文化事业发展。同时，要支持计划生育的基本国策。实现人口、资源、环境的协调发展。

四是解决好困难群众的生产生活问题，提高中低收入者的收入水平。增加扶贫开发的支持力度，帮助贫困落后地区的困难群众改善生产生活条件，增加救灾投入，帮助灾区群众解决基本生活困难问题等。

五是加大支持结构调整与产业升级的政府投资。增加技改专项资金，支持传统产业改造升级，加强网络基础设施建设，推动“三网”融合。加快设立战略性新兴产业发展基金，支持相关研发设施建设，充分发挥政府对结构调整与产业升级的引领作用。

六是积极运用财政政策，促进区域协调发展，推动东西互动、东西双赢。财政支持西部发展，一方面要继续贯彻落实好国家支持西部开发的各项财税优惠政策，另一方面要进一步增加对西部的转移支付和建设资金投入，变资源优势为竞争优势，加快传统产业升级，帮助西部地区崛起。

拓展区

阅读网络教学资源“重点解析”栏目第三章中的“我国财政支出结构优化的重点领域”，对上述内容加深理解。

第四节　财政支出管理制度

一、部门预算

（一）部门预算的含义

所谓部门预算，就是一个部门一本预算。它是由政府各部门编制，将原来按支出功能分散在各类不同预算科目的资金，统一编制到使用这些资金的部门，并经财政部门审核后，由同级人民代表大会审议通过的，反映部门所有收入和支出的预算制度。在编制形式上，实行一个部门一本预算；在编制内容上，实行综合预算，即将部门和单位的预算内外资金及其他资金均统一编入部门预算中；在编制方法上，实行零基预算，即取消基数法，根据部门和单位的职责、任务和目标，以及下一年度政府的施政计划，结合财力可能，分轻重缓急，重新测算安排本部门和单位的预算。

（二）部门预算制度的完善

部门预算是世界各国加强财政支出管理的普遍做法。根据我国目前经济发展水平、政府预算管理能力以及前期部门预算改革中存在的问题，进一步改革和完善部门预算制度的措施是：(1) 以宏观经济框架和中期预算框架为起点编制年度部门预算；(2) 把绩效预算作为制度预算改革的目标模式，强化项目支出绩效评价；(3) 进一步规范基本支出与项目支出管理，整合项目支出内容，取消违规申请项目，严格项目支出专款专用；(4) 继续推进政府收支分类改革；(5) 统一、规范预算编制操作规程，进一步做好预算编制的准备、协调工作，提高预算透明度，增强预算约束力；(6) 推进国库单一账户和公务卡制度改革，建立由财政直接支付和财政授权支付组成的现代国库集中支付方式，加快财政支出动态监控体系的建设和推广；(7) 规范和加强部门结余结转资金管理，将当年结余资金统筹消化，完善部门结余资金管理，提高资金使用效益。

实行部门预算以后，从总的趋势来看，对保证财政支出需要，加强财政预算管理，增加预算的透明度，提高预算的时效性，强化财政预算监督，提高财政资金使用效率，加强廉政等都具有十分积极的意义。通过调整支出结构，属于财政支出范围预算单位的基本支出将会逐步得到保证；通过定员定额和逐级编报预算，基层单位的财务状况将有所好转；通过法制化和规范管理，业务工作和财务收支的计划性加强，随意性减少。同时，实行部门预算以后，对单位预算管理的要求提高了，习惯的经费申报审批程序和做法改变了，预算调节余地减少了，各级管理部门和各项支出会受到标准的限制等，这些都需要我们去研究和适应。

拓展区

阅读网络教学资源“重点解析”栏目第三章中的“我国部门预算存在的问题”，对上述内容加深理解。

二、政府采购制度

（一）政府采购的作用和特点

政府采购也称公共采购，是指各级政府及其所属实体为提供社会公共产品和服务及满足自身需要，在财政监督下，以招标方式从国内、国际市场上购买所需商品和劳务的经常性活动。自1996年以来，经过各级政府、财政部门和社会各界的共同努力，我国政府采购制度的原则框架已经基本形成。被百姓誉为“阳光工程”的政府采购工作已在全国全面展开，且取得了显著成效。政府采购制度的建立，不仅节约了财政资金，促进了公平竞争，调节了经济运行，有效预防了“人情采购”“暗箱操作”等腐败现象，而且对完善我国社会主义市场经济体制和公共财政运行机制，改革和完善政府公共决策机制，实现财政管理的制度化、程序化和法制化，促进国际竞争，也发挥了重要作用。

政府采购与一般的采购行为相比，具有以下特点。

1. 采购活动的政策性

政府采购不是商业性的买卖，它不以营利为目标，而是通过采购为政府部门提供消费品或向社会提供公共服务，所以它必须体现政府的公共政策。

2. 采购对象的广泛性

政府采购对象涉及政府工作运转和事业发展的方方面面，具有范围广、品种多的特点。为了便于管理和统计，国际上通行的做法是按其性质将采购对象分为三大类：货物、工程和服务。

3. 资金来源的公共性

政府采购的资金来源为行政事业单位的财政性资金，其最终来源为纳税人提供的税收和政府公共服务收费。

4. 采购活动的公开性

政府采购不是简单购买，而是要按有关政府采购的法规，使每项采购活动都按照公平、公开、透明、竞争的原则进行，接受社会监督。

5. 社会责任性

政府采购活动除满足一定时期的社会需要外，还要考虑环保、就业、物价等问题对社会的影响，承担着公共责任。

（二）政府采购制度的内容

政府采购制度是一国政府根据本国经济体制和其具体国情而制定的旨在管理政府采购行为的一系列规则。其表现形式是一国管理政府采购活动的法律和惯例。具体包括政府采购政策、采购实体、采购范围、采购管理流程等。①

完善的政府采购制度一般包括以下内容：(1) 完备的法律制度；(2) 明确的目标和原则；(3) 专业化的政府采购机构和采购队伍；(4) 完善有效的救济程序；(5) 科学规范的采购程序；(6) 有效的采购管理体制；(7) 对本国市场的保护条款等。

（三）政府采购制度的完善

进一步完善政府采购制度的对策是：(1) 加强法规制度建设，尽快建立、健全、规范政府采购的法律法规体系，依法规范政府采购工作。(2) 编好预算，提升规模，扩大范围，推动政府采购工作向纵深发展。(3) 加紧研究政府采购市场的开放问题。为了使中国在政府采购的国际规则制定中更有发言权，争取更大的主动性，必须加紧研究中国政府采购市场的开放问题，制定符合我国最大国家利益的开放进程表。(4) 建立政府采购人才聘用机制和采购专家评审制度。

三、国库集中支付制度

（一）国库集中支付制度的含义

长期以来，我国实行的是以设立多重账户为基础的分散收付的国库管理制度。这种制度的弊端主要是：(1) 重复和分散设置账户，延滞了收入的入库时间，逃避财政监管；(2) 资金分散拨付，使用过程及使用结果脱离财政监督；(3) 资金在预算单位支付行为发

① 政府采购制度是以政府采购法的形式来体现的。2002 年 6 月 29 日，《中华人民共和国政府采购法》已经第九届全国人大常委会通过，并于 2003 年 1 月 1 日起施行。

生之前就流出国库，大量滞留在预算单位，严重降低了财政资金的使用效益；（4）资金运行信息不能及时充分地得到反映；（5）无法用预算约束对财政支出进行控制。对此，从2001年开始，为适应市场经济和公共财政管理的需要，我国实施了以国库单一账户体系为基础、资金缴拨以国库集中收付为主要形式的现代国库管理制度。

推行国库集中收付制度的核心就是将现行的国库分散支付制度改为国库集中支付制度，实行国库单一账户，取消各预算单位在银行多头开立的账户，即实行“零户统管”，只有财政代表国库的账户与单位对口。国库集中收付制度分为集中收入和集中支付：集中收入就是单位的预算内收入直达国库，预算外收入直达财政专户；集中支付就是单位需要的钱由国库直接拨付，人员经费（工资费用）委托银行支付，所需的设备、办公用品及服务，由政府集中采购进行分配。集中收入是统一预算编制的要求，集中支付是严格预算执行的要求。

可见，推行国库集中收付制度是我国预算管理制度的一次深刻变革，这项改革有利于实现对财政资金流向、流量的全面监控，进一步规范财政支出管理，强化预算约束，切实提高财政的宏观调控能力，对从制度上规范政府收支行为，硬化预算约束，加强财政支出管理，防止滋生腐败，加强廉政建设，降低财政运行成本，提高财政资金使用效益，从源头上防范腐败具有深远的意义。

拓展区

阅读网络教学资源“重点解析”栏目第三章中的“以设立多重账户为基础的分散收付的国库管理制度”，对上述内容加深理解。

（二）国库集中支付制度的完善

适应国库管理制度改革的需要，财政部已经成立了国库司和支付局，一些地方也进行了国库集中支付的改革试点并取得了许多宝贵的经验，但国库集中支付改革是一项系统工程，应该积极稳妥地进行完善，既要大胆吸收国际经验，又要充分考虑中国国情。这项改革最大的难点就是要触动一些部门的现有权益。为保证改革顺利进行，可采取“先试点，后推广；先预算内，后预算外”等办法。目前应着重抓好以下几个方面的工作：一是要加大宣传力度，使这项改革成为人心所向，大势所趋。不仅财、税、库三家的干部要充分认识到建立国库单一账户的重要意义，更重要的是要取得各级党政领导的支持，还要使那些现有权益要相应调整的部门和单位确立改革意识和全局观念，接受这项改革。二是要在充分学习和消化国际经验的基础上，尽快拟定符合我国国情的国库单一账户管理办法。我国地域辽阔，经济发展不平衡，加之社会经济各方面的改革都在进行之中，情况十分复杂。这就要求我们在充分学习和消化国际经验的基础上，制定具有中国特色的国库单一账户制度。在统一的国库单一账户框架下，因地制宜地处理某些特殊问题。三是要积极组织多层次试点，边试点边完善办法，为全面推广创造条件。改革试点可采取自愿参与与重点选择相结合的形式逐步推开，有条件的地方可先行一步。可在市（县）、中等城市或选择某个部门和单位进行试点。为积累经验，减少震动，可采取先易后难的办法。四是要妥善做好有关配套改革。从我国目前的情况看，需要进行两方面的配套改革：一方面，要建立独立的国库会计核算体系和联行制度；另一方面，要建立财、税、库网络系统，使财、税、库和各支出部门之间形成网络关系，共享资源，互相监督，提高效率。此外，我们还要注意把国库单一账户改革与财税、金融其他方面的改革有机地结合起来，尽量增加合力，减少阻力。

四、收支两条线制度

（一）什么是“收支两条线”制度

改革开放以来，随着经济体制改革的不断深入和政府职能的转变，社会分配格局发生了很大变化，行政事业性收费和政府基金规模越来越大。由于缺乏财政管理和监督，乱收费、乱集资、乱罚款以及各种摊派（简称“三乱”）问题日益突出，收费、罚款和集资等财务管理混乱，违法违纪现象时有发生。为治理“三乱”，建立健全收费、罚款和集资财务管理，1990年国家规定对行政事业性收费要按照资金性质分别纳入财政预算和预算外管理。其内涵主要有两个方面：一是行政事业性收费、政府性基金、集资和罚款等各项收支都要纳入单位财务管理；二是行政事业性收费、政府性基金、集资和罚款等各项收支都要按规定解缴到国库或存入财政专户。

“收支两条线”制度主要是针对预算外资金中的行政事业性收费和罚没收入进行的改革，其核心是按照公共财政管理的要求，将全部财政收入逐步纳入财政预算管理，形成统一的预算，进入法律监督程序中。通过“收支两条线”改革为编制综合财政预算提供基础条件，逐步淡化和取消预算外资金。通过编制预算，实现预算内外收支的统一核算、统一管理，增强政府宏观调控能力，保证集中财力办大事。

收支两条线管理改革的重要意义在于：（1）“收支两条线”改革的核心就是破除预算外资金的部门所有权，剥离部门自收自支的权力，把所有反映政府功能的收支纳入财政管理和监督的轨道。这种做法实际上就是打破了谁收费、谁用钱的意识，在行为模式上确立了政府部门不能“依财行政”而必须“依法行政”的理念。（2）推行“收支两条线”改革有利于打破“条块”之间各行其是、各自为政的局面，确立财政统揽政府收支的地位，强化财政全面管理和监督职能，适度集中财权财力，加强宏观调控。（3）实行“收支两条线”是反腐倡廉、从制度上和源头上防治腐败的重大行动。（4）“收支两条线”改革是促进部门和单位转变职能和作风、公正执法的重要措施。

（二）深化“收支两条线”改革

深化“收支两条线”管理改革牵涉利益的调整，加上很多历史遗留问题，是一项内容复杂、难度很大的工作。在推进改革的过程中，需要做好三方面的工作：一是要将各部门的预算外收入全部纳入财政专户管理，有条件的纳入预算管理，任何部门不得“坐收”“坐支”。二是部门预算要全面反映部门及所属单位预算内外资金收支状况，提高各部门支出的透明度。同时，财政部门要合理核定支出标准，并按标准足额供给经费。三是要根据新的情况，修订、完善有关法规和规章制度，使“收支两条线”管理工作法制化、制度化、规范化。

继续深化财政改革，加快建立公共财政体制，是今后一个时期财政工作的一项重要任务。在我国的财政体制改革过程中，“收支两条线”改革是当前改革的重中之重，不仅触动了部门和单位利益，对遏制乱收、乱罚、截留、挪用行为起到了釜底抽薪的作用，更重要的是，“收支两条线”改革是推进预算管理制度改革的重要环节，从一定意义上说，财政改革的目标就是建立以真正意义的“收支两条线”为基础的公共财政体制。

五、财政投资评审制度

（一）财政投资评审制度的含义

财政投资评审是财政部门对财政性资金投资项目的工程概算、预算和竣工决（结）算进行评估与审查，以及对使用科技三项费（即新产品试制费、中间试验费、重要科学研究补助费）、技术改造贴息、国土资源调查费等财政性资金项目情况进行专项检查的行为。财政投资评审工作由财政部门委托财政投资评审机构进行。

财政投资评审的范围包括：财政预算内各项建设资金安排的建设项目；政府性基金安排的建设项目；纳入财政预算外专户管理的预算外资金安排的建设项目；政府性融资安排的建设项目；其他财政性资金安排的项目支出；对使用科技三项费、技改贴息、国土资源调查费等财政性资金项目的专项检查。

为规范财政投资项目评审，保证评审工作质量，加强财政支出管理，财政部（2002年12月31日）制定并颁布了《财政投资项目评审操作规程（试行）》，旨在规范中央财政投资项目预（概）算、竣工决（结）算和财政专项资金项目的投资评审。财政投资评审是公共财政体制下，财政调控经济和投资基础设施的一项重要管理制度。

财政投资评审工作重点是围绕部门预算改革、国库集中支付、政府采购、财政监督和财政基本建设支出效益评价，拓展评审范围，通过在支出预算制度中建立相应的评审环节，为财政项目支出预算管理提供专业技术性服务，为细化项目支出预算管理作出贡献。

财政部门根据预算编制和预算执行的要求，确定每年的评审重点和任务。财政投资评审的内容包括：项目基本建设程序和基本建设管理制度执行情况；项目招标标底的合理性；项目概算、预算、竣工决（结）算；建设项目财政性资金的使用、管理情况；项目概、预算执行情况以及与工程造价相关的其他情况；对使用科技三项费、技改贴息、国土资源调查费等财政性资金项目进行的专项检查；财政部门委托的其他业务。

对财政性投资项目评审，可以采取以下两种方式：对项目概、预、决（结）算进行全过程评审；对项目概、预、决（结）算单项评审。

财政投资评审工作是财政职能的重要组成部分。1998年前后，各级财政部门先后收回了建设银行代行的财政投资评审职能，为承担此项工作，财政部于1999年5月成立了投资评审中心，地方各级财政部门在此前后也相继成立了财政投资评审机构。近年来，各级财政投资评审机构紧紧围绕财政支出预算管理体制改革，不断拓宽评审范围，提高评审质量，为财政支出预算管理提供了可靠的决策依据，为国家节约了大量资金，在项目支出预算基础审核和财政资金使用监督等方面发挥了重要作用。

（二）完善财政投资评审工作的措施

财政投资评审工作重点是围绕部门预算改革、国库集中支付、政府采购、财政监督和财政基本建设支出效益评价，拓展评审范围，通过在支出预算制度中建立相应的评审环节，为财政项目支出预算管理提供专业技术性服务，为细化项目支出预算管理作出贡献。进一步完善财政投资评审制度的措施是：（1）围绕部门预算改革，建立“先评审后编制”的机制，提高部门预算编制的科学性。（2）围绕国库集中支付制度改革，建立“先评审后拨款”的机制，提高国库集中支付的准确性。（3）围绕政府采购工作，建立“先评审后招标”机制，通过多层次投资评审提高政府采购的可靠性。

超链接

中国财经网：http：//www. fec. com. cn/

第五节　财政支出绩效评价

财政支出绩效评价（或称效益评价），是指根据投入产出原理，借助一定的分析工具，按照绩效的内在原则，对财政支出行为过程及效果进行科学、客观、公正的衡量比较和综合评判的一个系统过程。“绩”是指财政支出应达到的可量化的目标，“效”则是指财政支出应达到的具体目标，也就是支出完成后所取得的成绩和完成工作的情况。

在市场经济国家，开展财政支出绩效评价工作已成为政府加强宏观管理，促进提高政府资金运行效率，增强政府财政支出效果的关键手段。在我国，随着社会主义市场经济的不断完善，以及公共财政框架的逐步建立，推动建立财政支出绩效评价工作体系已成为财政改革所面临的一项重要课题。

一、财政支出绩效评价的重要性

财政支出绩效评价是指运用科学、规范的绩效评价方法，对照统一的评价标准，按照绩效的内在原则，对财政支出行为过程及其效果（包括经济绩效、政治绩效和社会绩效）进行的科学、客观、公正的衡量比较和综合评判。

政府财政支出管理的根本目的就是通过对公共财政资源的有效配置和使用，为社会提供优质的公共产品和公共服务，最大限度地增进公共福利。这就要求政府在对公共财政资源进行管理的过程中，不但要关注过程，确保合规性，还必须关注结果和绩效，科学合理地计量和评估绩效。以结果为导向对政府财政支出进行绩效考评，旨在设计一套模拟市场机制的公共财政资源再配置机制，并通过该机制的有效实施，引导公共财政资源的流向和流量，防止稀缺公共资源长期滞留在效益低下的部门和领域，以提高公共财政资源的配置效率。

我们知道，市场机制之所以有效率，关键是两个因素在起作用：一是市场信号，如价格、成本、利润、股利等；二是趋利动机。实践证明，市场通过其灵敏的价格信号和利润机制，能够有效地引导资源从经济效益低的领域流入经济效益高的领域，从而实现资源的高效配置和节约使用。面对激烈的市场竞争和成本、价格、利润、股价等经济信息的引导，任何私人的决策都是理性的，他们有充分的趋利动机来改善和促进资源的配置和流动，不会容忍稀缺资源在经济效益低下的领域中滞留和浪费。但是，与私人部门不同，政府公共部门是提供公共产品和公共服务的部门。由于公共产品在消费上的非竞争性和非排他性及其提供上的公共垄断性，使得公共部门缺乏竞争的压力，没有完整的成本核算系统，难以通过灵敏、准确的成本和价格信号进行绩效的计量和考评。同时，公共决策程序本身的缺陷也使得政治家和政府官员缺乏持续改进公共部门绩效的决心和动力。在这种情况下，如果没有应有的财政透明度和严格的责任制以及健全的社会监督体系，就必然会使公共资源配置中出现重投入轻产出、重过程轻结果、重人治轻法治、重政绩轻实效的现象，造成稀缺公共资源长期滞留在效益低下的部门和领域，导致公共资源的低效或无效配置甚至严重浪费。因此，要想从根本上改善和提高政府公共部门的绩效，不能仅着眼于体制和结构层面，局限于政府机构的增减和职能的转变，而必须从经济学角度，以政府财权和财力的重新配置与分配为切入点，把政府绩效的高低与政府部门预算挂起钩来，通过对不同部门政府投入的规模与结构、投入与产出、过程与结果、预算与实效、配置与使用、决策与管理等进行全面、科学、客观、系统地计量、测度、检验和评估，并根据其绩效的高低来调整其预算的规模，才能真正从根本上达到改善和提高政府绩效的目的。因此，建立政府绩效评估体系，实际上就是要创设一种公共资源再配置机制和直接的利益制约机制，通过绩效信息来引导公共资源的流向和流量，切实解决公共资源的滞留和沉淀问题。同时，通过对公共财政支出绩效的计量和考评，也可为社会公众提供准确的政府财务信息，增强财政透明度，强化公众参与的意识，提高民主监督的质量，促使政府更加自觉地履行公共受托责任，提供更加优质的公共产品和公共服务，满足信息社会日益多样化的社会公共需要。

另外，绩效评估还是检验财政支出管理制度是否有效的最终标准。因为加强财政支出管理的根本目的就是要提高公共财政资源的使用效率，使公共资源的使用真正体现并满足最为广泛的社会公众的意愿，而满足程度的高低又最终落在公共资源使用的绩效上。从这个意义上说，唯有绩效好的支出管理运作模式才具有生命力，而有旺盛生命力的制度才是好的制度。因此，加强政府财政支出的绩效计量和管理，不仅对提高财政资金的使用效益有积极意义，对完善公共财政管理制度，推动公共服务型和公共管理型政府的建设，也具有极为重要的意义。

■ 二、财政支出绩效评价标准

与私人部门相比，政府财政支出绩效评估标准的确定具有高度复杂性。一是政府财政支出目标的多元化会导致绩效评估的价值判断标准发生冲突；二是财政支出的产出难以准确计量；三是制度结构的非市场化导致绩效评估主体的错位。即便如此，在各国的实践中，仍有一些被大家广为认可的标准，如“3Es”标准等。

“3Es”标准是20世纪80年代初英国的效率小组在财务管理新方案中提出的标准，即经济性（economy）、效率性（efficiency）、效益性（effectiveness）。不久，英国审计委员会就将“3Es”标准纳入到绩效审计的框架中，并运用于地方政府以及国家健康服务系统（NHS）的管理实践中。“3Es”实际上是一种包含不同价值观点的标准体系，用这种多元价值标准体系取代传统的单一财务和预算标准（如财务、会计指标等），可以更好地体现“管理的责任”（management accountability），从而使“被授权的管理者根据既定的绩效标准完成既定的任务”①。参见表3-1。

① Henkel，Mary.“The Audit Commission”，In Pollitt Christopher and Stephen Harrison（ed），Handbook of Public Services Management. Oxford：Blackwell Publisher，1992.

表 3-1　　　　　　　　　　　　　　“3Es”标准的含义

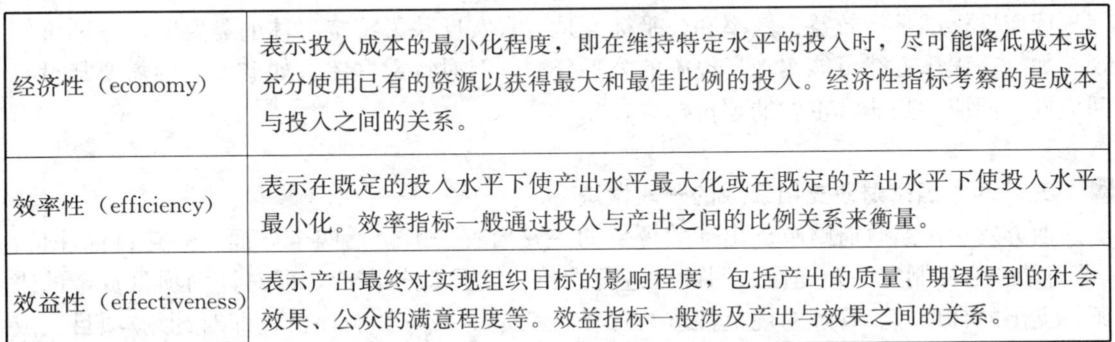

经济性（economy）	表示投入成本的最小化程度，即在维持特定水平的投入时，尽可能降低成本或充分使用已有的资源以获得最大和最佳比例的投入。经济性指标考察的是成本与投入之间的关系。
效率性（efficiency）	表示在既定的投入水平下使产出水平最大化或在既定的产出水平下使投入水平最小化。效率指标一般通过投入与产出之间的比例关系来衡量。
效益性（effectiveness）	表示产出最终对实现组织目标的影响程度，包括产出的质量、期望得到的社会效果、公众的满意程度等。效益指标一般涉及产出与效果之间的关系。

“3Es”标准只是反映公共绩效评估的多元价值标准的一种方法。在理论和实践中，有人建议增加更多的“E”，以适应公共部门的多样性和复杂性。

（一）公平标准

公平标准指的是效益和努力在社会群体中的不同分配，它与法律和社会理性密切联系。公平作为衡量标准时，关心的是接受服务的团体或个人是否受到了公平的待遇，需要特别照顾的弱势群体是否能够享受到更多的服务。由于公平难以准确衡量，一般用下列原则指导公平性的衡量：一是帕累托标准，即是一个人境况变好的同时，不能使其他人的境况变坏。帕累托标准的目的是保障最低福利。二是卡尔多—西克斯标准，即在效益上的净收益能补偿受损者。该标准的目的是保障净福利的最大化。三是哲学家约翰·罗尔斯提出的再分配标准，即使处于条件恶化的社会成员的收益增加，则是正义的行为。该标准强调再分配福利最大化。

（二）质量标准

严格来说，质量和顾客满意度应属于效益标准中的细化项目，但质量和顾客满意度常常被单独列出并被置于公共部门管理实践中的首要地位。这代表了国际惯例范式的一种转变，即从效率优先转向质量优先。由于公共部门的目标不是盈利，而是为公众提供公共产品和公共服务，所以应以追求高质量和最大限度的顾客满意度为绩效评价标准之一。在英国内阁办公室的文件中，质量被定义为“通过调动所有人员的潜力，以最低的成本满足确认的顾客需要”。20 世纪 90 年代公共部门掀起了质量运动，如英国的“公民选择”“竞争求质量”运动、美国绩效评估中“顾客至上”原则等。用顾客满意度作为服务质量的一个分支标准在当今的公共部门被广泛推崇，服务对象对该服务的可获得性，公众对所提供服务的知晓程度，服务所提供的数量、类型、范围、质量能否达到预定标准或满足公众需求，接受服务后的满意程度、公平感如何等都列入绩效标准框架。

除了上述以顾客满意度标准外，西方公共部门质量测度还普遍采用了差错率、合格率、准时率、有效率、成功率、反应速度、服务便利程度、社会成本等指标。有的是用一些替代性指标来替代某些难以直接量化的工作质量，如用服务设施的利用率衡量所提供的社区服务的质量；用毕业生一定时期的就业率、申请就业的成功率、首次就业的平均工资来间接测定大学毕业生质量。另外，针对各部门职责和工作性质的特点设计一些特殊的质量标准。如用垃圾的收集方法、频率、收集过程中的遗漏次数、收集时间变更的预先通知率来评估垃圾清理工作的质量。

（三）回应性标准

回应性标准是指效益、效率和公平标准是否真实反映了特定群体的需要、偏好和价值观。如一项娱乐方案可能实现了设施的公平分配，但对特定群体（如老人）的需要却没有回应性。回应性是非常重要的评价标准。

三、西方国家财政支出绩效的一般做法

西方发达国家政府财政支出绩效评价的主要内容一般包括四个方面：一是目标评价，即对绩效目标制定的合理性、明确性进行评价；二是财务评价，即对计划项目资金的来源、支出的合理性、管理的规范性进行评价；三是结果与影响评价，即对计划/项目完成结果及其持续影响力进行评价；四是资源配置评价，即对公共资源分配的合理性和有效性进行评价。它们的一般做法如下。

（一）编制绩效战略规划，确定总目标及实现目标所需的资源

绩效战略规划可以是部门中长期发展规划（5 年～10 年），也可以是计划/项目总体规划。战略规划是编制部门年度绩效计划和年度部门预算的重要依据，其重要内容包括：部门的职责和总体工作目标；完成目标所需要的资源；总目标与年度绩效目标的联系；可能影响总目标实现的主要因素；对总目标完成情况进行绩效评价的工作计划等。

（二）编制年度绩效计划，建立预算需求和绩效目标之间的联系

部门根据战略规划在每一个财政年度编制年度绩效计划，主要内容包括：设定年度绩效目标；延续性计划/项目在以前年度的绩效情况和本财政年度的绩效目标；完成目标所需要的资源、过程和方法等。通过明确部门在一个财政年度没完成年度绩效目标所需经费的数额，使年度绩效计划同部门预算之间建立起有机联系。

（三）编制年度绩效报告，提供绩效评估的基本信息

在一个财政年度结束后，部门要编制年度绩效报告，主要内容包括：部门预算的实际情况与部门年度绩效计划的比较分析；对绩效计划完成情况的评估；对未完成的绩效计划目标的说明及其补救措施、调整建议；与以往年度绩效指标完成情况的比较分析；绩效报告中的信息质量等。

（四）实施绩效评价，评估政府财政支出的效能

国会或财政部组织对各部门绩效计划的执行情况、完成结果以及提交的年度绩效报告进行评价。主要内容包括：设定的年度绩效目标的合理性；绩效目标额完成情况（结果及其有效性）；完成目标所需资源的保障情况；各项支出的合理性；绩效信息的真实性；评价方法的科学性等。

（五）绩效评价结果的反馈和应用

绩效评价主管部门将评价结果反馈给各相关部门，作为各部门编制下一年度绩效计划和部门预算的重要依据，促进各部门提高管理水平和资金使用效益。

总之，绩效评价制度使西方市场经济国家政府管理理念、管理方式发生了重大变化，绩效评价已经成为政府日常管理的重要内容，并取得了良好的效果。它的实施有效地提高了预算编制的科学性，促进了公共部门更加有效地使用财政资金，提高了公共部门的管理效能，增进了公众对政府管理工作的了解和信任，改善了政府形象，提高了政府的回应能力和公众满意度。

四、财政支出绩效评估流程

（一）编制绩效评估战略规划和年度绩效计划

1. 绩效评估战略规划

制定绩效评估战略规划的主要目的是确保机构目标与绩效评估目标的同步与协调。绩效战略规划应详细阐明机构的目的、使命、完成任务的期限、短期行动及较为准确的长期行动纲领，并体现一定的公开性、广泛性和合作性。

总体来讲，绩效战略规划有以下几个特点：一是战略规划必须涵盖一个部门的主要职能和运行方式。二是战略规划必须与管理和其他改革结合起来。因战略规划范围广且较重要，根据战略规划可制定综合性、集成性的绩效管理方法，如客户服务标准、以绩效为基础的承包制、费用的分析、部门职员的培训等。三是对交叉计划的处理。交叉计划或活动是指由几个部门为完成一个共同的目标而承担的计划或活动。任何同意交叉计划目标的部门都可被指定为主持部门（即对该计划负领导责任），其他部门对特殊目标所负的原则性责任也要明确。在修改更新的部门战略规划中，要对参与该交叉计划的其他部门的战略规划进行评议。四是战略规划要对前景进行展望。战略规划应对与部门主要职能相关的政治、经济、人口、环境、国际和其他条件等进行展望和描绘，同时对这些条件在执行战略规划期间的变化进行前瞻性的论述，包括可预见的趋势、预期的转变和部门行动的成果。

绩效战略规划的具体内容包括：(1) 说明部门的主要职能和综合使命；(2) 设定总目标；(3) 完成预定目标所需资源；(4) 战略规划的总目标与年度绩效计划的绩效目标的联系；(5) 确定部门无法控制的但对完成总目标有重大影响的关键外部因素；(6) 说明制定或修改总目标的计划/项目考评方法，以及将来进行计划/项目考评的日程安排等。

2. 年度绩效计划

为了改进政府计划/项目的管理，政府部门决策的重点已从提供拨款、人员配备和活动等具体的事务方面转移到关注政府计划/项目的结果上来。要对结果进行管理，决策及执行部门需制订出一个中长期或总体的战略规划以确立其行动和努力的方向。在此基础上，部门需要制订一个年度绩效计划，将中长期或总体的战略计划中的长期战略目标落实到计划/项目的领导和职员的日常活动中去，同时要求部门每年要汇报其年度绩效目标的完成情况，以及为达到或调整这些目标需采取的行动。年度绩效计划是指导部门在一个财政年度内各项绩效管理工作的具体行动指南。年度绩效计划应尽可能地用客观、量化和可衡量的形式表达，并具有切实可操作性。

年度绩效计划的内容主要包括两个部分：一是基本的内容，包括本财政年度的绩效目标和指标；使用的操作方式、技能、技术、人力、财力、信息或其他用以满足取得预期目标的资源；已测评数据可靠与否所采用的手段或方式。其中，绩效目标和指标是年度计划的最基本内容。二是其他内容，主要有：对战略规划绩效微调的说明；提供与绩效相关的研究和分析的信息；请求取消执行的管理要求，以提高管理的灵活性。

（二）收集分析绩效信息

对评估对象认识的科学性是评估和理性的前提，认识和判断都是建立在对其相关信息的了解基础上的，所以必须取得详细翔实、有说服力的相关资料来评估产出成果的有效性。收集信息是必须围绕绩效目标进行，否则必然造成收集工作的盲目性和收集信息的离散性，重点主次不分。评估者应根据评估目的和所选择的评估视角对所收集的信息加以筛选、核实、鉴定，进行合理化的处理。

绩效评估的资料来源有：行政机构的记录、民间调查、咨询专家等。绩效评估需要的信息可从管理和实施某项目、提供某服务的部门取得，如记录部门及其工作人员行为的日常记录、资金预算；所提供服务的水平；外界的抱怨、祝贺、要求；项目的进展、背景、服务的使用等。还可以从一些记录日志和其他行政启示中得知所办的案件数等。这些数据的广泛易得，是基准比较的理想选择。还可以通过调查来获取有关公民需要和顾客满意度方面的信息。调查的频率和规模视具体情况而定，方式有邮寄、电话、亲自调查、专家咨询等多种。在资料的收集和分析中，有很多问题需要考虑：如一项再就业工程，首先应确定再就业培训后能够就业人数的比例，仅此还不足以评价项目结果，还需要弄清就业是否与培训有关，获得与培训有关的就业所需的平均时间长度；把结果与类似项目进行比较。这其中涉及很多其他相关资料的收集与分析。另外，有关资料的可得性、成本、准确性、全面性、相关性、及时性等问题也需要通盘考虑。

（三）选择绩效标尺和评估方式

计量客观绩效的前提是设定一系列的绩效标尺。一般认为，良好的绩效标尺应该符合CREAM标准，即清晰的（clear）、相关的（relevant）、经济的（economic）、充分的（adequate）和可监测的（monitorable），并且具有可计量性、可解释性（accountability）。据此，公共部门绩效考评标尺大致分两大类：非组合标尺和组合标尺。非组合标尺是由那些反映“结果”的标尺构成的，包括：投入、产出、成果、影响和过程等。而效率、效能、有效性、成本效益比等可以作为绩效考评的组合标尺。

特别值得注意的是，绩效标尺的设定必须服务和服从于绩效考评的目的及其政策导向。以往对政府财政支出绩效的整个考评过程（从预算的编制、预算的执行，到听取各类政府财政和财务报告等）注重的都是投入，考评的政策导向是突出财务合规性，并力争低投入、高产出，少花钱、多办事，而对政府财政支出项目的实施过程和实施结果重视不够。但从将来的发展趋势看，政府财政支出的绩效考评仅仅关注投入、重视合规性是远远不够的。

根据西方国家的实践经验和我国的客观实际，政府财政支出绩效考评可根据不同领域的不同项目的特点分别采用行政考评、专家委员会考评、特定专业机构考评、社会化专业机构考评和混合考评五种方式。考虑到我国目前的实际情况和这项工作的复杂性，在试点期间，可采用行政考评与专业考评相结合的方式。行政考评由财政组织有关部门进行，并可考虑先在现有的财政监督职能内增加绩效考评的要求，扩充绩效考评的内容，逐步使绩效考评成为财政监督工作的重要内容之一；专业考评主要委托社会专业中介机构来完成，同时对担任考评工作的专业机构进行必要的资格认证。

（四）构建考评指标体系

政府公共项目绩效考评指标体系的设定，政策性、导向性、目的性很强，应充分考虑经济、社会、文化、心理等各种因素的影响。因此，设定绩效考评指标体系应坚持目的性、科学性、适用性等原则，根据不同单位的性质、项目类型和考评工作的需要分别设定。如以评价的标尺为依据，可设置投入指标、产出指标、成果指标、效率指标、效益指标、公众满意度指标等；以指标的适用性为标准，可设定通用指标、专用指标和补充指标三大类绩效考评指标；以考评指标的性质为标准，可设定定性指标和定量指标；以考评对象为标准，可设定项目绩效评价指标、单位绩效评价指标、部门绩效评价指标和财政支出综合绩效指标四个层面的指标；以考评内容为标准，可设定业务指标和财务指标；以考评阶段为标准，可设定实施过程考评指标和完成结果考评指标；以利益相关者的满意度为标准，可设定效益型绩效指标、效率型绩效指标、递延型绩效指标和风险型绩效指标四大类绩效考评指标等。

（五）编制绩效报告和绩效评估报告

1. 年度绩效报告

在一个财政年度结束后，部门要编制年度绩效报告，分别对项目的实施阶段和完成结果进行定性和定量分析，主要内容包括：（1）陈述绩效计划中确立的绩效指标，将部门预算实际达到的绩效目标与部门年度绩效计划比较分析；（2）评估财政年度绩效目标的实现程度，对绩效计划完成情况评估，与以往年度绩效指标完成情况比较分析，详细说明绩效报告中的信息质量；（3）具体项目的绩效报告应按照有关规定将项目负责人、项目类型、预算科目类别、起止时间、项目总投资、项目业务情况（如项目总体情况、绩效总目标、阶段性绩效目标完成情况、项目组织实施情况、项目结果及其影响等）和项目财务情况（如项目资金落实情况、实际支出情况、财务管理状况等）进行详细阐述和说明，并附部门事业发展规划或工作计划、项目申报文本、可行性研究报告、立项评估报告、项目预算批复文件、项目执行情况报告、项目预算执行或决算报告、其他财务会计资料、项目验收报告以及其他相关资料；（4）解释和描述未完成绩效计划目标的原因，说明补救措施和调整建议等。

2. 绩效评估报告

绩效评估报告是评估工作的总结，也是对评估项目结果所作的正式书面结论。绩效评估报告应包括以下主要内容：（1）项目绩效评估的过程和专家组成员。（2）评估的最终结论，描述各指标的权数及得分值。评估的最终结论可分为优秀、合格和不合格。（3）分析政府职能执行单位或项目的各项指标的得分情况，指出主要优点及主要问题。（4）提出改进管理的建议或意见。

拓展区

阅读网络教学资源“专题讨论”栏目第三章内容，完成学习活动，并进行讨论。

【历史浏览】

按照以下提示，回顾本章内容，回答复习思考题。

在市场经济和公共财政框架背景下，财政支出范围的界定原则主要包括以下四个方面：一是私人部门办不到的事情，二是私人部门不愿办的事情，三是私人部门办不好的事情，四是相对和发展的原则。

根据我国的具体国情和财政的客观实际，我国财政支出范围主要界定在以下四个领域：政权建设领域、事业发展领域、再分配性转移支出领域和公共投资支出领域。

衡量财政支出规模的指标通常有绝对指标和相对指标两类。

影响财政支出规模的因素主要包括：经济性因素、政治性因素和社会性因素。

按政府职能对财政支出进行分类，可将财政支出分为维持性支出、经济性支出和社会性支出三大类。

我国财政支出管理制度的内容主要包括：部门预算、政府采购制度、“收支两条线”制度和财政投资评审制度。

与私人部门相比，政府财政支出绩效评估标准的确定具有高度复杂性。各国在实践中通常采用“3Es”标准。

财政支出绩效评估流程包括：编制绩效评估战略规划和年度绩效计划、收集分析绩效信息、选择绩效标尺和评估方式、构建考评指标体系以及编制绩效报告和绩效评估报告。

【复习思考题】

1. 界定财政支出范围的一般原则是什么？如何根据我国的具体国情和财政的客观实际来确定我国现阶段的财政支出范围？
2. 简述财政支出规模增长的若干理论，并分析影响财政支出规模的因素。
3. 如何按照科学发展观的要求调整和优化我国财政支出结构？
4. 近年来我国财政支出管理进行了哪些制度创新？
5. 为什么要对政府财政支出进行绩效考评？

☞ **请在60分钟内，完成网络教学资源“即时练习”栏目中的本章练习；阅读网络教学资源“参考文献”，了解学习本章的参考文献，如果学有余力，请选择阅读；在网络教学资源“重点概念”中，提供了本章相关概念的检索。**

第四章

购买性支出

【学习导航】

请使用4学时学习本章内容。通过本章学习，重点掌握购买性支出对社会经济产生的影响。

本章考试的重点是购买性支出的一般分析及各种购买性支出的内容。

【引导案例】

作为广东省“第一个吃螃蟹”的地级市，2012年6月28日，惠州市成立公共资源交易中心，截至2017年3月底，全市公共资源交易成交总额1 596.36亿元，增收68.42亿元，节支21.18亿元，增收节支合计89.6亿元。该市在公共资源交易改革中频放大招，率先建立政府采购权责清单制度，在编制招标文件时引入政府负面清单管理，明确禁止出现对潜在投标人的歧视性条款，创新优化政府采购流程，实施政府采购活动电子监察，保障政府采购活动公平公正、阳光透明。

学习本章内容，请思考：政府采购行为的性质是什么？政府采购行为会对经济产生怎样的影响？

☞ 解答提示请参考网络教学资源“案例分析”中的相关内容。

第一节 购买性支出的一般分析

一、购买性支出的概念

购买性支出是政府作为一般的市场主体，按照等价交换的原则在市场上购买商品与劳务的支出，主要包括行政管理支出、国防支出、科教文卫支出、财政投资性支出等。转移性支出是政府的非市场性再分配活动，主要包括社会保障支出、财政扶贫支出、财政补贴支出、税式支出等。

购买性支出直接表现为政府购买商品和服务的活动，包括购买进行日常政务活动所需的或用于国家投资所需的商品和服务的支出，前者如政府各部门的事业费，后者如政府各部门的投资拨款。这些支出的目的和用途虽然有所不同，但却具有一个共同点：财政一手付出了资金，另一手相应地购得了商品与服务，并运用这些商品和服务，实现国家的职能。在购买性支出中，政府如同其他经济主体一样，在从事等价交换的活动。购买性支出体现的是政府的市场性再分配活动。转移性支出则不同，它们直接表现为资金无偿的、单方面的转移，这类支出主要有补助支出、捐赠支出和债务利息支出。这些支出的目的和用途有所不同，但却有一个共同点：财政付出资金，却无任何所得，在这里不存在交换的问题。我们称此类支出为转移性支出，它所体现的是政府的非市场性再分配活动。

拓展区

阅读网络教学资源"重点解析"栏目第四章中的"购买性支出的特点"，对上述内容加深理解。

二、购买性支出对社会再生产的影响

这种分类有较强的经济分析意义。(1) 购买性支出所起的作用是，通过支出使政府掌握的资金与微观经济主体提供的商品和服务相交换，在这里，政府直接以商品和服务的购买者身份出现在市场上，因而，对于社会的生产和就业有直接的影响。此类支出当然也影响分配，但这种影响是间接的。转移性支出所起的作用是，通过支出过程使政府所有的资金转移到领受者手中，是资金使用权的转移，微观经济主体获得这笔资金以后，自己决定究竟是否用于购买商品和服务以及购买哪些商品和服务，已脱离了政府的控制，因此，此类支出直接影响收入分配，而对生产和就业的影响是间接的。(2) 在安排购买性支出时，政府必须遵循等价交换的原则，因此，通过购买性支出体现出的财政活动对政府形成较强的效益约束。在安排转移性支出时，政府并没有十分明确和一以贯之的原则可以遵循，而且，财政支出的效益也极难换算。由于上述原因，转移性支出的规模及其结构也在相当大的程度上只能根据政府同微观经济主体、中央政府与地方政府的谈判情况而定，显然，通过转移支出体现出的财政活动对政府的效益约束是软的。(3) 微观经济主体在同政府的购买性支出发生联系时，也须遵循等价交换原则。对于向政府提供商品和服务的企业来说，它们收益的大小，取决于市场供求状况及其销售收入同生产成本的对比关系，所以，对微观经济主体的预算约束是硬的。微观经济主体在同政府的转移性支出发生联系时，并无交换发生。因而，对于可以得到政府转移性支出的微观经济主体来说，它们收入的高低在很大程度上并不取决于自己的个人能力（对于个人）和生产能力（对于企业），而取决于同政府讨价还价的能力，显然，对微观经济主体的预算约束是软的。

注意到上述区别，可以得到这样的认识：在财政支出总额中，若购买性支出所占的比重大些，财政活动对生产和就业的直接影响就大些，通过财政所配置的资源的规模就大些；反之，若转移性支出所占的比重大些，财政活动对收入分配的直接影响就大些。联系财政的职能来看，以购买性支出占较大比重的支出结构的财政活动，执行配置资源的职能较强；以转移性支出占较大比重的支出结构的财政活动，则执行收入分配的职能较强。

第二节　行政管理支出和国防支出

一、行政管理支出和国防支出的含义

行政管理支出是指财政用于国家各级权力机关、行政管理机关及外事机构行使其职能所需要的经费支出。**国防支出**是指财政用于国防建设、国防科研事业、军队正规化建设等方面的费用支出。行政和国防所提供的服务是最为典型的公共产品，最能反映公共产品的基本特征，具有典型的非排他性和非竞争性。行政管理和国防保护所产生的效用具有显著的社会性，可以为一个国家范围内的全体社会成员共同享用，而且这种效用不能为任何人所分割。由于这一特点，行政管理和国防服务不能作为一种商品由市场来提供。所以自国家产生以来，行政管理和国防费用就是政府财政支出的基本组成部分。

从国家职能实现的角度考察，行政管理支出与国防支出是政府财政支出应首先保证的部分，财政必须提供足够的经费才能保证国家机器的正常运转，国家才能稳定，国民才有安全感，社会经济生活也才能正常进行。但从社会产品分配的角度考察，行政管理支出、国防支出是消费的组成部分，以社会消费作为其存在形式，在社会总产品一定的条件下，如果行政管理费用和国防费用过高，将造成消费比重过高，会削弱社会积累，不利于国民经济的发展。因此，尽管存在公共支出不断增长的趋势，现代许多国家仍十分重视对行政管理费用、国防费用的适当控制，不少国家甚至有完善的制度和法律程序来实现这种控制。

拓展区

阅读网络教学资源“重点解析”栏目第四章中的“国防和行政管理的公共产品性质”，对上述内容加深理解。

二、行政管理支出和国防支出的内容

（一）行政管理支出的内容

行政管理支出的内容决定于国家行政管理机关的结构及其职能。我国行政管理支出包括行政支出、公安支出、国家安全支出、司法检察支出和外交支出。其中：行政支出包括党政机关经费、行政业务费、干部培训费及其他行政费；公安支出包括各级公安机关经费、公安业务费、警察学校和公安干部训练学校经费及其他公安经费等；国家安全支出包括安全机关经费、安全业务费等；司法检察支出包括司法检察机关经费、司法检察业务费、司法学校与司法检察干部训练经费及其他司法检察费等；外交支出包括驻外机构经费、出国费、外宾招待费和国际组织会费等。

行政管理支出按其最终用途划分，可分为人员经费和公用经费两部分。人员经费是指用于保证行政人员正常行使其职责的费用支出，包括上述政府权力机构、行政机关和外事机构的工作人员的工资、津贴与离退休人员费用等；公用经费是指用于保证政府机构正常

开展公务而花费的支出，包括公务费、修缮费、业务费和购置费等。

（二）国防支出的内容

我国的国防支出包括国防费、国防科研事业费、民兵建设费以及用于专项工程和其他的支出。按用途可分为维持费和投资费两大部分。维持费主要用于维持军队的稳定和日常活动，提高军队的战备程度，是国防建设的重要物质基础。它包括军事人员经费、军事活动维持费、武器装备维修保养费和教育训练费等。投资费主要用于提高军队的武器装备水平，是增强军队战斗力的重要条件。它主要包括武器装备的研制费、武器装备的采购费、军事工程建设和国土防空费等。

拓展区

阅读网络教学资源“背景资料”栏目中的“我国各时期财政行政管理支出和国防支出的变化情况”；阅读网络教学资源“案例分析”栏目第四章中的“《中国的军控、裁军与防扩散努力》白皮书”，理论联系实际地分析问题。

第三节 科教文卫支出

一、科教文卫支出的性质和意义

科教文卫支出属于社会消费性支出。从内容上看，科教文卫支出仅指财政用于科教文卫等部门的经常性支出，不包括财政向这些部门拨付的基本建设支出、科技三项费用（新产品试制费、中间试验费、重要科学研究补助费）等投资性支出。另外，科教文卫支出绝大部分用于支付这些单位工作人员的工资和公用经费。所以，从总体上说，科教文卫支出属于一种社会消费性支出。

科教文卫支出属于非生产性支出。科教文卫等部门是非物质生产部门，它们不生产物质产品，也不提供生产性劳务。从这个意义上划分，科教文卫支出属于非生产性支出。需要指出的是，将科教文卫支出划归非生产性支出，并不意味着它不重要，与社会生产没有任何关系。实际上，科教文卫事业的发展与物质财富的生产有着密切的关系，而且其贡献越来越大。

拓展区

阅读网络教学资源“重点解析”栏目第四章中的“科技进步与经济增长的关系”，对上述内容加深理解。

二、科教文卫支出的内容

按部门划分，科教文卫支出包括以下内容：

（1）文化事业费。指文化部和地方文化部门的事业费，包括艺术表演团体经费、图书馆经费、群众文化经费等。

（2）教育事业费。主要指各级教育部门的事业费，包括教育部门举办的各类中小学及幼儿教育经费、国家批准设立的各类全日制普通高等学校经费、教育部门举办的成人高等教育以及广播电视教育经费等。

（3）科学事业费。指各级科委、科协和社会科学院及其归口管理部门的事业费，包括各类科研管理机构经费、科学研究经费、科普活动经费、国际学术交流经费等。

（4）卫生事业费。指卫生部及地方卫生部门的事业费，包括医院经费、防治防疫事业费、妇幼保健费、合作医疗补助费等。

（5）体育事业费。指国家体委及地方体委系统的事业费。

（6）通讯事业费。指新华通讯社及专业通讯社的事业费。

（7）广播电视事业费。指中央和地方的广播电视部门的事业费，包括广播电台经费、电视台经费、县广播站经费等。

此外，科教文卫事业费还包括出版、文物、档案、地震、海洋、计划生育等项事业的事业费支出。

按用途不同，科教文卫支出可以分为人员经费支出和公用经费支出。它们分别用于科教文卫等单位的人员经费开支和公用经费开支。

（1）人员经费支出。人员经费支出主要用于科教文卫等单位的工资、补助工资、职工福利费、离退休人员费用、奖学金等开支项目。其中，工资是人员经费支出中最主要的内容。

（2）公用经费支出。公用经费支出用于解决科教文卫等单位为完成事业计划所需要的各项费用开支。这些公用经费开支主要包括以下项目：

1）公务费。指科教文卫等单位进行日常业务工作所发生的费用，包括办公费、邮电费、水电费、工作人员差旅费、会议费、机动车船用油和燃料费、公路养路费等。

2）设备购置费。指科教文卫等单位购置的不够基本建设投资额度、按固定资产管理的设备所发生的费用，包括办公用一般设备及车辆购置费、教学及科研等单位的专业设备购置费、图书购置费等。

3）修缮费。指科教文卫等单位因维修房屋、设备等固定资产所开支的费用以及零星土建工程费用。

4）业务费。指科教文卫等单位为完成某项专业而开支的消耗性费用以及购置低值易耗品所支付的费用，包括为进行防治防疫而使用的消耗性医药卫生材料费、科学考察研究费、学校的教学实验费及生产实习费等。

超链接

中华人民共和国国家中医药管理局：http：//www. satcm. gov. cn

中华人民共和国教育部：http：//www. moe. gov. cn

中华人民共和国科学技术部：http：//www. most. gov. cn

中华人民共和国体育总局：http：//www. sport. gov. cn/

中华人民共和国卫生部：http：//www. moh. gov. cn/

三、科教文卫支出的管理

在科教文卫支出管理中，财政部门担负着两项重要职责：一是保证这些部门的经费及时按期拨付；二是在提供经费时，努力提高资金的使用效果。为了履行这两项职责，财政部门在对科教文卫支出的管理中，形成了一整套管理制度和方法。其内容主要有以下两个方面。

（一）定员定额管理

定员定额管理是通过制定科教文卫等单位的人员编制和财务收支限额来安排和控制科教文卫支出的管理制度。它在内容上分为定员管理和定额管理两个部分。

1. 定员管理

科教文卫事业单位定员的确定首先要考虑事业单位的业务规模，除此之外，还有两种具体的确定依据：(1) 国家规定的定员比例。例如，学校教职工与学生人数的比例，教师与其他人员（行政人员、工人等）的比例。学校教职工的人员编制则依据该定员比例及学生人数确定。(2) 机构的等级。例如，文化馆按所属行政区的等级和人口被分为甲、乙、丙三等，国家对不同等级的文化馆分别规定不同的人员编制总额。

科教文卫支出中的定员定额管理不仅使财政部门向这些单位提供人员经费时有据可依，而且也有利于国家控制科教文卫支出的规模。

2. 定额管理

科教文卫单位的定额又可以区分为收入定额和支出定额两类：

收入定额主要包括：(1) 补偿性收入定额，指科教文卫等单位为补偿业务活动中人力、物力、财力的消耗而取得收入的定额。(2) 生产性收入定额，指科教文卫单位因提供实物产品而取得收入的定额。(3) 代办性收入定额，指科教文卫单位为其他单位或个人代办业务而取得收入的定额。

支出定额有不同的分类方法：(1) 按支出的用途划分，支出定额可以分为人员经费定额和公用经费定额。人员经费定额是指人员经费中的各项定额，如工资标准等。公用经费定额是指公用经费中的各项定额，如人均办公费的标准等。(2) 按定额的范围划分，支出定额可分为单项定额、综合定额和扩大综合定额。其中，单项定额是具体开支项目的定额，如办公费、邮电费、水电费等定额；综合定额是若干项单项定额的汇总，如公务费定额为综合定额，它是由办公费、邮电费等单项定额汇总而成的；扩大综合定额是若干个综合定额的汇总，如将公务费、设备购置费、修缮费、业务费等综合定额汇总成为公用经费定额。

提示音

定员管理和定额管理

所谓定员，就是确定人员编制的指标，根据“精兵简政”的原则和要求以及各个事业单位的不同性质，规定完成一定工作任务所需要的职工人数。所谓定额，就是确定开支的限额，对不同的支出项目制定相应的开支标准。

（二）财务管理

《事业单位财务规则》（以下简称《规则》）对事业单位预算管理进行了重大改革，其中一项很重要的内容就是预算管理的形式发生了较大变化。原制度规定，事业单位划分为全额预算管理单位、差额预算管理单位和自收自支管理单位三种形式，《规则》将单位预算统一为一种形式。《规则》规定："国家对事业单位实行核定收支，定额或者定项补助、超支不补、结转和结余按规定使用的预算管理办法。"

1. 核定收支

核定收支是事业单位要将全部收入包括财政补助和各项非财政补助收入与各项支出统一编列预算，报经主管部门和财政部门核定；主管部门和财政部门根据事业特点、事业发展计划、事业单位财务收支状况以及国家财政政策和财力可能，核定事业单位年度预算收支规模，其中包括财政补助具体数额。

2. 定额或者定项补助

定额或者定项补助是对非财政补助收入不能满足支出的事业单位实行的办法。所谓定额补助，就是根据事业单位收支情况，并按相应标准确定一个总的补助数额，如对高等院校实习生均定额补助等；定项补助则是根据事业单位收支情况，确定对事业单位的某些支出项目进行补助，如对某些事业单位工资支出项目进行补助，或者补助大型修缮和设备购置等，具体项目因各事业单位情况不同而有所区别。不论实行定额还是定项补助办法，其补助标准均要根据事业特点、事业发展计划、国家财政政策和财力可能，并结合单位财务收支状况确定。不同的事业单位，补助的程度也各有不同。对非财政补助收入可以满足经常性支出的事业单位，定额或者定项补助可以为零。

3. 超支不补、结余留用

超支不补、结余留用是指事业单位预算在经主管部门和财政部门核定以后，事业单位预算由单位自求平衡。除特殊因素外，其增加的支出，主管部门和财政部门不再追加经费，因增收节支形成的结余，可留归单位继续使用。

4. 收入上缴

《规则》规定："少数非财政补助收入大于支出较多的事业单位，可以实行收入上缴办法。"在一般情况下，事业单位收入数量有限，而且不很稳定，可全部用于本单位事业发展，不实行收入上缴办法；少数事业单位因占有较多国家资源或国有资产，得到国家特殊政策，以及因收支归集配比不清等原因而取得较多收入，超出其正常支出较多的，可以实行收入上缴办法。收入上缴主要有以下两种形式：(1) 定额上缴，即在核定预算时，确定一个上缴的绝对数额；(2) 按比例上缴，即根据收支情况，确定按收入的一定比例上缴。从上缴时间看，也可实行两种办法：一种是在预算年度执行过程中，实行按月或按季上缴办法；另一种则是在年终一次性上缴。考虑到各地情况差异较大，各事业单位情况不同，《规则》没有规定具体的上缴办法，而是授权各级财政部门会同主管部门根据当地实际情况确定。

拓展区

阅读网络教学资源"背景资料"栏目中的"我国各时期财政教育支出的变化情况"；阅读网络教学资源"案例分析"栏目第四章中的"当前中国教育体系与体制规定"，理论联系实际地分析问题。

第四节　财政投资性支出

一、财政投资性支出的特点和内容

社会总投资可以分为政府投资和非政府部门投资两部分。和非政府部门投资相比较，政府投资具有不同的特点。第一，政府居于宏观调控主体的地位，它可以从社会效益和社会成本角度来评价和安排自己的投资。政府投资可以不盈利或低利，但是，政府投资项目的建成，如社会基础设施等，可以极大地提高国民经济的整体效益。这是政府投资的主要特点。第二，政府财力雄厚，而且资金来源多半是无偿的，可以投资于大型项目和长期项目。第三，政府可以从事社会效益好而经济效益一般的投资。由于政府在国民经济中居于特殊地位，它可以而且应该将自己的投资集中于社会基础设施以及农业、能源、通信、交通等关系到国计民生的领域内。换言之，在投资主体多元化的经济社会中，如果政府不承担社会基础设施投资的责任或者这方面的投资不足，该社会的社会基础设施的供应就可能短缺，经济发展就会遇到“瓶颈”制约。

二、基础设施投资

基础设施是指为社会生产和消费活动提供服务的各种公共设施。狭义的基础设施主要包括交通运输、机场、港口、桥梁、通信、水利、下水道工程等公共服务设施。广义的基础设施还包括科学、教育、文化、卫生等部门提供服务时所需的公共服务设施。

（一）政府介入基础设施领域的理论依据

基础设施是国民经济运行的基础，直接制约着经济各领域资源配置的效率水平。在市场经济条件下，政府投资的一个基本方面就是基础设施，这与该投资领域或经济领域中存在市场缺陷有着密切的关系。

1. 基础设施消费中存在外部效益

基础设施从性质上来说可以分为两种：一种是公共产品，在消费过程中同时具有非竞争性与非排斥性，如水利设施可以减少洪涝灾害，扩大灌溉面积，提高农业产量等，这些利益几乎是完全外溢的，为该区城的所有社会成员共同享受，要排斥某人不让其享受这种利益是相当困难的。由于这种产品不具备市场提供的基本条件，因而要由政府来提供。另一种基础设施是混合产品（也称混合商品），在消费过程中具有排斥性和一定范围内的非竞争性。这种产品既可通过政府来提供，也可通过市场来提供，究竟采用哪一种消费方式，要取决于两种方式的效率比较。一些具有排斥性和一定范围内的非竞争性的混合产品还存在着外部效益（即外部效应）。例如，公路的修建会使沿线的房地产增值，从而使房地产业主受益，公路的修建还会有利于开拓地区市场，繁荣地区商业，发展地区经济，加强社会经济交流等。又如，建造一座风景优美的公园可以促使其周边地区地价和建筑物价格大幅度上涨，并使得旅游业和服务业获得丰厚利润等。这些都是这类基础设施的外部效益。

这些外部效益由于具有非排斥性，因而不可能通过收费得到补偿。这种基础设施如果完全由市场来提供，显然，市场选择的供给量将小于经济效率所要求的供给量。要想纠正资源配置的不足，就必须使外部效益内在化，使基础设施产品的价格得以反映该产品的全部效益。政府用于实现基础设施产品外部效益内在化的可能措施之一是补贴。即根据基础设施产品的外部效益进行相应的补贴，以诱使市场增加对这类具有外部效益产品的供给，刺激市场将供给量调整到社会边际效益等于社会边际成本的水平，从而实现资源的最优配置。这正是这类基础设施历来被认为是政府的职责范畴，并促使各国政府广泛介入该领域的一个主要原因。

2. 基础设施的生产与消费有着与其他产品不同的特点

基础设施作为一个特定的概念，是对应于一般的产业设施和生活娱乐设施而产生的，其投资则是相对于直接生产性投资（厂房、设备、存货投资）而言的间接性投资，它有着不同于其他产业的特征：

（1）基础设施的生产大都具有投资大、周期长、回收慢（或回报低）、风险高的特点。在一个有效竞争的市场上，每一个生产者都是以利润极大化为目标的，在可能的情况下，生产者总是寻求收益大、周期短、见效快、风险小的短期性投资项目。而基础设施往往不能在短期内迅速且有效地收回全部投资，有时甚至是无法收回投资。基础设施的这些特征决定了理性人假设下的私人资本不愿意进行这方面的投资，或对这方面的投资较少。此外，私人主要依靠自身积累的利润和社会筹资来为其投资提供资金，在经济发展的早期阶段，私人资本的积累有限，社会筹资也要受到种种限制，这意味着私人资本一般无力承担规模庞大的投资项目。这样，私人资本对基础设施的投资就会更少。在这种情况下，只有政府才有能力集中社会资源来投资这些大型的和长期的项目，并且使投资的风险由社会来分担，从而推动经济的增长。

（2）基础设施作为一种“先行资本”，是一种基础性产品，对整个国民经济的发展具有很强的制约作用。基础设施所提供的服务是社会性的，它为整个生产过程提供“共同生产条件”，构成进行各种经济活动和生活娱乐活动所不可缺少的条件，是社会经济发展的基础。在私人资本不愿或无力投资的情况下，政府应有充足的投入，否则会直接影响各类经济活动的有效进行，形成国民经济发展的“瓶颈”，从而影响经济的快速持续增长。

（3）基础设施具有地域性。这种产品往往固定于一地，为某一或大或小的地域服务，因此它们所提供的服务不可能从外地引进或国外进口。在这一点上，基础设施与自然垄断行业有着相似性，容易形成垄断。而基础设施是一种基础性产品，一旦形成垄断，势必影响国民经济的稳定增长。这是各国政府对基础设施进行投资或对基础设施经营进行管制（如给予经营者以特许权或对基础设施收费标准进行适当限制等）的一个重要理由。

3. 基础设施配置存在着地区公平问题

政府介入基础设施领域不仅仅是为了弥补基础设施的外部效益，推动经济增长，有时也出于社会财富再分配的考虑。比如说，政府帮助落后地区发展经济的重要手段之一，就是在这些地区修建公路、铁路等基础设施，以吸引私人资本流入这些地区，促进这些地区与其他地区尤其是经济发达地区的交流，通过这种交流实现地区之间的互惠互利、优势互补，带动落后地区的经济发展，从而既提高了资源在地区之间的配置效率，又改善了地区之间的收入分配状况。因此，从公平与效率的要求出发，平衡地区之间经济发展，改变一些地区的经济落后面貌是政府投资于基础设施的又一重要原因。

以上的分析表明，为了弥补基础设施产品的外部效益、促进地区公平、推动经济增长，基础设施的投资应有政府的参与。如果政府不承担应由其承担的这些投资，而任由市场进行配置，或者政府在这些方面的干预不力，那么这个社会的基础设施就可能出现短缺的现象，就不能满足国民经济健康发展对之提出的要求，整个国民经济的发展就会不可避免地遇到“瓶颈”的制约。因此，基础设施无论在什么样的社会经济制度下，一般都成为政府投资或干预所涉及的范围。

（二）以财政投融资方式进行基础设施投资

政府投资并不意味着完全的无偿拨款。财政投融资是一种政策性投融资，它不同于无偿拨款，也不同于商业性投融资。在市场经济条件下，商业性投融资主要通过资本市场和商业银行获得资金，它适合追求利润最大化的厂商运用。对于既要体现经济效益又要体现社会效益的基础产业部门来说，其经营的目标已不是利润的最大化，而是产量最大化和成本最小化。它们的产品定价受政府直接或间接调控，这些企业仅依靠一般性的商业投融资渠道难以满足其发展的资金需要。因为，商业性投融资渠道提供的资金要求兼顾安全性、流动性、盈利性，基础产业部门很难全部满足这些要求。处于经济高速增长中的政府，一方面要从发展的角度考虑基础部门的优先增长问题；另一方面要从稳定的角度考虑基础产业部门的价格控制问题，以减轻通货膨胀的压力。这样，政策性投融资就成为发展中国家基础部门发展的重要政策工具。

财政投融资具有以下基本特征：

第一，它是在大力发展商业性投融资渠道的同时构建的新型投融资渠道。随着社会主义市场经济体制的逐步建立和完善，市场融资的份额将扩大，专业银行商业化的趋势不可逆转，在这种条件下，构建政策性投融资机制只会加快而不会阻碍专业银行商业化的发展方向。因为，只有把专业银行的政策性业务分离出来，专业银行才可能真正实现商业化的经营目标。

第二，财政投融资的目的性很强，范围有严格限制。概括地说，它主要是为具有提供“公共产品”特征的基础产业部门融资。换句话说，它主要是为需要政府给予扶持或保护的产品或直接由政府控制定价的基础性产品融资。随着体制改革的深化，由体制性因素形成的“公共产品”应逐步减少，市场商品的范围应扩大，许多基础工业产品在条件成熟时，价格应放开，并通过发展企业集团形式谋求发展，因此，政府投融资的范围是受到严格限制的。

第三，虽然财政投融资的政策性和计划性很强，但它并不完全脱离市场，而应以市场参数作为配置资金的重要依据，既可通过财政的投资预算取得资本金，也可通过信用渠道融通资金；既可通过金融机构获取资金，也可通过资本市场筹措资金，部分资金甚至还可以从国外获得。

提示音

财政投融资制度

所谓财政投融资是指政府为了加强宏观调控，以实现特定的政策目标为目的，运用信用手段，直接或间接有偿筹集资金和使用资金的政府金融活动。财政投融资不同于一般商业投融资，它具有以下基本特征：(1) 财政投融资的目的性很强，投资范围要严格限制。(2) 财政投融资资金的使用具有鲜明的公共性，追求社会效益的最大化。(3) 财政投融资的资金来源具有多样性的特点。财政投融资将财政融资的良好信誉与金融投资的高效运作有机地结合起来，为公共投资筹集资金。

建立财政投融资制度，较为成功的做法是发展政策性银行。政策性银行从性质上看，既不是商业银行，也不是制定政策的机关，而是执行有关长期性投融资政策的机构，类似开发署的性质。对于投资优先部门的划分、政策性贷款总额、有息补助或本金的偿还等政策选择问题，并非完全由其自身决定，而应当通过特定的计划安排和审批程序来进行。它在很大程度上充当了政府投资的代理人，把计划、财政、银行的政策性投融资业务结合起来，从而形成有效的政府投资运作。

第五节　公私合作伙伴关系（PPP 模式）

一、公私合作伙伴关系的由来及概念

公私合作伙伴关系（Public Private Partnership，简称“PPP”）的起源可以追溯至 18 世纪欧洲的收费公路建设计划，但其在现代意义上的形成和发展，主要归于新公共管理运动中以引入私人部门积极参与为核心内容的公共服务供给的市场化改革。20 世纪 70 年代，英美国家为解决经济萧条情况下财政资金不足问题，积极引入私人部门参与公共项目建设运营，同时将 PPP 模式运用于公共政策领域，并为规范、推进该模式出台了一系列的政策，极大地促进了公私合作伙伴关系的发展。80 年代中期，中等发达国家出现债务危机，为推动经济继续发展，1984 年，土耳其提出 BOT（建设—运营—转让）的概念并用该方式建设阿科伊核电厂，然后被其他发展中国家效仿。由香港合和实业公司在深圳投资建设的沙头角电厂项目就是一个典型的 BOT 项目，随后 PPP 模式相关的特许经营、运营和维护以及租赁合约等形式都得到了应用，其中以 BOT 特许经营的应用最为广泛。在新公共管理运动将私人部门引入公共服务领域的基础上，1992 年，时任英国财政大臣拉蒙特提出的私人融资计划（Private Financing Initiative，PFI）成为公共服务领域引入市场化竞争后进一步推动政府与私营部门合作的重要模式，并于 1997 年在全社会公共基础设施领域较全面地推广。20 世纪 70 年代至今，世界各国在城市和区域重大设施的项目上陆续尝试实施 PPP 模式，PPP 模式逐渐成为国际市场上实施多主体合作的一项重要项目运作模式。

从各国和国际组织对 PPP 的理解来看，PPP 有广义和狭义之分。广义的 PPP 泛指公共部门与私人部门为提供公共产品或服务而建立的各种合作关系，而狭义的 PPP 可以理解为政府与私人部门为提供公共产品或服务而建立的合作关系，以授予特许经营权为特征，主要包括 BOT、BOO、PFI 等模式。从开阔的视角看，PPP 实质上是一种联结全社会内部公共部门、企业部门、专业组织和社会公众各方的准公共品优化供给制度，其现代意义上的形成和发展源自新公共管理运动中公共服务的市场化取向改革。“交易费用理论”和“委托—代理理论”等成为推动这一改革实践的理论力量，并随着 PPP 的广泛应用和不断深化而在理论层面清晰地呈现出政府和市场从分工、替代走向合作的基本脉络及升级趋势。

二、PPP 模式的重要意义

PPP 是在基础设施及公共服务领域建立的一种长期合作关系，通常模式是由社会资本承担设计、建设、运营、维护基础设施的大部分工作，并通过“使用者付费”及必要的

“政府付费”获得合理投资回报；政府部门负责基础设施及公共服务价格和质量监管，以保证公共利益最大化。当前，我国正在实施新型城镇化发展战略。城镇化是现代化的要求，也是稳增长、促改革、调结构、惠民生的重要抓手。立足国内实践，借鉴国际成功经验，推广运用政府和社会资本合作模式，是国家确定的重大经济改革任务，对于加快新型城镇化建设、提升国家治理能力、构建现代财政制度具有重要意义。

（一）有利于促进经济转型升级、支持新型城镇化建设

政府通过政府和社会资本合作模式向社会资本开放基础设施和公共服务项目，可以拓宽城镇化建设融资渠道，形成多元化、可持续的资金投入机制，有利于整合社会资源，盘活社会存量资本，激发民间投资活力，拓展企业发展空间，提升经济增长动力，促进经济结构调整和转型升级。

（二）有利于加快转变政府职能、提升国家治理能力

规范的政府和社会资本合作模式能够将政府的发展规划、市场监管、公共服务职能，与社会资本的管理效率、技术创新动力有机结合，减少政府对微观事务的过度参与，提高公共服务的效率与质量。政府和社会资本合作模式要求平等参与、公开透明，政府和社会资本按照合同办事，有利于简政放权，更好地实现政府职能转变，弘扬契约文化，体现现代国家治理理念。

（三）有利于深化财税体制改革、构建现代财政制度

根据财税体制改革要求，现代财政制度的重要内容之一是建立跨年度预算平衡机制、实行中期财政规划管理、编制完整体现政府资产负债状况的综合财务报告等。政府和社会资本合作模式的实质是政府购买服务，要求从以往单一年度的预算收支管理，逐步转向强化中长期财政规划，这与深化财税体制改革的方向和目标高度一致。

三、PPP 模式的基本特征

从我国的实践看，PPP 不仅仅是一种新的融资模式，而且是管理模式和社会治理机制的创新，甚至能够通过以股份制为主的形式与我国大力推进的混合所有制改革创新形成天然的机制性内洽与联通。就目前而言，PPP 管理模式的运行主要呈现如下三个重要特征：伙伴关系、利益共享和风险分担。

（一）伙伴关系

伙伴关系是 PPP 的首要特征，它强调各个参与方平等协商的关系和机制，这是 PPP 项目的基础所在。伙伴关系必须遵从法治环境下的“契约精神”，建立具有法律意义的契约伙伴关系，即政府和非政府的市场主体以平等民事主体的身份协商订立法律协议，双方的履约责任和权益受到相关法律、法规的确认和保护。

（二）利益共享

PPP 项目一般具有很强的公益性，同时也具有较高的垄断性，往往采取特许经营方式。建立利益共享机制，即政府和社会资本之间共享项目所带来利润的分配机制，是 PPP 项目的第二个基本特征。PPP 项目的标准至少包括两个，即政府公共投资的项目和由社会资本参与完成的该政府公共投资项目，包括建设和运营。PPP 项目中政府和非政府的市场主体应当在合作协议中确立科学合理的利润调节机制，确保社会资本按照协议规定的方式取得合理的投资回报，避免项目运营中可能出现的问题造成社会资本无法收回投资回报或

者使得政府违约。PPP以“风险共担、利益共享、合理利润”为基准优化利益调节机制，表现为价格的利益分配，一般不宜用涨价方式实现必要的利益调整，需要政府综合考虑以其他方式（如补助方式）做出必要替代。

（三）风险分担

伙伴关系不仅意味着利益共享，还意味着风险分担。PPP模式中合作双方的风险分担更多是考虑双方风险的最优应对、最佳分担，尽可能做到每一种风险都能由最善于应对该风险的合作方承担，进而达到项目整体风险的最小化。要注重建立风险分担机制。风险分担原则，旨在实现整个项目风险的最小化，要求合理分配项目风险，项目设计、建设、融资、运营维护等商业风险原则上由社会资本承担，政策、法律和最低需求风险等由政府承担。

四、PPP模式的主要内容与流程

（一）项目识别

投资规模较大、需求长期稳定、价格调整机制灵活、市场化程度较高的基础设施及公共服务类项目，适宜采用政府和社会资本合作模式。政府和社会资本合作项目由政府或社会资本发起，以政府发起为主。

财政部门（政府和社会资本合作中心）应负责向交通、住建、环保、能源、教育、医疗、体育健身和文化设施等行业主管部门征集潜在政府和社会资本合作项目。行业主管部门可从国民经济和社会发展规划及行业专项规划中的新建、改建项目或存量公共资产中遴选潜在项目。社会资本应以项目建议书的方式向财政部门（政府和社会资本合作中心）推荐潜在政府和社会资本合作项目。财政部门（政府和社会资本合作中心）会同行业主管部门，对潜在政府和社会资本合作项目进行评估筛选，确定备选项目。财政部门（政府和社会资本合作中心）应根据筛选结果制订项目年度和中期开发计划。对于列入年度开发计划的项目，项目发起方应按财政部门（政府和社会资本合作中心）的要求提交相关资料。新建、改建项目应提交可行性研究报告、项目产出说明和初步实施方案；存量项目应提交存量公共资产的历史资料、项目产出说明和初步实施方案。财政部门（政府和社会资本合作中心）会同行业主管部门，从定性和定量两方面开展物有所值评价工作。定量评价工作由各地根据实际情况开展。

项目实施机构应组织编制项目实施方案，项目实施方案应包括如下内容。

1. 项目概况

项目概况主要包括基本情况、经济技术指标和项目公司股权情况等。基本情况主要明确项目提供的公共产品和服务内容、项目采用政府和社会资本合作模式运作的必要性和可行性，以及项目运作的目标和意义。经济技术指标主要明确项目区位、占地面积、建设内容或资产范围、投资规模或资产价值、主要产出说明和资金来源等。项目公司股权情况主要明确是否要设立项目公司以及公司股权结构。

2. 风险分配基本框架

按照风险分配优化、风险收益对等和风险可控等原则，综合考虑政府风险管理能力、项目回报机制和市场风险管理能力等要素，在政府和社会资本间合理分配项目风险。原则上，项目设计、建造、财务和运营维护等商业风险由社会资本承担，法律、政策和最低需求等风险由政府承担，不可抗力等风险由政府和社会资本合理共担。

3. 项目运作方式

项目运作方式主要包括委托运营、管理合同、建设—运营—移交、建设—拥有—运营、转让运营—移交和改建—运营—移交等。具体运作方式的选择主要由收费定价机制、项目投资收益水平、风险分配基本框架、融资需求、改扩建需求和期满处置等因素决定。

4. 交易结构

交易结构主要包括项目投融资结构、回报机制和相关配套安排。项目投融资结构主要说明项目资本性支出的资金来源、性质和用途，项目资产的形成和转移等。项目回报机制主要说明社会资本取得投资回报的资金来源，包括使用者付费、可行性缺口补助和政府付费等支付方式。相关配套安排主要说明由项目以外相关机构提供的土地、水、电、气和道路等配套设施和项目所需的上下游服务。

5. 合同体系

合同体系主要包括项目合同、股东合同、融资合同、工程承包合同、运营服务合同、原料供应合同、产品采购合同和保险合同等。项目合同是其中最核心的法律文件。项目边界条件是项目合同的核心内容，主要包括权利义务、交易条件、履约保障和调整衔接等边界。权利义务边界主要明确项目资产权属、社会资本承担的公共责任、政府支付方式和风险分配结果等。交易条件边界主要明确项目合同期限、项目回报机制、收费定价调整机制和产出说明等。履约保障边界主要明确强制保险方案以及由投资竞争保函、建设履约保函、运营维护保函和移交维修保函组成的履约保函体系。调整衔接边界主要明确应急处置、临时接管和提前终止、合同变更、合同展期、项目新增改扩建需求等应对措施。

6. 监管架构

监管架构主要包括授权关系和监管方式。授权关系主要是政府对项目实施机构的授权，以及政府直接或通过项目实施机构对社会资本的授权；监管方式主要包括履约管理、行政监管和公众监督等。

7. 采购方式选择

项目采购应根据《中华人民共和国政府采购法》及相关规章制度执行，采购方式包括公开招标、竞争性谈判、邀请招标、竞争性磋商和单一来源采购。项目实施机构应根据项目采 购需求特点，依法选择适当采购方式。公开招标主要适用于核心边界条件和技术经济参数明确、完整、符合国家法律法规和政府采购政策，且采购中不作更改的项目。

（二）项目采购

项目实施机构应根据项目需要准备资格预审文件，发布资格预审公告，邀请社会资本和与其合作的金融机构参与资格预审，验证项目能否获得社会资本响应和实现充分竞争，并将资格预审的评审报告提交财政部门（政府和社会资本合作中心）备案。项目有 3 家以上社会资本通过资格预审的，项目实施机构可以继续开展采购文件准备工作；项目通过资格预审的社会资本不足 3 家的，项目实施机构应在实施方案调整后重新组织资格预审；项目经重新资格预审合格社会资本仍不够 3 家的，可依法调整实施方案选择的采购方式。

资格预审公告应在省级以上人民政府财政部门指定的媒体上发布，资格预审合格的社会资本在签订项目合同前资格发生变化的，应及时通知项目实施机构。项目采购文件应包括采购邀请、竞争者须知（包括密封、签署、盖章要求等）、竞争者应提供的资格、资信及业绩证明文件、采购方式、政府对项目实施机构的授权、实施方案的批复和项目相关审批文件、采购程序、响应文件编制要求、提交响应文件截止时间、开启时间及地点、强制担保的保证金交纳数额和形式、评审方法、评审标准、政府采购政策要求、项目合同草案及其他法律文本等。采用竞争性谈判或竞争性磋商采购方式的，项目采购文件除上款规定的内容外，还应明确评审小组根据与社会资本谈判情况可能实质性变动的内容，包括采购需求中的技术、服务要求以及合同草案条款。

评审小组由项目实施机构代表和评审专家共5人以上单数组成，其中评审专家人数不得少于评审小组成员总数的2/3。评审专家可以由项目实施机构自行选定，但评审专家中应至少包含1名财务专家和1名法律专家。项目实施机构代表不得以评审专家身份参加项目的评审。项目采用公开招标、邀请招标、竞争性谈判、单一来源采购方式开展采购的，按照政府采购法律法规及有关规定执行。

（三）项目执行

社会资本可依法设立项目公司，政府可指定相关机构依法参股项目公司，项目实施机构和财政部门（政府和社会资本合作中心）应监督社会资本按照采购文件和项目合同约定，按时足额出资设立项目公司。项目融资由社会资本或项目公司负责，社会资本或项目公司应及时开展融资方案设计、机构接洽、合同签订和融资交割等工作。财政部门（政府和社会资本合作中心）和项目实施机构应做好监督管理工作，防止企业债务向政府转移。项目实施机构应根据项目合同约定，监督社会资本或项目公司履行合同义务，定期监测项目产出绩效指标，编制季报和年报，并报财政部门（政府和社会资本合作中心）备案。

项目合同中涉及的政府支付义务，财政部门应结合中长期财政规划统筹考虑，纳入同级政府预算，按照预算管理相关规定执行。财政部门（政府和社会资本合作中心）和项目实施机构应建立政府和社会资本合作项目政府支付台账，严格控制政府财政风险。在政府综合财务报告制度建立后，政府和社会资本合作项目中的政府支付义务应纳入政府综合财务报告。政府有支付义务的，项目实施机构应根据项目合同约定的产出说明，按照实际绩效直接或通知财政部门向社会资本或项目公司及时足额支付。设置超额收益分享机制的，社会资本或项目公司应根据项目合同约定向政府及时足额支付应享有的超额收益。

社会资本或项目公司违反项目合同约定，威胁公共产品和服务持续稳定安全供给，或危及国家安全和重大公共利益的，政府有权临时接管项目，直至启动项目提前终止程序。政府可指定合格机构实施临时接管。临时接管项目所产生的一切费用，将根据项目合同约定，由违约方单独承担或由各责任方分担。社会资本或项目公司应承担的临时接管费用，可以从其应获终止补偿中扣减。此外，在项目合同执行和管理过程中，项目实施机构应重点关注合同修订、违约责任和争议解决等工作。

（四）项目移交

项目移交时，项目实施机构或政府指定的其他机构代表政府收回项目合同约定的项目资产。项目合同中应明确约定移交形式、补偿方式、移交内容和移交标准。移交形式包括期满终止移交和提前终止移交；补偿方式包括无偿移交和有偿移交；移交内容包括项目资产、人员、文档和知识产权等；移交标准包括设备完好率和最短可使用年限等指标。采用有偿移交的，项目合同中应明确约定补偿方案；没有约定或约定不明的，项目实施机构应按照“恢复相同经济地位”原则拟定补偿方案，报政府审核同意后实施。

项目实施机构或政府指定的其他机构应组建项目移交工作组，根据项目合同约定与社会资本或项目公司确认移交情形和补偿方式，制定资产评估和性能测试方案。项目移交工作组应委托具有相关资质的资产评估机构，按照项目合同约定的评估方式，对移交资产进行资产评估，作为确定补偿金额的依据。项目移交工作组应严格按照性能测试方案和移交标准对移交资产进行性能测试。性能测试结果不达标的，移交工作组应要求社会资本或项目公司进行恢复性修理、更新重置或提取移交维修保函。

第六节 政府购买服务制度

20 世纪 70 年代石油危机之后，伴随着新公共管理运动、福利多元主义等思潮，以及第三部门的兴起，政府购买服务（或称“服务外包”）成为西方发达国家创新公共服务供给的主流方式。西方国家政府购买服务不仅形成了分权的多中心治理体制，更是政府与非营利组织等第三部门的公私合作伙伴关系的缔结方式。进入 21 世纪，上海、浙江、广东、江苏、四川、辽宁等地进行了大量探索，政府购买服务的范围扩大到社会工作、医疗卫生、教育、社区服务、培训就业、计划生育等诸多公共服务领域。政府购买服务在促进政府职能转变和优化公共服务供给的同时，更是对我国传统管理模式的深度调整。2003 年《政府采购法》的正式实施极大地推动了我国政府采购工作向广度和深度发展。但是，由于《政府采购法》所规定的服务采购相关规则不能涵盖大部分政府事务性服务领域，严重制约了我国政府购买服务的进一步发展。与此同时，原有的公共服务管理体制僵硬，服务效率低下，因此，公共服务领域政府职能转变的目标就是实现公共服务的社会化，通过政府与社会力量的分工合作进一步提高公共服务的数量与质量。

一、政府购买服务的概念

政府购买服务，就是把原来由政府直接向社会公众提供的一部分公共服务项目，通过合同外包、公私合作、补助或凭单的方式，择优转交给社会力量提供，并且由政府根据服务的数量和质量向其支付全部或部分费用的公共服务提供方式。政府购买服务作为政府在公共服务领域的职能转变和市场化改革的一项重要手段，将过去的政府直接提供公共服务转变为政府只出资购买，由各类社会组织来具体提供社会公共服务

党的十八届三中全会提出：“推广政府购买服务，凡属事务性管理服务，原则上都要引入竞争机制，通过合同、委托等方式向社会购买。”2013 年，国务院办公厅出台了《关于政府向社会力量购买服务的指导文件》（国办发〔2013〕96 号），指出政府向社会力量购买服务，就是通过发挥市场机制作用，把政府直接向社会公众提供的一部分公共服务事项，按照一定的方式和程序，交由具备条件的社会力量承担，并由政府根据服务数量和质量向其支付费用。

二、政府购买服务的基本要素

（一）购买服务主体

政府购买服务的主体是政府及所属机构，根据国办发〔2013〕96 号文的规定，政府购买服务主体的范围主要包括各级行政机关和参照公务员法管理、具有行政管理职能的事

业单位，同时，纳入行政编制管理且经费由财政负担的群团组织也可根据实际需要通过购买服务方式提供公共服务。

（二）购买服务客体

政府购买公共服务的客体是社会组织与企事业单位，社会组织包括社会团体、社会服务机构、基金会等，企业包括国有企业、民营企业，事业单位同样也是政府购买公共服务的客体。

（三）购买服务内容

政府购买服务的内容主要是公共服务。随着社会的发展、财政能力的增强以及社会公众的需求日趋多元化，公共服务的范畴也在逐渐扩大，公共工程也被逐渐纳入到公共服务体系中。一般来说，政府购买的服务可以分为两大类：一是政府机构及其工作人员自身消费的服务，二是政府机构及其工作人员为社会所提供的服务。前者属于政府内部的服务，服务对象是政府机构和政府官员自身，后者属于公共服务，服务对象是除政府以外的其他社会机构和公众。

（四）购买服务方式

1. 合同购买

合同购买是指政府通过与社会实体（如社会组织、企事业单位）签订合同，规定公共服务的数量和质量，并对社会实体的经营活动进行监督，政府依据合同的执行进度支付财政资金。合同购买的核心是通过建立政府与社会实体之间的契约关系，在保持政府和社会组织独立性的前提下，实现政府部门与社会实体合作提供公共服务的目的。这种财政支持方式有助于提高政府财政资金的使用效率，节约政府的财政资金开支。

2. 消费券

政府依据公共服务项目所服务的对象和标准选择符合条件的消费者，向其发放消费券，消费者凭借所获得的消费券向社会组织购买社会服务，并以消费券进行部分服务费用的支付，而社会组织凭借从消费者处获得的消费券在政府相关授权部门兑现资金。相对于其他的政府财政支持方式，消费券模式通过允许消费者自主选择社会实体服务的方式向社会组织提供财政支持，可促进社会实体间的竞争，提升社会实体提供公共服务的质量。

3. 使用者付费

使用者付费是指在社会实体提供公共服务的过程中，政府负责较大部分的公共服务费用，并要求消费者按照“谁使用，谁付费”的原则，收取部分成本费用。社会实体取得的资金一部分来自政府财政资金，另一部分来自消费者支付的费用。使用者付费主要是政府基于消费者购买力不足的前提而使用的政策工具，社会实体在使用者付费这一制度中主要充当连接政府与使用者的提供服务的载体，而使用者付费属于消费方补贴，这一政策工具的使用既有助于满足公众的社会公共需要，同时也进一步激发了社会实体提供服务的素质和竞争力。

三、中国政府购买服务的实践成效与主要问题

在社会政策层面，我国政府购买服务历经了从下到上、由点及面、逐步推进的过程。1995 年，上海浦东新区委托基督教青年会运营市民休闲中心；2000 年，上海卢湾区等 6 个区的 12 个街道开展了依托民办机构开展居家养老的试点；2007 年，广东省深圳市培育

了鹏星社会工作服务社、社联社会工作服务中心、慈善公益网 3 家机构，开始了购买社工服务试点；2007 年以来，广东省、上海市等省（直辖市）及杭州、成都、无锡等 30 多个地市出台了购买社会组织服务的政策文件，为中央层面制度建设打下了基础；2007 年，国务院办公厅出台《关于加快推进行业协会商会改革和发展的若干意见》，明确提出“建立政府购买行业协会服务的制度”；2012 年，国务院将“建立健全政府向社会组织购买服务制度”作为重点改革任务；2013 年 5 月，国务院常务会议要求加快出台政府向社会组织购买服务的指导意见；7 月，国务院常务会议审议并原则通过了指导意见，决定将承接政府购买服务的主体由“社会组织”扩大到“社会力量”；2013 年 9 月，国务院办公厅正式印发《关于政府向社会力量购买服务的指导意见》，具有里程碑意义；2014 年 4 月，财政部、民政部、住房城乡建设部、人力资源社会保障部、国家卫生计生委、中国残联出台了《关于做好政府购买残疾人服务试点工作的意见》；2014 年 8 月，财政部、发展改革委、民政部、全国老龄办印发《关于做好政府购买养老服务工作的通知》；2014 年 11 月，财政部、民政部发出《关于支持和规范社会组织承接政府购买服务的通知》；2014 年 12 月，财政部、民政部、国家工商总局印发《政府购买服务管理办法（暂行）》，加快推动了购买社会组织服务的制度化建设；2015 年 5 月，国办转发文化部、财政部、新闻出版广电总局、体育总局《关于做好政府向社会力量购买公共文化服务工作的意见》。

在实施层面，2012 年底，财政部、民政部出台《中央财政支持社会组织参与社会服务项目资金使用管理办法》，从 2013 年到 2015 年，每年拿出 2 亿元中央财政预算进行政府购买社会组织社会服务的示范购买。中央财政支持社会组织参与社会服务项目主要针对中西部地区、藏区、新疆地区、民族八省区，开展社会救助、社会福利、社区服务、专业社工服务等四类社会服务。2014 年上半年全国向社会组织购买服务资金总计 13.28 亿元，涵盖了助老、扶贫、救灾、儿童关爱、残疾人服务、文化服务等多领域。截至 2015 年，在中央财政投入 6 亿元基础上，吸引地方和社会配套资金 5.49 亿元，立项 1 364 个社会服务项目，直接受益近 200 万人次。

从具体实践情况来看，目前政府购买服务中存在的问题主要有以下几个方面。

（一）政府购买服务法律落后于实践

《政府采购法》难以为政府购买公共服务提供规范的制度依据，法律落后于实践。政府向社会组织购买公共服务多体现为分散性购买，这与传统的政府采购“集中性购买”之间存在着较大的差异，《政府采购法》的作用对象是政府集中性的购买行为，无法为政府分散性的购买行为提供有效的指导。同时，现有的《政府采购法》存在着种种弊端亟待解决。2014 年 4 月，财政部出台《关于推进和完善服务项目政府采购有关问题的通知》（财库〔2014〕37 号），对完善服务项目政府采购工作的提出了一些总体要求，但缺少实质举措，且这一文件在法律层面上只属于规范性文件，法律效力相对不高。因此，政府向社会组织购买服务也缺乏制度的顶层设计。

（二）政府购买服务的供需结构性矛盾突出

政府购买服务中存在着严重的供需结构性矛盾，即竞争性招标与社会组织竞标能力不足之间的矛盾和政府购买服务中以项目形式申报的金额与政府购买资金不足之间的矛盾。随着政府购买方式的不断发展，政府向社会组织购买服务原则上应通过公开招标方式进行，但很多地区社会组织的人员素质不高、专业化服务水平不强，甚至很难达到竞标的数量要求，导致政府购买方式难以实现公开招标的尴尬局面，一些地区（如河南郑州、四川成都）只能选择项目申报方式，进而导致政府购买以项目申报形式居多，竞争性招标较少。然而，随着项目的申报，政府购买又面临着资金总量不足的问题，在资金有限的情况下，民政部门又不得不借助专家筛选的方式删减部分必要的申报项目。

（三）服务评价和监督体系缺失

从目前情况看，对于社会力量生产和提供的公共服务普遍缺乏科学系统的评价体系和强有力的监督体系。在实践中，政府部门在与服务提供者签订合同后，往往难以对合同的执行情况进行有效的评价和监督，致使发生“重投入、轻管理，重资金、轻绩效”的现象。由于缺乏完善的监督和评估机制，使得一些社会组织在提供公共服务时有机可乘，以次充好，导致公共服务品质下降和民众对政府购买社会组织公共服务的公信力下降。目前有限的监督主要体现在购买服务政府部门的内部监督上，基本上没有建立独立第三方的评估机制。此外，现有评估体系对服务对象的意见重视不够，缺少以服务对象为主体的绩效评估。

四、完善我国政府购买服务的基本思路

加快推进政府购买服务改革，紧密结合经济社会发展实际，围绕理念观念创新、体制机制创新、政策制度创新、方式方法创新，遵循“政府主导、社会参与，需求导向、服务民生，突出重点、注重绩效，公开透明、竞争择优，统筹协调、分工负责”的原则，形成政府根据公众需求制定“菜单”、公众根据需求“点菜”、社会组织根据项目合同“做菜”的新型服务体制机制，健全基本政策法规，形成规范的体制机制，构建与经济社会发展水平相适应、优质高效的公共服务供给体系，促进和推动公共服务质量水平显著提高，不断满足人民群众多元化、多样性、多层次的公共服务需求。

（一）强化预算管理，规范资金使用

政府购买服务所需资金要坚持“以事定费”，资金需求列入购买部门预算之中。对推进政府购买服务项目工作做得好的，在预算安排资金给予倾斜，有利于推进政府购买服务工作的积极性，做到资金有保障，应该制定严格的项目评估标准与制度，规范政府购买服务的资金使用行为，使之向规范化、制度化方向发展。

（二）规范购买流程，实现阳光运行

对政府购买社会服务进行立法以保障政府购买社会组织服务在法治轨道上前行，避免出现诸如选择性招标、非法串标、资金浪费及公职人员腐败等现象；要依法确定采购方式，服务购买方和采购代理机构要根据项目的具体情况和相关法规要求，按照公开、公平、公正的原则，采用公开招标、邀请招标、竞争性谈判、询价或者单一来源采购等多种形式择优选择承接主体；要加强合同履约管理，按照规定程序签订公共服务购买合同，严禁转包行为，严密确定合同内容，购买主体应认真组织履约验收和动态考核，督促承接主体严格履行合同，将履约情况与其后续竞争挂钩，建立优胜劣汰的动态调整机制；要畅通舆论和公众监督渠道，搭建政府购买公共服务的信息平台，使政府采购完全在阳光下运行。

（三）大力培育社会组织，提升承接公共服务能力

政府要根据经济社会发展的实际情况，因地制宜，大力培育、扶持公益类社会组织的发展，要在舆论、资金、人才等方面不断完善社会组织培育政策，解决政策缺失问题，放

宽承接政府购买公共服务的准入标准，对各类社会力量承接主体实行平等待遇。重点培育发展公益性、救助性、维权性、协调性社会组织，落实公益性捐赠税前扣除、非营利组织自身收入免税政策，降低社区服务类社会组织的登记门槛。大力开展对社会组织专职工作人员的教育培训，管理引导社会组织重视和加强人力资源开发。发挥政府采购的政策引导功能，支持小微企业发展，促进建立良性的市场竞争关系。让社会组织能够通过参与购买服务逐步发展壮大起来，真正成长为公共服务和社会治理的参与主体。要大力扶持、培育就近中间社会组织，有利于减少成本，快速高效服务。

（四）强化绩效评估，健全严格监督体系

量化政府购买公共服务的绩效指标，构建科学合理的政府购买公共服务绩效评估体系，引入第三方评估机制，如会计事务所、审计事务所，建立严格专业多元的外部监督机制，按照科学的方法、程序和标准，对服务机构的服务质量、顾客满意度，对社会服务组织绩效做出全面客观的评价，使政府购买公共服务的效果评估具有可操作性。要完善内部监督机制，及时发现问题、追究责任、采取补救措施降低风险。对政府购买公共服务实行全方位的监督，建立人大、纪检监察、审计等职能部门联合监管以及公众监督、舆论监督为一体的监管网络体系。人大要加强对政府采购预算、执行的有效监督。审计部门要对资金使用情况实施审计。监察机关要加强对相关部门履行监管职责情况的监督，依法查处行政监察对象违法违纪问题。民政、工商管理以及行业主管部门要依据职责将承接政府购买服务行为纳入综合监管体系。

第七节　财政支农支出

一、财政农业投资的重要性

“三农”问题具有明显的公共产品性质。首先，农业既是国民经济的基础，又是弱势产业。我国农业基础薄弱，是长期制约经济发展的重要因素。正是针对这种实际，加强农业是国民经济发展的首要问题。其次，农村现代化是整个国家现代化的重要组成部分。最后，农民也是公民，也是纳税人，也应享受国民待遇，并且许多农村投资只适合于政府来做。

二、政府财政农业投资的主要内容

在农业方面，政府的投入主要表现为财政支援农业的投入，这又分为预算内资金投入和预算外资金投入两部分。预算内资金投入是指列入国家预算支出直接拨付的支农资金；预算外资金投入是指不列入国家预算内地方财政部门和农业有关主管单位用于发展农业的投入。

列入国家预算支出的支农资金，主要包括以下内容。

（一）农林、水利、气象等方面的基本建设投资支出

对农业和农垦部门的基本建设投资，主要包括对国有农场和生产建设垦区的基本建设投资；对林业的基本建设投资，主要包括建设场房、购买设备、种苗和栽树等费用；对水利的基本建设投资，主要包括根治大河、修筑水库、桥梁等基本建设费用；对气象方面的

基本建设投资，主要包括建设气象台（站）、购买设备等费用。此外，还包括属于上述系统的事业单位的基本建设投资。

（二）农林企业挖潜改造资金支出

这是指国家财政用于农垦、农牧、农机、林业、水利、水产、气象等企业的挖潜改造资金。

（三）农林部门科技三项费用

这是指国家财政用于农业、畜牧、农机、林业、水利、水产、气象等部门的新产品试制费、中间试验费和重要科学研究补助费等科学技术三项费用。

（四）农林、水利、气象等部门的事业费支出

这是财政用于农垦、农场、农林、畜牧、农机、林业、水利、水产、气象、乡镇企业，以及农业资源调查和土地管理等方面的事业费。

（五）支援农业生产支出

这是国家财政对农村集体经济单位和农户的各项生产性支出的支援。主要包括：小型农田水利和水土保持补助费、支援农村合作生产组织资金、农技推广和植被保护补助费、农村草场和畜禽保护补助费、农村造林和林木保护补助费、农村水产补助费、农业发展专项资金和发展粮食生产专项资金支出等。

（六）支持农村社会公益事业支出

如用于农村教育、乡村道路、农村电网、广播电视、医疗卫生等方面的支出。

预算外资金也是国家增加农业资金投入的重要来源，自改革开放以来，预算外资金迅速增长，由于预算外资金具有分散性的特点，这就需要财政部门加强管理，积极引导使之成为发展农业生产的重要投入。

除此之外，国家还利用信贷、价格以及税收优惠等多种手段，全方位地支援农业生产发展。

超链接

中华人民共和国农业部：http：//www.agri.gov.cn

中国农业发展银行：http：//www.adbc.com.cn

中国新型农村合作医疗网：http：//www.cncms.org.cn

三、近年来我国政府财政农业投资主要支出情况

“十二五”时期，全国一般公共预算农林水事务支出累计达到6.67万亿元，年均增长达14.8%，围绕促进农民增加收入、增强农业综合生产能力、深化农村综合改革等中心任务，实施了一系列强农惠农富农政策。在继续加大财政投入的同时，创新投入方式，探索采取政府购买服务、贷款贴息、税费减免、建立基金、民办公助、一事一议、以奖代补等多种有效形式，更好地发挥财政资金的杠杆撬动作用，引导金融、社会资本投向农业农村，组建国家农业信贷担保联盟体系，解决“融资难、融资贵”问题；建立完善农业保险政策，重点发展符合适度规模经营需求的多层次、高保障农业保险产品与服务。

扎实推进农业供给侧改革，补齐农业农村发展短板，不断提高农产品供给体系的质量

和效率。2016 年，中央财政安排农机购置补贴资金 236.45 亿元，中央财政农机购置补贴政策更加注重以绿色生态为导向，充分发挥农机化对农业可持续发展的支撑作用；中央财政专项安排 12 亿元，用以支持安徽、重庆等 12 个省（直辖市）开展农村一二三产业融合发展试点工作。

按照生态文明建设总体要求，中央财政不断加大投入力度，支持实施森林生态效益补偿。2016 年，中央财政积极盘活存量，用好增量，通过林业补助资金拨付 165 亿元，支持做好森林生态效益补偿工作，加强国家级公益林保护和管理。同时，积极完善森林生态效益补偿机制，将国有国家级公益林补偿标准提高 33%，进一步加大对生态环境的支持保护力度。中央财政安排资金 187.6 亿元用于实施禁牧补助、草畜平衡奖励和绩效评价奖励，并将绩效评价奖励资金向西藏和四个藏区省份予以倾斜，以推动当地畜牧业发展和草原保护建设。

进一步加大财政扶贫开发投入力度。2016 年中央财政扶贫资金比上年增加 201 亿元，增长 43.4%，各扶贫专项转移支付对农村贫困地区给予倾斜，较大幅度增加财政专项扶贫资金投入，支持贫困县统筹整合使用财政涉农资金，优化财政涉农资金供给机制。

重视农村义务教育投入，促进义务教育均衡发展。一是“保基本”。落实农村义务教育经费保障机制和城市学生免除学杂费政策。全国约 1.1 亿名农村学生享受免学杂费和免费教科书政策，中西部约 1 240 万名贫困寄宿生获得生活费补助，约 2 944 万名城市学生享受免学杂费政策。二是“补短板”。全面改善贫困地区农村薄弱学校基本办学条件。实施营养改善计划，惠及学生约 3 320 万名。三是“提质量”。加强教师队伍建设，继续实施“特岗计划”“国培计划”和落实乡村教师生活补助政策。四是“促公平”。支持农民工随迁子女就学，惠及学生约 1 295 万名。

四、今后的投资重点

（一）加大农民直接补贴力度

第一，对拥有耕地承包权的种地农民给予耕地地力保护补贴，补贴资金通过“一卡（折）通”方式直接兑付到户。鼓励各地创新方式方法，以绿色生态为导向，提供农作物秸秆综合利用水平，引导农民综合采取秸秆还田、深松整地、减少化肥农药用量、使用有机肥等措施，切实加强农业生态资源保护，自觉提升耕地地力。第二，对按规定程序购买农业机械、直接从事农业生产的个人和农业生产经营组织给予农机购置补贴。农机购置补贴实行自主购机、定额补贴、县级结算、直补到卡（户）的补贴方式。

（二）继续强化农村基本公共服务供给

第一，依靠中长期建设国债，继续加强农村公共基础设施投资建设，重点解决农村水、电、路等公共设施问题，保证农村生活性公共设施的供给质量，使全国农村人口聚集较多的乡镇和较大的行政村实现通公路、通自来水或清洁水、通电力网、通公用电话和长话自动网、通卫星电视和有线电视、通广播网、通邮政网。第二，将农村基本公共服务体系建设摆在基本公共服务体系建设的优先位置，在财政投入、技术投入、人才投入等方面采取倾斜政策，加强农村公共服务软硬件设施的建设，重视农村公共服务专业人才培养，提高教育、医疗、卫生等农村基本公共服务的供给数量和质量，改善农村居民的生产生活条件，满足农业、农村和农民发展的需求。

（三）支持新型农业经营主体发展

第一，重视新型职业农民培育。将专业大户、家庭农场、农民合作社、农业企业、返乡涉农创业者等新型农业经营主体带头人作为重点培育对象，开展针对性培训，提升生产技能和经营管理水平。第二，重视农民合作社和家庭农场能力建设。以制度健全、管理规范、带动力强的国家农民合作社示范社、农民合作社联合社和示范家庭农场为扶持对象，支持发展绿色农业、生态农业，提高农产品加工、标准化生产、市场营销等能力。第三，支持农业信贷担保体系建设。以种养大户、家庭农场、农民合作社等新型经营主体以及农业社会化服务组织和农业小微企业为重点服务对象，建立健全全国农业信贷担保体系，推进省级信贷担保机构向市县延伸，支持有条件的市县尽快建立担保机构，实现实质性运营。

（四）支持农村产业融合发展

第一，建设现代农业产业园，中央财政通过以奖代补方式给予适当支持。第二，继续支持农村一二三产业融合发展。以延伸农业产业链、完善利益联结机制为切入点，选择部分重点县支持带动与农民分享二三产业增值收益的新型农业经营主体开展农产品产地初加工、产品流通和直供直销、农村电子商务、休闲农业、乡村旅游、农业文化遗产发掘保护、产业扶贫等工作。第三，开展信息进村入户整省推进示范。选择若干试点省份，依托现有的农村信息服务、金融保险、农商等平台，通过整合资源，完善功能，达到技术、市场、商务、政务等信息一站式服务。

拓展区

阅读网络教学资源“重点解析”栏目第四章中的“两免一补”和“新型农村合作医疗”，对上述内容加深理解。

第八节 财政扶贫支出

一、贫困的定义

世界银行在《1990年世界发展报告》中给“贫困”下的定义是：“缺少达到最低生活水准的能力。”该报告指出衡量生活水准不仅要考虑家庭的收入和人均支出，还要考虑那些属于社会福利的内容，如医疗卫生、预期寿命、5岁以下儿童死亡率及入学率等指标，作为以消费为基础对“贫困”进行衡量的补充。我国国家统计局定义的贫困是指“个人或家庭依靠劳动所得和其他合法收入不能维持其基本的生存需求”。也就是指人由于缺乏获得基本的物质生活条件和参与基本的社会活动的机会而不能维持一种个人生理和社会文化可以接受的生活水准，还包括由于缺乏必要的自然、经济和制度环境而不能提高生活水准的发展能力方面的内容。

二、我国贫困的标准和分类

（一）贫困标准的确定

我国目前通常采用马丁法来测定农村贫困人口，其基本步骤是：（1）计算食物贫困线。根据营养专家的意见，将摄入热量 2 100 大卡作为中国农村人口维持基本生活需要的必需营养标准。根据住户抽样调查数据，计算中国农村人口维持生存必需营养标准的实际食品消费结构，即平均食品消费清单，最后根据低收入户对应的消费价格，计算出最低食品费用支出，即食物贫困线。(2) 计算非食物贫困线。在已知食物贫困线的基础上，利用回归模型计算出那些刚好有能力满足必需营养需求标准的住户的最低非食品支出，就是绝对贫困人口的最低食物贫困线。(3) 将最低的食物贫困线和非食物贫困线相加，就可以得出一定时期内中国农村人口绝对贫困标准。

除了马丁法测算贫困外，对于日益扩大的城镇贫困人口，我们采用恩格尔系数法来测算城镇居民的贫困线。联合国粮农组织提出了依据恩格尔系数划分贫困与富裕的标准：39%以下为富裕，40%～49%为小康，50%～59%为温饱，60%以上为勉强度日。由于我国居民中在某种程度上仍旧享有企事业单位的各种集体福利以及政府的各种补贴，而这部分消费在支出中并没有反映，导致我国城镇居民的恩格尔系数偏高，所以我们暂时确定恩格尔系数为 60%。那么可以得出如下公式：

贫困线＝适量饮食费用÷恩格尔系数

采用恩格尔系数法测算的 2011 年度我国城镇居民贫困线为月人均 1 500 元（900÷0.6＝1 500 元/月人均），年人均 18 000 元。

（二）贫困的分类

在与贫困相关的理论研究中，通常最基本的分类是将贫困分为绝对贫困和相对贫困，还可根据不同分类标准将贫困加以分类，如生产性贫困和社会性贫困，历史性贫困与地域性贫困等。

1. 绝对贫困和相对贫困

将贫困划分为绝对贫困和相对贫困，是从经济学的角度来讲的。绝对贫困是指在特定的社会生产方式下，个人或家庭依靠劳动所得或其他合法收入，不能满足最基本的生存需要，生命延续受到威胁。相对贫困则是对一种特定参照群体而言，在同一时期，不同地区或不同阶层的成员之间由于人们主观认定的可维持生命水准的差别而产生的贫困。我国在理论上和实践中通常使用的贫困是指经济意义上的绝对贫困。

2. 区域性贫困和个体性（包括家庭）贫困

区域性贫困是指根源于不同的自然条件、人口素质和历史机遇的区域连片分布的贫困；个体性贫困则是由于个体之间的素质差异和机会不均等原因导致的贫困，这种贫困的发生与区域无关。

3. 生产性贫困与社会性贫困

生产性贫困是指由于生产水平低下而导致的物质和文化资料缺乏而造成的贫困，生产力是生产贫困主要的决定性因素。发展中国家和发达国家在贫困面和贫困程序上的差距，主要是由于生产力水平造成的。社会性贫困是指由物质、文化生活资源的分配问题造成的贫困，也称为分配性贫困，其成因包括人口、权利、政策、就业、观念、贫困背景和个人行为特征等。

4. 历史性贫困与地域性贫困

自从人类社会产生就有贫困现象的出现，不论过去、现在和将来，也就是说贫困有历史性贫困、现实性贫困和潜在性贫困。贫困的地域性是指贫困空间分布的差别，如城乡差别，与城市相比，农村的贫困面广而且贫困程度相对较深；如环境条件优劣差别，通常，自然条件差、交通不便、信息闭塞地区的贫困程度深；还有发展中国家与经济发达国家的差别，发展中国家贫困人口相对较多，贫困面也较广。

5. 狭义贫困与广义贫困

狭义贫困仅指经济意义上的贫困，即不能满足维持生产与生活在经济上的最低标准。广义贫困除含经济意义的贫困之外，还包括社会、环境等方面的贫困因素，如人口寿命状况，文化、医疗状况，生存生活环境状况及就业不足等。

拓展区

阅读网络教学资源“重点解析”栏目第四章中的“贫困的特征”，对上述内容加深理解。

三、我国贫困的根源分析

我国贫困地区的形成原因是多方面的。分析造成贫困的经济和社会根源，对有针对性地制定扶贫政策、采取相应措施、搞好扶贫工作至关重要。归纳起来，贫困的根源主要有以下几条。

（一）自然环境恶劣，农业生产基础薄弱

自古以来，自然环境对经济发展就有着至关重要的影响。对于恶劣的环境状况，人类至今为止难以改变，而且无法完全克服。贫困人口大多生活在生存环境较差的地区，如石山区、沙化区、高寒山区和洪涝多发区，农业生产条件差，再加上交通闭塞，信息不灵，生产技术和生产手段落后，商品经济不发达，种种因素导致生产力水平低下，造成难以维持基本的生活需要的状况。

（二）思想观念陈旧，经济体制滞后

由于贫困地区经济落后，思想观念陈旧，缺乏改革创新意识，受等、靠、要思想支配。民主制度不健全，甚至很多贫困地区还盛行家长式的管理方法，使市场经济在这些地区难以得到长足的发展。生产力水平低下也是贫困产生的主要根源。贫困农户经济收入来源非常单一，收入水平低，积累能力有限，公共积累也难以提取，有效的社会服务体系不能建立起来，严重阻碍贫困地区商品经济的发展。

（三）资源的掠夺性开发，生态环境严重恶化

由于缺乏基本的生活保证，贫困人口的生产和生活行为不可能有正常的理性思维。为了生存，他们不择手段地获取生产资料和生活资料，不计后果地投入生产和消费之中，使生产生活环境更加恶化，违背自然法则，破坏了人与环境的平衡。

（四）教育落后，人才技术资源匮乏

教育落后，人才技术资源匮乏是导致贫困的最主要的根源。由于贫困地区的温饱问题长期不能得到解决，能够用于教育的投入极少，教育设施极为短缺，师资缺乏，儿童入学率低、辍学率高，文盲人口比重大。同时，由于贫困地区信息闭塞，人际关系主要以邻里、血缘为主，文化水平整体偏低，人才严重短缺，即使有个别技术人才，也难充分发挥作用。这种状况进一步加剧了贫困，形成了贫困—教育落后—技术匮乏—贫困的恶性循环。

超链接

中国扶贫信息网：http：//www.help-poverty.org.cn/

中国扶贫基金会：http：//www.cfpa.org.cn/

中国扶贫与就业：http：//www.sxrb.com

四、政府扶贫工作的制度创新

我国从1986年开始实施大规模有计划的扶贫工作以来，一直十分重视扶贫机制的改革和创新，取得了世界所公认的扶贫成就。特别是2013年中央提出精准扶贫这一新的扶贫开发战略后，近年来中国扶贫机制不断做出新的扶贫制度创新和制度安排，以激发市场化脱贫潜力和提高政府扶贫的效果。

（一）改革与创新了扶贫工作的考核机制

这一领域的制度创新包括贫困县考核和省党委政府考核。贫困县考核的重点是转变不考虑贫困地区功能和职责差异的、以地区生产总值为主的考核制度，建立以扶贫开发为中心指标的考核制度，限制开发区域和生态脆弱的国家扶贫开发工作重点县，直接取消地区生产总值考核，同时研究建立重点县退出机制，建立扶贫开发效果评估体系。省党委政府考核是针对中西部22个省党委和政府进行的扶贫开发工作成效考核。

（二）实施了精准扶贫工作机制

运用现代管理手段摸清底数、瞄准对象，做到扶贫到户，扶真贫、真扶贫。完善扶贫瞄准政策，创新扶贫到户工作机制，采取量化指标、定性指标与村民代表民主评议相结合等方法，由国家制定统一的扶贫对象识别办法，按照县为单位、规模控制、分级负责、精准识别、动态管理的原则，对每个贫困村、贫困户建档立卡，建设全国扶贫信息网络系统。各项扶贫措施要与贫困识别结果相衔接，深入分析致贫原因，逐村逐户制定帮扶措施，集中力量予以扶持，切实做到扶真贫、真扶贫，确保在规定时间内达到稳定脱贫的目标。

（三）改革与创新了干部驻村帮扶机制

在各省（自治区、直辖市）现有工作基础上，普遍建立驻村工作队（组）制度，确保每个贫困村都有驻村工作队（组），每个贫困户都有帮扶责任人，并把驻村入户扶贫作为培养锻炼干部特别是青年干部的重要渠道。这一机制在以前的扶贫工作中就有，但由于缺乏约束机制，驻村工作往往流于形式，缺乏固定的长效机制，短期性、政治性较强。而且驻村干部的工作时常与村委会职责不清、分工不明。新的干部驻村帮扶机制出台后，各地区都相应出台了各地的干部驻村帮扶工作办法。到2015年年底，全国已基本实现了对贫困村的全覆盖。由于实行新的考核和激励机制，新一轮的驻村干部比以前有更大的责任心和积极性，在引进资金、项目，协助村干部和帮助贫困村、贫困户脱贫等方面已出现了明显的效果。

拓展区

阅读网络教学资源“重点解析”栏目第四章中的“精准扶贫”，对上述内容加深理解。

（四）建立健全了政府扶贫的长效机制

一是建立“教育培训”长效机制。坚持扶贫先扶智，把阻止贫困现象代际传递作为推进精准扶贫工作的首要大事，努力让每个贫困孩子都能接受公平、有质量的教育。确保贫困家庭孩子不因贫失学、辍学，确保贫困户家庭孩子不因交不起学费和生活费而放弃或中断高中、高职、大（中专）学业，切实阻断贫困现象代际传递。实施益智增技培训工程，围绕贫困对象提高技能、培养专长、增强致富增收能力，加强实用技术、专业技能培训，真正使贫困农户学会几项就业增收技能。二是健全“产业扶贫”长效机制，着力解决贫困户脱贫致富门路不宽、渠道有限的问题。按照“宜种则种、宜养则养、宜游则游、宜商则商”的原则，坚持“一户一业、一户一策、一人一法”，因地制宜发展扶贫特色产业，增强贫困户自我发展能力，加快脱贫致富步伐。三是建立“政策兜底”长效机制，着力解决特殊特困人群积贫积弱的难题。坚持扶贫开发与社会保障两手抓，注重发挥惠民政策的兜底功能，保障特困赤贫人员的基本生活，提高贫困群众生活幸福指数。

借鉴我国多年扶贫工作中的经验教训，要想在今后的扶贫工作中取得更大的成效，就需要针对当前的扶贫具体情况，做出新的扶贫制度创新和制度安排，以激发市场化脱贫潜力和提高政府扶贫的效果。

五、政府在扶贫中的作用

（一）发挥财政政策在扶贫中的作用

1. 完善财政体制

合理有效的财政体制既是改善落后县区财政状况的重要保证，又是调动当地增收节支、当家理财的一种激励机制。贫困地区发展所面临的最大困难就是财力不足，因此，对贫困地区财政体制给予照顾就成为一种必然的选择。一是从体制上给予贫困地区更多的财权和财力，保证特困县工资发放和机关工作正常运转；二是要建立有效的激励机制，实行“以奖代补”的办法，变事前补贴为事后奖励，克服财政补贴县“等、靠、要”的依赖思想，激发它们改变落后面貌的主动性和积极性。

2. 合理运用财政贴息政策

根据目前农村信贷扶贫工作的实际，进一步研究政策和办法，采取差别贴息的形式，引导银行信贷资金集中用于扶贫，增强扶贫资金的绝对量。同时，应发挥政府融资的政策导向和资金导向作用，灵活运用各种融资方式，对经济效益好、扶贫带动面大的项目，应通过政府投融资方式帮助解决资金投入问题。

3. 保持税收优惠政策的连续性

对贫困地区制定的一系列税收优惠政策，重在抓好运用和落实，为贫困地区经济发展创造良好的环境。要保持税收优惠政策的连续性，巩固扶贫成果，保障永久脱贫能力。

4. 加快贫困地区小城镇建设

加快小城镇建设是解决贫困地区信息流通缓慢、市场发育迟缓、物流不畅的重要举措。通过小城镇建设，使贫困群众走出封闭的社会环境，培养科技文化知识和市场观念，学会商品交换并通过市场引导生产，逐步融入市场经济。

（二）加强扶贫资金的管理

1. 加强扶贫资金的整合

加大资金整合力度，按照“简政放权、高效安全”的原则，对扶贫和相关涉农资金进行清理和归并整合，给予基层更灵活的项目资金调配权，把“大水漫灌”变成“滴灌”，确保财政扶贫资金使用更加精准更加有效。财政专项扶贫资金原则上按照因素测算法切块到县，其他相关行业部门涉农资金要向片区县、重点县倾斜。各项到县扶贫和涉农资金，除中央有明确的项目投向规定外，由县整合集中使用。各县要按照“统一规划、集中使用、渠道不乱、用途不变、各负其责”的原则，统筹整合扶贫资金和其他相关涉农资金，集中解决贫困问题。

2. 改革资金分配使用方式

按照效率优先兼顾公平的原则，加大竞争性和扶贫绩效在资金分配中的权重。逐步扩大扶贫资金补助项目范围，提高以奖代补、先建后补和民办公助在财政专项扶贫资金使用中的比例，探索政府购买公共服务参与扶贫开发。

3. 加强资金监管

各级各有关部门要落实监管责任，创新监管方式，强化审计、财政、纪检监察等部门的监督，加大违纪违法行为惩处力度。主动接受人大和社会监督，扩大扶贫政务公开，逐步引入社会力量对扶贫资金的管理使用进行监督。

（三）完善社会扶贫机制，实现多渠道融资

创新社会参与机制，努力营造“扶贫向善、济困光荣”的社会氛围，搭建社会扶贫信息服务平台，深化定点扶贫，强化对帮扶后盾单位的业绩考核奖惩。加强扶贫领域国际交流合作，广泛动员社会力量，拓宽扶贫资金来源渠道，加强社会扶贫资金的使用管理。积极开展邻里帮扶和参与式扶贫，激发贫困群众脱贫致富的内生动力。对于扶贫资金缺口，财政部门要发挥财政资金的引导作用，注重市场对社会资源的配置作用，改变以往单一的行政动员、行政激励的方式，以经济利益关系代替过去的行政组织关系，以优良的投资环境、优惠的投资条件、较高的投资效率和投资收益吸引多方资金参与扶贫开发。具体途径有：（1）吸引发达地区及大企业大集团的资金。（2）争取利用世界银行、亚洲开发银行及国外政府优惠贷款。（3）吸引华侨及国内中小投资者投资。（4）落实企业扶贫捐赠税前扣除等相关支持政策，通过社会中介组织募集扶贫资金和物资。

拓展区

阅读网络教学资源“背景资料”栏目中的“中国扶贫基金会”和“2013年中央一号文件《中共中央国务院关于加快发展现代农业进一步增强农村发展活力的若干意见》”“2014年中央一号文件《关于全面深化农村改革加快推进农业现代化的若干意见》”“2015年中央一号文件《关于加大改革创新力度加快农业现代化建设的若干意见》”“2016年中央一号文件《关于落实发展新理念加快农业现代化　实现全面小康目标的若干意见》”；阅读网络教学资源“专题讨论”栏目第四章中的“我国教育财政投入的四大问题”，完成学习活动，并进行讨论。

【历史浏览】

按照以下提示，回顾本章内容，回答复习思考题。

购买性支出相对于转移性支出来说，其所具有的特点集中表现在有偿性、等价性和消耗性。

从国家职能实现的角度考察，行政管理支出与国防支出是政府财政支出应首先保证的部分。

科教文卫支出属于社会消费性支出。

和非政府部门投资相比较，政府投资具有不同的特点。第一，政府居于宏观调控主体的地位，它可以从社会效益和社会成本角度来评价和安排自己的投资。第二，政府财力雄厚，而且资金来源多半是无偿的，可以投资于大型项目和长期项目。第三，政府可以从事社会效益好而经济效益一般的投资。

在农业方面，政府的投入主要表现为财政支援农业的投入，分为预算内资金投入和预算外资金投入两部分。

针对当前的扶贫具体情况，今后的扶贫工作中应作出新的扶贫制度创新和制度安排，以激发市场化脱贫潜力和提高政府扶贫的效果。

【复习思考题】

1. 请分析购买性支出对社会再生产的影响。
2. 请说明科技进步与经济增长的关系。
3. 基础设施的生产和消费与其他产品有什么不同的特点？
4. 政府扶贫工作的制度创新体现在哪些方面？

☞ 解答提示请参考网络教学资源“复习思考题答案”中的相关内容。请在60分钟内，完成网络教学资源“即时练习”栏目中的本章练习；阅读网络教学资源“参考文献”，了解学习本章的参考文献，如果学有余力，请选择阅读；在网络教学资源“重点概念”中，提供了本章相关概念的检索。

第五章

转移性支出

【学习导航】

请使用4学时学习本章内容。通过本章学习，着重区分相似概念，重点掌握转移性支出的概念及其对经济社会再生产的影响。

本章考试的重点是转移性支出的一般分析及各种转移性支出的内容。

【引导案例】

2016年，社会保险基金总收入为5.3万亿元，同比增长14.7%；社会保障支出为4.7万亿元，同比增长19.3%，支出增幅高于收入增幅4.6个百分点。相比之下，2015年全国社会保险基金总收入比上年增长14.6%，社会保障支出比上年增长16.1%，支出增幅高于收入增幅1.5个百分点。这意味着，2016年度支出与收入的增幅差距呈现继续拉大的趋势。

学习本章内容，请思考：社会保障支出的性质是什么？政府为什么要进行社会保障支出？

☞ 解答提示请参考网络教学资源“案例分析”中的相关内容。

第一节　转移性支出的一般分析

一、转移性支出的概念

转移性支出，与购买性支出相对应，是指政府无偿向居民和企业、事业以及其他单位供给财政资金。转移性支出直接表现为资金的无偿的、单方面的转移，这类支出主要有社会保障支出、补贴支出、税式支出、捐赠支出和债务利息支出等。转移性支出体现的是政府的非市场性再分配活动，特点表现为政府付出了资金，却得不到等价的商品和劳务。在财政支出总额中，转移性支出所占的比重越大，财政活动对收入分配的直接影响就越大。

提示音

转移性支出的特点

转移性支出是政府的非市场性再分配活动，主要包括社会保障支出、财政补贴支出、税式支出等。转移性支出的特点表现为政府付出了资金，却得不到等价的商品和劳务。

二、转移性支出对社会经济的影响

（一）对分配的影响

转移性支出所起的作用是，通过支出过程使政府资金转移到领受者手中，它只是资金使用权的转移，对分配产生直接影响。

对以个人为对象的转移性支出来说，它是在国民收入初次分配基础上的再分配。这笔资金来源于各个纳税人在国民收入初次分配中所分得的各种收入，这笔收入的对象一般仅限于那些收入低于维持通常生活标准应有水平的居民。于是，通过转移性支出这一渠道，国民收入的分配格局会发生变化。变化的结果将使高收入阶层的一部分收入转移到低收入阶层的居民手中。

对以企业为对象的转移性支出来说，其资金来源于各种税收，国民收入中的一部分由纳税人的手中转移到享受补贴的企业手中，从而导致国民收入在纳税人和获得补贴的企业之间转移。显然，这种转移更有利于国民收入分配的合理化。

（二）对生产和流通的影响

微观经济主体获得了转移性支出资金以后，究竟是否用于购买商品和劳务以及购买哪些商品和服务，这已脱离开了政府的限制，因此，在此类支出中，财政对生产和流通的影响是间接的。

转移性支出的结果是政府的一部分财政资金无偿地注入非政府部门之中。个人或家庭收到转移性支出的资金，这些支出一部分直接转化为个人或家庭的可支配收入，从而增加了私人消费需求，其增加的商品或劳务的购买量对这类商品或劳务的生产有相当大的影响，而另一部分资金可能转化成储蓄，通过一定渠道转化成生产资金，从而增加企业的投资需求。企业收到转移性支出的资金，这些支出的一部分可能形成企业的投资需求从而影响生产，而另一部分则通过增加资本和劳动力报酬的途径而转化为个人或家庭的可支配收入，从而进一步形成社会消费需求。

（三）对经济主体活动的影响

1. 对政府的效益约束

在安排转移性支出时，政府并没有十分明确的原则可以遵循，而且，财政支出的效益也极难换算。所以，转移性支出的规模及其结构也在相当大的程度上只能根据政府同微观经济主体、中央政府与地方政府的谈判情况而定。

2. 对微观经济主体的预算约束

微观经济主体在同政府的转移性支出发生联系时，并无交换发生。因而，对于可以得到政府转移性支出的微观经济主体来说，它们收入的高低在很大程度上并不取决于自己的能力和生产努力程度，而取决于同政府讨价还价的能力。显然，转移性支出对微观经济主体的预算约束是软的。

第二节　社会保障支出

一、社会保障的概念与特征

所谓社会保障是指国家按照一定的法律和规定，针对因年老、伤残、疾病、失业、丧失劳动能力或因自然灾害、意外事故等原因面临生活困难的社会成员，向其提供基本生活保障和社会服务，从而使其能达到最低生活水平所形成的一种保障制度。它是一种非市场化的再分配方式和社会机制。

经济社会要正常运行，除了必须保证有一个持续稳定的经济增长率，来提供越来越丰富的物质财富外，还必须有一个安定的社会环境。这便是社会保障存在的前提条件。社会成员因年龄原因，退出自己原来的工作岗位时，有权得到社会的照顾，安度晚年；社会成员因种种原因而失业时，也应享有得到一份能够满足自己及其家庭人口最低生活需要的收入的权利；社会成员在发生生病、伤残以至死亡等情况时，需要进行医疗、护理、照顾以及善后处理等。这些都属于社会保障的范围。

从世界各国社会保障的理论和实践来看，有效的社会保障应具备以下特征。

（一）法定性

社会保障作为一种社会制度，在为全体社会成员提供保障的同时，也要求全社会共同承担风险，这就会牵涉社会的各个方面和各种关系。为了处理好各方面的关系，使其具有权威性，就必须把国家、集体、个人在社会保障活动中发生的各种社会关系用法律的形式固定下来，做到有法可依。

（二）社会性

社会保障是国家在全社会范围内普遍实施的一种社会制度，具有社会性。首先，社会保障的保障对象是全体社会成员，包括丧失劳动能力，不具备和未形成劳动能力的社会成员。无论其是何种身份，只要符合享受社会保障的条件，就应当得到基本的生存物质保障。其次，社会保障资金的来源与使用具有社会性，即从社会范围内筹集并安排使用社会保障基金。最后，社会保障目标具有社会性，国家作为社会保障的行为与实施主体，其目标是促进社会关系的和谐、稳定。

（三）公平性

社会保障是国家对市场初次分配的适当调节，缩小社会成员之间收入差距，促进社会公平。在市场经济下，“效率优先，兼顾公平”的社会分配原则往往使得收入分配结果存在较大差异。从劳动收入看，由于劳动能力、受教育程度、就业机会等的差异，会引起人们在劳动收入上的差别。低文化、低技能、从事低薪职业的社会成员，收入水平可能无法满足基本生活的需要。从财产收入看，多产者与无产者必然存在资本收益上的悬殊差距，并且这种差距还会代际转移，从而出现收入分配不公。可见，追求效率的市场不能带来公平，社会保障的目标首先强调的是社会公平性，在制度设计与实施中要求将社会公平放在首位。

（四）互济性

社会保障资金来自参与社会保障的社会成员所缴纳的保障费，但社会保障资金只能是向社会成员中那些因生、老、病、死、残、失业等原因亟待获得物质帮助的人提供。可见，社会成员为社会保障进行的缴纳同他可能享受的保障并不完全对等。对每一个社会保障的享受者而言，其社会保障基金的扣除、储存、分配和使用，存在着数量和时效上的差别。实质上形成了社会成员之间的互相调剂，特别是在广泛的社会统筹的基础上，社会保障资金的互济性表现得更为突出，这使社会保障的能力也因此得到提高，体现了人道主义的精神。

二、社会保障制度的内容

社会保障制度主要包括如下几个方面的内容。

（一）社会保险

社会保险是现代社会保障的核心内容，它是一国居民的基本保障，即保障劳动者在失去劳动能力，从而失去工资收入后仍能享有基本的生活保障。

社会保险的项目在不同国家由于生产力发展水平和财力的限制而有所不同，在我国，社会保险的项目主要有以下几种。

1. 养老保险

养老保险即公民在就业期间，个人及所服务的单位或企业履行缴纳保险费的义务，待年老退休以后，按照法律规定有权享受国家给予的一定数额的收入帮助。从许多国家的情况来看，养老保险的主要对象是工商业的广大劳动者，一般是规模较大的企业才能真正组织履行保险义务，而中小企业的劳动者，以及经常变换就业岗位的人，享受养老保险的程度要低一些。国家公务员一般都享有专门的养老保险制度，条件比一般工商业部门的劳动者优厚。

拓展区

阅读网络教学资源“案例分析”栏目第五章中的“人口老龄化问题”，理论联系实际地分析问题。

2. 失业保险

失业保险向破产企业职工、濒临破产企业中被精简的职工、企业辞退的职工以及被终止或解除劳动合同的职工，支付失业救济金和医疗补助费。对失业者加以保护和帮助，既有利于劳动力再生产的继续正常进行，也有利于保持社会的安定。与养老保险相比较，失业保险基金征集较少，这是因为：第一，失业风险涉及的对象相对较少，失业风险经历的时间也相对较短；第二，失业津贴的发放是有条件的，通常的标准也较低。

3. 医疗保险

医疗保险是向患病职工（包括退休的患病职工）支付的医疗费用。职工的直系亲属也可享受一定的医疗补助。

4. 生育、疾病保险

生育、疾病保险向休假、产假的职工发放病、产假期间的生活补助。生育保险是一种专门保护妇女劳动者的社会保险。妇女在生育和护理儿童期间，假如由于离开工作岗位而丧失收入，会影响其基本的生活需要。通过生育保险就可以保证妇女生育期间的医疗护理，以及基本的生活需求。生育保险的对象是已婚的妇女劳动者，当然不排除她们的子女、配偶也分享到一定的待遇。在我国，由于实行计划生育的基本国策，在生育保险的实施过程中体现了国家的政策意图和政策导向。疾病保险是劳动者患病以后，从企业或国家获得的假期和收入补偿。实行疾病保险，患病的劳动者可获得一定期限的假期，得到一定的疾病津贴，补偿金额至少可抵补劳动者用于病期生活的开销，以利于劳动者体力的恢复。疾病津贴与劳动者的工资一般呈正相关关系，即工资越多，获得的疾病津贴也越多。疾病津贴往往有一定的期限，也不会超过原来的工资水平。

5. 工伤保险

工伤保险向因公负伤的职工支付病假工资、医疗费、伤残补助津贴等，待遇标准一般高于非因公负伤的职工。工伤的发生，特别是工伤和职业病引起的致残与死亡，不仅给劳动者本人及其家属带来不幸和痛苦，还会影响其他劳动者的情绪和企业经济活动的正常运转。在世界范围内，各国普遍建立了工伤保险制度，这种保险的对象是从事经济活动的劳动者，但最后获得待遇的，不仅是劳动者本人，还往往包括他们的家人。

6. 伤残保险

伤残保险向未达到退休年龄但却因伤残而失去劳动能力的职工支付伤残补助金。伤残保险又分为因公致残和一般致残两类，在待遇标准上有所区别。伤残保险的对象和目的，一方面是为丧失工作能力的人及其子女提供保险金，另一方面是为维持、改善和恢复职工的工作能力。

（二）社会救助

社会救助是通过国家财政拨款，保障生活确有困难的贫困者最低限度的生活需要。社会救助作为社会保障的一个类型，主要具有两个特点：（1）全部费用由政府从财政资金中解决，接受者不需要缴纳任何费用；（2）受保人享受社会救助待遇需要接受一定形式的经济状况调查，国家向符合救助条件的个人或家庭提供救助。

我国的社会救助主要包括以下几个方面的内容：（1）对无依无靠的绝对贫困者提供的基本的保障，这主要是农村的“五保户”（即保吃、保穿、保住、保医、保葬的孤寡老人和残疾人），他们属于农村最困难的群体；（2）对生活水平低于国家最低标准的家庭和个人的最低生活提供的保障，这是指向城镇居民中无生活来源的孤、老、残、幼和收入不能维持基本生活的贫困户，以及农村中主要劳动力残疾、死亡的家庭，提供定期或临时的补助；（3）对因天灾而陷于绝境的家庭和个人提供的最低生活保障，这是向遭受自然灾害而遇到生产困难的城乡居民提供必要的资助。

（三）社会福利

社会福利主要是国家民政部门提供的对盲、聋、哑和鳏、寡、孤、独的社会成员给予的各种物质帮助，其资金来源大部分是国家预算拨款，如针对社会福利院（孤儿院、敬老院）等的拨款。

（四）社会优抚

社会优抚是对革命军人及其家属提供的社会保障。主要包括对退役军人的安置，对现役军人及其家属的优抚，对烈属和残废军人的抚恤，以及对军人退休后的保障等内容。

超链接

中华人民共和国劳动和社会保障部：http：//www. molss. gov. cn

全国社会保障基金理事会：http：//www. ssf. gov. cn

三、社会保障资金的筹资模式

国家统一举办的社会保障事业，最关键的在于要解决资金的筹集问题。由于社会保障的内容较多，各自具有不同的特点，其资金筹集手段各有所异。

社会救助、社会福利、社会优抚类这几类保障项目所要保障的风险具有一定的偶然性和特殊性，不是每一个社会成员一生都可能遇到的，其资金的需要量没有一定的规律，数量相对较少，而且接受资助的社会成员或无力缴纳社会保障费用，或无须缴纳相关费用。鉴于此，社会救助、社会福利、社会优抚类保障项目不需要建立专门的资金筹措制度，其资金直接来源于政府的一般税收收入，而支出项目则列入政府的一般经费预算，并通过政府的有关管理部门将补助金转移到受助人手中。

社会保险的保障内容比其他保障更具有普遍性，其所保障的主要风险几乎是每一个社会成员都会遭遇到的，故社会保险的费用具有数量大、支出有规律性的特点。这就要求社会保险项目一定要有广泛而稳定的资金来源。可见，社会保险资金的筹集是关系到社会保障制度能否正常运行的前提条件和物质基础。

纵观世界各国的社会保障资金筹措模式，由于社会制度、经济发展水平、文化背景的不同而有所差异，归纳起来有以下三种。

（一）基金制

基金制是采用预筹积累方式来筹集资金，在若干年里，按规定的一定比例逐年逐月缴纳而积累形成的。其基本原则是事先提留、逐年积累、到期使用。其具体办法是采用个人账户，在社会保障机制中引入激励机制，即谁积累谁受益、多积累多收益。由于个人账户产权清晰，可以调动人们进行积累和劳动的积极性，避免了“吃大锅饭”的弊端。

基金制筹资模式具有费率高、对应性强、能形成预筹资金、不存在支付危机等特点。一般养老保险采取此种筹资模式。但其也面临如何使预筹基金免受通货膨胀的威胁，不断保值增值的问题。同时采用个人账户方式进行预筹积累，必然依赖大量的信息，并要对庞大的信息系统进行管理，这就对管理人员的素质和科技水平提出了较高的要求。

（二）社会保险税

社会保险税是为筹集特定的社会保险款项，对一切发生工薪收入的雇主、雇员，就其支付、取得的工资、薪金收入为课税对象而征收的一种税。社会保险税借助税收的强制性、固定性来筹集社会保险资金，具有稳定、可靠的来源，有利于统一管理、提高社会保障的社会化程度。

通过社会保险税来筹集社会保险资金的方式实质上是一种现收现付方式，即当年筹集的保险资金只用于满足当年支出的需要，而不为以后年度的社会保险储备基金。社会保险税具有税率调整灵活、社会供给性强、易于操作、资金不受通货膨胀和利率波动影响的优点。但它也存在着税率不稳定、“代际转嫁”的缺陷。特别是在人口老龄化、退休人员占就业人员的比例日益提高的情况下，为保证越来越多的退休人员的养老保险支出的水平不会降低，就必须不断调高养老保险税的税率，不断加重在职人员的负担。从世界各国的情况来看，一般只有医疗、生育、失业等短期项目采用这种方式。

社会保险税起源于美国。1935 年，美国通过了《社会保险法案》，为筹集社会保险基金开征了薪给税。社会保险税在美国的率先开征并取得成功，对西方税收体系产生了自开征所得税以来的又一次重大影响，自此以后，在西方国家中普遍开征社会保险税，掀起了 20 世纪第二次较大的税制改革浪潮。社会保险税虽是一个年轻的税种，但在德国、法国、荷兰、瑞典等国家已经成为了头号税种，其占税收收入的比重多在 30%～50%。发达国家中，美国为 37.1%，瑞典为 42.4%，德国为 49.3%，法国为 50%；发展中国家中，罗马尼亚为 32.5%，巴西为 33.7%；苏联、东欧国家原来的社会保障制度基础较好，20 世纪 90 年代政治经济转型后，一般都开征了社会保险税。目前，全世界已有 160 多个国家和地区建立了社会保障制度，其中有 80 多个国家和地区开征了社会保险税或类似税种，其覆盖面大于增值税。

（三）混合制

混合制是指根据社会保障内容的不同特征，资金的筹集一部分采用基金制方式，一部分采用社会保险税方式。其特点是在一定程度上可以尽量避免单一实行上述两种筹资方式的缺点。但采用混合制，有可能造成社会成本的提高，即既要有一部分人来从事社会保险税的征收和分配，又要有一些人去管理个人账户的业务。这无疑消耗了更多的资源来实现特定水准的社会保险，加大了成本开支。

目前，我国社会保险资金主要依靠 20 世纪 80 年代后期建立的社会保险统筹制度来筹集，主要是将社会保险项目中的养老保险、失业保险、医疗保险纳入社会统筹的范围，但也仅局限在城市居民中，而其他保险项目则暂时由企业单位来负担。这种筹资机制的主要缺陷表现为统筹的范围、待遇标准、管理和发放缺乏严格、明确的法律依据。一方面，一些单位和个人不及时足额上缴保险费用，大量资金游离于财政控制范围之外；另一方面，社会保险基金被挤占、挪用，缺乏保值增值机制，浪费严重，效益低下。因此，为适应社会主义市场经济发展的要求，建立一套约束力强、刚性足的资金筹集制度已迫在眉睫。目前，已有 160 多个国家和地区建立了社会保障制度，其中有 80 多个国家和地区开征了社会保险税或类似税种，其覆盖面大于增值税。根据 OECD 官方数据，OECD 国家在 2011—2015 年间社会保险税占税收收入的比重约为 25%。

拓展区

阅读网络教学资源“背景资料”栏目中的“我国的社会保障基金和社会保障基金理事会”。

第三节　财政补贴支出

一、财政补贴的性质与特征

（一）财政补贴的性质

财政补贴是财政部门根据国家政策的需要，在一定时期内，对某些特定的产业、部门、地区、企事业单位、居民个人或事项给予的补助或津贴。在某一确定的经济体制结构下，财政支出是支付给企业和个人的、能够改变现有产品和生产要素相对价格，进而可以改变资源配置结构、供给结构和需求结构的无偿支出。

拓展区

阅读网络教学资源“重点解析”栏目第五章中的“财政补贴与社会保障支出的关系”，对上述内容加深理解。

（二）财政补贴的特征

财政补贴作为一种特殊的财政分配形式，与其他分配形式相比具有如下特征。

1. 政策性

财政补贴的政策性导源于财政补贴的依据，即一定时期国家的政策。由于国家的政策是多方面的，不仅有经济方面的政策，而且还有社会方面的政策。因此，财政补贴不仅是国家调节经济的一个杠杆，也是国家协调社会各方面关系，保持社会秩序稳定的一种重要手段。

2. 可控性

政策不同于制度，也不同于法律，财政部门根据国家特定时期的政策需要，灵活地掌握补贴对象、补贴数量、补贴方式、补贴环节等内容。因此，财政补贴是国家可以直接控制的经济手段，具有可控性。

3. 特定性

实施财政补贴的依据是国家一定时期的特定政策，因此，财政补贴的对象、范围、数量以及要发挥的作用和要求达到的效果也是特定的。

4. 灵活性

财政补贴的政策性、可控性和特定性，使其成为国家手中一个比较灵活的经济杠杆。国家可以根据形势的变化和新的政策要求，适时地调整和修正财政补贴。

5. 时效性

财政补贴的时效性取决于国家政策的时效性。由于国家的政策会随着政治经济形式的变化而不断地修正、调整和更新，此时出台的政策措施到了彼时可能会变得不完全适用。这样，为执行某些国家政策而进行的财政补贴，当社会经济形势发生变化从而政策效力减退时，财政补贴的量可能也会相应减少，甚至完全停止。

二、财政补贴的内容与作用

（一）财政补贴的内容

财政补贴的思想起源，可追溯到春秋末期。春秋末，越国大夫范蠡就提出了相关的理财思想。他认为物价之贵贱，在于供求之变化，要稳定谷价，就应由官府于谷贱时收购，谷贵时平价售出，利用“平准”办法，将谷价限制在“上不过八十，下不过三十钱”的幅度内，从而使农牧俱兴。这就是利用财政补贴（价格补贴）调节经济活动的初步尝试。目前，世界上有80%以上的国家都实行了财政补贴政策，并且补贴金额与日俱增，补贴范围也越来越广，内容十分丰富。

尽管财政补贴在世界各国普遍存在，但补贴的内容、范围和方式却是不大一样的。一般来说，西方国家的财政补贴主要用于农产品和外贸出口方面。由于农业生产部门已经成为各国国民经济各部门中政府干预最多、财政影响最大的部门，因而财政补贴一直没有离开农业方面。比如美国自20世纪30年代以来一直以各种形式补贴农业生产。日本政府从1942年起开始实行“双轨价格”，对大米、麦类实行高价收购，低价销售，差价由政府予以补贴。英、法、德等其他国家，为了稳定粮食生产，保证粮食供应，政府也给予了大量补贴。而且，西方国家农产品补贴的一个最大特点是直接补贴给农产品生产者。随着国际经济往来的加强和国际分工的扩大，各国都力争扩大出口，占领国际市场。为了提高商品在国际市场的竞争能力，各国对出口商品都实行了一定形式的补贴，包括直接补贴（即将补助金直接付给出口商）和间接补贴（即运用减低运费、减免出口税、出口商品退税、出口信贷等形式的补贴）。目前，我国财政补贴的内容涉及面广，数量庞大，种类繁多。对财政补贴可进行如下分类。

1. 按补贴的用途分类

（1）用于城市人民生活方面的财政补贴。如供应粮油、副食品、煤炭、棉絮的补贴，供应日用品亏损补贴等。

（2）用于农村人民生活方面的财政补贴，具体用途除上述外，还有边远山区收购农副产品运费及供应商品保护价补贴。

（3）用于农业生产方面的补贴，如供应化肥、农药、农用机械、农用塑料薄膜、小型农具等补贴，按优待价供应柴油、电力的补贴，以及亏损企业的亏损补贴等。

（4）用于工业生产方面的补贴，如供应棉花、牛皮、猪皮、羊皮、工业用煤等补贴；有关计划亏损企业的亏损补贴等共计10多项。

（5）用于其他方面的财政补贴，如出口粮食价差补贴、粮食储备费用、外贸亏损补贴以及其他有关企业亏损补贴等。

2. 按补贴的环节分类

财政补贴按补贴的用途分为生产补贴（即生产性补贴）、流通补贴（即商业经营性补贴）和消费补贴（即消费性补贴）。财政补贴的原因大多是价格偏离价值引起，不同的补贴方法具有不同的意义。生产补贴是指对社会再生产的生产环节进行的补贴，项目主要有粮、棉、油加价款补贴，农用生产资料价格补贴和工业生产企业亏损补贴等。流通补贴，是指对社会再生产的流通环节进行的补贴，项目主要有粮、棉、油价差补贴，平抑市场肉食、蔬菜价差补贴，民用煤销售价差补贴以及国家储备粮、棉、油等利息费用补贴。消费补贴，是指对社会再生产的消费环节进行的补贴，项目主要有房租补贴、副食品价格补贴、水电煤补贴和职工交通补贴等。

3. 按补贴的形式分类

财政补贴按补贴的形式分为价格补贴、政策性亏损补贴、财政贴息和税式支出四种。

（1）价格补贴。这是国家为了弥补因价格体制或政策原因给生产经营带来损失而给予的补贴。价格补贴是财政补贴的最主要内容，按补贴对象分，它包括生产资料价格补贴、消费品价格补贴和进口商品价格补贴。在我国，生产资料价格补贴主要是为了扶持农业生产，按优惠价格供应农业生产资料，如畜牧良种补贴、农机购置补贴、农机报废更新补贴等。国家对消费品的价格补贴，主要通过控制那些直接影响人民基本生活的消费品的价格，以实现对消费者的收入补偿，间接地提高消费者的货币购买力，如大豆目标价格补贴、成品油价格补贴等。实行进口商品价格补贴是国家为缓解国内市场某些商品的供需紧张状况，对进口这些商品的外贸企业所发生的亏损进行补贴，以利进口。当前，我国对进口商品的价格补贴主要集中于棉花、砂糖、化肥、农药等五种商品。

（2）政策性亏损补贴。在现实经济生活中，某些产品对整个社会经济来说是必不可少的，而对企业来说，由于价低利少，生产经营这些产品，企业将会发生亏本。国家从全局出发，就必须考虑生产经营这些产品的企业亏损，并对亏损进行补偿，从而保证企业的利益不致损害，这就是政策性亏损补贴。政策性亏损的原因是政策因素，而不是企业的主观努力程度，它与企业的经营性亏损不同，后者是由于企业经营管理不善，产品成本过高，产品不适销对路造成的，应当由企业自己负责。财政通过政策亏损补贴，可以贯彻政府的某些特定政策。

（3）财政贴息。这是国家财政对某些企业、某些项目的贷款利息，在一定期限内按利息的全部或一定比例给予的补助。财政贴息是我国近几年来才出现的一种新的财政补贴形式。其目的在于鼓励开发名优特产品，推动企业专业化协作，引进国外先进技术和设备，加强老企业的技术改造等。如我国 2016 年发布《进口技术和产品目录》，对引进的先进技术、国家重点行业技术以及进口的重要装备等进行贴息政策。

（4）税式支出。它是对一组税收优惠的概称，包括免税、减税、退税、税收抵免等，是财政补贴的一种形式。

拓展区

阅读网络教学资源“重点解析”栏目第五章中的“财政补贴与税式支出的关系”，对上述内容加深理解。

（二）财政补贴的作用

财政补贴作为调节国民经济的一种重要经济杠杆，对社会的发展会产生许多重大影响，具体表现在以下几个方面。

1. 有利于促进生产的发展和生产结构的调整

通过农副产品价格补贴，保证了国家提高农副产品收购价格的政策得以实施，支持和促进了农业生产的发展；通过对农用生产资料价格的补贴，可以提高农民购买生产资料的能力，提高农业劳动生产率；通过对政策性亏损企业补贴，可以使他们的合理收益得到补偿，保证其正常生产，满足社会需要，实现社会整体效益；通过财政贴息，可以使国家的产业政策和技术政策得到贯彻，促进产业结构的调整和技术的进步。

2. 有利于稳定市场物价，保证人民生活水平的稳定和提高

在价格体系不合理又不具备增加职工工资条件的情况下，财政补贴能够减少价格改革引起的震动，稳定物价，保证人民的基本生活水平不受影响。

3. 有利于调节财政收支和社会总供求关系，促进经济稳定增长

一定数量的财政补贴，代表着一定数量的货币购买力。财政补贴的运用，会形成一部分投资需求和消费需求。作为财政支出的特殊形式，财政补贴的增减变化直接影响财政收支的平衡，进而影响社会总供求的平衡。通过改变财政补贴的数量和结构，可以直接调节社会总供求的总量和结构，因而，财政补贴可以同时对总供给和总需求进行调节。这是财政补贴区别于其他经济杠杆的一大特点。对生产农用生产资料的企业实行政策性亏损补贴，对农民实行低价销售，既保证了农民的一定需求量，又鼓励了企业增加支农产品的供应量；再如对农副产品购销差价的补贴，既可以促进农副产品供给的扩大，又可以实现城乡人民对社会总供求的调节。

然而，财政补贴如果运用不当，将产生反面作用。一方面，过度的财政补贴会增加财政支出，势必给国家财政带来沉重的负担，甚至导致财政赤字；另一方面，财政补贴还会掩盖补贴商品的真实成本、价值及其与相关商品的比例关系，使价格表现商品的价值、实现社会再生产和促进竞争、传递市场信息等作用的发挥受到很大限制，使本来不合理的价格体系更加不合理。因此，长期的、过多的财政补贴，不利于市场经济的发展。

随着我国成为 WTO 的正式成员国，我们在享受有关 WTO 的基本权利的同时，还必须履行相应的义务，遵守国际惯例。国际贸易要求减少和消除各种关税和非关税贸易壁垒，实现公平竞争。财政补贴作为一种非关税贸易保护措施，必然会受到越来越多的限制。

三、财政补贴制度的改革

财政补贴范围广泛，影响深远，涉及生产与消费、国家经济建设和人民生活，关系着社会、政治、经济的稳定。“牵一发而动全身”，财政补贴改革并非易事，它是一项巨大复杂的系统工程。除财政补贴本身需要进行改革之外，还要配套其他相关方面的改革，才能奏效。

（1）要根据“不可不补，不可多补”的原则，在全国范围内制定统一的、科学的补贴标准，对当前的财政补贴进行清理整顿。由于机制型财政补贴具有弥补市场缺陷、调控经济运行的作用，它在我国发展社会主义市场经济的过程中有其存在的必要性。这就是说，我国的财政补贴有着“不可不补”的特征。当然，财政补贴过多，泛滥成灾，将适得其反，故“不可多补”。对于那些失去政策性、时效性、已无补贴必要的补贴项目，在改革中应坚决予以取消；而对于那些“不可不补”的项目，也要从严加以控制，“不可多补”。

（2）调整补贴环节，改变补贴方式。应结合我国国情，将财政补贴多集中于消费环节，并相应地将“暗补”改为“明补”（除税式支出外，其他各种形式的补贴都宜“明补”，直接列支）。这样做的好处：一是有利于逐步理顺价格体系，为价格改革创造条件；二是有利于防止财政补贴在补贴环节中的流失和浪费；三是将补贴与人民的收入联系在一起，使人民在补贴中确实感到好处，并根据自己的收入水平，选择合理的消费结构。当然，这只是改革时期的选择。当扭曲的价格体系得到理顺、价格改革业已成功之后，财政

补贴的环节应集中于生产环节和消费环节，这样有利于直接发挥财政补贴对生产、消费的调节作用。

(3) 进一步完善农村经济体制和农业补贴体系，合理调整财政对农业补贴的方向和力度。农业具有极大的正的外部效应，农产品市场供求容易受经济形势影响而波动，农业生产具有很大的市场风险。牢固树立“农业是国民经济的基础”的思想，通过改革，提高农业劳动生产率，解决农业发展后劲乏力的问题。明确财政补贴农业的主攻方向，结合目前我国农业补贴的实践，加大财政惠农补贴力度，调整农业补贴结构，并引导农业生产者的自我积累、自我投入、自我发展，以求得农业长期、稳定的发展。

(4) 改革价格体制，完善市场体系。扭曲的价格体系是形成财政补贴“黑洞”的直接原因，现行的价格体制只要继续存在，财政补贴将始终处于被动地位。配套性的价格改革，要求开放和搞活各种市场，使生产要素能在市场上流动，受供求关系及价值规律的调节，使企业的生产经营接受市场的检验和引导。

(5) 重建微观经济基础，改革企业的内部机构，完善企业补贴政策。企业没有良好的微观基础，内部机制不合理，宏观调节手段往往难以奏效。财政补贴相当大的部分就是被企业不合理的内部机制“内耗”掉的。要优化企业的内部机制，必须做到如下四点：一是建立面向市场、以产供销顺畅衔接为核心的自我协调机制；二是建立以提高劳动生产率为核心的自我管理机制；三是建立以经济效益为核心的自我发展机制；四是建立以不断增加积累、抑制过度消费为核心的自我约束机制。按照国家产业政策优先原则，调整财政对企业补贴政策，加大对企业研究与开发的补贴。改革和完善国有企业的亏损补贴制度，政府补贴应该主要集中在关系到国计民生的重要领域。

(6) 改革工资体制，建立健全社会保障制度。随着工资制度的改革，巨额价格补贴的大部分应逐步取消，财政补贴不应再成为工资水平与物价水平挂钩的纽带。随着经济改革的全面深化，对经营性亏损的补贴必将终止，节省下的财政资金可用于因经营管理不善而破产的企业的善后工作和职工的生活救济，从而建立和完善社会保障制度。这样，国家的财政补贴压力将大大减轻。改革后的财政补贴主要是机制型的财政补贴，它是国家调控经济的杠杆。政策型的财政补贴，应根据不同时期国家经济社会政策目标而确定，其数量必须严格控制，而且应具有增减自如的“弹性”。体制型财政补贴随着深化改革而应退出历史舞台，这应是我国财政补贴改革的目标，也是财政补贴发展的理想模式。

拓展区

阅读网络教学资源“案例分析”栏目第五章中的“我国财政补贴的现状”，理论联系实际地分析问题。

第四节 税式支出

一、税式支出的概念与特征

尽管税式支出的实践早已存在，但税式支出概念的提出和理论阐述则是 20 世纪 60 年代末70年代初的事情。1967年，美国财政部税收政策助理、哈佛大学教授斯坦莱·S.萨里在一次讲话中第一次使用了“税式支出”这个词。1968年美国财政部将税式支出运用于财政预算分析，公布了美国的第一个税式支出预算。1973年，萨里教授在其所著的《税收改革之途径》一书中，结合美国实践，第一次对税式支出作了理论上的探讨和阐述。从此，税式支出作为一种新的财政理论正式出现。1979年萨里和另一学者桑利在研究美国所得税税收结构时指出：“构成税制结构的第一个因素必定是有关正规所得税的应用方面，诸如所得的确定、年度计算期的使用、纳税实估的确定、税率表及减免的水平。第二个制度要素是由每一所得税中的特殊规定组成。这些特殊规定通常称为税收鼓励或税收补贴，是与正规税制结构相背离的，是为鼓励特定的行业、活动和阶层而设置的。”也即美国的所得税税收制度包含了两部分内容：一部分为实施正常税收结构所必需的条款，包括征税对象、税率、纳税的财政收入功能；另一部分则为减免税优惠等一些偏离正常税收结构的特殊条款，这些特殊条款构成了所得税收支功能，它们可视为正常税收结构的补充。

拓展区

阅读网络教学资源“重点解析”栏目第五章中的“不同国家对税式支出的定义”，对上述内容加深理解。

准确把握税式支出的概念应从以下三个方面来理解：

（1）税式支出从性质上是一种特殊形式的财政支出，属财政补贴的范畴，它与政府的直接财政支出是有区别的。具体地讲，税式支出是采取税收豁免、优惠税率、纳税扣除、投资抵免、退税、加速折旧等形式减免纳税人的税款而形成的支出；而直接财政支出是将纳税人的税款收缴入国库后，通过财政预算安排的支出。

（2）税式支出是税法体系的有机组成部分。任何国家的税收制度都可以分解为两大部分：一部分为确保国家财政收入而设置的税基、税率、纳税人、纳税期限等条款，西方称之为“正规”税制；另一部分是为改善资源配置、提高经济效率，或照顾纳税人的困难而设置的税收优惠条款，它有别于“正规”税制，是以减少纳税人的纳税义务、主动放弃财政收入为特征的。后一部分就是我们所指的税式支出。

（3）税式支出造成的税收损失与偷、漏税造成的税收损失是有区别的。税式支出是国家为达到特定政策目标主动放弃的税收收入，而偷、漏税是纳税人的一种违法行为，其结果是国家应收的税收收入没有收上来。

根据以上理解，我们认为：**税式支出**是国家为了实现特定的政策目标，通过制定与执行特殊的税收法律条款，给予特定纳税人或纳税项目以各种税收优惠待遇，以减少纳税人税收负担而形成的一种特殊的财政支出。

税式支出均具有财政补贴性质，但从其发挥的作用看，又可分为照顾性税式支出和刺激性税式支出。

（1）照顾性税式支出，主要是针对纳税人由于客观原因在生产经营上发生临时困难而无力纳税所采取的照顾性措施。例如，国有企业由于受到扭曲的价格等因素的干扰，造成政策性亏损，或纳税人由于自然灾害造成暂时性的财务困难，政府除了用预算手段直接给予财政补贴外，还可以采取税式支出的办法，减少或免除这类纳税人的纳税义务。由此可见，这类税式支出明显带有财政补贴性质，目的在于扶植国家希望发展的亏损企业、微利企业以及外贸企业，以求国民经济各部门的发展保持基本平衡。但是，需要我们特别注意的是，在采取这种财政补贴性质的税式支出时，必须严格区分经营性亏损和政策性亏损，要尽可能地避免用税式支出的手段去支持因主观经营管理不善所造成的财务困难。

（2）刺激性税式支出，主要指用来改善资源配置、提高经济效率的特殊减免规定，主要目的在于正确引导产业结构、产品结构、进出口结构以及市场供求，促进纳税人开发新产品、新技术以及积极安排劳动就业等。这类税式支出是税收优惠政策的主要方面，税收调节经济的杠杆作用也主要表现于此。刺激性税式支出又可分为两类：一是针对特定纳税人的税式支出；二是针对特定课税对象的税式支出。前者主要是那些享受税式支出的特定纳税人，不论其经营业务的性质如何，都可以依法得到优惠照顾，如我国对伤残人创办的集体企业以及所有的合资、合作经营企业，在开办初期给予减免税照顾；而后者则主要是从行业产品的性质来考虑，无论经营者是什么性质的纳税人，都可以享受优惠待遇，如我国对农、牧、渔业等用盐可减征盐税等。

提示音

照顾性税式支出和刺激性税式支出

照顾性税式支出和刺激性税式支出是税式支出的两种形式，二者的目标不同。前者主要是针对纳税人由于客观原因在生产经营上发生临时困难而无力纳税所采取的照顾性措施。而后者主要是指用来改善资源配置、提高经济效率的特殊减免规定，主要目的在于正确引导产业结构、产品结构、进出口结构以及市场供求，促进纳税人开发新产品、新技术以及积极安排劳动就业等。

税式支出作为一种特殊的财政支出形式，它是对正规税制结构的一种背离。它从内容上看，主要表现为各种税收优惠项目；从数量上看，主要是政府主动放弃的税收收入额。税式支出具有如下特征：

（1）法治性。税式支出的内容主要是各种税收优惠条款或项目，而这些优惠条款本身就是税法的有机组成部分。税收的法治性决定了税式支出也具有法治性。但是，构成税式支出的这些税收优惠条款因其是针对某些特定的纳税人或纳税项目的，故税式支出不具有普遍适用性。

（2）宏观性。税式支出是一种政府行为，是政府实现其宏观政策目标的重要手段之一。我们知道，政府负有从宏观上调节、控制、管理整个国民经济运行，保持社会经济稳定发展之职责。为了确保这些职责的完成，政府要制定各种宏观上的社会经济政策。从大的方面看，这些社会经济政策包括普遍政策和倾斜政策两种。税式支出则是贯彻执行政府倾斜性宏观政策的主要措施，它不是某个单位或某个部门的个体行为，具有宏观性特点。

（3）预算性。税式支出既然是一项财政支出（尽管是一项特殊的财政支出），那么，它就应当纳入政府的预算程序，成为政府预算工作的一个有机组成部分。由于税式支出的特殊性，即是一种以财政收入的形式安排的财政支出，为此，各国一般将税式支出单独编制预算，形成所谓的税式支出预算。税式支出预算与政府预算是一种局部与整体的关系。

(4) 定量性。税式支出包含定性与定量两方面的内容。定性的内容是指各种税收优惠条款，定量的内容是指这些税收优惠条款使政府财政放弃了多少税收收入。税式支出的定量性特征是指在估计放弃税收收入数量的前提下，对优惠总量和结构加以科学调整，并以预算的形式确定下来，对各项指标进行逐级分解以进行数量化管理。我国对税式支出的管理，历来只注重定性方面的内容，而忽视定量方面的内容。

二、税式支出的原则

税式支出作为政府执行其社会经济政策的一种手段，其作用的发挥应兼顾经济效益提高和收入公平分配这两个目标。为此，税式支出应坚持如下原则。

（一）适度原则

税式支出的适度原则是指税式支出的形式要合理、数量要恰当。它要求税式支出既能实现国家特定的社会经济政策，又要考虑政府财政的负担能力和纳税人的税负状况。

（二）贯彻国家政策原则

一个国家为了促进本国社会经济的发展，出于公平、效率的考虑，在每一个时期都有一定的社会经济发展目标，并不定期推出一系列的相应的社会经济政策。税式支出是为实现国家特定的社会经济目标而对某些纳税人的纳税项目给予的税收优惠，它必须贯彻国家一定时期的社会经济政策。否则，税式支出就不可能实现国家的社会经济发展目标，反而可能成为实现社会经济发展目标的障碍。因为，如果税式支出没有贯彻国家的社会经济政策，就会出现该鼓励和照顾的纳税人和纳税项目得不到鼓励和照顾，不该鼓励和照顾的纳税人和纳税项目却受到了鼓励和照顾。这样既不可能提高经济效率，也不会促进收入公平分配。

（三）效益原则

税式支出作为一种特殊形式的财政支出，它与直接财政支出一样也要注重效益。税式支出注重效益就是以尽量少的税式支出量达到对特定纳税人和纳税项目的鼓励、扶持和照顾，实现政府特定的社会经济发展目标。税式支出的效益是由经济效益与社会效益、微观效益与宏观效益组成的一个效益集。当不同的效益之间发生矛盾冲突时，一般应是经济效益服从社会效益、微观效益服从宏观效益，注重社会效益的实质就是在考虑了总的成本与总效益之后，要求总净效益最大。

（四）遵从国际惯例原则

经过30多年的实践，对于税式支出在世界范围内形成了一些共同的经验，这些经验成为各国实行税式支出时的国际惯例。比如，各国实施税式支出的形式一般有税收减免、税收扣除、优惠税率、延迟纳税、加速折旧等。我国在实施税式支出时，要借鉴和吸收国际经验，遵从税式支出的国际惯例。当然，遵从税式支出的国际惯例，必须以维护国家主权和经济利益为前提。

超链接

中国财税法网：http：//www.cftl.cn

中国财税博物馆：http：//www.fmuseum.org

中国财税信息网：http：//www.taxguide.net.cn

中国财税在线：http：//www. cntax. net
中国财税网：http：//www. edu110. com

三、税式支出的形式

税式支出是国家运用税收优惠政策调节社会经济的一种手段，根据世界各国的税收实践，税式支出的具体形式主要有税收豁免、纳税扣除、税收抵免、优惠税率、延期纳税、盈亏互抵、优惠退税、加速折旧和准备金制度。

（一）税收豁免

税收豁免是指一定期间内免除某些纳税人纳税项目的应纳税款。豁免期间、豁免纳税人、豁免项目依据当时的社会经济形势确定。税收豁免有部分豁免与全部豁免之分。部分豁免就是免收纳税人或纳税项目的部分应纳税款；全部豁免则是免收全部应纳税款。这在我国的税收实践中被称为“减免税”，最常见的税收豁免有两类，即关税与货物税的税收豁免和所得税的税收豁免。对关税和货物税进行税收豁免，可以降低产品价格，从而降低企业生产成本，增加居民对产品的消费；对所得税进行税收豁免，一方面可以刺激投资、发展经济，另一方面可以促进政府某些社会职能的实现，稳定社会秩序。

（二）纳税扣除

纳税扣除是指准许纳税人把一些合乎规定的特殊开支，按一定比例或全部从应税所得中扣除，以减轻其税负。在累进税制下，纳税人的税收负担随着其应税所得额的提高而呈递增态势，即当纳税人的应税所得额有一定的增加量时，累进税率就可能把他推到一个较高的纳税档次中。纳税扣除的结果是降低了纳税人的应税所得额，从而使其以较低的税率纳税。一般说来，纳税扣除有直接扣除和加成扣除两种，直接扣除是指允许纳税人将其某些合乎规定的费用作全部的或部分的扣除，加成扣除是指允许纳税人对其某些规定项目的费用可以超支，以增加费用的方式来减少应税所得。

（三）税收抵免

税收抵免是指准许纳税人将某些合乎规定的特殊支出，按一定比例或全部从其应纳税额中扣除，以减轻其税负。常见的税收抵免一般有两类：投资抵免和国外税收抵免。投资抵免是指允许纳税人将一定比例的设备购置费从其当年应纳公司所得税税额中扣除。这相当于政府对私人投资的补助。故投资抵免也被称为“投资津贴”。投资抵免税的目的在于刺激民间投资，促进资本形成，提高经济增长的潜力。国外税收抵免是指允许纳税人用其在非本国已纳税款抵免其在本国的纳税义务。其目的在于避免对跨国纳税人进行国际重复征税，消除国际资本、劳务和技术流动的障碍，妥善处理有关国家间的税收利益分配关系。无论哪一种关系的税收抵免，都会遇到是否允许抵免额超过应纳税额的问题。允许抵免额超过应纳税额的税收抵免称为“无限额的抵免”或“完全的抵免”；不允许抵免额超过应纳税额的税收抵免称为“有限额的税收抵免”或“不完全的抵免”。现实的税收抵免大多是“有限额的抵免”，即各国政府通常都规定一个“抵免限额”，超过该限额的不予抵免，这样做是为了避免抵免限额大于应纳税额过多，进而加大政府的损失。

（四）优惠税率

优惠税率是指对特定的纳税人或纳税项目采用的低于一般税率的税率征税，优惠税率适用的范围可视实际需要加以调整。适用优惠税率的期限可长可短。一般说来，长期优惠税率的鼓励程度大于短期优惠税率，尤其是那些投资额大但获利较迟的企业，常可从长期优惠税率中得到较大好处。

（五）延期纳税

延期纳税亦称“税负延迟缴纳”，是指允许纳税人将其应纳税款延迟缴纳或者说分期缴纳。这种方法可适用于各种税收特别是数额较大的税收。延期纳税表现为将纳税人的纳税义务向后推延。其实质上相当于一定时期内政府给予纳税人一笔与其延期纳税数额相等的无息贷款，这在一定程度上可以帮助企业解除财务困难。对于政府而言，实行延期纳税相当于推后收税，其损失是一定量的利息。

（六）盈亏互抵

盈亏互抵是指允许纳税人以某一个年度内的亏损，抵消以后年度的盈余，以减少其以后年度的应纳税款，或是冲减以前年度的盈余，申请退还以前年度已纳的部分税款，一般而言，盈亏互抵都有一定的时间限制，且只适用于所得税，比如，美国联邦所得税规定：公司当年的净经营亏损，可以从过去三年的盈余中扣除，不足部分可结转到今后七年的盈余中抵补，可见，公司某一年的亏损可以从前三年后七年的盈余中得到补偿。

（七）优惠退税

退税的情况有很多，比如，多征、误征的税款，按规定提取的地方附加，按规定提取的代征手续费等，都要通过退税来解决。但这些退税属于一般的规范性退税，不属于税式支出形式的退税，作为税式支出形式的退税是指优惠退税，即国家为鼓励纳税人从事或扩大某种经济活动而给予的税款退还，它有两种形式：出口退税和再投资退税。出口退税是指国家为鼓励出口，使出口产品以不含税的价格进入国际市场而给予纳税人的税款退还，如退还进口税、退还已纳的国内销售税、消费税、增值税等；再投资退税是指国家为鼓励投资者将获得的利润进行再投资，全部或部分退还其投资部分已缴纳的税款。

（八）加速折旧

加速折旧是指政府为鼓励特定行业或部门的投资，允许纳税人在固定资产投入使用初期提取较多的折旧，以提前收回投资。由于累计折旧不能超过固定资产的可折旧成本，前期提取较多的折旧必然导致后期所再提取的折旧额相应减少。又由于折旧是企业的一项费用，它与企业应税所得的大小以及与企业的所得税税负的大小成反比，所以，加速折旧从量上并不能减轻纳税人的税负，它所起的效果是使企业的纳税时间向后推延。这类似于延期纳税，对于纳税人而言，尽管其总税负未变，但推迟纳税的结果是相当于从政府那里得到一笔无息贷款。

（九）准备金制度

准备金制度是指政府为了使企业将来发生的某些费用或投资有资金来源，在计算企业应纳税所得时，允许企业按照一定的标准将一定量的应税所得作为准备金处理，从应税所得总额中扣除，不必纳税。准备金的种类很多，有投资准备金、技术开发准备金、出口损失准备金、价格变动准备金、国外投资损失准备金等。每一项准备金都有其法定的内容。

四、税式支出的预算管理

要想保证税式支出作用的恰当发挥，必须将这种特殊形式的财政支出与直接财政支出一样纳入预算统一管理，正如美国国会在1974年预算法案中所指出的那样，一个不包括税式支出的预算控制过程是一个根本无法控制的预算。世界各国的对税式支出进行预算管理的做法不尽一致。总的来看，大体上有三种做法，即非制度化的临时监督与控制、重点项目的预算控制和全面的预算管理。

（一）非制度化的临时监督与控制

税式支出非制度化的临时监督与控制，是指政府在执行某既定的社会经济政策过程中，当决定运用税式支出解决某一特殊问题时，才对放弃的税收收入进行估价。它没有形成统一的、系统的制度。经济合作与发展组织中的许多国家采用该方法。

（二）重点项目的预算控制

税式支出重点项目的预算控制，是指政府只对那些比较重要的税式支出项目规定编制定期报表，纳入国家预算程序，但并不建立独立的税式支出体系。赞成该做法的理由是：对于一项特定的税收减免，有时很难区分它是属于税式支出，还是属于正规的税收结构；在实践中，连续完整地估价税式支出的成本不大可能；即使是在税式支出统一账户之内，对于一些税式支出项目的归类也有争议。基于以上认识，一些国家只就重要的税收减免项目编制定期报表进行预算分析与控制，而避免建立统一的税式支出账户所可能产生的麻烦。意大利、葡萄牙等少数几个国家采用该方法。

（三）全面的预算管理

税式支出全面的预算管理，是指国家严格规定统一的税式支出账户，建立规范的税式支出预算，具体地讲，是对全部税式支出项目，按年编制报表，连同主要的税式支出成本估价，附加年度报告。在美国和加拿大，税式支出预算构成整个国家预算分析的一部分内容。编制统一的税收账户、建立规范的税式支出预算，其理由在于：首先，税式支出是政府贯彻其各项政策的手段之一，对它应和对直接支出一样，赋予同样的估价控制程序；其次，有了统一的税式支出账户，政府就能以相同的方法来衡量直接支出与间接支出的成本，比较两者在实现政府不同的政策目标中的效率高低，权衡利弊，选择最优者；最后，建立统一的税式支出账户，可以避免轻易地用直接支出取代税式支出的做法，以利于政府财政支出范围和规模的控制。美国、加拿大、澳大利亚、奥地利、法国和西班牙等国都采用该方法。

在我国，几乎所有税种都规定有税收优惠的条款，但真正将这些条款当作税式支出来研究则是20世纪80年代以后的事情了，而在财政上税式支出的实践工作仍尚未开展。在这种情况下，适合中国国情的税式支出预算的建立应分两个阶段来进行。

1. 准备阶段

准备阶段要做的工作主要有：(1) 健全税收法律体系，完善现行税收制度。税式支出是在税收法律体系比较健全、税收制度比较完善的条件下，贯彻执行政府有关社会经济政策的一种手段。在我国经济体制的转变过程中，应当逐步地健全包括税收实体法、税收程序法、税收诉讼法、税收处罚法及税式支出法等法律在内的税法体系。同时，应在税种设置、税种搭配、对各税种税收要素（包括正规税制结构条款和税式支出条款）的规范上做大量工作，以完善现行税收制度。这样就可解决税法解释和执行中的随意性。(2) 改革财政体制，完善现行分税制。财政体制是处理不同级次政府财政分配关系的制度，完善现行分税制，有利于根据社会主义市场经济体制的要求，比较明确地划分各级政府的事权、财权和财力，这就为各级财政运用税式支出手段执行其本级政府的社会经济政策提供了制度前提。

2. 实施阶段

实施阶段要做的工作主要有：（1）认真分析和研究各税种的税法条款，划分并确定正规税制结构的税法条款和税式支出的税法条款；（2）对属于税式支出的各种税法条款进行归类，编制统一的税式支出账户，建立税式支出预算。

拓展区

阅读网络教学资源“案例分析”栏目第五章中的“我国税式支出存在的主要问题及改革思路”，理论联系实际地分析问题；阅读网络教学资源“背景资料”栏目中的“《国务院关于整合城乡居民基本医疗保险制度的意见》”；阅读网络教学资源“专题讨论”栏目第五章中的“我国人口老龄化问题与社会保障体系的完善”，完成学习活动，并进行讨论。

【历史浏览】

按照以下提示，回顾本章内容，回答复习思考题。

转移性支出直接表现为资金的无偿的、单方面的转移，这类支出主要有社会保障支出、补贴支出、捐赠支出和债务利息支出等。

社会保障制度主要包括社会保险、社会救助、社会福利和社会优抚。社会保障资金筹措模式主要有三种：基金制、混合制和社会保险税。

财政补贴作为一种特殊的财政分配形式，与其他分配形式相比具有如下特征：政策性、可控性、特定性、灵活性、时效性。

财政补贴作为调节国民经济的一种重要经济杠杆，对社会的发展会产生许多重大影响，有利于促进生产的发展和生产结构的调整，有利于稳定市场物价，保证人民生活水平的稳定和提高，有利于调节财政收支和社会总供求关系，促进经济稳定增长。

税式支出从性质上讲是一种特殊形式的财政支出，属财政补贴的范畴。

【复习思考题】

1. 转移性支出对经济社会再生产的影响有哪些？
2. 社会保障资金筹措模式主要有哪些？
3. 如何准确地理解税式支出？
4. 怎样建立适合中国国情的税式支出预算？

☞ 解答提示请参考网络教学资源“复习思考题答案”中的相关内容；请在60分钟内，完成网络教学资源“即时练习”栏目中的本章练习；阅读网络教学资源“参考文献”，了解学习本章的参考文献，如果学有余力，请选择阅读；在网络教学资源“重点概念”中，提供了本章相关概念的检索。

第六章

财政收入总论

【学习导航】

请使用3学时学习本章内容。通过本章学习着重掌握财政收入的基本概念，能够运用财政收入理论分析现实经济活动中的热点问题。

本章考试的重点是衡量财政收入规模的影响因素。

【引导案例】

2016年，全国税务部门组织税收收入115 878亿元（已扣减出口退税），比上年增长4.8%，与2012年11.3%的增幅相比下降了6.5个百分点。在GDP增速下降幅度不大的情况下，2016年税收收入增幅下降较多，实施减税政策是其中一个重要原因。新一轮的税制改革和减税政策不仅直接降低了企业税收负担，有力地支持了大众创业、万众创新，而且助推了供给侧结构性改革和企业转型升级，对稳定经济增长和增强市场活力起到了重要的促进作用。以餐饮业和住宿业为例，全面实施“营改增”后，2016年5—11月餐饮业和住宿业分别实现减税89.5亿元、38.9亿元，税负分别下降50.65%、36.7%。“营改增”能否实现企业大规模的减负？税负降低是否会在长期中导致政府收入的减少？学习本章节内容将有助于给这些问题一个答案。

学习本章内容，请思考：影响政府财政收入规模的因素是什么？合理的政府宏观财政收入规模水平是什么？

☞ 解答提示请参考网络教学资源“案例分析”中的相关内容。

第一节 财政收入的分类和结构

一、财政收入的概念

财政收入（又称公共财政收入）是指政府为了履行其职能、保证公共支出的需要，依法取得的货币收入。公共财政收入的含义可以从多角度来进行理解。

对于企事业单位和居民个人而言，财政收入就是他们以缴纳税收、购买公债以及以其他形式上缴政府的货币资金。对于政府和财政部门而言，财政收入就是由它们掌握和使用的一定量的货币资金。在商品经济不发达的历史时期，财政收入还常常表现为由政府财政部门掌管的一定量的实物。就财政收入的目的而言，财政收入是满足社会公共需要或实现政府职能的资金来源。从财政收入的形成过程来看，财政收入是政府依据政治和经济权力，把企事业单位和居民个人手中的一部分收入转移到政府手中的过程。从财政收入的实质来看，财政收入反映了一部分社会产品和劳务或者说一部分社会资源的支配使用权由企事业单位和居民个人手中转移给政府的经济关系。

在现代市场经济条件下，经济的快速发展和政府职能的扩大使得财政收入的项目繁多、规模庞大、结构复杂，经常对社会发展的影响巨大。从不同的角度看，按照财政收入的内在逻辑和规律性，对财政收入进行科学系统的分类，有助于清晰地了解财政收入的来源、研究财政收入的适度规模和合理结构，实现财政收入管理的法制化和规范化，不断提高政府的公共管理水平。

二、财政收入的分类

（一）依据收入形式分类

依据收入形式分类，财政收入可分为税收收入和非税收入。其中税收收入包括直接税和间接税；非税收入包括国有资产收入、公债收入、行政收入等。把财政收入分为税收收入和非税收入，目的在于突出税收收入在财政收入中的地位与作用。

1. 税收收入

税收是最古老的财政范畴，历史上又称为赋税、租税、捐税等。早在奴隶社会，税收就已经出现，在封建社会、资本主义社会以及社会主义社会中，税收不仅始终存在，而且随着社会的发展，发挥着日益重要的作用。

税收是国家为了实现其职能，凭借政治权力，按照法律规定的标准和程序，无偿地、强制地取得财政收入的一种形式。税收作为财政收入的形式，与其他收入形式相比较，具有强制性、无偿性、固定性的特征，税收的这三个特征，人们也常称之为税收“三性”或税收基本特征。在市场经济条件下，税收是一国政府取得财政收入的最主要形式。首先，因为在市场经济条件下，政府向社会提供的产品和服务绝大部分是难以分割的，从而不可能通过销售获得费用而弥补，因此只能更多地借助于税收去为政府筹资。其次，政府要实现对社会经济生活的广泛调节，税收也因其固有的特征和作用而成为政府最重要的收入形式与经济杠杆。从国内外的情况来看，市场经济国家税收收入为政府财政收入的主体，多占一国财政收入90%以上的比重。而税收收入之所以会成为一国政府财政收入的主体，主要是由税收所具有的特征所决定的。

拓展区

阅读网络教学资源“重点解析”栏目第六章中的“税收的形式特征”，对上述内容加深理解。

2. 非税收入

政府非税收入有广义和狭义两种概念。从狭义上说，政府非税收入是指除税收以外，由各级政府、国家机关、事业单位、代行政府职能的社会团体及其他组织依法利用政府权力、政府信誉、国家资源、国有资产或提供特定公共服务、准公共服务取得并用于满足社会公共需要或准公共需要的财政资金，是政府财政收入的重要组成部分，是政府参与国民收入分配和再分配的一种形式。按照建立健全公共财政体制的要求，政府非税收入管理范围包括：行政事业性收费、政府性基金、国有资源有偿使用收入、国有资产有偿使用收入、国有资本经营收益、彩票公益金、罚没收入、以政府名义接受的捐赠收入、主管部门集中收入以及政府财政资金产生的利息收入等。从广义上说，除税收之外的所有财政收入均为政府非税收入，既包括狭义的政府非税收入，又包括政府债务收入。本章政府非税收入采用的是广义非税收入的概念。

（1）国有资产收益。

国有资产收益主要是指政府通过对工商金融资产的经营或凭借对这些资产的所有权所获得的利润、租金、股息、红利、资金占用费等收入的总称。目前，国有资产收益的形式与数量，主要取决于国有资产管理体制与经营方式。

由于我国长期实行以公有制为基础的经济制度，国有资产收入，尤其是来自国有企业的国有资产收益，一直是较为重要的财政收入来源。在国有企业实行利改税之前，国有企业不向国家缴纳所得税，利润上缴一直是国有企业向国家上缴财政收入的最主要形式。由于国有企业是我国国民经济的主体，所以利润上缴在很长时间里也就成为我国最主要的财政收入形式。

在现代企业制度下，企业是独立于投资者，享有民事权力、承担民事义务的经济主体，具有法人资格。企业的国有资产属于国家所有，即国家对国有资产拥有所有权，企业则拥有包括国家在内的出资者投资形成的全部法人财产权。其中，所有权是指财产所有者对财产依法享有的占有、使用、收益和处分的权力。企业法人的财产权是指由所有者委托或授权，企业依法对营运的财产行使的占用、使用、收益和处分的权力。在所有权与法人财产权相分离的条件下，财政分配主体与企业分配主体由过去的合二为一变为相对分离。以政府为主体的财政分配也不再包含以企业法人为主体的财务分配，财政不再统负企业盈亏。这样，财政与企业的分配关系，除了与各类企业的税收关系外，对国有企业或拥有国有股份的企业还有一层规范的资产收益分配关系，即国家以资产所有者身份采用上缴利润、国家股分红等形式，凭借所有权分享的资产收益。

拓展区

阅读网络教学资源“重点解析”栏目第六章中的“国有企业两步‘利改税’”，对上述内容加深理解。

(2) 公债收入。

公债收入是指政府以债务人的身份按照借贷原则，运用信用形式所获得的财政收入。具体形式有通过公债、国库券的发行而取得的财政收入，也有政府直接向银行或外国政府及国际组织的借款。政府要想长期不断地获得债务收入，就一定要遵循有偿和自愿的原则。公债是一个特殊的财政范畴，也是一个特殊的信用范畴，兼有财政与信用两种属性。公债收入不仅是筹集财政资金、弥补财政赤字的重要手段，还是国家调节货币流通量、平衡社会供求的重要工具。

作为财政范畴，公债的出现比税收要晚。据有关文献记载，在奴隶社会公债开始萌芽。公元前 4 世纪，希腊和罗马出现了国家向商人、高利贷者和寺院借债的情况。在封建社会，由于战争引起财政支出的增加，公债有了进一步的发展。不过，封建国家在社会经济生活中所起的作用还远不及现代国家，因而在封建社会，公债规模较小，制度也不完备。只是到了资本主义社会，随着国家干预经济的加强，公债才真正发展起来。在现代社会里，公债因具有有偿性、自愿性、灵活性等特征，并具有弥补财政赤字、筹集建设资金、调节经济等多种功能，已成为一种不可缺少的财政收入形式。我国从清朝末期开始发行国内公债。新中国成立以后，我国的国债发行大致可分为三个阶段：第一阶段是新中国刚刚成立的 1950 年，发行了总值为 302 亿元的“人民胜利折实公债”。第二阶段是 1954 年至 1958 年，发行了总值为 3 546 亿元的“国家经济建设公债”。第三阶段是 1979 年以后，为适应改革开放和经济建设需要，我国从 1981 年起开始发行“国库券”。实践证明，公债是社会主义国家筹集资金的重要手段和调节经济的重要杠杆。伴随着改革的深入，为适应经济发展的需要，自 2009 年起，中央财政通过代发地方政府债券的形式发行 2 000 亿元地方债。2014 年，随着新《预算法》的出台，地方政府允许独立发行地方债，这对于地方经济社会的发展具有重要的促进作用，当然举债的同时可能会面临着相应的财政风险。

政府借款是财政收入信用的重要形式。可分为国内政府借款和国外政府借款两种。国内政府借款包括政府向银行等金融机构借款、政府向企业单位借款和本级政府向上级或下级政府借入资金等形式。国外政府借款包括政府向外国政府借款、向国际金融机构借款、向国外商业银行借款以及出口信贷等形式。政府借款是世界各国，特别是发展中国家筹集财政资金的一种重要形式。我国从清朝末期开始大量举借丧权辱国的外债。新中国成立以后，政府借款曾是财政收入信用中最常用但很不规范的一种形式。改革开放以来，随着公债的发展，国内政府借款日益规范化，而国外政府借款日益频繁。

(3) 政府行政事业性收费收入。

政府行政事业性收费收入是指政府公共部门中的行政事业单位在向社会提供行政管理服务时，以管理者或供应者的身份，向被管理对象或服务的消费者收取的费用。主要包括规费收入、罚没收入等，如执照费、证书费、契约费、管理费、经办手续费。这类收费虽然由于种类较多而各有特点，但有两个特点是共同的：一是这类收费的标准（价格）不是按市场原则来确定，而是由政府单方面定价来确定；二是这类收费基本上都与消费者接受服务和管理的自愿选择有关，即使是罚款也是以被罚款者选择了某种违规行为为前提的。

规费是指国家机关在为居民或单位提供某些特殊服务时所收取的手续费和工本费。如执照费、证书费、契约费、管理费、经办手续费等。

罚没收入是指工商、税务、海关、公安、司法等国家机关和经济管理部门按规定依法收取的罚没收入以及处理追回的赃款和赃物的变价收入。

这一项目虽然收入数量有限，在财政收入中所占比重不大，但由于涉及面广、政策性强，加强对这部分的征收管理，将有助于建立良好的经济秩序和经营环境，保证社会经济秩序的稳定。

（4）土地出让金。

土地出让金是指各级政府土地管理部门将土地使用权出让给土地使用者，按规定向受让人收取的土地出让的全部价款，或土地使用期满，土地使用者需要续期而向土地管理部门缴纳的续期土地出让价款，或原通过行政划拨获得土地使用权的土地使用者，将土地使用权有偿转让、出租、抵押、作价入股和投资，按规定补交的土地出让价款。

推出土地出让金制度的初衷主要在于：一是地方政府将后50～70年的土地收益一次性收取，把地方可支配的财政收入集中起来用于办大事，以改善地方公共服务和城市基础设施等；二是将后50～70年的土地收益一次收取，可在一定程度上遏制过度扩张的土地需求等目的。土地出让金的出台，配合了国家实行积极财政政策由国债形成的基础设施及公共产品累积的积极效应，有力地推动了我国工业化、城市化和城乡居民消费结构升级换代，为推进现代化和全面小康社会建设发挥了强有力的支撑作用。

然而，正是因为土地出让金的存在，地方财政对地产业存在过分依赖，土地出让金问题凸显，成为我国土地财政领域中的突出问题。各地在没有财政收入自主权的压力下，必然加剧地方政府运用各种手段扩大出售土地换取收入的短期行为，这种行为既有悖于代际之间利益关系的公平性，又有损于土地资源使用的有效性。与此同时，土地出让金的利益分配机制不合理，一方面，现任届政府提前支取了下一届政府的收入，是对土地收益的透支，随着地方政府卖地行为的增加，地方政府依靠土地可获取的财源将越来越少；另一方面，征地与卖地之间的巨额利益诱使土地“寻租”，突出表现在运用计划经济的办法低价拿地，用市场经济的办法高价供地，低进高出，炒作土地，客观上形成了多占多得的机制。

提示音

概念区分——税收收入与国有资产收入、公债收入、政府行政事业性收费收入

税收是国家为了实现其职能，凭借政治权力，按照法律规定的标准和程序，无偿地、强制地取得财政收入的一种形式。国有资产收入主要是指政府通过对工商金融资产的经营或凭借对这些资产的所有权所获得的盈利性收入。公债收入是指政府以债务人的身份按照借贷原则，运用信用形式所获得的财政收入。政府行政性收费收入是指政府公共部门中的行政事业单位在向社会提供行政管理服务时，以管理者或供应者的身份，向被管理对象或服务的消费者收取的费用。

（二）依据管理权属分类

拓展区

阅读网络教学资源“背景资料”栏目中的“中国中央财政收入和地方财政收入分配格局演变”。

管理权属是指该项公共财政收入归谁管理，由谁支配使用。具体包括收入的立法权、征收权、支配权和使用权等。按照管理权属分类，公共财政收入可分为中央财政收入和地方财政收入。

中央财政收入是指按照现行财政体制的规定，由中央政府筹集、支配和使用的财政资金。中央财政收入主要来源于归中央所属的各项工商税收、中央所属企业的资产收益、共享收入中的中央分成收入、地方上解中央的收入，以及国债收入等。按照公共产品理论，中央政府主要承担着全国性公共产品有效提供和协调区域性公共产品有效提供的重任，所以中央财政在国家财政体系中处于主导地位。

地方财政收入是指管理权限归地方政府所有并由地方政府筹集、支配和使用的财政资金。地方财政收入主要来源于归地方政府所属的各项工商税收、地方政府所属企业的资产收益、共享收入中的地方分成收入、上级政府的税收返还收入和补助收入及其他收入等。在多级政府体系中，各级地方政府主要承担着地方性公共产品和某些区域性公共产品有效提供的任务，所以地方财政在国家财政体系中同样居于非常重要的地位。特别是在分级财政体制中，由于公共产品的绝大部分都属于地方性或区域性公共产品，因此，地方政府在公共产品的有效提供中承担着巨大的责任，由此决定了地方政府应具有相对稳定和相当规模的公共财政收入。

提示音

中央财政收入和地方财政收入

中央财政收入是指按照现行财政体制的规定，由中央政府筹集、支配和使用的财政资金。地方财政收入是指管理权限归地方政府所有并由地方政府筹集、支配和使用的财政资金。

（三）依据收入稳定程度分类

依据财政收入稳定程度分类，公共财政收入可分为经常性收入和临时性收入。

经常性收入是指在每个财政年度内都能经常地、连续地、稳定地取得的各项公共财政收入。主要包括各项税收收入、各种规费和使用费收入、国有资产收益、国有事业收入等。经常性收入是一国公共财政收入的主要部分，是政府履行职能的主要财力保证。

临时性收入是指在各财政年度之间不能经常、连续、稳定取得的公共财政收入，主要包括债务收入、捐赠收入及其他特殊性或一次性收入。

（四）依据收入来源分类

依据收入来源分类，公共财政收入可分为来源于境内外的收入、不同所有制经济的收入和不同部门的收入。

按来源于境内外分类，财政收入可分为境内收入和境外收入。**境内收入**是指政府以社会管理者、资产所有者和债务人的身份从境内取得的各项收入。**境外收入**是指来源于境外的各项收入。主要包括政府境外投资所得收益、国际组织、国际金融机构和外国政府的借款和捐赠收入、政府国外直接融资收入等。

按来源于不同的所有制分类，财政收入可分为国有经济收入、集体经济收入、中外合资经济收入、个体经济收入等。按来源于不同经济部门分类，公共财政收入可分为来自工业、农业、建筑业、交通运输业及服务业的收入，也可分为来自第一产业部门、第二产业部门和第三产业部门的收入等。

三、财政收入结构

所谓**财政收入结构**是指财政收入的构成因素以及各因素之间的相互关系。主要指财政收入的来源结构，它反映了财政收入的基本构成内容及各类收入在财政收入总体中的地位。同时也反映了一定时期内财政收入的来源和财政收入政策调节的目标、重点和力度。对财政收入进行结构分析，目的在于提示财政收入的结构与经济结构之间的内在联系及其规律性，理顺分配关系，寻求增加财政收入的途径，加强对现有收入的监督和管理。

财政收入结构包括财政收入的价值结构和经济结构。财政收入的经济结构包括财政收入的社会经济结构和国民经济结构。

（一）财政收入的价值结构

社会产品价值包括 C、V、M 三部分。C 是补偿生产资料消耗的价值部分；V 是新创造的价值中归劳动者支配的部分；M 是新创造的价值中归社会支配的剩余产品价值部分，它是财政收入的主要来源，但不是唯一来源。

1. C 与公共财政收入

财政分配的对象是社会产品的价值，而社会产品的价值又是由 C、V 和 M 三部分所组成的。财政收入的价值构成就是以财政收入中来自 C、V 和 M 三部分的收入各自占有的不同比例来表现的财政收入来源结构。C 是补偿生产资料消耗的价值，又叫补偿基金，它可以分为两部分。一部分是补偿消耗掉的原材料等劳动对象的价值，只要企业的再生产不间断地持续下去，这部分补偿就必须不断地再用于购买新的劳动对象投入生产。因此，它不能构成财政收入的来源；C 的另一部分是补偿机器设备、厂房等固定资产耗费的价值。固定资产价值的补偿和实物更新是不一致的，其物质形态的补偿是通过固定资产的更新来实现的，而价值形态的补偿则是通过销售收入中提折旧基金来实现的。由于折旧基金是随着固定资产的磨损逐步提取的，而固定资产在它报废后才需要更新，因此折旧基金从提取到使用有一段时间间隔，所以在传统的高度集中的财政体制下，国有企业的折旧基金曾全部或部分地上缴财政，成为公共财政收入的一个主要来源。但从建立现代企业制度和维护企业经营管理权限来看，折旧基金属于企业自主支配的资金，属于简单再生产的范畴，由企业管理使用为宜。所以，从 1985 年 2 月开始，国务院决定中央财政不再集中企业的折旧基金，至于地方财政、主管部门是否集中，由地方根据自己的实际情况而定。不过从理论上讲，还不能绝对排除折旧基金作为公共财政收入来源的可能性。

2. V 与公共财政收入

V 是劳动者为自己创造的必要劳动价值，属于个人消费基金的范畴。V 能否构成公共财政收入的来源需要做具体分析：第一，从个人货币收入层次上看，V 在总体上是由社会平均维持劳动力再生产的费用决定的，应全部留归劳动者个人。但由于客观上存在着劳动能力的差别，以及社会产品分配中存在多种个人收入分配形式，各个劳动者实际得到的货币收入在数量上是不同的。一部分高收入者的收入远远高于社会平均必要产品价值；另一部分低收入者的收入则低于社会平均必要产品价值。为了维护收入分配的公正、合理，保持社会稳定，政府应以社会管理者的身份凭借政治权力，采用税收形式对高收入者的收入进行再调节，对低收入者进行补偿，可见 V 是构成公共财政收入的来源。第二，从个人收入 V 的消费层次看，个人收入用作消费的部分可分为三个层次：一是维持劳动者自身及家属最低限度的生活需要；二是用于满足发展个人专门技能或知识能力方面的需要；三是用于业余消闲或享受。在现代文明社会，维持合格劳动力再生产的费用应主要包括前两部分，它一般不应成为财政分配的对象，而第三部分则有很大的伸缩性，尤其与收入水平相关联，因此，对用于这一消费层次的收入可采用税收形式予以适当调节，对个人课征所得税或对特定量消费品课征消费税，最终都应以第三部分消费支出来承担。

3. M 与公共财政收入

M 是新创造的价值中归社会支配的剩余价值部分，它是公共财政收入的基本源泉。因为从社会产品价值构成上来看，公共财政收入主要来自 M 部分，只有 M 多了，公共财政收入的增长才有坚实的基础。

既然 M 是公共财政收入的基本源泉，那么增加公共财政收入的根本途径就是增加 M。这就要分析影响 M 增减变化的因素，从而找出影响公共财政收入的因素。在国民经济中影响 M 增减变化的因素主要有三个：产量、成本和价格。在产品成本和价格既定的条件下，扩大生产、增加产量和产值，必然 M 同时也增加，因此，M 是决定财政收入规模和增长速度的基础；在产品产量和价格不变的情况下，成本与 M 呈反比例变化，即成本提高，则 M 减少，公共财政收入也相应减少；反之，成本降低，则 M 增加，财政收入也相应增多。因此，增加公共财政收入的根本途径是降低成本，提高经济效益。

（二）财政收入的经济结构

1. 财政收入的社会经济结构

公共财政收入的社会经济结构就是指所有制结构，即国家从不同所有制的经济单位取得的财政收入在财政收入总额中所占的比重。分析财政收入的所有制构成的意义在于：说明财政与不同所有制的经济单位具有不同的分配关系，社会经济结构变化对财政收入结构与规模变化的影响。从所有制构成的角度找出增加财政收入的途径。

我国社会经济结构中，公有制经济是主体经济成分，国有经济居于主导地位，与此相适应，国有经济也是财政收入的主要来源，新中国成立初期约占财政收入的半数，并逐年增加。改革开放以来，集体和其他经济成分有了较快的发展，提供的财政收入逐年增加，而国有经济的比重有所下降，但仍占到60%左右的水平。

从改革趋势看，随着非公有制经济的发展，国有经济的数量优势将进一步下降，国有经济的范围将进一步缩小，国有经济的主导作用将主要通过国有经济的质量优势和国有资产组织结构的转换来实现。国有经济的质量优势是通过国有制控制国民经济中的重要生产部门，如重要原材料生产部门、重要基础设施部门、高新技术部门等来实现。国有资产组织结构的转换则是在产权社会化、投资主体趋于多元化的条件下，国有经济通过控股和参股形式和其他所有制经济相结合，并通过控股发挥其主导作用。随着国有资产结构的调整和国有经济从数量优势向质量优势转变，国有企业与政府、国有企业与财政、国有企业与银行以及国有制与其他经济成分的关系将逐步被理顺。从财政收入角度分析，国家财政除了以规范的税收形式和国有资产收益形式稳定地从国有经济中直接获取财政收入外，更重要的是通过发挥国有经济的主导作用，为整个国民经济的发展包括非国有经济的发展奠定良好的物质技术基础，从而间接地增加财政收入。

2. 财政收入的国民经济结构

财政收入的国民经济结构包括部门结构、产品结构、地区结构、技术结构等，其中部门结构是最主要的。财政收入在这两方面的结构，实际上是生产关系结构和生产力结构，若财政收入结构合理，社会再生产就能有效地发展，财政收入也就能不断地增长。

财政分配的对象是由国民经济各个部门创造并实现的。研究财政收入的部门结构，可以揭示财政收入主要来自哪些经济部门以及国民经济各部门及其结构变化对财政收入的影响程度，从而使财政收入构成与国民经济的部门构成相适应，并照着国民经济部门及其结构的变化适当地进行调整。财政收入的部门构成就是在财政收入中，用来自国民经济各部门的收入所占的不同比例来表现公共财政收入来源结构，它体现着国民经济各部门与公共财政收入的关系。我国公共财政收入主要来自工业、农业、商业、交通运输及建筑业和服务业等部门，其中农业和工业对公共财政收入的影响最大。

(1) 农业与公共财政收入。

农业是国民经济的基础，也是财政收入的一个基本源泉。这样说并不是从农业直接为财政提供的收入数量来分析，而是基于农业是国民经济的基础来认识的，因为农业的发展状况制约着国民经济的发展，它不仅可以提供粮食和生活副食品，保证再生产对劳动力的需要，而且还为轻工业发展提供原料。因此，在国民经济发展中，农业基础越雄厚，轻工业就越能得到较快增长；而轻工业的发展，资金积累水平的提高，为重工业的发展创造了条件；重工业的发展又可使国民经济各部门获得先进的技术装备。在这一循环链条中，农业起着重要的基础环节作用。应当承认，目前我国农业落后，劳动生产率比较低，农业直接提供的财政收入在整个财政收入中所占的比重不大，但我们要看到工农产品之间存在的“价格剪刀差”，使农业部门创造的一部分价值转移到工业部门来实现。因此“剪刀差”也是农业向国家提供收入的一种形式。所以，没有农业发展，就没有整个国民经济的发展，就没有财政收入的增加。现在，各地已经取消了农业税，但间接来自农业的税收仍占一定比重。

拓展区

阅读网络教学资源“重点解析”栏目第六章中的“2006年农业税成为历史”，对上述内容加深理解。

(2) 工业与公共财政收入。

工业是国民经济的主导，也是财政收入最直接的源泉。我国的工业和农业相比，工业部门的技术装备、劳动生产率要远远高于农业，积累水平也高得多。因此，在财政收入中来自工业部门的收入占绝大部分比重。同时，工业部门的劳动生产率和剩余产品价值率都比农业高，因此，来自工业部门上缴的各项税收和国有资产收益成为财政收入的支柱。工业部门增长速度、质量、效益的变化，以及财务制度和利润分配制度的调整，都成为影响整个国民收入增长态势的基本因素。

(3) 交通运输业、商业、服务业与公共财政收入。

交通运输业和商业是连接生产与消费的桥梁和纽带，从总体上讲属于流通过程，流通过程是生产过程的继续。在市场经济条件下，实现商品价值和使用价值是运输业、邮电业、内外贸企业的基本职能。交通运输作为生产在流通领域的继续，是一种特殊的生产活动，交通运输部门提供的财政收入，是交通运输部门的劳动者在商品运输的劳动中创造的价值；同时，交通运输沟通商品交换，促进商品流通，对最终实现工农业产品价值和财政收入起着重要的保护作用。商业是以货币为媒介从事的商品交换活动，是商品的价值和使用价值实现的过程。商业职工的劳动有一部分如商品流通中的商品搬运、仓储、简单加工等属于价值创造活动，直接为国家创造一部分财政收入，但更重要的是通过商品交换实现工农业生产部门创造的纯收入，实现国家财政收入，所以，交通运输业和商业是国家财政收入的重要来源。

随着社会生产力的发展和产业结构的变化，包括金融、保险、旅游、饮食、服务、娱乐等在内的各个产业部门也迅速发展，这些部门提供的 GNP 占总 GNP 的比重有不断增加的趋势。随着我国服务业的加速发展和服务价格的市场化，来自服务业的财政收入呈日益增长的趋势。

对公共财政收入的内容进行不同类型的分类，一方面是为了更加清楚地了解不同公共财政收入的特点和性质，另一方面则是为了对公共财政收入的结构进行更加深入的分析。

超链接

中华人民共和国财政部：www. mof. gov. cn

中华人民共和国国家税务总局：www. chinatax. gov. cn

中华人民共和国国有资产管理委员会：www. sasac. gov. cn

中华人民共和国国家统计局：www. stats. gov. cn

第二节 财政收入规模

财政收入规模是指财政收入在数量上的总水平。它是衡量国家财力和政府在社会经济生活中职能范围大小的重要指标，通常用财政收入总额、财政收入总额占国民收入或国民生产总值的比重来表示。从政府的意愿及满足财政支出的角度来看，财政收入似乎是越多越好，但财政收入受国民收入等因素的制约，在国民收入一定的情况下，财政收入过多，会减少企业和个人占有社会产品的份额，从而在一定程度上影响企业生产的积极性和人民生活水平的提高；财政收入过少，又满足不了政府实现其职能的需要，因此，必须保持适度的财政收入规模。

一、财政收入规模的衡量

拓展区

阅读网络教学资源“背景资料”栏目中的“中国公共财政收入增长状况”。

财政收入规模是指一个国家的政府在一个财政年度内所拥有的财政收入总水平。这通常可以用绝对量和相对量两个指标来描述。讨论财政收入规模的意义主要是要确定政府在一定的社会经济条件约束下，到底能够获得多少财政收入，或者说政府获取财政收入到底要受到哪些因素的制约。

财政收入规模的绝对量是指在一定时期内公共财政收入的实际数量。衡量财政收入规模的绝对量指标是公共财政总收入，它是一个多层次、综合性的指标体系，主要包括全国财政总收入、中央和地方财政总收入、中央本级公共财政收入和地方本级公共财政收入等。从静态上考察，财政收入的绝对量在一定程度上反映了一国或某一地区在一定时期内的经济发展水平和财力集散程度，体现了政府运用各种公共财政收入政策工具调控经济运行、参与收入分配和资源配置的范围和力度；从动态上考察，则反映了公共财政收入规模随经济发展、经济体制改革、分配政策调整以及政府职能变化而增减变化的趋势和规律，同时也体现了在资源配置和收入分配过程中政府与市场两种机制的作用范围、调控力度及配比关系的发展变化。例如 1994 年我国财政收入为 5 692.4 亿元、2010 年为 83 080 亿元、2016 年为 159 552 亿元等，都是对财政收入绝对数量的静态描述。如果把同一国家不同时期财政收入的绝对量联系起来考察分析，还可以看出财政收入规模随着经济发展、经济体制改革以及政府职能变化而增减变化的情况和趋势。1950 年我国财政收入总额为 65.19 亿元，2016 年为 159 552 亿元，67 年间增长了 2 446 倍，说明我国财政收入的绝对规模呈现出随着经济发展而不断增长的趋势。

公共财政收入规模的绝对量指标虽然能够衡量一定时期内政府财力的实际增长情况，但由于这类指标脱离了与相关经济和社会发展目标的比较，往往不能客观地反映该国或该地区财政经济和社会发展的真实情况。因此，对公共财政收入规模的衡量除了采用绝对量指标外，还应该用相对量指标进行比较和分析。

公共财政收入规模的相对量是指在一定时期内公共财政收入与相关经济和社会发展技术水平的比率。衡量公共财政收入相对规模的指标体系通常包括：公共财政收入占国民生产总值（GNP）的比重，公共财政收入占国内生产总值（GDP）的比重，中央公共财政收入或地方公共财政收入占 GDP 的比重，中央公共财政收入占全国公共财政收入的比重等。其中，公共财政收入占 GDP 的比重是衡量一国（地区）公共财政收入规模的最基本指标。这一指标综合体现了政府与微观经济主体占有和支配社会资源的比例关系，体现着政府调节社会财富分配结构和资源配置，进而影响经济运行的深度、广度和力度。在 GDP 为一个既定的量时，公共财政收入占 GDP 的比重越高，表明政府部门占有和控制社会资源的数量越多、程度越深、力度越大，而私人部门占有和支配的社会资源越少，私人在社会经济生活中的地位和作用越小。从公共产品与私人产品的配置结构看，在整个社会资源配置中，政府配置的份额扩大，市场配置的份额就相对缩小，进而引起社会资源在公共产品和私人产品之间配置结构的变化。反之，公共财政收入占 GDP 的比重越低，表明政府介入社会财富分配和资源配置的份额和力度越小，私人部门的投资能力和消费能力相对增强，市场配置的作用和地位也相对增强。

二、影响财政收入规模的因素

公共财政收入规模是衡量一个国家财力的主要指标，保证公共财政收入的持续稳定增长也是当今世界各国追求的主要财政目标。但是，公共财政收入规模的大小、增长速度的快慢，并不以人们的主观意志为转移，它受到各种政治、经济条件的制约。从现实经济发展的实践看，公共财政收入的增长是多种政治经济因素综合作用的结果。包括经济发展水平、科技创新和技术变迁的能力、收入分配政策和分配制度、价格因素等。

（一）经济发展水平

一个国家的经济发展水平，是国家经济规模大小和经济效益高低的综合反映，经济决定财政。一般来讲，经济发展水平高，财政收入总量较大；经济发展水平低，财政收入总量较小。经济发展水平制约财政收入总量，是多种经济因素共同作用的结果。

1. 生产规模

人们常说经济是“源”，财政是“流”。源远才能流长。而在经济活动当中，生产就是这个源头。生产规模的大小是制约生产成果多少及其他经济活动的主要因素。在劳动生产率及其他条件不变的情况下，生产规模的扩大与国民收入的增加呈正比例变化，生产规模越大，所创造的国民收入越多，财政收入也越多。反之，生产规模萎缩也会导致国民收入和财政收入的减少。在制约财政收入的各个因素中，生产规模这一因素是最基本的因素，其他因素都将在它的基础上发生作用。

2. 劳动生产率

劳动生产率反映了生产活动中的劳动消耗与劳动成果之间的比值，它与劳动成果呈正比例变化，与劳动消耗呈反比例变化。这就是说，如果在对劳动消耗的补偿不变的情况下，提高劳动生产率，不但可以使所创造的国民收入得到增长，同时还改变了国民收入 V 和 M 的构成，即 M 的比重增大，V 的比重减少。因此，劳动生产率的提高为财政收入的增长速度超过国民收入的增长速度提供了可能。

3. 生产中的物耗水平

生产中的物耗包括两个方面：一是原材料等劳动对象的消耗，二是机器设备等劳动手段的消耗。物耗水平是生产技术水平的反映。在其他条件不变的情况下，采用先进的生产技术，加强经济管理，降低物化劳动消耗在单位产品价值中的比重，可以使纯收入 M 增加。因此，物耗水平与财政收入呈反比例变化。物耗水平和劳动生产率这两个因素的综合则表现为生产的经济效益。

4. 国民经济结构

简单地讲，国民经济结构就是指国民经济中各部门的构成。它对财政收入的影响主要在于它的合理化。国民经济结构的主要体现就是国民经济结构的内在比例关系，包括部门结构、部类结构、产业结构、产品结构等。当这些结构的比例关系符合经济发展的客观要求时，经济运行就处在良性循环中，经济增长就会给公共财政收入带来充裕的财源；当这些比例关系失调时，经济发展就停滞、徘徊，甚至出现倒退。与此同时，公共财政收入的增长也会出现停滞和负增长。

从世界各国的现实情况看，发达国家的公共财政收入规模不论是其绝对量还是其相对量，都高于发展中国家，而在发展中国家中，中等收入国家又均高于低收入国家。根据 IMF 世界经济展望（2013）的数据，2012 年，美国、英国、法国、日本一般政府收入占国内生产总值的比重分别为 31.76%、35.16%、51.96%、31.1%，而中国、印度分别仅为 22.64%、19.19%。再从几个发达国家的历史发展的纵向比较来看，英、法、美三国

1880年公共财政收入只相当于国民生产总值的10%左右，到21世纪，这一比例已经上升为20%～40%。中外各国的经济实践表明，经济发展水平对公共财政收入的规模及其增长起着基础性制约作用。二者之间是源与流、根与叶的关系，源远才能流长，根深才能叶茂。

（二）科技创新和技术变迁的能力

根据经济增长理论，判断一国经济增长的核心因素有三个：一是资本增长的潜力；二是生产结构的调整；三是科技创新和技术变迁、改进的程度。其中，受资本边际报酬递减规律所决定，资本投入对经济增长的影响虽然是巨大的，但其效应却是递减的。生产结构的调整对经济增长也具有巨大影响力，然而，生产结构的调整和升级却依赖于先进技术的支撑。实际上，经济增长、经济发展从根本上取决于科技创新和技术变迁的速度。

科技创新与技术变迁之所以成为制约经济增长的最核心要素，是因为它能从根本上提高微观经济主体的自主创新能力和核心竞争力。而科技创新和技术变迁的结构，一方面使生产速度加快，生产质量提高，企业的竞争力增强；另一方面带来物耗比例降低，经济效益提高，产品附加值扩大，这必然会促进GDP的较快增长，并为公共财政收入的增长提供丰厚的财源。因此，对处于不同发展水平和发展阶段的国家来讲，正确评判自己的比较优势，选择适当的路径，积极鼓励和推动科技创新，加快技术改进和技术变迁的速度，是实现经济增长和经济发展、增加公共财政收入的根本途径。

受体制、财力投入和变迁路径等因素的影响和制约，我国科技创新和技术变迁的速度相对较慢，特别是我们具有较少提升核心竞争力的关键技术，这就极大地影响了我国经济增长的速率和可持续性，所以，“科技兴国”“科技兴财”应成为我国长期坚持的基本国策。

拓展区

阅读网络教学资源“背景资料”栏目中的“中国公共财政收入增长状况”；阅读网络教学资源“重点解析”栏目第六章中的“全要素生产率与经济增长”，对上述内容加深理解。

（三）收入分配政策和分配制度

从分配角度看，GNP由工资、利润、利息、折旧构成。在GNP一定时，其中任何一部分的分配额发生变化，都可能引起政府、企业、居民个人之间分配关系的变化，从而引起公共财政收入规模的变化。分配制度和分配政策对财政收入规模的影响，具体表现为：一是政府通过分配制度规定固定资产的折旧办法、成本费用、列支标准、工资标准等，决定企业利润的大小，进而决定税源的大小。二是通过分配政策决定财政集中的程度，从而决定财政收入规模的大小。如在新中国成立之后的很长一段时间内，提倡“勤俭节约”“勒紧裤带搞建设”，片面强调积累，忽视消费，公共财政收入占国民收入的比重相对较高。1953年至1978年，公共财政收入占国民收入的比重平均为34.3%。1979年经济体制改革后，国民收入分配由高度集中于中央政府开始向企业和居民个人倾斜，公共财政收入占国民收入的比重呈现出不断下降的趋势，到20世纪90年代初已下降为20%左右。适当降低财政收入规模是经济体制改革的必然要求，但是财政收入占国民收入的比重过低，会造成财力过于分散，财政资金紧张，影响财政职能作用的发挥；为了加强政府的宏观调控能力，振兴国家财政，在党的十四届五中全会上，中央提出要“提高两个比重”的目标，即提高全国财政收入占国民收入的比重，提高中央财政收入占全国财政收入的比重。目前，公共财政收入相对规模指标下滑的势头已得到控制，财政集中程度有所回升。

收入分配政策对公共财政收入规模的制约主要表现在三个方面：一是收入分配政策决定剩余产品价值占整个社会产品价值的比例，进而决定财政分配对象的大小，即在 GDP 既定的条件下，M 占 GDP 的比重；二是收入分配政策决定财政集中资金的比例，即 M 中公共财政收入所占比重；三是财政分配政策的实施受经济运行态势的影响和制约，一般情况是，扩张性的财政政策可能会降低公共财政收入占 GDP 的比重，而紧缩性财政政策可能会提高公共财政收入占 GDP 的比重。

在其他因素不变的条件下，GDP 的分配格局是分配制度变革的反映和结果。在不同的经济体制和分配体制下，公共财政收入的规模及其增长速率取决于经济类型和分配制度本身的健全完善程度及制度执行的效率。我国正在进行的不断深化的市场化改革，使得市场在资源配置中发挥越来越强的基础性作用，收入分配中的按劳分配和按要素分配的结合，实际上也是突出了市场在分配领域中的作用。这种分配制度的变迁必然影响到公共财政收入的规模及增长速度。因此，公共财政收入相对比重的下降是正常的，问题在于要进一步健全制度，提高制度执行的效率，减少漏损，规范分配秩序，以使收入的分配更好地兼顾公平和效率。

（四）价格因素

价格因素对公共财政收入的影响，表现在价格总水平升降的影响。市场经济条件下，公共财政收入都是通过一定的价格表现的，价格的波动必然会引起名义公共财政收入的增减变化。二者之间的互动关系包括以下几种情况：如果公共财政收入增长率高于物价上涨率，则公共财政收入既有名义增长也有实际增长；如果物价上涨率高于公共财政收入增长率，则公共财政收入虽有名义增长，但实际是负增长；如果公共财政收入增长率与物价上涨率大体一致，则公共财政收入只有名义增长，实际上不增不减。

价格影响公共财政收入增长的另一个因素是现行的税收制度。因为价格上涨会相应扩大税基，在累进税制下，纳税人适用的税率会随名义收入增长而自动提高，进而引起公共财政收入的增加；而在比例（固定）税制下，税收收入增长率等同于（或低于）物价上涨率，公共财政收入只有名义增长而无实际增长，甚至会出现下降趋势。

（五）战争等特殊因素

当一个国家面临战争、巨大的自然灾害以及严重的经济危机等特殊情况时，政府公共支出的数量会急剧增长。与此相适应，政府财政收入的规模也会相应有所扩大。这种扩大，开始多是以债务收入的形式来实现的。但在战争、灾难和危机过后，面对债务的偿还时，政府自然而然地会提高税收的征收比重，从而使政府财政收入的绝对额和相对额较之以前有较大的提高而很难恢复到以前的水平。

（六）管理水平

财政收入总是通过设计收入制度和建立相关的征管机构来获得的。因此，在既定收入政策下，收入制度设计是否科学合理，征管机构的设置和工作是否讲求效率都会对征收成本和最终形成的财政收入规模产生影响。

适度的公共财政收入规模是保证资源配置高效、收入分配合理、经济社会稳定健康协调发展的重要条件。因为公共财政收入规模过小，政府应该办的事情办不了，必然会影响经济社会健康发展；而公共财政收入规模过大，必然会对私人部门产生排挤效应，影响甚至干扰市场机制的正常运行，降低经济运行的质量和效率。因此，合理确定公共财政收入的规模以及公共财政收入占 GDP 的比重具有重要的理论意义和实践意义。

讨论财政收入的规模，很容易让人思考：政府财政收入在一国的国民生产总值中究竟应占多大的比重合适。实际上这很难用一个十分准确的数字指标来衡量。一般情况下，应通过横向（国际上）和纵向（历史上）的比较，并考虑各种制约因素的影响来加以确定。而衡量财政收入的规模或比重是否合理，则应当以能否促进经济的发展和社会的进步为基本标准。

拓展区

阅读网络教学资源“背景资料”栏目中的“中国公共财政收入增长状况”；阅读网络教学资源“专题讨论”栏目第六章中的“我国财政收入每年超额增长是否合理——税收与财政收入的比例关系”，完成学习活动，并进行讨论。

【历史浏览】

按照以下提示，回顾本章内容，回答复习思考题。

依据收入形式分类，公共财政收入可分为税收收入和非税收入。其中税收收入包括直接税和间接税；非税收入包括国有资产收益、公债收入、政府行政事业性收费、土地出让金等。

市场经济国家中税收收入是财政收入的主体，一般均占到 90%以上。

财政收入规模是指财政收入在数量上的总水平。它是衡量国家财力和政府在社会经济生活中职能范围大小的重要指标。

财政收入规模是指一个国家的政府在一个财政年度内所拥有的财政收入总水平。这通常可以用绝对量和相对量两个指标来描述。

【复习思考题】

1. 简述财政收入的概念及依据收入形式如何分类。
2. 衡量财政收入规模的绝对量和相对量指标是什么？
3. 结合我国改革开放以来税收收入的增长趋势，分析产生这一趋势的原因。
4. 影响财政收入规模的因素有哪些？

☞ 请在 60 分钟内，完成网络教学资源“即时练习”栏目中的本章练习；阅读网络教学资源“参考文献”，了解学习本章的参考文献，如果学有余力，请选择阅读；在网络教学资源“重点概念”中，提供了本章相关概念的检索。

第七章

税收原理与税收制度

【学习导航】

请使用 4 学时学习本章内容。重点理解税收的含义及特征、税收负担及转嫁、税收原则及税制要素的内容和税收制度。

重点掌握税收的基本特征，税收负担的含义及其确定方法，税收负担转嫁的形式、条件及其归宿，税收的财政、公平、效率三原则，税制要素和各种税收制度的具体内容等。

本章考试的重点是税收的“三性”、税收负担的确定、税负转嫁、税收原则、税制要素、税收制度。

【引导案例】

2015 年 12 月，银川市国税局稽查局对“黄金票”案件涉案用票单位——银川家庆贸易有限公司进行纳税检查，发现该企业使用涉案的空壳企业深圳佳华广贸易有限公司虚开的 8 份增值税专用发票，用以偷税的违法事实。

检查发现，该公司 2014 年 11 月、12 月账面记载曾采购收货医疗器械及耗材一批，共计金额 69.7 万余元，税额 11.8 万余元，价税合计 81.6 万元。这笔款项记入了“应付账款”科目，货款至今未付，但已于取得发票当月认证并申报抵扣了进项税额 11.8 万余元。经核实，进货商未提供发票，业务员是与一个自称是深圳佳华广贸易有限公司的业务员联系，并取得了 8 份增值税专用发票，认证后做账务处理之用。上述违法事实，造成 2014 年少缴增值税 11.8 万余元、少缴企业所得税 17.5 万余元。

银川市国税局稽查局根据国家相关规定，对该企业做出了追缴其少缴税款29.3万余元、加收滞纳金、按少缴税款1倍进行罚款的处理处罚决定。

学习本章内容，请思考：什么是税收？它有什么特征？影响税收负担的因素有哪些？税制包括哪些要素？税收制度又分为哪些种类？

☞ 解答提示请参考网络教学资源“案例分析”中的相关内容。

第一节　税收概述

一、税收的基本特征

（一）税收的含义

无论是在古代社会还是在现代经济生活中，税收都扮演着重要的角色，它是政府取得财政收入的重要手段。一般而言，税收是政府为了满足社会公共需要，凭借其政治权力，按照法律预先规定的标准，强制无偿地征收货币或实物，以取得财政收入的一种形式。对税收概念的理解，应把握以下三点：

（1）税收是一个古老的经济范畴，是在不同社会形态下政府取得财政收入的一种主要手段——这是从一般的角度理解税收的含义。

税收是随着国家的产生而产生和存在的。我国学术界通常把税收理解为：第一，税收与国家之间存在着内在的必然联系，是政府赖以存在并实现其职能的物质基础；第二，作为政府组织财政收入的主要手段，税收属于分配范畴；第三，在政府征税形成的分配关系中，政府处于中心和主体的地位，即政府作为主体并以自己为中心，同社会上各种纳税人之间发生征纳关系。

（2）在现代市场经济中，税收是政府对市场经济进行宏观调控的主要手段——这是从宏观经济管理的角度理解税收的含义。

在税收的历史长河中，它首先是被政府作为筹集财政收入的一种主要手段而加以运用的，而作为政府对经济进行宏观调控的主要手段，则是经济进入社会化大生产阶段，并且市场经济有了相当程度发展以后的事情。税收不仅是政府筹集财政收入的主要手段，具有组织财政收入的功能，而且从分配活动和分配关系的角度看，税收还是政府联系各纳税人、各经济行为主体的一种经济纽带。通过税收，政府可以影响和改变政府与纳税人之间、纳税人与纳税人之间的经济利益，进而影响他们的经济行为。因此税收也具有调节经济的功能。

（3）税收是政府以强制方式无偿取得财政收入的一种特殊手段——这是从税收与政府其他财政收入手段之间的联系与区别的角度来理解税收的含义。

在现代社会，政府通常采取多种手段取得财政收入。这些手段包括税收、公债、经营资产收益、规费以及收取各种使用费等。但是在所有这些收入中，税收是一种特殊手段。表现在：一方面，通过税收政府所筹集到的财政收入量最大，一般占政府同期财政收入的90%以上；另一方面，通过税收形成经济关系的双方都不具有完全对等关系，而其他财政收入手段则不具有这一特点。

提示音

税收与公债、国有资产收益、政府行政事业性收费

税收是国家以其社会职能为依据参与社会成员收入分配的规范形式，属于再生产中的产品分配。公债是债的一种形式，是以公共部门作为债务人，按契约规定与另外的经济主体所形成的债权债务关系。国有资产收益是指国家以生产资料所有者身份从国有资产经营中获得的经营性收益。政府行政事业性收费是政府的有关公共部门中的一些行政单位和事业单位在向社会提供管理服务或事业服务时，向被管理对象或获取服务的消费者收取的费用。

（二）税收的基本特征

税收的基本特征通常被概括为税收“三性”，即强制性、无偿性和固定性。税收“三性”是税收本质的反映，是税收作为一种财政收入形式区别于其他任何分配形式的关键所在。因此，也被称为税收的形式特征。

1. 强制性

所谓强制性是指税收的征收所依据的是国家的政治权力，或者说是法律所赋予的权力。因此，政府征税与生产资料占有有着直接关系。税收的强制性主要表现在：国家以法律、法规的形式予以确定，纳税人必须依法纳税，违反者要受到法律制裁。

2. 无偿性

税收的无偿性是指政府对取得的税收收入，既不需要偿还，也不需要对纳税人付出任何代价。税收的无偿性是就具体纳税人而言的。政府从纳税人手中取得税款，与纳税人之间不具有直接返还的关系，这是税收与政府其他财政收入形式的根本区别。

3. 固定性

税收的固定性是指国家对税收的课征对象、课征比例或课征额等均预先以法律的形式予以规定，任何部门、任何级别的政府机构，未经国家法律授权与批准，不能随意更改。税收的固定性主要表现在：作为课税对象的各种收入、财产或有关行为是经常、普遍存在的，且一经法律确定为课征对象，就持续有效；税收的固定性还表现在课税对象和征收额度之间的量的关系具有固定性限度。从这个角度讲，税收的固定性还包括在征收时间上的连续性和征收比例上的限度性。

拓展区

阅读网络教学资源“重点解析”栏目第七章中的“税收‘三性’之间的关系”，对上述内容加深理解。

二、税收分类

对税收进行分类就是根据一定的标准对税收进行系统的分析、归纳和综合。税收分类的方法主要有以下几种。

（一）按税收缴纳形式分类

按税收缴纳形式可分为力役税、实物税、货币税。力役税是指纳税人以直接提供无偿劳动的形式缴纳的税种，实物税是指纳税人以实物形式缴纳的税种，货币税是指纳税人以货币形式缴纳的税种。

（二）按税收计征标准分类

按税收计征标准可分为从价税、从量税。从量税是指以课税对象的实物形态为计税单位，从价税是指以课税对象的价值形态为计税单位。

（三）按税收管理和受益权限分类

按税收管理和受益权限可分为中央税、地方税、共享税。中央税是指属于中央财政的固定收入，归中央政府支配和使用的税种。地方税是指属于地方财政的固定收入，归地方政府支配和使用的税种。中央与地方共享税是指属于中央、地方政府共同享有，按一定比例分成的税种。

（四）按税收负担能否转嫁分类

按税收负担能否转嫁可分为直接税、间接税。前者是指税负不能由纳税人转嫁出去，必须由自己负担的税种，后者是指税负可以由纳税人转嫁出去，由他人负担的税种。

（五）按税收与价格的关系分类

按税收与价格的关系可分为价内税、价外税。价内税是指税金构成商品或劳务组成部分的税种，而价外税是指税金不构成商品或劳务组成部分的税种。

（六）按课税对象的不同性质分类

按课税对象的性质可分为流转税、所得税、资源税、财产税、行为税。流转税是指以商品或劳务的流转额为课征对象的税种，所得税是指以所得额为课税对象的税种，资源税是指以自然资源的绝对或级差收益为课税对象的税种，财产税是指以财产价值为课税对象的税种，行为税是指以某些特定行为为课税对象的税种。

第二节　税收负担

一、税收负担及其影响因素

税收负担一般是指因政府课税相应地减少了纳税人的可支配收入而使其承受的经济负担或造成的经济利益损失。通常用税收负担率来衡量这种经济负担的轻重。税收负担率用纳税人或征税对象的实纳税额与课税对象之比来表示。税收负担率有名义负担率和实际负担率之分，在其他因素不变的条件下，名义负担率相当于名义税率，若考虑到各种税收优惠，则纳税人的实际负担率就会低于名义税率，衡量纳税人的税收负担水平，应从名义负担率和实际负担率两个层面进行。

拓展区

阅读网络教学资源“重点解析”栏目第七章中的“税收负担的分类”，对上述内容加深理解。

影响税收负担的因素大致有两类，一是经济因素，二是制度因素。

（一）经济因素

从经济角度分析，一国总体税负水平主要取决于以下因素。

1. 经济发展水平

一般而言，一国税收负担水平与该国经济发展水平呈现高度正相关的关系。经济发展水平较高的国家，人均国民生产总值较高，国民生产总值中能够转化为税收收入的比例就大些，社会成员的税负承受能力较强，该国的宏观税收负担水平就高些；反之，经济发展水平较低的国家，人均国民财富较少，社会成员的应税能力较弱，宏观税收负担相应就低一些。研究成果表明，以 T（税收）/GDP 为衡量指标，市场经济国家的宏观税负从总体上高于世界各国平均水平。大多数发达国家的 T/GDP 比值一般在 35%以上，大多数发展中国家的 T/GDP 比值一般在 20%～30%，而低收入国家的 T/GDP 比值一般不超过 20%。

2. 政府职能

政府职能范围及其规模是影响宏观税收负担水平的又一重要因素。在同一国家的不同历史时期，由于政府职能不同，财政收支规模和支出范围不同，税收负担也就不同。如战争时期与和平时期、计划经济体制时期与市场经济体制时期等。由于政府事权范围、支出责任和内容不同，所以税收负担水平相差较大。政府干预力度大、范围广的国家，税负相对就重，实行自由市场经济体制的国家，税负相对就轻。

（二）制度因素

从税收制度的角度分析，一定的税收负担是在一定的税制框架内形成的，构成税制的主要因素的不同设计，都会影响纳税人的税收负担。

1. 税种

税种对税收负担的影响主要有两个方面：一是税种数量，二是税种类别。在其他因素不变的条件下，税种越多，税负越重。对纳税人来讲，不同税种的税负是不同的。例如，商品税可以转嫁，所以生产者的税负实际上是由消费者承担的。所得税是对纳税人的收入征税，税负直接，不易转嫁，纳税人就是负税人。

2. 税率

在其他因素不变的条件下，税率与税收负担呈正比关系，即税率越高，税负越重。税率对税收负担的影响还表现在税率结构上。在比例税率情况下，如果不考虑其他因素，名义税率就是实际负担率，而在超额累进税率情况下，即使其他因素不变，税收的实际负担率也会低于超额累进税率表上的较高税率或边际税率。

3. 计税依据

在税率一定的条件下，计税依据的大小直接决定税收负担的轻重。要合理确定税收负担，必须使税率与计税依据合理搭配。如果计税依据过小、过窄，势必导致税率过高，对经济和财政产生不利影响。

4. 附加和加成

国家为了调节或限制某种经济行为，可以在有些税种中规定附加和加成，这是一种加重纳税人或征税对象税收负担的措施。

5. 减免税和退税

减免税和退税是政府给予特定纳税人或征税对象的优惠照顾措施。享有减免税和退税的纳税人在一定时期内可依法少交、免交税款和取得退还税款，使其税收负担降低，甚至负担为零。

二、合理税负的确定

（一）合理宏观税负的确定

判断一国税制优劣的重要标准就是考察该国的总体税负是否合理。合理税负水平涉及的是一国总体税负状况的宏观问题，其判别标准是宏观税负的高低，而一国的宏观税负涉及财政、经济和政治等多方面影响因素，是一个十分复杂的问题。从总体上说，衡量宏观税负水平是否适度的主要标志有两个：一是税收收入是否能够有效地满足政府公共支出正常合理的需要；二是税收是否能保证经济稳定健康协调地发展。

（1）保证政府公共支出正常合理的需要是确定宏观税负的最低量限。市场经济体制下，政府公共支出的合理范围主要是市场机制失灵的领域，具体包括国家政权建设领域、公益性社会事业领域、再分配性转移支付领域和公共投资领域。在税收成为政府主要收入来源的情况下，税收分配的数量必须能够满足政府上述基本的、正常的、合理的需要。

（2）保证经济稳定、健康、协调地发展是确定宏观税负的最高量限。从社会再生产的角度看，税收分配的对象是社会剩余产品，其量的大小是确定宏观税负的最高上限。如果宏观税负超过了这一量限，就会造成下列不良后果：一是税收侵及生产资本，生产耗费补偿不足，阻碍技术进步，长期下去会造成经济萎缩；二是税收侵及劳动力再生产费用，影响劳动力的生存和发展，会从根本上损害生产力；三是造成市场资源配置与政府资源配置的主辅关系倒置，降低整个社会经济资源的配置效益和效率。

拓展区

阅读网络教学资源“重点解析”栏目第七章中的“税收负担与经济发展之间的关系”，对上述内容加深理解。

由此可见，合理宏观税负的确定必须满足以下条件：一是保证社会再生产过程中各种消耗的足额补偿，把税收分配的上限确定在当期劳动者新创造的价值，即社会剩余价值上；二是保证劳动力再生产所需的基本生活费用和必要的发展费用；三是按照资源配置以市场为基础、政府宏观间接调控的原则，合理确定宏观税负，将政府配置资源的范围限定在公共产品领域。

（二）合理微观税负的确定

企业和个人的微观税负水平取决于多种因素，也不是一成不变的。但与宏观税负一样，微观税负的变动也有一个客观存在的波动区间，这个区间的上限和下限就是确定微观税负水平的客观界限。

1. 企业合理税收负担的确定

衡量企业税收负担是否适度的标志是看处于均衡纳税状态的企业是否有一个最为适宜的税负水平。这主要包括两个层次：一是企业纳税人税收负担的上限。对企业纳税人来讲，其税收负担的最高量限就是企业当年创造的剩余产品价值或社会纯收入，超出了这个界限，就会造成企业在生产过程中的要素消耗补偿不足，简单再生产难以顺利进行，最后伤及税本。因此，在设计税制时，必须认真研究不同税种对企业生产经营的影响，充分考虑企业自我积累和自我发展的客观需要，做到税收课及税源但不伤及税本。二是企业纳税人税收负担的下限。企业纳税人合理税收负担的最低量限是满足企业积累和发展所引起的对社会公共需要的增加。企业的发展离不开良好的外部社会环境。而优质外部环境的公共产品性质，使其只能由政府提高“税收收入—公共财政支出”机制才能有效提供。因此，企业必须将其纯收入的一部分以税收的形式交给国家，以满足政府提供企业扩大再生产所必需的公共产品的经费需要。

总之，企业税负的适度量限是既能保证企业具有自负盈亏、自我积累、自我发展的能力，又能使税收收入随企业收入的增长而大体同步增长，以满足企业发展所需公共产品的资金需要。

2. 个人合理税收负担的确定

一般而言，个人税收负担的上限应是侵及劳动力再生产所必需的费用，下限应为满足个人消费所引起的社会公共需要。个人税负的适宜量限是：既保证个人收入随经济发展和效益提高而逐步增长，又保证税收收入随国民收入和个人收入的增长而大体同步增长，为个人消费水平的提高和消费结构的改善创造必要的社会条件，为居民提供良好的生活环境。

拓展区

阅读网络教学资源“案例分析”栏目第七章中的“2016 年全国税收收入首次突破 13 万亿元”，理论联系实际地分析问题。

第三节 税负转嫁与归宿

一、税负转嫁与归宿的含义

税负转嫁是指在商品交换过程中，纳税人以提高商品的销售价格或压低原材料的购进价格等方式将自己的税收负担转移给他人的过程。在商品交易过程中，法定纳税人往往通过经济交易过程将其税收负担转移给他人，造成法律上的纳税人与经济上税收的最终承担者不一致。只要存在纳税人与负税人的偏离，就一定存在税负转嫁。

税负转嫁机制的特征：(1) 价格升降是由税负转嫁引起的。(2) 实质是税负的再分配。(3) 纳税人的理性选择。

税负归宿是指税收负担的最终落脚点或是税收负担转移的最后结果。由于税负转嫁可能发生，也可能不发生，因而税负归宿就有直接归宿与间接归宿之分。**直接归宿**是指纳税人所纳税款无法转嫁，完全由自己负担，即法律上的纳税义务人与经济上的实际税负承担者完全一致。**间接归宿**是指因税负发生了转移，税负部分或全部转嫁给他人负担，使法律上的纳税义务人与经济上的实际税负承担者不一致，税负最终归宿是被转嫁者。

提示音

税负转嫁与逃税的区别

税负转嫁是一种合法行为，而逃税是一种违法行为。税负转嫁只会引致纳税人与负税人的不同，税收并未减少或损失，而逃税是无人承担纳税义务，必然造成税收流失。

二、税负转嫁的形式

按照市场交易过程中实现税负转嫁的不同途径分类，税负转嫁主要有以下四种形式。

（一）前转

前转又称顺转，是指纳税人通过提高商品销售价格的办法，将其所纳税款向前转移给商品购买者的一种税负转嫁形式。

前转是税负转嫁的最典型和最普遍的形式，大都发生在对商品和劳务的课税上。在市场交易中，生产者、售卖者或出租者都可以提高商品销售价格、劳务收费价格或租赁价格等方式将其所纳税款转嫁给消费者、购买者或租入者负担。

前转有公开和隐蔽两种标价方式。公开前转是直接在商品的价格标签上注明税款数额，购买者对购买商品所承担的税负一目了然；隐蔽前转是在商品价格中隐含税款，购买者不易察觉税负的情况。

（二）后转

后转又称逆转，是指纳税人通过压低商品价格等方式将其税负向后转移给商品销售者负担的一种税负转嫁形式。后转一般是由于市场供求条件的约束，纳税人无法将其所纳税款以提高商品销售价格的方法向前转移时所选择的一种税负转嫁途径。后转可能不止发生一次，与前转一样也存在连续转嫁的情况。

（三）混转

混转又称散转，是指纳税人缴纳的同一笔税款，同时采用前转与后转两种转嫁方式进行税负转嫁的一种转嫁形式。在实际商品交易过程中，税负转嫁受许多客观经济条件的限制，有时可以前转，有时可以后转，有时能全部转移，有时只能部分转移，但相对容易的方式是将税负一部分通过前转的方式转移出去，一部分通过后转的方式转移出去，混转就是前转与后转的一种混合形式。

（四）税收资本化

税收资本化又称税收还原，是指生产要素购买者将所购生产要素未来应纳的税款，从要素购入价格中预先扣除，然后，名义上虽然由买主按期纳税，而实际上税款全部由卖主负担的一种特殊税负转嫁形式。这种情况多发生在土地买卖或其他较具永久性的财产买卖的上。

三、税负转嫁的条件

税负转嫁是纳税人追求自身利益的主动合法行为，只要存在独立的经济利益，纳税人就会有转嫁税负的主观愿望。但是，在实际生活中，税负能否转嫁以及转嫁多少，并不完全取决于纳税人的主观愿望，而是由客观经济条件决定的。

（一）商品交换和自由价格制度是税负转嫁的前提条件

税负转嫁是在以货币为媒介的商品交换中，纳税人将自己应该缴纳的税款通过销售价格或进货价格的变动转嫁给他人负担的，因此，没有商品生产和商品交换，就没有税负转嫁，而且，税负转嫁是商品交换发展到一定阶段的产物。

税负能否转嫁的另一个前提条件是，纳税人有无商品定价权，即社会是否实行自由定价制度。如果政府实行指令性价格制度，纳税人没有定价权，这样就既无法提高售价向前转嫁，也无法降低进价向后转嫁。因此，只有在市场经济和自由定价制度下，生产经营者才有可能完全根据市场供求关系的变化自由地确定产量和价格，税负转嫁才有可能通过价格的变动得以实现。

（二）商品供求弹性是决定税负转嫁实现程度的关键因素

纳税人缴纳的税款通过价格变动能够转嫁多少，最终是由商品的供求弹性决定的。

所谓**需求弹性**是指商品需求量的变动对价格变动的反映程度。一般用需求弹性系数来衡量。税负转嫁程度与需求弹性的关系可分两种情况：一种是需求富有弹性。即需求弹性系数的绝对值大于1，也就是价格变动的百分比小于需求量变动的百分比。如果价格变动1%，需求量变动会大于1%，那么价格较小的变动就会引起需求量较大的变动，如奢侈品。当需求富有弹性的商品因政府征税而价格提高时，购买者因价格提高而引起的购买量下降的幅度会大于价格提高的幅度，迫使商品价格回降或阻止价格的提高。在这种情况下，纳税人税负前转就比较困难，只能采取后转的方式把税负转嫁给生产者。另一种是需求缺乏弹性。即需求弹性系数的绝对值小于1，也就是价格变动的百分比大于需求量变动的百分比。如果价格变动1%，需求量的变动小于1%，价格变动较大，需求量却变动较小，如社会必需品。当需求缺乏弹性的商品因政府征税而价格提高时，购买者其购买量下降的幅度小于价格提高的幅度。在这种情况下，纳税人通过前转进行税负转嫁就相对容易。

除上述两种情况外，还有需求完全有弹性和需求完全无弹性两种情况。前者是指某种商品的价格无论怎样变化，需求量没有任何变化；后者是指某种商品在既定的价格水平上需求量无穷大。对需求完全无弹性的商品征税时，因购买者对价格的提高没有任何反应，其购买量不会因价格的提高而减少，所以，税款可以全部前转到购买者身上。对需求完全有弹性的商品征税时，因购买者对价格的提高反应极为敏感，其购买量会因价格的任何提高而锐减，因此，税款会全部后转到要素提供者或生产者身上。

所谓**供给弹性**是指商品价格发生变动时，商品的供给量对市场价格变动作出的反映程度，一般用供给弹性系数来衡量。税负转嫁程度与供给弹性的关系也有两种情况：一种是供给富有弹性。即供给量变动的百分比超过价格变动的百分比，价格变动1%，供给量变动大于1%。这时，当某种商品因政府征税而价格不能相应提高时，生产者因价格下降而反应敏感，其生产量下降的幅度会大于价格下降的幅度。由于生产量下降驱使价格上升，税款的大部分会通过提高价格前转，将税负更多地转嫁给购买者。另一种是供给缺乏弹性。即供给量变动的百分比低于价格变动的百分比，价格变动1%，供给量的变动小于1%。这种情况下，政府对某种商品征税而价格不能相应提高时，生产者对价格下降的反应程度较弱，其生产量下降的幅度会小于价格下降的幅度，税负会更多地向后转嫁或不能转嫁，而归宿于生产要素提供者或生产者身上。

当然，税负能否转嫁及转嫁多少，最终取决于供求弹性的力量对比。一般而言，税负转嫁的方向总是指向最没有弹性的一方。如果需求弹性大于供给弹性，税负会更多地后转到要素提供者或生产者身上；如果供给弹性大于需求弹性，税负会更多地前转到购买者身上；如果供给弹性与需求弹性相等，税负由供求双方平均分担；如果供给有弹性，需求完全无弹性，税负完全转嫁，并由购买者负担；如果需求有弹性，供给完全无弹性，税负不能转嫁，完全由生产者负担。

（三）影响税负转嫁方向和数量的其他因素

1. 课税范围

一般来讲，课税范围宽广的商品较容易转嫁，课税范围狭窄的商品不易转嫁。

2. 课税对象

以商品为课税对象，与商品价格有密切关系的间接税，其税负较易转嫁，而以各种所得为课税对象，与商品价格关系不密切的直接税则较难转嫁。

3. 课税商品的属性

对生活必需品、用途狭窄的产品或耐用品及不易替代的产品课税，税负将更多地向前转嫁给消费者负担；而对奢侈品、用途广泛的产品或非耐用品课税，税负则更多地向后转嫁或不能转嫁，由商品的生产者负担。

4. 课税方法

从价计征的税种，税负容易转嫁；从量计征的税种，税负不易转嫁。

5. 课税商品的资本或劳动含量

生产规模变动较难，供给弹性较小的商品，其税负不易转嫁，而由生产者负担；如果课税商品是劳动密集型产品，其生产周期短，生产规模变动快，其税负容易前转到购买者身上。

6. 市场结构

在完全竞争的市场上，对单个生产者来说，只有在发挥整个行业的力量下，税收才能前转；在垄断市场上，由垄断者视产品需求弹性的大小来决定税负转嫁的方向，前转或后转。

第四节　税收原则

一、税收原则的含义

税收原则是国家制定税收政策、设计税收制度应遵循的基本准则，也是评价税收政策好坏，鉴别税收制度优劣、考核税务行政管理状况的基本标准。税收原则体现国家的意志，反映一定时期国家政治经济与社会发展的客观要求，它是在具体的社会经济条件下，国家根据客观经济规律和财税分配规律的要求，从税收实践中总结概括出来的，用于指导税收分配和调节活动的基本准则。税收原则具有相对稳定性，一旦形成或确立，就成为一定时期内国家制定、修改和贯彻执行税收法令制度的基本依据。

拓展区

阅读网络教学资源“重点解析”栏目第七章中的“历史上的税收原则”，对上述内容加深理解。

现代西方经济学理论将税收原则概括为三个：一是效率原则；二是公平原则；三是稳定原则。除吸收和继承了传统税收原则理论外，我国经济学家还赋予了税收原则新的经济学含义。

我国对税收原则理论的研究是伴随着经济的发展和税收实践的丰富而不断深化的。随着我国社会主义市场经济体制的确立，税收在服从和服务于市场经济发展及政府宏观调控的需要、为经济建设和政府履行职能提供财力保证、调节资源配置、公平收入分配等方面发挥着不可替代的作用。税收原则可归纳为财政原则、公平原则和效率原则。

二、税收的财政原则

税收的财政原则是指税收应能为政府履行职能提供稳定、充裕的财政收入来源的基本准则，它是税收最基本的也是首要的原则。税收的财政原则的实施重点要解决两个方面的问题：一是财政收入稳定充裕；二是财政收入合理适度。

（一）稳定充裕

稳定充裕是指税收应能为政府活动提供稳定的、充裕的资金，保证政府履行职能的需要。为了保证财政收入的稳定充裕，在设置税种、确定征税范围、设计税率时，应选择收入弹性较大的税种。**税收弹性**是指税收总收入变化率与国内生产总值的变化率之比。一般情况下，如果税收总收入变化率与国内生产总值的变化率之比即税收弹性值大于1，则表明税收收入的增长快于经济的增长，税收弹性越大，说明税收收入增长越快，即税收呈高弹性增长；反之，如果税收弹性值小于1，则说明税收收入的增长慢于经济的增长，税收弹性值越小，说明税收收入增长越慢，即税收呈低弹性增长。

税收的高弹性增长，就能为政府提供充裕的财政收入，并能使税收收入随着经济的增长而增长，以满足政府当前乃至长期的资金需要。但是，如果税收的这种高增长状态长期持续下去，就会导致税收收入占国内生产总值的比重逐年上升，税收负担日趋加重，影响经济发展，最终损及税源。而税收的低弹性增长虽然可以使税收负担有减轻的趋势，但会造成税收收入占国内生产总值的比重逐年降低，激化财政收支矛盾，影响政府职能的正常履行。可见，税收收入的过高或过低增长，都不是一种理想状态。正常情况下，只有使税收弹性值保持在略高于1的水平上，一方面确保税收收入增长略高于经济的增长，另一方面又不因过重的税收负担阻碍经济的发展，才是良好税制和税收政策应该追求的理想目标。

（二）合理适度

稳定充裕原则不能理解为税收提供的收入越多越好，过高的税收也会损害整个社会资源的配置效率。因此，税收政策应能使税收收入取之合理，取之有度。美国供给学派的代表人物阿瑟·拉弗设计的“拉弗曲线”（见图7-1）就说明了税率或税收收入与GDP之间的函数关系。

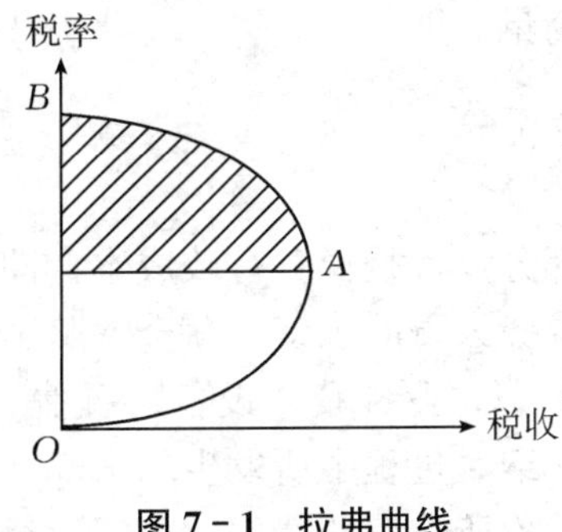

图 7-1 拉弗曲线

图 7-1 中的纵轴代表税率，横轴代表税收收入或 GDP，原点 O 表示两者都为零。税率从 O 提高到 B 点为 100%，税收收入或 GDP 的函数呈曲线 OAB，即为拉弗曲线。当税率提高到 A 点时，税收收入或 GDP 最大；当税率超过 A 点继续提高时，税率越高，税收收入或 GDP 越少；当税率提高到 B 点即 100%时，税收收入 GDP 为零。图中阴影部分被视为税收“禁区”。

该曲线说明高税率不一定会取得高收入，高收入也不一定需要高税率。如果税率过高，超过了合理的限度，必然会损伤生产者和投资者的积极性，没人愿意工作或投资，生产就会下降，经济停滞，政府税收收入将降至零。当然，如果税率过低，企业和个人虽然短期内能相对增加可支配收入，消费和投资能力有所扩张，但由于政府财力拮据，不能有效地提供社会必需的公共产品，也会因社会生活环境和投资环境的恶化而增加交易成本，影响生活质量，降低资源配置效率，最终影响经济的发展和社会的稳定。因此，寻求税率的最佳点，使其既能保证政府取得合理的财政收入，又不损害经济机体、妨碍经济的正常运行是至关重要的。

超链接

税收经济研究协会：http：//www. iret. org

三、税收的效率原则

税收效率一般是指税收成本与税收收益的比率。税收的效率原则要求应以尽可能小的税收成本取得尽可能多的税收收益。税收成本和税收收益是两个内涵丰富的概念。税收成本不仅包括税收的征管成本和纳税的奉行成本，而且包括因税收对社会经济调节不当而产生的负效应（税收的额外损失），即间接成本。税收收益不仅包括政府取得的税收收入，还包括因税收调节而实现的产业结构的优化、资源配置效率的提高以及社会经济的稳定发展和生态环境的改善等正效应，即间接收益。税收成本与税收收益的比率越小，说明税收效率越高，反之越低。

税收效率可以从不同角度、不同范围进行考察。如可以分别从政府的角度和纳税人的角度考核税收效率；还可以从行政、经济、社会、生态等角度来考核税收效率。

（一）税收的行政效率

税收的行政效率是指税收征管部门本身的效率，可以用一定时期内直接的征税成本与

入库的税收收入之间的比例来衡量。即

$$税收的行政效率=\frac{税收成本}{税收收入}$$

其中，税收成本包括两个部分：一是税务行政成本，即税务部门在税收征管过程中所发生的全部费用。具体包括：税务人员的工资、薪金、奖金、福利等各项人员经费；税务机关在征税过程中所支付的公务费、业务费、设备购置费、房屋修缮费及其他公用经费。二是纳税奉行成本，即纳税人在纳税过程中所发生的全部费用。具体包括：纳税人雇用的会计师、顾问或职业税务代理机构所花费的费用；公司、企业为个人代缴税款所花费的费用；纳税人用在申报纳税方面花费的时间、精力、处理人际关系及其他交易费用等。税收收入是税收的直接收益，即实际入库的税收收入。

一般情况下，税收成本与税收收入之比越小，税收的行政效率越高，反之则越低。利用这种方法，不仅可以比较每一税种行政效率的高低，还可以比较某一种税和全部税收在各个时期以及不同国家或地区的税收行政效率和征管效率的高低。

税收政策追求的目标之一应是在保证税收征管数量和质量的基础上，努力降低税收的行政成本，做到既节约又便利。这要求税制简化，税务人员素质高、业务熟练，税收征管机构管理水平高，税收征管模式先进科学、方便纳税人缴纳，税法宣传到位，征纳关系协调等。

当然，税收的节约与便利有时会与税收的其他原则发生冲突。作为税收效率原则中的一项要求，节约与便利原则不是孤立的，它需要以社会的福利为准则，与其他各项原则相权衡。例如，少征一些税一般来说既可以节约税收的征管成本，也可以减少纳税人的缴纳成本，但是少征税也许会与税收的充分原则相矛盾，这时就要进行权衡。

（二）税收的经济效率

税收的经济效率旨在考察税收对经济资源配置和宏观经济运行产生的影响。检验税收经济效率的标准有两个：一是税收的额外负担最小化；二是税收的额外收益最大化。

拓展区

阅读网络教学资源“重点解析”栏目第七章中的“帕累托效率”，对上述内容加深理解。

税收的征收活动同样存在“得者的所得与失者的所失”之间的比较问题。税收在将社会资源从纳税人手中转移到政府部门的过程中，势必会对纳税人的经济行为产生影响，若这种影响仅限于税款本身，是税收的正常影响。如果除正常影响之外，政府征税还对经济活动产生了促进作用，增进了社会福利，这就是税收的额外收益。如果除正常影响外，经济活动因政府征税而受到干扰和阻碍，社会福利受到削弱，便产生了税收的额外负担。税收的额外负担就是指因政府征税产生的替代效应而导致的私人经济中资源使用上的效率损失，这种效率损失超出了政府征税使社会应该承担的效率损失，因而是不符合效率原则的。

税收的额外负担有两种：一种是资源配置方面的额外负担，即政府征税导致的私人部门经济利益损失大于因征税而增加的社会利益。另一种是经济机制运行方面的额外负担，即因政府征税对市场经济的正常运行产生了不良影响，干扰了私人部门的正常决策，扭曲了市场价格和个人的行为方式，导致经济运行的低效或无效。无论发生哪种额外负担，都意味着税收给社会带来了消极影响。因此，政府征税必须遵循的原则是：政府应尽量使税收保持中性，尽量减少对市场机制的干扰，征税必须使社会承受的额外负担最小，以最小的额外负担换取最大的经济效率。

若要税收保持中性必须基于这样一个先决条件：在竞争的市场上，反映生产的相对成本以及消费者偏好的价格会自发地产生资源配置的效率状态。倘若市场机制自发调节的结果不符合效率标准，就需要先通过税收对资源配置进行校正，然后才能用中性税收进行征收。这就要求税收对某些私人产品进行特别课征，以矫正市场缺陷。

税收中性原则要求一视同仁，税收的矫正性原则要求区别对待。一视同仁与区别对待反映了现实市场条件下，实现效率的客观要求。若用中性原则去否定矫正性原则，就忽视了现实市场中某些私人产品存在着市场缺陷这一事实，将现实中的市场误认为是理想的市场；用矫正性原则去否定中性原则，则会彻底否认市场机制的有效性，使资源配置完全听从于政府政策的安排。要使税收有助于实现效率目标，关键在于合理地划定中性原则与矫正性原则的适用范围。

■ 四、税收的公平原则

税收的公平原则是指政府征税应使纳税人承担的税收与其经济状况相适应，并使纳税人之间的负担水平保持均衡。税收公平的重要性在很大程度上取决于政府与纳税人对公平的自然愿望。一方面，税收的公平性对于维持税收制度的正常运行是必不可少的，要使纳税人如实申报并依法纳税，就必须使其相信税收是公平征收的，对每一个纳税人都是公平的。另一方面，税收矫正收入分配不公的作用对维护社会稳定同样是不可缺少的。因此，税收公平原则成为自亚当·斯密以来的经济学家普遍推崇的设计和实施税收制度的最为重要的原则之一。

税收的公平原则可以从两个方面来把握：一是经济能力或纳税能力相同的人应该缴纳数额相同的税收，即以同等方式对待条件相同的人，这称为“横向公平”；二是经济能力或纳税能力不同的人应该缴纳数额不同的税收，即以不同的方式对待条件不同的人，这称为“纵向公平”。

对纳税人实际经济能力或纳税能力的衡量是一件十分复杂的事情。因此，在设计税收制度时，兼顾税收的横向公平和纵向公平一般应坚持以下两个原则。

（一）受益原则

受益原则认为个人所承担的税负应与他从政府公共服务活动中获得的实际利益相一致。根据受益原则，横向公平可解释为从政府公共服务活动中获益相同的人应承担相同的税负，纵向公平可解释为受益多的人应承担较多的税负，每一社会成员所承担的税负应与他从政府活动中获得的利益相等。

受益原则实际上是将公民纳税与政府提供服务看成一种类似于市场的交易过程。税收是政府所提供公共服务的价格，每个人根据自己的偏好来评价政府提供的服务，并按边际效用付款购买。如果每个人对政府提供的服务的偏好能被知晓，政府就能根据这一服务的提供水平认定每个人的边际效用，然后根据边际效用的大小向各人收税。这样，不仅可以确定政府提供服务的有效规模，同时也将使每一个人的福利得到改进，实现资源配置的效率。

受益原则的税收在收入分配上是中性的，即不改变市场分配所形成的分配格局。就如每个人用自己的收入在市场上购买自己所需要的产品一样，公民用自己的收入购买政府服务。受益原则维护的是规则公平，它无助于实现结果公平。

受益原则在实施过程中碰到的一个最大的难题是，如何确认每一个人从政府提供的服务中所获得的利益。由于政府提供的很多服务具有公共产品的性质，不论消费者愿意还是不愿意交款，他的受益都不会受到任何影响。当消费者意识到自己交多少税取决于他对公共产品的效用评价时，为了少交税，会有意隐瞒自己的偏好或歪曲地表现自己的偏好。这样就使受益原则的运用受到很大的限制。只有在政府提供的产品或服务具有可排斥性，或者当消费者的受益能客观地表现出来时，受益原则才可能得到贯彻。

（二）支付能力原则

支付能力原则就是根据每人的纳税能力的大小来确定每人应承担的税收。根据支付能力原则，横向公平可解释为具有相同纳税能力的人应缴纳同等的税，纵向公平可解释为具有不同纳税能力的人应缴纳不同的税，能力大的人多交税。

从税基的角度讲，衡量纳税能力的标准可以有三种选择：一是收入，二是消费，三是财产。收入作为纳税能力的标准已为大多数人所接受。实际上，所得类税收的税基选择就是以收入为依据的。以消费作为衡量纳税能力的标准是基于这样的理念：消费则标志着一个人对社会的索取，索取越多，就应缴纳越多的税。以消费为衡量支付能力的标准，在实践上意味着不课征所得税，仅课征商品税，而且并非所有的商品都课税，只对消费品征税。依此为税基，可以产生鼓励投资，抑制消费的作用。由于增加投资会使国民经济增长，因此，许多国家的税收政策都或多或少地反映了以消费为衡量支付能力的观点。但是，个人的消费不一定代表了他的支付能力，仅就消费课税会形成一种累退性的税收，即收入越高，纳税额占收入的比例就越低。这表明以消费为衡量支付能力的标准将不利于社会缩小贫富差距。另一个衡量纳税能力的指标是财产。通常情况下，一个人的财产越多家境就越富裕，支付能力就越强，因此，也有人主张以财产为衡量纳税能力的标准，但是这会抑制储蓄和投资。由于对财产征税会助长社会的消费倾向，不利于经济的长远发展，因此，现代国家很少将财产税作为主要税种。另外，不论财产的差别是由于各人收入水平的差别还是由于各人选择上的差别所造成，它都是社会贫富不均的一个重要根源。因此，用财产税作为财政收入的一个补充，同时发挥其抑制贫富不均的作用的做法，仍相当普遍。

超链接

中国纳税服务网：http：//www. 12366. net. cn

中国税务（杂志）网：http：//www. ctax. org. cn

中华财税信息网：http：//www. taxguide. net. cn/

中国税务报：http：//www. ctaxnews. com. cn/

第五节　税制要素

税制要素是构成每一个税种的必不可少的基本因素。政府在征税之前，必须以法律的形式对诸如对谁征税、对什么征税、征多少、什么时候征、什么时间缴纳、违反法律的处理方式等问题作出明确的规定。这些问题在税制中就表现为如纳税人、征税对象、税率、纳税期限、违章处理等要素，其中课税对象、纳税人和税率是税制中三个最基本也是最重要的构成要素。

一、纳税人

纳税人又称为纳税主体，它是指税法规定的直接负有纳税义务的单位和个人。纳税人可以是自然人，也可以是法人。所谓**自然人**，一般是指公民或居民个人，如月工资扣除五险一金后的超过 3 500 元的我国公民，一般可认定为个人所得税的纳税人。所谓**法人**，是指依法成立并能独立行使法定权利和承担法定义务的社会组织，主要是各类企业，如我国的国有企业，就是企业所得税的纳税人。

提示音

负税人与扣缴义务人

与纳税人有联系的概念是负税人和扣缴义务人。负税人是指最终负担税款的单位和个人，它与纳税人有时是一致的，在税负不能转嫁的条件下，纳税人就是负税人，如各种所得税一般就属于这种情况；有时是分离的，如对商品和劳务征收的各种流转税，由于税负可以转嫁，就会出现纳税人与负税人不一致的情况。税法中，对负税人没有明确的规定，但由于存在税负转嫁，所以，政府在制定税收政策和设计税收制度时，必须认真研究税收负担及其分布问题。

扣缴义务人是指税法规定的在其经营活动中负有代扣税款并向国库缴纳义务的企业或单位，也称代扣代缴义务人。对税法规定的扣缴义务人，税务机关应向其颁发代扣代缴证书，并付给扣缴义务人代扣代缴手续费。同时，扣缴义务人必须严格履行其职责，并按税法规定期限办理税款的缴库。

二、课税对象

课税对象又称税收客体，它是指税法规定的征税的标的物，即对什么征税，它是征税的根据。每一种税都必须明确对什么征税，如所得税是对所得收入征税，其征税对象是应纳税所得额；消费税是对消费品征税，其征税对象是应税消费品等。课税对象是一种税区别于另一种税的主要标志。在现代社会，税收的征税对象主要包括所得、商品和财产三大类，税制也以对应于这三类课税对象的所得税、商品税和财产税为主体。

提示音

税源与税目

与课税对象相关的是税源。税源是指税收的经济来源或最终出处，各种税有不同的经济来源。有的税种的课税对象与税源是一致的，如所得税的课税对象和税源都是纳税人的所得。有的税种课税对象与税源不同，如财产税的课税对象是纳税人的财产，但税源往往是纳税人的收入。由于税源是否丰裕直接制约着税收收入规模，因而积极培育税源始终是税收征管工作的一项重要任务。

与课税对象相联系的另一个概念是税目。税目是课税对象的具体项目或课税对象的具体划分。税目规定了一个税种的征税范围，反映了征税的广度。一般来说，一个课税对象往往包括多个税目，如关税就有近百个税目，当然也有的课税对象是十分简单的，不再划分税目。税目的划分，可以使纳税人更透彻地了解税收制度，也可以使国家灵活地运用税收调节经济，如对各个税目规定不同的税率，就是调节经济的方式之一。

三、计税依据

计税依据指的是政府征税时计算应纳税款的实际依据。计税依据解决的是征税的计算问题。计税依据，既可以是征税对象的价格，也可以是征税对象的数量。如卷烟的计税依据是卷烟的销售价格，盐的计税依据是盐的销售数量。有的税种其征税对象与计税依据是一致的，如各种所得税，征税对象和计税依据都是应税所得额。但有的税种则不一致，如消费税，征税对象是应税消费品，计税依据则是应税消费品的销售收入；农业税的征税对象是农业总收益，其计税依据则是常年产量。

四、税率

税率是税额与课税对象之间的比率。税率是税收制度的中心环节，它是计算纳税人应纳税额的尺度，反映征税的深度，体现国家的税收政策。一般来说，税率可划分为比例税率、定额税率和累进税率三类。

（一）比例税率

比例税率是对同一课税对象，不论其数额大小，统一按一个比例征税。在具体运用上又可分为几种类型：行业比例税率，即按行业的差别规定不同的税率；产品比例税率，即按产品的不同规定不同的税率；地区差别比例税率，即对不同地区实行不同的税率。在比例税率下，同一课税对象的不同纳税人的负担相同，具有鼓励生产、计算简便的优点，有利于税收征管，一般应用于商品课税。比例税率的缺点是有悖于量能纳税原则，且具有累退性质。

（二）定额税率

定额税率亦称固定税额，它是按课税对象的一定计量单位直接规定一个固定的税额，而不规定征收比例。定额税率在计算上更为便利，而且由于采用从量计征办法，不受价格变动的影响。它的缺点是负担不尽合理，因而只适用于特殊的税种。

（三）累进税率

累进税率是按课税对象数额的大小，划分若干等级，每个等级由低到高规定相应的税率，课税对象数额越大税率越高，数额越小税率越低。累进税率因计算方法的不同，又分为全额累进税率和超额累进税率两种。(1) 全额累进税率是把课税对象的全部按照与之相对应的税率征税，即按课税对象适应的最高级次的税率统一征税。(2) 超额累进税率是把课税对象按数额大小划分为不同的等级，每个等级由低到高分别规定税率，各等级分别计算税额，一定数额的课税对象同时使用几个税率。

提示音

全额累进税率与超额累进税率的区别

全额累进税率与超额累进税率都是按照量能纳税的原则设计的，但两者又有不同的特点。首先，全额累进税率的累进程度高，超额累进税率的累进程度低，在税率级次和比例相同时，前者的负担重，后者的负担轻；其次，在所得额级距的临界点处，全额累进会出现税额增长超过所得额增长的不合理情况，超额累进则不存在这种问题；最后，全额累进税率在计算上简便，超额累进税率计算复杂。

应当指出，比例税率、定额税率、累进税率都是法律上的税率形式，即税法中可能采用的税率。若从经济分析的角度考察税率，则有另外的种类或形式，主要包括名义税率、实际税率、边际税率、平均税率等。**名义税率**即为税率表所列的税率，是纳税人实际纳税时适用的税率。**实际税率**是纳税人真实负担的有效税率，在没有税负转嫁的情况下，它等于税收负担率。有些税种由于实行免税额、税前扣除和超额累进征收制度，纳税人负担的税款低于按税率表上所列税率计算的税款，形成名义税率与实际税率偏离。**边际税率**本来是指按照边际效用相等原则设计的一种理论化税率模式，其主要功能是使社会福利牺牲最小，实质上是按照纳税人收益多寡分等级课税的税率。由于累进税率大体上符合边际税率的设计原则，因而西方国家在经济分析中边际税率往往就是指累进税率。**平均税率**是实纳税额与课税对象的比例，它往往低于边际税率，比较两者之间的差额，是分析税率设计是否合理，税制是否科学的主要方法。一般来说，平均税率接近于实际税率，而边际税率类似名义税率。

五、纳税期限

纳税期限是指税法规定的纳税人向国家缴纳税款的时间，规定纳税期限是为了督促纳税人及时依法纳税，保证税收收入及时、稳定、均衡入库。纳税期限也是税收强制性和固定性在时间上的体现。纳税期限的确定，一般应考虑纳税人生产经营特点、征税对象的特殊性以及应纳税额数量的大小等情况。

六、纳税环节

纳税环节是指税法规定的在商品流转过程中和劳务活动中应当缴纳税款的环节。商品从生产到消费往往需要经过多个流转环节，在商品流转过程中，哪些环节应该纳税，税收制度必须作出明确的规定。

七、课税基础

课税基础，简称税基，是源于西方的一个概念，指建立某种税或某种税制的经济基础或依据。它不同于课税对象，如商品课税的课税对象是商品，但其税基则是厂家的销售收入或消费的货币支出。它也不同于税源，税源总是以收入的形式存在的，但税基甚至可能是支出。税基、课税对象、税源在一定情况下可能是一致的，但这三个概念在含义上的差别是明显的。

税基选择是税制设计的重要内容，它包括两个方面的问题：其一是以什么为税基，现代税收理论认为以收益、财产为税基是合理的，但也有一种观点认为以支出为税基更为科学。其二是税基的宽窄问题，税基宽则税源厚，税款多，但也会造成较大的副作用；税基窄则税源薄，税款少，但对经济的不利影响也较小。正确界定税基是保证税收作用充分发挥的必要条件。如果仅从税基宽窄角度考虑，税基大体相当于征税对象，即征税广度。

八、减税免税

减税免税是指税法规定的对某些特殊情况给予减轻或免除税收负担的一种税收优惠措施或特殊调节手段。其中，减税是对应征税款减少征收一部分；免税是全部免除其税收负担。减税免税体现着国家一定时期的经济和社会政策，有较强的政策目的性和针对性，是一个重要的税制要素。

减税免税的具体形式主要有税基式减免、税率式减免和税额式减免三种。

税基式减免是指通过缩小计税依据来实现减免税的一种形式，具体包括起征点、免征额、项目扣除和跨期结转等。**起征点**指税法规定的对课税对象开始征税的最低界限。**免征额**指税法规定的课税对象全部数额中免予征税的数额。起征点与免征额有相同点，即当课税对象小于起征点和免征额时，都不予征税。两者也有不同点，即当课税对象大于起征点和免征额时，采用起征点制度的要对课税对象的全部数额征税，采用免征额制度的仅对课税对象超过免征额部分征税。在税法中规定起征点和免征额是对纳税人的一种照顾，但两者照顾的侧重点显然不同，前者照顾的是低收入者，后者则是对所有纳税人的照顾。

税率式减免是只通过降低税率来实现减免税的一种形式，具体包括重新确定税率、规定低税率和规定零税率等。

税额式减免是通过减少一部分税额或免除全部税额来实现减免税的一种形式，具体又分为全部免征、减半征收、核定征收率、核定减征等。

减税免税只能是一种临时性、辅助性措施，是一种特殊的调节手段，只能在税法规定的范围内进行。超出税法规定的范围，侵犯税法的统一性，随意减免税，则会导致不公平竞争，造成税款流失，不仅严重损害国家和社会的整体利益，也会最终损害某些减免税单位的自身利益。

与减免税相对应的是在有些税种中实行附加和加成制度。**附加**就是在正税以外再附加征收一定比例的税收；**加成**则是对纳税人按应纳税额加征一定成数、成倍数的税款。附加和加成都属于加重纳税人负担的措施。我国目前实行的个人所得税税制中，对劳务报酬所得一次性收入畸高的，就规定可以实行加成征收的办法。

九、违章处理

违章处理是对纳税人违反税收法规的行为所采取的处罚措施。它是税收强制性特征在税制中的具体体现，是维护国家税法严肃性、完成税收任务、严肃财经纪律的保证。

税务违章行为主要包括：违反税收征收管理法，即纳税人未按规定办理税务登记、纳税申报、建立保存账户、提供纳税资料、拒绝接受税务机关监督检查等行为；欠税，即纳税人因故超过税务机关核定的纳税期限，未交或少交税款的行为；偷税，即纳税人有意违反税收法规，采取欺骗、隐瞒等手段逃避纳税的行为；骗税，即纳税人利用假报出口等欺骗手段，骗取国家出口退税款的行为；抗税，即纳税人拒绝遵照税收法规履行纳税义务的行为。

对上述违章行为，根据各类税法的规定，税务机关一般可以采取以下处罚措施：一是征收滞纳金。即税务机关对欠税者除令其限期照章补交所欠税款外，并从滞纳之日起，按日加收所欠税款一定比例的滞纳金。二是处以罚款。具体有两种形式：一种是按应纳税款的倍数罚款，另一种是按一定数额罚款。三是税收保全措施。税务机关有根据认为从事生产、经营的纳税人有逃避纳税义务行为的，可以在规定的纳税期之前，责令其限期缴纳应纳税款；在期限内发现纳税人有明显转移、隐匿其应纳税的商品、货物以及其他财产或者应纳税的收入的迹象的，税务机关可以责成纳税人提供纳税担保。如果纳税人不能提供纳税担保，按照一定的法律程序，税务机关可以采取以下税收保全措施：书面通知纳税人开户银行或者其他金融机构暂停支付纳税人金额相当于应纳税款的存款；扣押、查封纳税人的价值相当于应纳税款的商品、货物或其他财产。四是追究刑事责任。五是税务复议。

拓展区

阅读网络教学资源“背景资料”栏目中的“《中华人民共和国税收征管法》的第五章法律责任（部分）”。

超链接

中华人民共和国财政部：http：//www. mof. gov. cn
中华人民共和国国家税务总局：http：//www. chinatax. gov. cn
中国财经报：http：//www. cfen. cn
中国涉外税务网：http：//www. intertax. cn
中国税务信息网：http：//www. chinesetax. net
中国金税网：http：//www. jinshuichina. com

第六节　税收制度

一、商品课税

所谓**商品课税**是指以商品和劳务的流转额为课税对象的课税体系。由于商品税以流转额为课税对象，所以又被称为流转税。它主要包括增值税、消费税、关税等。

商品课税起源很早，如古代希腊、印度等国就有盐税的课征。当代的商品课税在税制结构中更是占有重要的地位。发展中国家基本上采用以商品税为主体税种的税收模式。20世纪80年代以来，世界性税制改革浪潮以统一税法、公平税负和简化税制为趋势，而商品税中的增值税，因其透明度强、收入稳定、高效率、中性等特点，在各国税制结构中发挥着日益重要的作用。

(一）商品课税的特点

1. 课征对象是商品（劳务）的流转额

商品课税的课征对象是商品和劳务的流转额，它是与交易行为密切联系在一起的。一种商品从投入流通到最后消费之前，往往要经过多次的转手交易行为。每经过一次交易行为，商品随之流转一次，同时也就发生了一次对卖者的商品流转额课征商品税的问题。

2. 商品课税具有累退性，较难体现公平税负原则

首先，商品课税一般采用比例税率，即对同一课税对象，不分数额大小，规定相同的征收比例。由于个人消费商品数量的多寡与个人收入并不是成比例的，而且个人消费无论如何总有一定的限度，因此，收入越高的人，消费性开支占其收入的比例越小。在这种情况下，商品课税就呈现一定的累退性。

3. 商品课税的税源普遍，收入相对稳定，税负能够转嫁

商品税是伴随商品和劳务交易行为的发生而进行课征的，只要发生商品交易行为，就可征税，因而税源普遍。另外，商品课税可以随经济的增长而自然增长，不受纳税人经营状况的影响，从而收入稳定。商品课税是间接税，税负能够转嫁，具有隐蔽性。在许多情况下，商品税的缴纳者和税收实际承担人是分开的，纳税人一般很难确切了解自己实际承受的税负。商品税在征收上的隐蔽性使其推行的阻力较小。因此，在保证政府财政收入的均衡、及时、充裕及可靠方面，商品税具有其他税种不可替代的作用。

4. 商品课税在征收管理上的便利性

商品课税采用从价定率或从量定额计征，与所得课税、财产课税相比，计算手续简单。另外，商品课税的纳税人为企业，数量较少，相对容易稽征和管理。

5. 配合社会经济政策的有效性

以增值税为代表的商品课税更能体现税收中性，不干预企业对经营行为的选择，有利于体现税收的效率原则；另外，政府通过制定差别税率，可调节消费，纠正劣质品问题、外部效应等市场失灵问题。一般来讲，在政府对经济运行的控制手段相对弱化，或税收征管手段相对落后的条件下，采用商品税作为主体税种的模式更容易满足政府发挥税收调节作用的需求。

(二）商品课税的类型

1. 从课税环节角度分类

从课税环节的角度，商品课税可以分为单环节课税和多环节课税两种类型。**单环节课税**是指在商品生产（进口）、批发、零售三个环节中任意选择一个环节课税。如加拿大的酒税、烟税是选择在生产环节征，美国的汽油税是选择在零售环节征。**多环节课税**是指在商品流通的两个或两个以上环节课税，如欧盟成员国实行的增值税是在生产（进口）、批发、零售三个环节都征税。

2. 从计税依据角度分类

从计税依据的角度，商品课税可以分为从价税和从量税两种类型。**从量税**以商品（劳务）的数量为计税标准，按一定的单位来计算应纳税额，如重量、容积和体积。从量税比较简单易行，但是由于税款与商品价格脱钩，物价上涨而税收不能相应增加，财政税收缺乏保证，故不能广泛推行。现今各国所实行的一般都是从价税。**从价税**以金额为计税标准来计算应纳税额，金额是计税价格乘以计税数量。由于以商品价格或劳务价格为依据，所以，商品价格的变化会影响税额的变化。从价计征还有含税价格计税和不含税价格计税之别。含税价格是包含税金在内的计税价格，价格由成本、利润和税金组成，税金内含在价格之中，一旦商品销售实现，就可取得包含在商品价格中的税款。一般在实行价内税的情况下，商品交易价格就是含税价格，如果商品价格为不含税价格，就要按组成计税价格计算含税价格。组成计税价格的计算公式如下：

$$组成计税价格=\frac{不含税价格}{1-税率}=\frac{成本+利润}{1-税率}$$

不含税价格是不包括税金的计税价格，价格由成本、利润组成。在实行价外税的情况下，交易价格即为不含税价格，如果商品价格为含税价格，要按完税价格计算计税价格。完税价格的计算公式如下：

$$完税价格=\frac{含税价格}{1+税率}$$

3. 从课税范围角度分类

从课税范围的角度，商品课税可以分为三种类型：(1) 就全部商品和劳务课税，即除了全部消费品外，也将资本品以及交通运输等一些劳务纳入商品课税的范围。(2) 就全部消费品课税，资本品或劳务则被排斥在课税范围之外。(3) 选择部分消费品课税，如只对烟、酒、小汽车等一些特定的消费品课税。

4. 从税基的角度分类

从税基的角度，商品课税可以分为三种类型：(1) 按照商品（劳务）流转过程中的新增价值课征，这就是增值税。(2) 按照商品（劳务）的销售收入总额课征。各国实行的营业税，基本上都属于这种类型。(3) 按照部分商品（劳务）的销售额课征。特别消费税等属于这种类型。

（三）我国现行商品课税

1. 增值税

(1) 概述。

增值税是以法定增值额为征税对象征收的一种税。增值税的特点和优点有：1) 征税范围广覆盖，包括从工业生产到商业经营等所有的货物销售和部分劳务销售的广阔领域，税源充足；2) 采取道道课征的征收方式，但只对每一生产环节的增值额征税，从而消除了重复征税和税收负担率阶梯式递增的弊端，有利于生产向专业化协作方向发展；3) 征收额不受商品流转环节多少的影响，并对大部分商品和劳务采取同一比例税率，实行等比负担，是一个典型的中性税种；4) 税负具有向前推移性，后一环节的纳税人总是前一环节纳税人已缴税款的负担者，随着商品的流转推移，消费者便成为增值税的最终负担者，因而是一种典型的间接税。

根据各国对法定增值额的处理方法的不同，增值税可分为生产型增值税、收入型增值税和消费型增值税三种类型。1）生产型增值税。即征收增值税时，不允许扣除固定资产的价值。由于这种类型的增值税的税基相当于国民生产总值（GNP），因此也被称作国民生产总值型增值税。2）收入型增值税。即征收增值税时，只允许扣除固定资产的折旧部分。收入型增值税的税基相当于国民生产净值或国民收入，所以称作国民收入型增值税。3）消费型增值税。即征收增值税时，允许将购置的固定资产的已纳税款一次性全部扣除。从国民经济整体角度看，这种类型的增值税的税基相当于全部消费品的价值，故称消费型增值税。

（2）征收制度。

1）纳税人。

在我国境内销售货物或者提供加工、修理修配劳务以及进口货物的单位和个人，为增值税的纳税义务人。纳税人根据其生产规模大小和会计核算是否健全两项标准，又可分为一般纳税人和小规模纳税人。对于小规模纳税人采用简易方法计算征收增值税。

2）征收范围。

增值税的征收范围包括：在我国境内生产、批发和零售货物，提供加工、修理修配劳务及进口货物、提供劳务、转让无形资产和销售不动产。

3）税率。

增值税的税率分为三档：基本税率17%；低税率11%和6%（“营改增”改革增加的税率，原增值税13%的低税率调整为11%）；零税率。另外，小规模纳税人按3%的征收率计征。

4）计税依据。

纳税人销售货物或提供应税劳务的计税依据为其销售额，进口货物的计税依据为规定的组成计税价格。

5）应纳税额的计算。

增值税一般纳税人其应纳税额的计算采用购进扣税法，计算公式为：

应纳税额＝当期销项税额－当期进项税额

当期销项税额＝当期销售额×税率

小规模纳税人应纳税额的计算采用简易方法，计算公式为：

应纳税额＝含税销售额÷（1＋征收率）×征收率

对于进口货物：

应纳税额＝（完税价格＋关税＋消费税）×税率

（3）“营改增”改革。

“营改增”改革就是以前缴纳营业税的应税项目改成缴纳增值税。营业税是以纳税人从事经营活动所取得的营业收入为课税对象的一种税，由于营业税是对流转全部环节征收，存在重复征税，抑制了企业的重组和专业化发展。长期以来我国税务部门对货物和服务分别征收增值税和营业税，造成增值税抵扣链条不完整，随着社会分工的日益细化，重复征税的问题变得越来越突出。“营改增”的最大特点是：1）避免营业税重复征税、不能抵扣、不能退税的弊端，有效降低企业税负；2）改变了市场经济交往中的价格体系，把营业税的“价内税”变成增值税的“价外税”，形成了增值税进项和销项的抵扣关系。

我国的“营改增”改革采取了“三步走”的策略：第一步为部分行业、部分地区。2012年1月1日，“营改增”改革率先在上海的交通运输业和部分现代服务业进行了试点。2012年9月1日至2012年12月1日，“营改增”试点由上海市分批次扩大至北京、江苏、安徽、福建、广东、天津、浙江、湖北8省市。第二步为部分行业，全国范围。2013年8月1日，“营改增”试点推向全国，同时将广播影视服务纳入试点范围。2014年1月1日，铁路运输业和邮政业在全国范围实施“营改增”试点。2014年6月1日，电信业在全国范围实施营改增试点。第三步为所有行业，全国范围。2016年5月1日，我国推行“营改增”改革的全面试点，将建筑业、房地产业、金融业和生活服务业全部纳入试点范围。

根据《全面推开营业税改征增值税试点的通知》（财税〔2016〕36号）文件，纳税人提供交通运输、邮政、基础电信、建筑、不动产租赁服务、销售不动产、转让土地使用权行为，税率为11%；提供有形动产租赁服务，税率为17%；境内单位和个人发生的跨境应税行为，税率为零；除上述以外的应税行为，税率为6%。

2. 消费税

（1）概述。

消费税是对应税消费品或消费行为的流转额课征的一种税。它在保证国家财政收入、体现国家经济政策等方面具有十分重要的作用。消费税的特点是：1）具有特殊调节的功能。消费税不仅以特定消费品和消费行为为课税对象，并按类别分别设计税率，平均税负一般较高，税负差异大，体现国家产业政策和消费政策。2）消费税一般不实行减免税优惠。在许多开征消费税的国家，除对纳税人出口的、不属于国家限制的应税消费品免征消费税外，一律不实行减免税。3）消费税从理论上看，最终是由消费者负担的，但其纳税环节既可以选在生产环节上也可以选在销售环节上。

（2）征收制度。

1）纳税人。

在中华人民共和国境内生产、委托加工和进口消费税暂行条例规定的应税消费品的单位和个人，以及国务院规定的《销售消费税暂行条例》规定的消费品的其他单位和个人，为消费税的纳税人。

2）征税范围。

我国消费税的征税范围分布于五个环节：一是生产应税消费品，生产应税消费品是消费税征收的主要环节，因消费税具有单一环节征税的特点，在生产销售环节征税后，货物在流通环节无论再转销多少次，不用再缴纳消费税。二是委托加工应税消费品，委托加工应税消费品是指委托方提供原料和主要材料，受托方只收取加工费和代垫部分辅助材料加工的应税消费品。三是进口应税消费品，单位和个人进口货物属于消费税征税范围的，在进口环节也要缴纳消费税。为了减少征税成本，进口环节缴纳的消费税由海关代征。四是零售应税消费品，经国务院批准，自1995年1月1日起，金银首饰消费税由生产销售环节征收改为零售环节征收。五是批发应税消费品，按照《消费税暂行条例》规定，自2009

年 5 月 1 日起，在卷烟的批发环节加征一道从价计征的消费税。

3）税目和税率。

消费税共设置如烟、酒、成品油、小汽车、木质地板等 14 个税目，在其中的 6 个税目下设置了 21 个子目，列举了 32 个征税项目。实行比例税率的有 21 个，实行定额税率的有 11 个，共有 13 个档次的比例税率，最低为 1%，最高为 56%。

4）计税方法。

消费税实行从价定率征收、从量定额征收、从价定率和从量定额复合征收三种计税方法，其中税目中的成品油下的 7 类子税目、啤酒、黄酒按照从量定额征收方法计税，白酒和生产环节的卷烟按照从价定率和从量定额复合征收方法计税，其余税目为从价定率征收方法计税。

从价定率计算方法的应纳税额＝应税消费品的销售额×比例税率

从量定额计算方法的应纳税额＝应税消费品的销售数量×定额税率

$$\text{从价定率和从量定额复合计算方法的应纳税额} = \text{应税消费品的销售数量} \times \text{定额税率} + \text{应税消费品的销售额} \times \text{比例税率}$$

拓展区

我国消费税的发展

新中国成立后，为了健全新税制，1950 年开征了特种消费行为税，这一税种包含娱乐、筵席、冷食、旅馆四个税目，在发生特种消费行为时征收。1984 年，开征的产品税和增值税的课税范围也涉及大部分消费品，具有一定的消费税性质。1988 年，针对社会上存在的不合理消费现象开征了筵席税。1989 年，为缓解彩色电视机、小轿车的供求矛盾开征了彩色电视机特别消费税和小轿车特别消费税。1993 年，为适应建立社会主义市场经济体制的需要，配合税制改革，国务院正式颁布了《消费税暂行条例》，从 1994 年 1 月 1 起开始实施，在增值税进行普遍征收的基础上，再对部分消费品征收消费税。为了适应社会经济形势的客观发展需要，进一步完善消费税制，2006 年，对消费税税目、税率及相关政策进行调整，将税目由原来的 11 个调整至 14 个；新增高尔夫球及球具、高档手表、游艇、木制一次性筷子、实木地板 5 个税目；取消汽油、柴油税目，增列成品油税目；取消护肤护发品税目，将原属于护肤护发品征税范围的高档护肤类化妆品列入化妆品税目。2009 年 1 月 1 日，经过修订的新《消费税暂行条例》开始实施。2009 年 5 月，为了控制烟类产品过度消费、完善烟类产品消费税和增加税收收入，对烟类产品的消费税政策做出了重大调整，将卷烟生产环节甲乙类卷烟的划分标准由原有 50 元分界线上浮至 70 元，甲类卷烟的消费税从价税率由原来的 45%上调 56%，乙类卷烟由原来的 25%调整至 36%，生产环节的从量征税税率不变，在卷烟批发环节新加征了一道 5%的从价税。

3. 关税

(1) 概述。

关税是指一国政府对进出该国国境或关境的货物或物品所征收的一种税。按照进出口货物的流向，关税可分为进口税、出口税和过境税三种类型。按照征税目的的不同，关税可分为财政关税和保护关税。财政关税，主要是为了增加国家财政收入而征收的关税。保护关税，主要是为了保护本国工农业生产而征收的关税。关税的特点有：1）充分体现国家主权。关税由国家——中央政府统一征收，收入也归中央政府所有。2）以进出口货物为征税对象。3）征税目的不仅是为了取得财政收入，而且要为贯彻国家的外交政策、外贸政策和促进国内经济发展服务。4）征收方法比较简便，税负比较容易转嫁。

（2）征收制度。

1）纳税人。

关税的纳税人分为两类，贸易性进出口货物的纳税人为进出口货物的收发货人或者他们的代理人；非贸易性物品的纳税人为入境物品的所有人（或持有人）和进口邮件的收件人。

2）征税对象。

关税的征税对象是进出我国国境或关境的货物或物品。货物是指贸易性商品；物品包括入境旅客随身携带的行李和物品、个人邮递物品、各种运输工具上的服务人员携带进口的自用物品、馈赠物品以及以其他方式进入国境的个人物品。

3）关税税则。

关税税则是通过一定的立法程序制定和公布实施的按货物类别排列的税率表，海关凭此征收关税，是关税政策的具体体现。《中华人民共和国海关进出口税则》是我国海关征收关税的法律依据，也是我国关税政策的具体体现。我国现行税则包括《中华人民共和国进出口关税条例》以及《进口商品从量税、复合税、滑准税税目税率表》《进口商品税则暂定税率表》等附录。

4）关税的税率。

根据不同货物和不同国家采取差别比例税率。按税则所列同一税目的货物，分为进口税率、出口税率和特别关税三个部分。其中同一货物的进口税率又分为优惠税率和普通税率两种。对产自与我国订有关税互惠条款的贸易条约或者协定的国家的进口货物，按优惠税率征收关税；对产自与我国未订有关税互惠条款的贸易条约或者协定的国家的进口货物，按普通税率征收关税。出口税率没有普通优惠之分，税率从20%到50%不等。我国除了对少数稀缺和限制出口的原材料征收关税以外，对大部分出口货物一般实行免税。特别关税包括报复性关税、反倾销关税与反补贴税、保障性关税。征收特别关税的货物、适用国别、税率、期限和征收办法由国务院关税税则委员会决定，海关总署负责实施。

5）应纳税额。

$$\text{从价税应纳税额}=\text{应税进（出）口货物数量}\times\text{单位完税价格}\times\text{税率}$$

$$\text{从量税应纳税额}=\text{应税进（出）口货物数量}\times\text{单位货物税额}$$

$$\text{复合税应纳税额}=\text{应税进（出）口货物数量}\times\text{单位完税价格}\times\text{税率}+\text{应税进（出）口货物数量}\times\text{单位货物税额}$$

$$\text{滑准税应纳税额}=\text{应税进（出）口货物数量}\times\text{单位完税价格}\times\text{滑准税税率}$$

二、所得课税

所谓**所得课税**就是以纳税人的所得为课税对象的税收。这一课税体系，主要包括个人所得税、企业所得税和社会保障税。

所得课税是发达国家的主体税种。法国在法国大革命中的雅各宾专政时期普遍实行所得税，英国于1799年引进，之后，世界上其他国家也相继开征所得税。美国于1861年南北战争时期开征所得税，日本于1887年、德国于1952年开征所得税。

（一）所得课税的特点

1. 税收负担的直接性

所得税一般由企业或个人作为纳税人履行纳税义务，并且又由企业和个人最终承担税负，由于纳税人就是负税人，税负不能转嫁，因而被称为直接税。

2. 税收征收的公开性

所得税一般以企业或个人为纳税人，同时，税负又由纳税人承担，税负一般不能转嫁。所得税在征收环节上选择收入分配环节，是对企业利润或个人所得征收，关系到所得的归属。因此，所得税征收具有公开性、透明性强的特点，容易引起税收对抗，推行比较困难。

3. 通常按累进税率课征

在应税所得额确定后，目前各国一般都以累进税率来计算税额并进行课征，并且又都以超额累进税率为主。个人所得税的累进征税特点，使其能够自动适应国民经济周期的变化，在经济膨胀和经济衰退时发挥稳定经济的作用，也能根据政策的需要相机抉择，调整税收政策，促进国民经济的稳定增长。但是所得课税并非都采用累进税率，公司所得税常常采取比例税率。

4. 税收管理的复杂性

所得税不但对企业所得征税，而且对个人所得征税，由于个人纳税户数量多、税额小、税源分散，征收管理的成本高、难度大。同时，所得税是对净所得征税，就企业而言，有成本核算和管理上的难度。征收所得税客观上要求整个社会有较高水平的信息、核算和管理基础。

（二）所得课税的类型

1. 分类所得税

分类所得税，也称分类税制，即将各种所得分为若干类别，对不同来源和性质的所得，以不同的税率课征。分类所得税制一般使用比例税率，采用源泉课征法，课征简便，节省征收费用。也可实行不同类别的差别税率，较好地体现横向公平原则。但是，分类所得税制一般不采用累进税率，很难体现税收的纵向公平原则。

分类所得税的理论依据在于，不同性质的所得项目应适用不同的税率，分别承担轻重不同的税负。勤劳所得（earned income），如工资薪金，要付出辛勤的劳动，所以应课以较轻的所得税。投资所得（capital income），如股息、利息、红利等，是凭借其所拥有的财产而获得的，所含的辛苦较少，所以应课以较重的所得税。因此，分类所得税的优点就是它可针对不同性质的所得，分别采取不同的税率，实行差别待遇。分类所得税最早创始于英国，但现在实行纯粹分类所得税的国家已很少。即使采用，也是将其与综合所得税配合使用。

2. 综合所得税

综合所得税，也称综合税制，即将纳税人在一定期间内的各种所得综合起来，减去法定的减免和扣除项目，就其余额按累进税率进行征税。综合所得税制课税的范围广，能体现量能负担原则。但这种课征制度的课税手续较繁，征收费用多，且容易出现偷、漏税。

综合所得税的指导思想在于，既然所得税是一种对人税，课税依据就应该是人的总体负担能力，其应税所得额当然应该综合纳税人全年各种所得的总额，减除各项法定的宽免额和扣除额后，按统一的累进税率课征。所以，综合所得税的突出特点，就是其最大限度地考虑到纳税人的实际负担水平，最符合量能负担原则。综合所得税为很多国家所接受，成为当代所得税课征制度的一个重要发展方向。

3. 分类综合所得税

分类综合所得税，也称混合税制，就是将分类所得税和综合所得税两种所得税的优点兼收并蓄，实行分项课征和综合计税相结合。这种类型所得税的征收办法，是就纳税人的各项所得，先按分类所得的征收办法课征，从源泉处以一定的比例税率征收。然后在纳税年度结束时，综合纳税人全年各种所得额，扣除法定项目后，得出其该年度的综合应税所得，再乘以应税所得所适用的累进税率，计算综合应纳税款。分类课征阶段已纳的税款，可以冲抵综合应纳税款，年度汇总后，实行多退少补。

分类综合所得税是当今世界上广泛实行的一种所得课税类型，它反映了综合所得税与分类所得税的趋同态势。其主要优点在于，一方面坚持了按支付能力课税的原则，对纳税人不同来源的收入实行综合计算征收，另一方面又坚持了对不同性质的收入实行区别对待的原则，对所列举的特定收入项目按特定方法和税率课征。此外，它具有征管方便，有利于减少偷税、漏税行为的优点。

（三）所得课税的课税方法

第一，估征法。即由税收机关根据纳税人的各种外部标志，测定其所得，并据以征税。测定方法分为三种：净值法、消费支出法和银行账户法。**净值法**是以纳税人财产净值为标准，推定其所得额的大小，以决定应纳税额。**消费支出法**则根据纳税人平日生活水平和各种消费支出数额，估计其所得额以决定纳税人的应纳税额。**银行账户法**是根据纳税人银行账户的往来情况，测定纳税人的所得，以决定其应纳税额。估征法一般在无法准确审核纳税人所得时运用，尤其对于逃、漏税严重者是一种惩罚措施。但单从外观去推定应纳税额是不能完全符合实际的，不能用于大面积的所得税征收。

第二，源泉课征法。这是指在所得发生之处课征，不直接征之于纳税人，而间接征之于支付所得的人。这种方法的优点在于，课征手续简便，节约征收费用，而且偷税、漏税易查。但这种方法并不能适用于各种所得，而且不能采用累进税率，对不同所得的纳税人都按比例税率征收，不符合税收纵向公平原则。

第三，申报法。即纳税人自行申报所得额，由税务机关进行调查核实其有无遗漏或不实之处，然后就核实之数按一定税率计征，由纳税人一次或分次缴纳。申报法的优点是有助于增强国民纳税义务观念，可以采取累进税率征收，比较符合税收公平原则。但容易出现隐匿、伪报和偷、漏税情况，而且征收费用高。

（四）我国现行所得课税

1. 企业所得税

企业所得税是对企业的生产、经营所得和其他所得征收的一种所得税。由于经济发展水平和生产资料所有制等方面的原因，企业所得税在当今各国所得税中的地位不尽相同：

在发达国家中，企业所得税收入在税收总额中所占的比重通常大大低于个人所得税在税收总额中所占的比重；发展中国家的情况则与此相反，企业所得税收入在税收总额中所占的比重通常大大高于个人所得税在税收总额中所占的比重。就总体而言，无论是发达国家还是发展中国家，企业所得税都是税制结构中一个不可缺少的重要税种。从立法权、征收管理权和收入归属来看，由于企业所得税税基大，税源广，而且税制本身具有统一性的要求，所以，各国通常将其列为中央税或者中央与地方共享税。也有一些国家允许地方政府征收少量的企业所得税。

我国的企业所得税制，同我国的政治经济情况的变化相联系，大致经历了 20 世纪 50 年代建立工商所得税、80 年代多种所得税并存、90 年代初步建立企业所得税制和外商投资企业和外国企业所得税、2007 年统一内外资企业所得税四个时期。新企业所得税法从 2008 年 1 月 1 日起执行。具体制度如下：

（1）纳税人。

按照新的企业所得税法规定，在中华人民共和国境内，企业和其他取得收入的组织（以下统称企业）为企业所得税的纳税人，依照该法的规定缴纳企业所得税。个人独资企业、合伙企业不适用该法。

（2）课税对象。

居民企业应当就其来源于中国境内、境外的所得缴纳企业所得税。

（3）税率。

企业所得税的税率为 25%。特殊企业实行特殊的优惠税率。

（4）应纳税额的计算。

企业的应纳税所得额乘以适用税率，减除依照该法关于税收优惠的规定减免和抵免的税额后的余额，为应纳税额。其中，企业每一纳税年度的收入总额，减除不征税收入、免税收入、各项扣除以及允许弥补的以前年度亏损后的余额，为应纳税所得额。

另外，新的企业所得税法还根据国家产业政策规定了不同的税收优惠政策。

2. 个人所得税

个人所得税是对个人取得的所得征收的一种所得税。个人所得税不仅是政府财政收入的一项重要来源，也是调节社会成员收入分配的一种有效手段。在以累进的个人所得税为主体税种的国家，个人所得税可以随着经济的增长或者下降，自动地增加或者减少政府的税收收入，从而调节总需求与总供给的关系，对经济波动起到自动稳定器的作用。

（1）纳税人。

个人所得税的纳税人是指在中国境内有住所，或者虽无住所但在境内居住满一年，以及无住所又不居住或居住不满一年但有从中国境内取得所得的个人，包括中国公民、个体工商户、外籍个人等。

（2）课税对象。

个人所得税的课税对象是个人取得的应税所得。个人所得税法列举征税的个人所得共有 11 项，具体包括：工资、薪金所得；个体工商户的生产、经营所得；对企事业单位的承包经营、承租经营所得；劳务报酬所得；稿酬所得；特许权使用费所得；利息、股息、红利所得；财产租赁所得；财产转让所得；偶然所得；其他所得。

(3) 税率。

1) 工资、薪金所得。适用七级超额累进税率，税率为3%～45%。

2) 个体工商户的生产经营所得和对企事业单位的承包经营、承租经营所得。适用5%～35%的五级超额累进税率。

3) 稿酬所得。适用比例税率，税率为20%，并按应纳税所得额减征30%。

4) 劳务报酬所得。适用比例税率，税率为20%，对劳务报酬所得一次收入畸高的，可以实行加成征收。

5) 特许权使用费所得，利息、股息、红利所得，财产租赁所得，财产转让所得，偶然所得和其他所得。适用比例税率，税率为20%。

(4) 应纳税所得额的计算。

1) 工资薪金所得。以每月收入额减去费用3 500元后的余额，为应纳税所得额。

2) 个体工商户的生产、经营所得。以每一纳税年度的收入总额，减去成本、费用以及损失后的余额，为应纳税所得额。

3) 企事业单位的承包经营、承租经营所得。以每一纳税年度的收入总额，减去必要费用后的余额，为应纳税所得额。

4) 劳务报酬所得、稿酬所得、特许权使用费所得、财产租赁所得。每次收入不超过4 000元的，减去800元的费用；4 000元以上的，减去20%的费用，其余额为应纳税所得额。

5) 财产转让所得。以转让财产的收入额减去财产原值和合理费用后的余额，为应纳税所得额。

6) 利息、股息、红利所得，偶然所得和其他所得。以每次收入额为应纳税所得额。

(5) 应纳税额的计算。

计算公式为：

应纳税额＝应纳税所得额×适用税率

拓展区

阅读网络教学资源“背景资料”栏目中的《全国人民代表大会常务委员会关于修改个税法的决定》和《财政部、税务总局、保监会关于将商业健康保险个人所得税试点政策推广到全国范围实施的通知》。

三、财产课税

财产课税是以一定的财产额为对象，向拥有或转让财产的纳税人课征的一类税收。在各国税收体系中，财产课税一直是地方政府财政收入的主要来源。多数国家以财产税作为其商品课税和所得课税的补充。

(一) 财产课税的特点

第一，税负不易转嫁。财产课税中的大部分税种具有直接税的性质，由于财产持有者在财产使用上一般不与他人发生经济交易关系，所以财产税的税负不易转嫁。

第二，具有对人课税的性质。财产税与所得税虽然都具有对人课税的性质，但它们之间是有区别的。财产税是对财富存量进行课税，而所得税的课税对象则是财富的流量。

第三，符合税收的量能负担原则。财产可以作为测度个人纳税能力的尺度，有财产者必有纳税能力。

第四，财产税的收入比较稳定。财产税的课税对象是财产价值，税源稳定，不易受经济变动的影响，所以是政府稳定的收入来源。

第五，财产税具有收入分配功能。财产税的征税原则是有财产者纳税，财产多者多纳税，财产少者少纳税，无财产者不纳税，这就在一定程度上避免社会财富分配不均。

与所得课税和商品课税相比，财产税也有明显的局限性：一是财产税的税负存在一定的不公平，二是财产税的征收弹性较小。

（二）财产课税的类型

（1）以课税范围为标准，可将财产税分为一般财产税和特别财产税。一般财产税是就某一时点纳税人所有的一切财产综合课税，课征时要考虑对一定价值以下的财产和生活必需品进行免税，并允许负债的扣除。特别财产税则是就纳税人所有的某一类或几类财产，如土地、房屋等单独或分别课税。

（2）以课税对象为标准，可将财产课税分为静态财产税和动态财产税。前者是就一定时点的财产占有额，依其数量或价值进行课税，如一般财产税和特别财产税。后者是就财产所有权的转移或变动进行课税，如遗产税和赠与税。

（三）我国现行的财产课税

我国现行的主要财产课税包括房产税、契税、车船使用税、土地增值税。房产税是以房屋为征税对象，按照房屋的计税余值或租金收入，向产权所有人征收的一种财产税。契税是以在中华人民共和国境内转移土地、房屋权属为征税对象，向产权承受人征收的一种财产税。车船使用税是以车船为征税对象，向拥有并使用车船的单位和个人征收的一种税，对拥有但不使用的车船不征税。土地增值税是对有偿转让国有土地使用权及地上建筑物和其他附着物的产权，取得增值性收入的单位和个人征收的一种税。

1. 房产税

房产税是以房屋为征税对象，按房屋的计税余值或租金收入为计税依据，向产权所有人征收的一种财产税。

按照房屋经营使用方式的不同，对于自用的按房产计税余值征收，对于出租房屋按租金收入征税。从价计征的，其计税依据为房产原值一次减去10%～30%后的余值；从租计征的，以房产租金收入为计税依据。房产税税率采用比例税率。按照房产余值计征的，年税率为1.2%；按房产租金收入计征的，年税率为12%。

2011年1月28日，上海重庆开始房产税试点改革，上海征收对象为本市居民新购房且属于第二套及以上住房和非本市居民新购房，税率暂定0.6%；重庆征收对象是独栋别墅高档公寓，以及无工作户口无投资人员所购二套房，税率为0.5%～1.2%。

计算公式为：

（1）以房产原值为计税依据的：

应纳税额＝房产原值×（1－10%或30%）×税率（1.2%）

（2）以房产租金收入为计税依据的：

应纳税额＝房产租金收入×税率（12％）

2. 土地增值税

土地增值税，是指对土地使用权转让及出售建筑物时所产生的价格增值量征收的税种。土地价格增值额是指转让房地产取得的收入减除规定的房地产开发成本、费用等支出后的余额。土地增值税实行四级超率累进税率，如表7－1所示。

表7－1　土地增值税四级超率累进税率表

级数	计税依据	适用税率	速算扣除率
1	增值额未超过扣除项目金额50％的部分	30％	0
2	增值额超过扣除项目金额50％，未超过扣除项目金额100％的部分	40％	5％
3	增值额超过扣除项目金额100％，未超过扣除项目金额200％的部分	50％	15％
4	增值额超过扣除项目金额200％的部分	60％	35％

注：房地产企业建设普通住宅出售的，增值额未超过扣除金额20％的，免征土地增值税。

计算公式：应纳税额＝增值额×适用税率－扣除项目金额×速算扣除系数。

四、其他课税

（一）资源课税

资源课税是指以自然资源为课税对象的税种。它包括对资源普遍课征的一般资源税和对资源级差收入课征的级差资源税。开征资源税不仅可以为国家增加财政收入，而且可以促使资源合理开采，并鼓励企业开展公平竞争。目前，我国对资源的课税有资源税、土地使用税和耕地占用税等。

（二）行为目的课税

行为目的课税是指以纳税人特定的行为或国家一定时期希望达到的目的作为课税对象的税种，如我国现行屠宰税、印花税及原开征的烧油特别税等。这类税种的课征有的是以取得财政收入为主要目的，有的则主要是为了限制某种行为，贯彻寓禁于征的政策。因此，行为目的课税在课税对象选择上范围广泛而且灵活。目前，我国开征的行为目的课税主要包括城市维护建设税、固定资产投资方向调节税（暂停征收）。

超链接

韩国税务署：http：//www. nts. go. kr

英国国内收入局：http：//www. direct. gov. uk

加拿大税务署：http：//www. cra-arc. gc. ca

爱尔兰税收专员署：http：//www. revenue. ie

美国国内收入局：http：//www. irs. gov

拓展区

阅读网络教学资源“专题讨论”栏目第七章中的“进一步深化农村税费改革”，完成学习活动，并进行讨论。

【历史浏览】

按照以下提示，回顾本章内容，回答复习思考题。

相对于其他公共财政收入形式，税收具有强制性、无偿性、固定性的特点。

经济、制度因素是影响税收负担的主要因素，合理的宏观税负既能保证政府合理正常的支出，又能促进经济的稳定协调发展。

税收转嫁的形式有前转、后转、混转和税收资本化四种形式。商品交换和自由价格制度是税负转嫁的前提条件，商品供求弹性是决定税负转嫁能否实现的关键因素。

税收原则是国家制定税收政策、设计税收制度应遵循的基本准则，主要包括财政原则、效率原则、公平原则等。

税制要素是构成每一个税种的必不可少的基本因素，主要有纳税人、课税对象、税率、计税依据、纳税期限、纳税环节、课税基础、减税免税、违章处理等要素。

按征税对象划分，税收制度可分为商品课税、所得课税、财产课税等。

【复习思考题】

1. 如何正确理解税收的内涵？
2. 影响税收负担的因素有哪些？
3. 合理的宏观税负如何确定？
4. 什么是税收原则？它包括哪些具体内容？
5. 所得课税有哪几类？各有什么优缺点？

☞ 解答提示请参考网络教学资源“复习思考题答案”中的相关内容；请在 60 分钟内，完成网络教学资源“即时练习”栏目中的本章练习；阅读网络教学资源“参考文献”，了解学习本章的参考文献，如果学有余力，请选择阅读；在网络教学资源“重点概念”中，提供了本章相关概念的检索。

第八章

公　债

【学习导航】

请使用4学时学习本章内容。通过本章学习，着重理解公债的基本含义和特征，掌握国债的功能、国债和地方债的分类、国债与地方债的结构及管理制度。

本章考试的重点是国债的功能和管理制度。

【引导案例】

2013年，审计署对涉及政府性债务的中央、省级、市级、县级、乡镇共62 215个政府部门和机构、7 170个融资平台公司、68 621个经费补助事业单位、2 235个公用事业单位和14 219个其他单位进行了全面审计。审计结果显示，截至2013年6月底，中央政府负有偿还责任的债务98 129.48亿元，负有担保责任的债务2 600.72亿元，可能承担一定救助责任的债务23 110.84亿元。地方政府负有偿还责任的债务108 859.17亿元，负有担保责任的债务26 655.77亿元，可能承担一定救助责任的债务43 393.72亿元。从政府层级看，省级、市级、县级、乡镇政府负有偿还责任的债务分别为17 780.84亿元、48 434.61亿元、39 573.60亿元和3 070.12亿元。省市县三级政府负有偿还责任的债务余额比2010年年均增长19.97%。部分地方和行业债务负担较重，截至2012年年底，有3个省级、99个市级、195个县级、3 465个乡镇政府负有偿还责任债务的债务率高于100%，债务偿还压力较大。

资料来源：审计署发布的《全国政府性债务审计结果》2013年第32号。

学习本章内容，请思考：我国政府公债规模、结构以及风险管理。

☞ 解答提示请参考网络教学资源“案例分析”中的相关内容。

第一节 公债

一、公债的含义

公债就是政府举借的债务，是政府及政府所属机构以债务人的身份，按照国家的法律规定或合同的规定，同有关各方发生的特定的债权债务关系。公债的含义包括广义与狭义之分：广义的公债，指政府承担的所有债务，包括直接债务和或有债务。直接债务指任何情况下都要承担的债务，是可预测和控制的负债，如政府对国外的主权借款、政府发行的内外债券及法律规定的政府预算支出（如公务员工资、养老金负债）等。或有债务是指由某一或有事项引发的债务，是否会成为现实债务，有待或有事项是否发生以及由此引发的债务是否最终要由政府来承担决定。具体而言包括政府对非主权借款以及地方政府、公共部门和私营部门实体债务的担保；对不同类型贷款（如学生助学贷款、抵押贷款等）的保护性政府担保；对贸易与外汇、国外主权政府借款、私人投资的政府担保等。狭义的公债包括国债和地方债。其中，国债是由中央政府发行并承担清偿责任的债务，又称中央政府债务，中央政府债务是中央政府组织财政收入的一种形式，其收入列入中央政府预算，由中央政府调度使用。地方债，是指地方政府发行并承担清偿责任的债务，地方政府债务收入列入地方政府预算。本章重点介绍狭义公债，即国债和地方债。

拓展区

国债与地方债的区别

（一）债务类型不同

由于法律授权与约束不同，国债以直接债务为主，主要是以发行债券或者是借款的形式举借债务；地方债以或有债务为主，地方融资平台所形成的担保债务构成现阶段地方政府债务的主要形式。

（二）债务偿还方式不同

国债以国家信用为偿债担保，称为“金边债券”，具有很高的公信力，债务承受能力强，容易采取“借新还旧”等方式偿还债务；而地方政府债务以地方政府信用作为偿债担保，地方融资平台债务以土地等资产作为抵押品，现阶段主要以财政收入和政府资产作为偿债来源，由于土地等资产的价格会随市场情况发生变化，导致偿债来源不确定因素较多，债务承受能力较差。

（三）举债方式不同

国债一般通过发行债券或借款的方式筹集资金，具有严格规范的审核程序和明确的资金用途；而地方政府举借的债务，除中央代地方政府发行的债券和国债转贷资金外，大多数属于权宜措施，运用资产抵押构建融资平台，以地方政府信用为依托，主要依靠国内银行和其他金融机构信贷资金为主要来源，审核程序比较简单，资金用途比较宽松。

二、公债的特征

（一）自愿性

所谓自愿性是指公债的发行或认购应建立在认购者自愿承受的基础上，是否认购或者认购多少应完全由认购者视其个人或单位的情况自主决定。这一特征使公债与税收有着明显的区别。我们知道，税收的征收是以国家的政治权力为依托，任何单位和个人都必须依法纳税，否则就要受到法律的制裁。因此，税收的特性之一就是强制性。而公债的发行是以国家或政府的信用为依托，以借贷双方自愿互利为基础，按照一定条件与认购者结成债权债务关系的一种行为。中央政府是债务人，而债务人是不能向债权人即认购者实行“派购”的。每个认购者（个人或单位）都有独立的经济利益，他们自然要从自己的经济利益出发，对公债自主决定买与不买、买多买少。

（二）有偿性

所谓有偿性是指通过发行公债筹集的财政资金，政府必须作为债务而按期偿还，除此之外，还要按事先规定的条件向认购者支付一定数额的暂时让渡资金使用权的报酬，即利息。这也是公债区别于税收的重要特征。通过征收税收取得的财政收入，国家既不需要偿还，也不需要对纳税人付出任何代价。因而税收的形式特征之一就是它的无偿性。而公债的发行是政府作为债务人以偿还和付息为条件，向公债认购者借取资金的暂时使用权，因而政府与认购者之间必然具有直接的返还关系。

（三）灵活性

所谓灵活性是指公债发行与否以及发行多少，一般完全由政府根据具体情况灵活加以确定，而非通过法律形式预先规定。这种灵活性是公债所具有的一个突出特征。税收是按照国家法律（主要指税法）规定的标准征收的，即在征税之前，就要通过法律形式预先规定课征对象和征收数额之间的数量比例。这个数量比例一旦确定，不经国家批准便不能随意改变。只要纳税人取得应税收入或发生应税行为，就必须按照法律规定的固定数量比例纳税，而不管当时政府财政的状况怎样。公债的发行则完全不同，其发行与否以及发行多少，并没有一个较为固定的国家法律规定，而基本上由政府根据财政资金状况灵活加以确定。在大多数国家，政府每年发行的公债数额常常要随着财政状况的变化而出现起伏，甚至有的年份发行规模很大，有的年份则根本不发行。这说明，公债既不具有发行时间上的连续性，也不具有发行数额上的固定性，而是何时需要就何时发行，需要多少就发行多少。当然，公债的灵活性也是相对而言的。

公债的三个特征密切相关。其中自愿性决定于有偿性，而自愿性和有偿性又要求发行上的灵活性，三者缺一不可。

三、公债的债务风险

2002 年，世界银行高级顾问汉娜（Hana Polackova Brixi）首先提出财政风险矩阵（Fiscal Risk Matric）的概念。在风险矩阵中，从法律责任和道义责任的角度政府债务可分为“显性负债”和“隐性负债”。其中，显性负债是指建立在某一法律或合同基础上的政府负债，当债务到期时，政府具有清偿债务的法定义务。隐性负债是指政府的一种道义上的债务，这种负债不是建立在法律或合同基础上的，它产生于社会公众的期望、利益集团的压力和由此导致的社会压力和政治压力，如公共养老金缺口、未投保的自然灾害受害人等。从会计的角度来看，对企业而言，隐性负债不构成债务，因为企业的债务都是基于法律关系；而对政府而言，却是实实在在的债务。

从债务责任确定性和非确定性的角度政府债务可分为“直接负债”和“或有负债”。其中，直接负债是指任何情况下都会产生的支出责任，相对比较稳定，根据一些基本变量可对其进行预测，如国债。或有负债是指基于某些特定事件的发生而带来的支出责任。一般而言，或有负债的规模难以预测，主要存在两方面的不确定性：一是特定事件是否发生是不确定的，如被担保对象是否出现难以偿还担保债务的情况，往往是不确定的；二是即使知道特定事件发生的概率，但政府承担支出责任的多少也具有不确定性。

四、我国公债发展历程

第一阶段：1950年—1958年。新中国成立后的第一期公债是1950年发行的“人民胜利折实公债”，实际发行额折合人民币为2.6亿元，该债券于1956年11月30日全部还清本息。1954年—1958年，为恢复国民经济和进行经济建设，我国连续5次发行了“国民经济建设公债”，累计发行39.35亿元，至1968年全部偿清。该债券有效支撑了国民经济恢复和“一五”时期的经济建设。

第二阶段：1959年—1978年。我国坚持财政平衡的思想，未再发行公债，基本处于“既无外债，也无内债”的历史时期。大多数年份预算保持平衡，即便有赤字，规模也很小，主要靠向中央银行透支解决。

第三阶段：1979年—1993年。改革开放后，为了弥补财政赤字，筹集经济建设资金，我国恢复了公债发行，先是向国外借款，后于1981年发行了48.66亿元国库券。1988年前后，为应对各方面改革和建设的资金需求，政府除发行国库券外，还发行5个品种的国债。我国开始进入“内外债并举”时期。地方政府债方面，20世纪80年代末至90年代初，许多地方政府为了筹集资金修路建桥，发行了地方债券。到了1993年国务院叫停了地方政府债，原因是对地方政府承付的兑现能力产生质疑。

第四阶段：1994年—1997年。由于国家预算体制改革，不再允许财政向中央银行透支解决赤字，财政赤字公债化以及伴随积极财政政策总体框架实施，我国公债发行快速增长。1994年国债发行量突破1 000亿元，1995年以后，发行量年均增长30%以上。与国债的风生水起形成鲜明对比的是，1995年1月1日起施行的《中华人民共和国预算法》第28条明确规定：“除法律和国务院另有规定外，地方政府不得发行地方政府债券”，这一禁令一直保持至2009年。

第五阶段：1998年—2008年。为拉动内需和应对亚洲金融危机对中国经济的冲击，保持一定的经济增长，我国实行了积极的财政政策，扩大政府投资，国债发行量节节攀升，国债余额大幅扩大，至2008年达到53 271.5亿元。

第六阶段：2009年至今。为应对2008年国际金融危机及全球经济不景气，我国继续实行扩张性财政政策，至2015年国债余额达到10.66万亿元，地方政府债务余额达16万亿元，全国政府债务余额为26.66万亿元，创下历史新高。

第二节　国债

一、国债的含义及功能

(一) 国债的含义

国债是中央政府举借的债务，是中央政府以债务人的身份，按照国家的法律规定或合同的规定，在国内外发行并承担清偿责任的债务。国债发行量大、品种多，是政府债券市场上最主要的融资和投资工具，是政府债务收入的主要形式，也是政府财政活动的重要内容。

(二) 国债的功能

1. 财政功能

(1) 弥补财政赤字。

弥补财政赤字是国债产生的原因，也是其基本的功能。即在税收等正常财政收入不能满足政府支出需要时，通过发行国债，弥补财政赤字，平衡财政收支。这也是目前各国发行国债的主要目的。当政府财政收支不平衡时，与其他财政手段相比，国债弥补财政赤字有其优越性。

(2) 筹集建设资金。

国债除弥补财政赤字，满足政府一般性支出需要外，还可筹集经济建设资金，用于社会再生产投资，即资本性支出。在现代市场经济发展中，各国政府都利用财政投资手段调控经济运行，兴办各类国有企业，只是规模大小不同而已。在其他资金来源有限时，发行国债筹集资金，增加财政投资，是主要途径之一。对广大发展中国家而言，经济发展的巨额资金需要与国内积累能力有限之间的矛盾是长期存在的。政府利用国债有偿性、非强制性、非固定性和灵活性特点，将各种社会闲散资金集中起来用于国家经济建设，加快现代化步伐。在合理限度内，既不增加人民负担，不影响企业正常生产经营活动，又有利于国家经济发展，可谓利国利民。

(3) 调节经济运行。

由于国债自身的特点，国债成为政府调节国民经济运行，实现国家宏观经济政策目标的重要政策工具。政府可根据一定时期内经济运行状况，决定国债发行规模、利率、期限搭配、发行时机，以及流通和偿还等事项，以有效调节社会供求总量与结构，达到国家宏观经济政策的目的。在社会供求总量方面，国家可利用国债政策有效调节社会总需求和总供给，使之趋于均衡，为整个国民经济运行和社会发展创造良好的宏观环境。在经济增长过热、物价水平大幅度上涨，货币贬值，出现通货膨胀时，通过发行国债，特别是长期建设债券，可以回笼流通领域过多的货币，推迟这部分货币购买力的实现，抑制过旺的社会需求，稳定市场物价，治理通货膨胀；当流通中货币不足，出现通货紧缩时，国家可通过中央银行公开市场业务，收购国债，投放货币，增加社会有效需求。在社会供求结构方面，政府可利用国债调节产业结构、区域经济结构，以及积累与消费比例等国民经济重要结构和比例关系，优化资源配置，促进经济协调发展。我国从1998年以来实施积极的财政政策，扩大国债发行，支持国民经济重点行业发展与西部大开发战略，就是例证。

2. 金融功能

从投资学的角度分析，国债就是一种金融资产，与其他私人债券从表面上看并没有什么区别，都是发行人（债务人或借款人）据以允诺在一定时间内偿还贷款人或投资者所借资金数额和利息的一张契约。与其他金融资产一样，公债也能给持有者带来收益流。国债这项特别的金融资产具有货币、其他债务等无法替代的功能作用。也正是因为国债的这种独特的金融资产属性，决定了国债这项金融资产在不同的经济主体的资产组合中占有不可或缺的重要地位。

（1）中央银行对国债的需求。长期以来，中央银行实施的调控宏观经济的三大货币政策工具分别是公开市场操作、再贴现和存款准备金率。在这三大货币政策工具中，公开市场操作的地位则越来越重要。主要原因在于，公开市场操作在三大货币政策工具中最富有弹性、最为市场化，而且货币当局拥有最大的自主权。中央银行实施公开市场操作的前提是拥有一项合适的金融资产，使当局能够根据调节经济运行的需要，通过买卖这种资产自主地增减货币供应量。最适合这种调控条件的金融资产就是国债。因为，国债没有信用风险，国债的规模可以大到为中央银行提供足够的空间。中央银行在公开操作市场上，可以根据自己调节宏观经济运行的需要，自由地购入或卖出几乎是任意数量的国债，从而可以影响商业银行的超额准备金，可以引起市场利率和利率结构发生变化，可以向国债市场传递信息，影响投资者的预期，从而最终实现中央银行扩张或紧缩货币供应量的目标。而且，国债的价值相对稳定，中央银行买卖国债只会影响到私人和政府部门之间的关系，而不会影响到私人部门之间的关系，因此，国债对于微观个体和微观经济活动不具有针对性。

（2）一般金融机构对国债的需求。金融机构也需要将一部分具有高流动性、高安全性、没有价格风险的金融资产作为自己的投资组合之一。尤其是商业银行可以把一部分长期的不必开支的资金投资于高收益率的金融资产，符合条件的就是我们的中长期国债。保险公司也需要把大部分资金分配到长期债券上，特别是收益率高且稳定、安全性强的长期国债。例如在美国，1992年国债在寿险公司的总资产中占20%左右，仅次于占总资产40%的公司债券（股票和公司债券）而排在第二位。其他的非银行金融机构，比如投资基金、投资银行等，出于投资组合的需要，在其总资产中也都持有一定比例的国债。其实，国债在这些金融机构的资产中所发挥的就是“二级准备金”的作用。

（3）私人部门对国债的需求。私人部门需要国债，是因为国债是一条极好的投资渠道。

（4）随着利率市场化的放开和改革步伐的加大，国债的利率应该作为金融市场的利率，尤其是短期国债应该对金融市场发挥基础性的调节作用。但是，这种对金融市场的调节作用是以国债市场的成熟发展为前提的。

二、国债的负担与限度

（一）国债的负担

各个国家的经济实践已经充分证明，国债不仅存在一个负担问题，而且如何衡量处理国债的负担也是财政理论与实践的重要内容。国债的负担可以从三个方面来分析：

（1）国债作为认购者收入使用权的让渡，这种让渡虽是暂时的，但对他的经济行为会产生一定的影响，所以国债发行必须考虑认购人的实际负担能力。

（2）政府即债务人负担。政府借债是有偿的，到期要还本付息，尽管政府借债时获得了经济收益，但偿债却体现为一种支出，借债的过程也就是国债负担的形成过程，所以，政府借债要考虑偿还能力，应量力而行。

（3）纳税人负担。不论国债资金的使用方向如何、效益高低，还债的收入来源最终还是税收。正如马克思所说，国债是一种延期的税收，就是指国债与税收的这种关系。

拓展区

阅读网络教学资源"重点解析"栏目第八章中的"国债负担的代际转移"，对上述内容加深理解。

（二）国债的限度

国债的限度来源于国债的负担。由于国债会形成一种社会负担，所以，国债必须有一定的限度。国债的限度一般是指国家债务规模的最高额度或指国债适度规模问题。所谓债务规模包括三层意思：一是历年累积债务的总规模；二是当年发行的国债总额；三是当年到期须还本付息的债务总额。对国债总规模的控制是防止债务危机的重要环节，而控制当年发行额和到期需偿还额往往更具有实际意义。

国债规模首先受认购人负担能力的制约。国债的应债来源，从国民经济总体看就是GDP，所以国债限度通常是用当年国债发行额或国债余额占GDP的比重来表示，称为国债负担率。从个别应债主体看，则以当年发行额占应债主体的收入水平的比重来表示。例如，居民个人的国债负担率可以当年国债发行额占居民收入扣除消费支出和其他投资后的居民储蓄的比例来表示。国债规模还受政府偿债能力的制约。中央政府用于还本付息的经常性来源是中央政府的财政收入，所以表示政府偿债能力的指标是当年付息额占当年中央财政收入的比重，或采用当年国债发行数占中央财政支出的比重。前一指标是直接表示政府偿还能力的；而后一指标表示中央支出对债务的依赖程度，称为债务依存度，也可间接表示偿还能力。据有关国债负担率指标显示，至今我国国债负担率是不高的，仍具有较大的发债潜力，但据偿还能力和依存度指标显示，偿还能力较弱，两方面呈现明显的反差。为什么偿还能力较弱而依存度又过高呢？基本原因有三个：

（1）我国每年国债发行额取决于两个因素，一是财政赤字，二是债务还本付息。近年来财政赤字逐年增加，由于采取以发新债还本付息，从而导致还本付息的急剧增长，从而导致国债发行额急剧扩大。

（2）我国中央财政收入占全国财政收入的比重偏低，造成中央财政支出对债务的依赖度高，因而偿还能力低。因此，当前控制债务规模的途径是加强国债管理，完善国债发行的操作，此外更主要的是加快财政改革进度，通过增收节支压缩财政赤字规模。

（3）国债的使用方向、结构和效益也是制约国债负担能力和限度的重要因素，甚至从某种意义上说是一个决定性的因素。显然，使用方向和结构合理，经济效益和社会效益提高，自然会提高认购者的应债能力，也会产生一种"内生"的偿还能力，事实上也就提高了国债的限度。

三、国债的种类

（一）按发行地域分类，可以划分为内债和外债

内债是指在国内发行的国债。其债权人通常是本国的企业、组织（团体）和居民个人。外债是指本国政府向国外发行的国债。外债的债权人一般是外国政府、外国银行、企业、团体和居民个人。与内债不同，外债的发行和还本付息通常会影响到本国资源存量的增减变化。

（二）按债务期限分类，可分为有期国债和无期国债

国债偿还期限即国债债务期限，是指国债债务的存在时间。按照国债债务期限的长短，可以将国债分为有期国债和无期国债。有期国债是指政府规定有还本付息期限的国债。对于有期国债，根据偿还期限的长短，还可以将其划分为短期国债、中期国债和长期国债三种。无期国债也称永久国债，即政府永远不归还本金，只需按期支付利息。

（三）按发行载体分类，可分为记账式国债和凭证式国债

凭证式国债指主要面向个人发行的不可流通国债。记账式国债指主要面向机构发行的可流通国债。

（四）按债务形式分类，可分为货币国债和实物国债

按照国债形式，可以将国债划分为货币国债和实物国债两类。根据货币的种类，可以将货币国债进一步划分为本币国债和外币国债。实物国债即以某种实物为存在形式的国债。

（五）按国债是否流通分类，可分为上市国债和非上市国债

上市国债，也称可转让国债，是指可以在金融市场上自由流通、买卖的国债。不能在金融市场上自由流通和买卖的国债称为非上市国债，即不可转让国债。

（六）按照应募条件，可以划分为强制国债和自由国债

强制国债是指政府发行的规定有应募者范围及其最低承购额度的国债。自由国债也称为自由认购国债，即不附带任何强制性条件，由应募者自由认购的国债。

四、国债的结构

国债的结构是指一个国家各种性质债务的互相搭配，以及债务收入来源和发行期限的有机结合。主要是应债主体结构和期限结构。

（一）期限结构

国债期限结构是各种期限债券的搭配，即一国所有的国家债券中，长期债券、中期债券、短期债券各自所占的比重及对比关系。

（二）应债主体结构

应债主体的存在是国债发行的前提。应债主体结构实际上就是社会资金或收入在社会各经济主体之间的分配格局，即各应债主体持有的国债占国债总额的比重。

（三）国债持有者结构

国债持有者结构则是政府对应债主体实际选择的结果，即各类企业和各阶层居民实际认购国债的比例，又可称为国债资金来源结构，两者比较容易区分。但是，国债持有者结构要受应债主体结构的制约。社会财富分配不均，贫富差距较大，社会资金集中在少数企业和个人手中，国债持有者则比较集中；而社会财富分配比较平均，社会资金相对分散，

国债持有者也必然相对分散。

拓展区

阅读网络教学资源“重点解析”栏目第八章中的“什么是凭证式国债（电子记账）品种?”，对上述内容加深理解。

五、国债的规模及其制约因素

国债作为有偿筹集财政收入的手段，是以政府信誉为保证，以还本付息为条件，只能在政府还本付息能力限度内运用。国债规模与控制，是政府债务管理制度的重要内容。国债的规模可从绝对规模和相对规模两个方面来理解。

（一）国债的绝对规模

国债的绝对规模是指一定时期内政府举借债务数额的多少。国债的绝对规模可选择国债年度发行额、债务余额，以及一定时期内债务总额等指标来反映。这些指标可从不同侧面描述政府债务规模大小。**国债年度发行额**是指政府在一个财政年度内举借债务的具体数额，一般要列入政府财政预算，经过立法机关批准。国债年度发行额是政府债务管理监测的重要指标，一定时期政府规模的大小，通常是通过各个年度积累的。债务余额是指一定时期内由政府以前年度发行，但还未到还本付息期限的所有债务总额。可见，债务余额代表了一定时期需要政府偿还的债务积累额，是衡量政府债务规模大小与负债水平的重要尺度。债务总额能够反映一定时期政府举借债务的总和，一般是将各年度国债发行额加总。该指标体现了政府利用有偿手段配置社会资源的总量。

拓展区

阅读网络教学资源“背景资料”栏目中的“中国20世纪80年代以来国债发行情况”。

（二）国债规模的相对指标

国债规模的相对指标是将国债指标与国家有关财政经济指标进行对比得出的指标，以判断一定时期内国债规模是否合理。常用的指标有以下几个。

1. 国债依存度

国债依存度是指政府当年财政支出中债务收入所占比例，反映了政府财政支出对国债发行的依赖程度。用公式表示如下：

$$国债依存度=\frac{当年国债发行额}{当年财政支出总额}\times 100\%$$

2. 国债负担率

国债负担率是指国债余额占当年国民生产总值或国内生产总值的比例，能够反映国家宏观经济对政府债务的承受能力。用公式表示如下：

$$国债负担率=\frac{国债余额}{当年国民生产总值或国内生产总值}\times 100\%$$

3. 国债偿债率

国债偿债率是指当年国债还本付息出支额占当年财政收入总额的比例，能够反映政府偿债能力。用公式表示如下：

$$偿债率=\frac{当年国债还本付息出支额}{当年财政收入总额}\times 100\%$$

由于外债的筹集和偿还都是以外币为单位，一般遵循借外汇还外汇的原则。而国家外汇收入主要来源于对外贸易和劳务收入，因而外债规模常用外债偿债率和外债债务率等指标表示。用公式表示如下：

$$外债偿债率=\frac{偿还外债本息额}{当年贸易和非贸易外汇收入额}\times 100\%$$

$$外债债务率=\frac{外债余额}{当年贸易和非贸易外汇收入额}\times 100\%$$

在政府债务管理中，上述指标常用于判断政府债务规模是否适度，是否存在债务风险。但这些指标的运用，目前大体仍然处于经验数据水平，似乎各国还没有什么绝对标准。如欧盟国家规定各国国债负担率，即国债余额占 GDP 的比例不得超过 60%。至于其他国家是否适合这一标准，还要考虑各国具体情况。

（三）国债规模的制约因素

国债规模的制约因素是一个国家政府在一定时期内举借债务的数额及其制约条件。

1. 影响国债规模的因素

（1）经济发展水平。经济发展水平的高低是政府债务规模大小的决定因素。

（2）生产关系类型。不同生产关系、不同社会经济制度的国家，其举借国债的规模有很大的不同。

（3）政治背景。在同样经济发展水平和同样生产关系情况下，不同的政治背景决定着不同的国债发行量限量。

（4）国家职能范围。国家职能范围的大小在某种程度上决定了一国财政赤字的规模，而财政赤字的存在则是国债产生的最初动因，国债最初是作为弥补财政赤字的手段而产生的。

（5）财政政策选择。一个国家在特定时期实行何种财政政策也会在一定程度上影响国债的规模。

（6）金融市场状况。国债作为货币政策的一种重要工具，主要是通过公开市场业务来操作的，而公开市场业务能否顺利进行要看金融市场的发育状况。

（7）国债管理水平。政府对债务管理方面的水平也会影响国债的规模。

2. 适度国债规模的衡量标准

通常来说，判断国债规模是否适度的标准有五个方面：

（1）从应债能力方面看，社会上是否有足够的资金来承受债务的规模。

（2）从偿债能力方面看，政府是否有足够的能力在今后偿还逐渐累积的债务。

（3）从政府债务对中央银行货币供应的影响来看，政府债务将在多大程度上影响价格总水平。

（4）从政府债务对私人部门投资的影响来看，政府债务有多大的所谓“挤出效应”。

（5）从政府债务工具是证券市场的基本金融商品的角度来看，证券市场需要和能够容纳多少政府债券。

拓展区

阅读网络教学资源“背景资料”栏目中的“中国20世纪80年代以来国债发行情况”。

第三节　地方债

一、地方债的概念

地方政府债务，简称地方债，是地方政府根据本地区经济发展和资金需求状况，以承担还本付息责任为前提，向社会筹集资金的债务凭证。筹集的资金一般用于弥补地方财政资金的不足，或地方重大基础设施建设项目。

目前，我国地方政府债务的构成主要包括五个层次：

（1）地方政府的债务性收入。它是指地方政府的各个职能部门通过信用手段取得的收入。这部分收入不仅包括目前由地方财政部门举借或管理的债务，而且包括地方政府其他行政管理职能部门所举借的债务。

（2）准地方政府债务。它是指各级地方政府职能部门所属的机构或单位举借的债务，这部分债务资金主要用于地方公共支出。

（3）地方政府的欠款和挂账。这些欠款和挂账实际上就是赤字，因而是必须由地方政府加以弥补的债务。

（4）地方政府担保的债务。它是指各级地方政府提供担保的机构、单位或企业的各种借款或债券的发行，包括经地方政府批准，由国有经济单位以政府专项预算等作担保的各种借款。

（5）社会性债务。社会性负债是指地方国有企业难以偿还的债务或社会保障资金的缺口，以及某些金融风险的转嫁。新预算法实施以后，地方国有企业（包括融资平台公司）举借的债务依法不属于政府债务，其举借的债务由国有企业负责偿还。

二、地方债的发行主体

地方政府是地方债的发行主体，但根据各国地方政府的不同层级，存在不同的发行主体。如日本地方政府债券发行主体包括都、道、府、县、市、镇、村政府组成的一般地方公共团体以及由特别地区、地方公共团体联合组织、开发事业团所组成的特殊地方公共团体。美国地方政府债券的发行主体包括州、市、区、县以及州政府所属机关和管理局。就我国而言，地方政府债券的发行主体包括：经国务院批准的、在国务院确定的限额内的、筹措资金用于预算中必需建设投资的省、自治区、直辖市。

三、地方债的分类

按照地方政府层级的不同，地方政府债务按政府层级可分为省级地方政府债务、市级地方政府债务、县级地方政府债务、乡镇级地方政府债务四个级次。

按照债务举借主体的不同，地方债务可分为融资平台债务（2015 年之前的存量债务）、政府部门和机构债务、事业单位债务、公用事业单位债务、其他单位债务等。

按照债务来源的不同，地方政府债务可分为银行贷款、BT（建设—移交）、发行债券、应付未付款、信托融资、其他单位和个人借款、融资租赁、非银行金融机构融资等债务。

按照资金用途和偿还资金来源的不同，地方债可分为一般债券和专项债券。一般债券指地方政府为缓解资金紧张或解决临时经费不足而发行的债券，不与特定项目相联系，还本付息有政府信誉和税收的支持。专项债券是指为某项具体建设项目筹集资金而发行的债券，与特定项目或部分特定税收相联系，其还本付息依赖于项目收益、收费及政府特定的税收或补贴。我国大部分专项债券用于政府拥有的公用事业和准公用事业项目筹资。

四、衡量地方债务规模的主要指标

（一）地方债余额

地方债余额是指由过去交易、事项形成的，由政府部门或单位承担并预期会导致经济利益流出该部门或单位的现时义务，包括各种借款、应付及预收款项等。地方债余额的计算公式：

$$\text{地方债余额}=\text{直接债务余额}+\text{担保债务余额}\times 50\%$$

（二）新增地方债限额

新增地方政府一般债务限额、新增地方政府专项债务限额（以下均简称“新增限额”）分别按照一般公共预算、政府性基金预算管理方式不同，单独测算。新增限额分配选取影响政府债务规模的客观因素，根据各地区债务风险、财力状况等，并统筹考虑中央确定的重大项目支出、地方融资需求等情况，采用因素法测算。各客观因素数据来源于统计年鉴、地方财政预决算及相关部门提供的资料。

新增限额分配应当体现正向激励原则，财政实力强、举债空间大、债务风险低、债务管理绩效好的地区多安排；财政实力弱、举债空间小、债务风险高、债务管理绩效差的地区少安排或不安排。新增限额分配用公式表示为：

$$\begin{aligned}\begin{matrix}\text{某地区新}\\\text{增限额}\end{matrix}=&\left[\begin{matrix}\text{该地}\\\text{区财力}\end{matrix}\times\text{系数 1}+\begin{matrix}\text{该地区重大}\\\text{项目支出}\end{matrix}\times\text{系数 2}\right]\times\begin{matrix}\text{该地区债务}\\\text{风险系数}\end{matrix}\times\begin{matrix}\text{波动}\\\text{系数}\end{matrix}\\&+\begin{matrix}\text{债务管理绩}\\\text{效因素调整}\end{matrix}+\begin{matrix}\text{地方申请}\\\text{因素调整}\end{matrix}\end{aligned}$$

系数 1 和系数 2 根据各地区财力、重大项目支出以及当年全国新增地方政府债务限额规模计算确定。用公式表示为：

$$\text{系数 1}=\frac{\begin{matrix}\text{某年新}\\\text{增限额}\end{matrix}-\begin{matrix}\text{某年新增限额中用于支}\\\text{持重大项目支出额度}\end{matrix}}{\sum i\ \text{各地政府财力}}$$

i＝省、自治区、直辖市、计划单列市

某地区政府财力＝某地区一般公共预算财力＋某地区政府性基金预算财力

$$系数2=\frac{某年新增债务限额中用于支持重大项目支出额度}{\sum i\ 各地重大项目支出额度}$$

i＝省、自治区、直辖市、计划单列市

（三）债务风险系数

债务风险系数反映地方政府举债空间和偿债风险，根据各地区上年度政府债务限额与标准限额等比较测算。

$$某地区地方政府债务标准限额=该地区可以用于偿债的财力状况\times全国地方政府债务平均年限$$

全国地方政府债务平均年限是全国地方政府债券余额平均年限和非债券形式债务余额平均年限的加权平均值。用公式表示：

$$全国地方政府债务平均年限=\frac{地方政府债券余额\times地方政府债券平均年限+非政府债券形式债务余额\times非政府债券形式债务平均年限}{地方政府债务余额}$$

为防范地方政府债务风险，避免债务过快增长和异常波动，保障年度间地方财政运行的稳定性，以全国人大批准的新增限额平均增长率为基准确定波动系数区间，即各地区新增限额增长率最高不超过波动系数区间上限，最低不低于波动系数区间下限。

第四节 国债管理制度

一、国债发行与管理

国债发行，指国债售出或被个人和企业认购的过程。国债发行是国债运行的起点和基础环节。国债既是政府筹集资金的手段，也是认购者的投资工具。政府作为发行者，目标是以最小成本筹集到所需资金，而认购者的目标是获取债券收益最大化。二者利益协调的关键是发行条件（即价格、期限、利率等）、发行方法以及偿还方式等。

（一）发行条件

1. 发行权限的规定

国债的债务主体是中央政府。作为国债的债务主体，中央政府除了按约定条件承担还本付息的义务外，还意味着它具有发行国债的权力。

2. 发行对象和发行额度

国债的发行对象也就是国债认购者范围，包括：商业银行、储蓄银行、保险公司、证券公司、养老基金、信托基金、个人投资者等。

年度发行总额度＝预算赤字＋当年还本付息额＋国债项目后续资金

3. 发行价格、利率和票面金额

依据国债发行价格与其票面之间的对比关系，通常将国债的发行价格分为三类：第一类是平价发行，即国债发行价格与国债票面值相同，国债利率与市场利率相当。第二类是溢价发行，即国债发行价格高于国债票面值。第三类是折价发行，即国债发行价格低于国债票面值。

国债利率是指国债利息与本金的比率。在市场发行的情况下是市场利率。

4. 发行时间与国债凭证

发行时间，即国债具体发行的时间以及应募者缴款的截止日期。

国债凭证问题即给债权人以何种凭证以及何时给凭证问题。

国债凭证一般采用三种形式，即登记国债、国债券和国债收款单。登记国债是对应募者认购国债的事项，逐一登记在国债登记簿上，作为其债权依据。国债券作为债权凭证表明，持有人凭此向债务人索取利息、索回本金以及享有其他相关权益。国债收款单在认购者交付认购款时，由国债发行部门开具并可作为债权凭证，它是介于登记国债与国债券之间的一种国债凭证形式。

（二）世界各国通用的国债发行方法

1. 直接发行法

发行主体直接向个人或机构投资者销售国债。

2. 代销发行法

代销发行法是指发行机构受托在金融市场上设专门柜台经销的一种较为灵活的发行方式，特点是发行主体不预先确定发行条件，而是委托销售网点和代理销售机构相机确定，是一种经销期限不定、发行条件不定、发行流量可随时调整的发行方式，适用于不可转让债券，特别是储蓄债券。

3. 承购包销法

承购包销方式是由各地的国债承销机构组成承销团，通过与财政部签订承销协议来决定发行条件、承销费用和承销商的义务，由承销团向投资者分销。一经包销，政府就不得再干预国债发行，亦不对发行风险承担责任。承销团全权管理发行分销过程，并对可能存在的风险（如分销不出去需自行承担）负责。

4. 公开招标法

公开招标法，指通过投标人的直接竞价来确定发行价格或利率水平，发行人将投标人的标价从高价到低价排序，或按利率自低利率向高利率排序，发行人从高价（或低利率）选起，直到达到需要发行的数量位置。这是一种市场化的发行方式，政府或政府委托的部门作为国债发行人，通过金融市场公开招标，所确定的价格恰好是供求决定的市场价格水平。因而这种发行方式具有较强的适应性和生命力，是当前世界各国主流的公债发行方式。根据发行对象的不同，招标发行又可分为缴款期招标、价格招标、收益率招标三种形式。

上述四种方法中，各国通常会根据本国社会经济条件、社会信用状况、市场参与主体情况以及各国债发行优缺点，确定一种或多种最优发行方式。一般而言，经济较为发达、信用体系建设完善、信用状况良好、公众资金充裕、证券市场较健全的国家，多采用公开招标法；而信用体系不健全、证券市场不够完善的国家，一般指发展中国家，通常采用承购包销法或直接发行法。

（三）我国现行国债发行方法

我国自 1991 年起，开始以承购包销方式发行国债，1996 年起，公开招标方法也被广泛使用。目前，储蓄国债（凭证式）发行完全采用承购包销方式，储蓄国债（电子式）采用代销发行方式，记账式国债发行完全采用公开招标方式。

1. 记账式国债公开招标发行

我国记账式国债公开招标发行的招标规则的制定借鉴了国际资本市场的美国式、荷兰式规则，并结合我国市场特点，发展出混合式招标方式，招标标的为利率、利差、价格或数量。竞争性招标时间为招标日上午 10：35 至 11：35。

（1）招标方式。

1）"荷兰式"招标。标的为利率或利差时，全场最高中标利率或利差为当期国债票面利率或基本利差，各中标机构均按面值承销；标的为价格时，全场最低中标价格为当期国债发行价格，各中标机构均按发行价格承销。

2）"美国式"招标。标的为利率时，全场加权平均中标利率为当期国债票面利率，中标机构按各自中标标位利率与票面利率折算的价格承销；标的为价格时，全场加权平均中标价格为当期国债发行价格，中标机构按各自中标标位的价格承销。

3）"混合式"招标。混合式招标方式下，标的为利率时，全场加权平均中标利率为当期（次）国债票面利率，低于或等于票面利率的中标标位，按面值承销；高于票面利率的中标标位，按各中标标位的利率与票面利率折算的价格承销。标的为价格时，全场加权平均中标价格为当期（次）国债发行价格，高于或等于发行价格的中标标位，按发行价格承销；低于发行价格的中标标位，按各中标标位的价格承销。

（2）投标限定。

1）投标标位变动幅度。利率或利差招标时，标位变动幅度为 0.01%；价格招标时，91 天、182 天、1 年、2 年、3 年、5 年、7 年、10 年、30 年期国债标位变动幅度分别为 0.002 元、0.005 元、0.01 元、0.02 元、0.03 元、0.05 元、0.06 元、0.08 元、0.18 元。

2）投标标位差。每一国债承销团成员最高、最低投标标位差不得大于当期（次）财政部规定的投标标位差。

3）投标量限定。单一标位最低投标限额为 0.1 亿元，最高投标限额为 30 亿元。投标量变动幅度为 0.1 亿元的整数倍。国债承销团甲类成员最高投标限额为当期（次）国债竞争性招标额的 35%。国债承销团乙类成员最高投标限额为当期（次）国债竞争性招标额的 25%。

4）投标剔除。背离全场加权平均投标利率或价格一定数量的标位为无效投标，全部落标，不参与全场加权平均中标利率或价格的计算。

（3）中标原则。

按照低利率或高价格优先的原则对有效投标逐笔募入，直到募满招标额或将全部有效标位募完为止。最高中标利率标位或最低中标价格标位上的投标额大于剩余招标额，以国债承销团成员在该标位投标额为权重平均分配，取整至 0.1 亿元，尾数按投标时间优先原则分配。

（4）债权登记与托管。

债券确认时间以国债发行款划入财政部指定资金账户的时间为准。国债承销团成员于招标日后 1 个工作日前缴纳发行款。债权登记日为发行款缴款截止日次一个工作日。债权登记日，国债登记公司办理总债权登记、为认购人办理债权托管，证券登记公司上海、深圳分公司为认购人办理分托管部分的债权登记和托管。

2. 储蓄国债（凭证式）承购包销发行

储蓄国债（凭证式）的发行由发行人和承销商签订承购包销合同，合同中的有关条款是经过双方协商确定的。事先已经确定发行条款的储蓄国债，也适用于此方式。发行实行额度管理制，发行额度按照计划分配方式分配给承销团成员。承销商额度比例每半年调整一次，调整依据是其前半年的国债销售数据。发行期内，由承销团成员按面值向个人发行，采用实名制，发行面值以100元为单位。承销团成员应向投资者提供“储蓄国债（凭证式）收款凭证”。储蓄国债（凭证式）的投资者从购买之日开始计息，到期一次还本付息，不计复利，逾期兑付不加计利息。投资者在持有国债后，可到原购买国债的承销团成员办理提前兑取、质押贷款。

3. 储蓄国债（电子式）代销发行

储蓄国债（电子式）发行也实行额度管理制，额度分为基本代销额度和机动代销额度，分别按照计划分配和竞争性抓取的方式分配给储蓄国债承销团成员。其中基本代销额度比例每半年按前半年销售数据调整一次。发行期内，承销团成员在取得的发行额度内对投资者销售，不得委托其他机构代理销售；储蓄国债（电子式）发行对象为个人，承销团成员不得向政府机关、企事业单位和社会团体等任何机构销售；以100元面值单位发行，从开始发行之日起计息，按实际天数计息，不计复利，到期一次还本付息和定期付息。发行期结束后，承销团成员未售出的发行额度由财政部收回注销。承销团成员应按要求向财政部及时足额缴纳发行款，财政部则按双方约定向承销团成员支付手续费。财政部于付息日或还本日通过承销团成员向投资者支付利息或本金。

（四）国债的承销程序

1. 记账式国债承销程序

（1）承购。

记账式国债是一种无纸化国债，通过全国银行间债券市场和证券交易所进行发行承销。具备全国银行间债券市场国债承销团资格的商业银行、证券公司、保险公司、信托投资公司等机构，通过银行间债券市场承购国债。具备交易所国债承购包销团资格的证券公司、保险公司和信托投资公司及其他投资者，通过证券交易所的交易系统承购国债。

（2）分销。

记账式国债分销，是指招标结束后至缴款日（含缴款当日），中标机构转让中标的全部或部分国债债权额度的行为。

1）交易所市场发行国债的分销。

通过交易所市场发行的国债，分销可选择场内挂牌分销或场外分销两种方式。

场内挂牌分销程序：承销商在取得包销的国债后，向证券交易所提供一个自营账户，用于托管该国债；交易所为每一承销商确定当期国债各自的承销代码，以便用于场内挂牌；在此后发行期中的任意时间内，承销商按照自己的意愿确定挂牌卖出国债的数量和价格，进行分销；投资者买入国债时，可免缴佣金，证券交易所也不收取任何经手费用；买卖成交后，国债自动过户，并完成认购登记，而认购款经交易所锁定后于次日划入承销商清算账户；发行结束后，承销商按规定日期将发行款项一次性划入财政部指定账户，未分销出去的国债余额仍留在托管账户中；财政部在收到发行款项后，向承销商指定账户拨付发行手续费。

场外分销程序：承销商在场外寻找分销商或客户，双方共同确定国债认购价格、款项支付时间、支付方式后，承销商在当期国债上市交易日前向证券交易所申办非交易过户；证券交易所按要求将该承销商托管账户中的国债依据承销商指定逐笔过户至分销商或客户账户中，完成认购登记。

2）银行间债券市场发行国债的分销。

承销人应按规定在分销期内办理分销手续，签订分销认购协议，且分销认购人应是已在国债登记公司开设国债托管账户的、具有全国银行间债券市场参与者资格的机构；承销人根据分销协议中确定的分销价格、数量，填制分销过户指令一览表，签章、密押后上传并同时寄送原件至国债登记公司，国债登记公司收到指令及原件核对无误后据实办理分销过户；承销人分销总额以其承销总额为限，一旦发生超卖则不予办理过户。

2. 储蓄国债（凭证式）的承销程序

储蓄国债（凭证式）的承销由具有凭证式国债承销资格的机构负责，可申请承销资格的机构一般为各类商业银行、邮政储蓄银行等。财政部一般委托中央银行分配承销数额，承销商在获得额度后，在各自代理网点发售，发售量同样不可超过承销额。对于在发行期内购买者提前兑取或承销人已缴款但未发售完的国债，可继续在额度范围内，按面值出售。

（五）国债的偿还

国债偿还是指国家依照事先约定，对到期国债支付本金和利息的过程，它是国债运行的终点。国债的偿还主要涉及两个问题：一是偿还的方法，二是偿还的资金来源。

1. 国债偿还的方法

国债偿还的方法大致有以下几种：

（1）买销法。买销法又称购销法，或买进偿还法，是由政府委托证券公司或其他有关机构，从流通市场上以市场价格买进政府所发行的国债。

（2）比例偿还法。比例偿还法是政府按国债数额，分期按比例偿还。

（3）抽签偿还法。抽签偿还法是指政府通过定期抽签确定应清偿国债的方法。一般以国债的号码为抽签依据，一旦公开抽签确定应清偿国债的号码之后，抽中号码的国债同时予以偿还。

（4）一次偿还法。一次偿还法是指政府定期发行国债，在国债到期后，一次还清本息。

2. 国债偿还的资金来源

政府偿还国债，需要有一定的资金来源。偿还债务的资金来源主要依靠当年预算直接拨款、预算盈余、发行新债偿还旧债以及偿债基金。

二、地方债发行与管理

地方债的发行管理包括一般债券的发行管理和专项债券的发行管理。

（一）地方政府一般债券的发行与管理

我国地方政府一般债券是指省、自治区、直辖市政府（含计划单列市政府）为没有收益的公益性项目发行的、约定一定期限内主要以一般公共预算收入还本付息的政府债券。

省、自治区、直辖市依照国务院下达的限额举借的债务，特点是“自发自还”，收入纳入地方一般公共预算，还本付息以一般公共预算收入偿还。

1. 债券发行

（1）期限及规模。

地方政府一般债券期限为 1 年、3 年、5 年、7 年和 10 年。地方债发行实行年度发行额管理，全年债券发行总额不得超过国务院批准的当年发行额度。各地根据资金需求和债券市场状况等因素合理确定债券期限及发行规模，但单一期限债券的发行规模不得超过一般债券当年发行规模的 30%。

（2）发行原则。

一般债券由各地按照市场化原则自发自还，遵循公开、公平、公正的原则，发行和偿还主体为地方政府。

（3）投资者范围。

投资者范围包括社会保险基金、住房公积金、企业年金、职业年金、保险公司等机构投资者和个人投资者。

（4）发行定价。

一般债券采用记账式固定利率附息形式，其发行利率采用承销、招标等方式确定。采用承销或招标方式的，发行利率在承销或招标日前 1～5 个工作日相同待偿期记账式国债的平均收益率之上确定。

2. 债券承销

各地组建一般债券承销团，承销团成员应当是在中国境内依法成立的金融机构，具有债券承销业务资格，资本充足率、偿付能力或者净资本状况等指标达到监管标准。各地可在一般债券承销商中择优选择主承销商，主承销商为一般债券提供发行定价、登记托管、上市交易等咨询服务。地方政府财政部门与一般债券承销商签署债券承销协议，明确双方权利和义务。各地采用承销方式发行一般债券时，应与主承销商协商确定承销规则，明确承销方式和募集原则等。各地采用招标方式发行一般债券时，应制定招标规则，明确招标方式和中标原则等。

3. 债券托管

一般债券应当在中央国债登记结算有限责任公司办理总登记托管，在国家规定的证券登记结算机构办理分登记托管。一般债券发行结束后，符合条件的应按有关规定及时在全国银行间债券市场、证券交易所债券市场等上市交易。

4. 债券偿还

各级地方政府作为发行主体，以本级一般公共预算收入及时、足额支付债券本息，维护政府信誉。

（二）地方政府专项债券的发行与管理

根据《财政部关于印发〈2015 年地方政府专项债券预算管理办法〉的通知》（财预〔2015〕32 号）以及《国务院关于〈地方政府专项债券发行管理暂行办法〉的通知》（财库〔2015〕83 号）规定，地方政府专项债券（以下简称专项债券）是指省、自治区、直辖市政府（含计划单列市政府）为有一定收益的公益性项目发行的、约定一定期限内以公益性项目对应的政府性基金或专项收入还本付息的政府债券。

1. 债券发行

（1）期限及规模。

专项债券期限为 1 年、2 年、3 年、5 年、7 年和 10 年，由各地综合考虑项目建设、运营、回收周期和债券市场状况等合理确定，但 7 年和 10 年期债券的合计发行规模不得超过专项债券全年发行规模的 50%。

（2）发行原则。

专项债券由各地按照市场化原则自发自还，遵循公开、公平、公正的原则，发行和偿还主体为地方政府。

（3）投资者范围。

专项债券投资者范围，包括社会保险基金、住房公积金、企业年金、职业年金、保险公司等机构投资者和个人投资者，鼓励扩大专项债券投资者范围。

（4）发行定价。

项债券采用记账式固定利率附息形式，其发行利率采用承销、招标等方式确定。采用承销或招标方式的，发行利率在承销或招标日前 1～5 个工作日相同待偿期记账式国债的平均收益率之上确定。

2. 债券承销

各地组建专项债券承销团，承销团成员应当是在中国境内依法成立的金融机构，具有债券承销业务资格，资本充足率、偿付能力或者净资本状况等指标达到监管标准。地方政府财政部门与专项债券承销商签署债券承销协议，明确双方权利和义务。承销商可以书面委托其分支机构代理签署并履行债券承销协议。各地可以在专项债券承销商中择优选择主承销商，主承销商为专项债券提供发行定价、登记托管、上市交易等咨询服务。各地采用承销方式发行专项债券时，应与主承销商协商确定承销规则，明确承销方式和募集原则等。

3. 债券托管

专项债券应当在中央国债登记结算有限责任公司办理总登记托管，在国家规定的证券登记结算机构办理分登记托管。专项债券发行结束后，符合条件的应按有关规定及时在全国银行间债券市场、证券交易所债券市场等上市交易。

4. 债券偿还

各地地方政府作为发行主体，按照“自发自还”原则，支付债券本息，维护政府信誉。专项债券一般以其对应项目收益来偿还。2017 年，财政部、国土资源部公布了《地方政府土地储备专项债券管理办法（试行）》，明确 2017 年先从土地储备领域开展试点，发行土地储备专项债券，今后逐步扩大范围，逐步建立专项债券与项目资产、收益对应的制度，有效防范专项债务风险。

第五节　公债市场

一、国债市场

（一）国债市场的构成与功能

国债市场是指政府债券市场，它是以国债券（并不一定是实物券）为对象而形成的供求关系的总和。具体而言，国债市场就是国债券发行和交易的场所。按照国债交易的层次或阶段来划分，国债市场是由两个部分组成的，即国债发行市场和国债流通市场。

国债发行市场和国债流通市场是国债市场两块对称运行的组成部分，它们相互作用、相互依存，从而有机地构成了统一的国债市场。一方面，国债发行市场是国债流通市场存在的前提和运行的基础。如果没有发行市场，政府就无法筹集资金，投资者也无处购买国债券。从这个意义上说，没有发行市场就不可能有交易市场。只有具备了一定规模和质量的发行市场，流通市场上的国债券转让才可能进行。并且，发行市场上的国债券的发行条件和发行方式等对流通市场上的国债券的价格和流动性都有着深刻的影响。另一方面，国债流通市场又是国债发行市场的重要保证。如果没有流通市场，国债投资者就不能随时卖出所购国债券、及时收回资金以解决其他需要或者改换投资目标，从而也就无法灵活地运用自己的资金。这样人们就不会愿意持有国债券，最终将阻碍国债券的发行。所以说，只有国债发行市场和流通市场都能有效地运行，才会存在一个健康的国债市场。

国债市场一般具有三个方面的功能：一是为国债的发行和流通提供一个有效的渠道。一方面，政府可以采取固定收益出售方式和公募拍卖方式等在国债市场上完成国债的发行任务；另一方面，国债投资者在必要时可以通过国债市场迅速转让国债，从而实现获利或者改换投资方向的目的。二是引导资金的流向，调节资金的运行，从而达到社会资金的优化配置。在国债市场上，无论是国债的发行还是国债的流通，实际都是社会资金的一个再分配过程，而这种再分配过程最终是要使国债的需要者和资金的需要者都得到满足，这样社会资金的配置才会趋向合理。三是提供和传播经济信息。国债市场的买卖、行市和收益等均受客观经济规律的影响，对其变化情况进行分析和研究可以从不同的角度了解社会经济现象。这样既可以为政府提供宏观和微观的经济信息，有利于其做出正确的经济决策，也可以为广大的社会投资者提供分析投资环境的信息，有利于其做出明智的投资决定。

（二）国债发行市场

国债发行市场，也称国债一级市场，是指国债发行与推销的市场，它通过市场手段促进国债债权人与债务人发生债权与债务关系，其职能是完成国债发行任务，使政府筹措到所需资金，也为社会上的资金所有者提供投资并获取收益的机会。

国债发行市场实际上是一个抽象的概念，它并没有具体集中的场所，而是分散无形的。在国债发行市场上，一方是国债的发行者，即政府。政府通过发行国债筹集所需资金。另一方是国债的投资者，即社会上众多的资金持有者，他们通过购买国债实现一种投资。但通常情况下，国债的发行者与国债的认购者并不直接联系，他们总是通过国债发行的中介机构来完成国债交易过程。所以，国债的发行市场主要是由发行者、中介机构和投资者三方组成的。

政府在国债发行市场上是以债务人的身份出现的，它是国债发行的主体。一般来讲，政府发行国债的目的是筹集资金，以弥补财政赤字、扩大政府性投资支出和解决暂时性资金短缺等。政府总是希望以最小的筹资成本来获取最大量的、能长期使用的资金。但政府发行国债必须依据一定的法律程序，按照预定的发行条件来进行。国债的投资者在国债发行市场上是以债权人的身份出现的，他们用货币购买国债，从而持有国债并承担一定的风险。在投资于国债，决定买还是不买、买多还是买少时，投资者通常要考虑四个因素：一是国债偿还期限的长短。一般说来，期限越长意味着不稳定的因素越多，所以风险也就越大。二是国债流动性的大小，即变现能力的大小。在投资者遇到风险或预期到风险时，如果流动性大，国债就可以顺利地变成现金，从而使投资者逃避风险，减少损失。三是国债的安全性。国债的安全性通常涉及两个方面，即政府不能按期还本付息的风险和由于通货膨胀造成损失的风险。四是国债的投资收益率。收益是投资者的最终目的。投资者之所以冒风险进行投资，就是为了能从中获得较大的收益。由于国债的偿还期限有长有短，利率有高有低，每年还本付息次数多少不等，买进时的市价有高有低，所以国债的投资收益也各有不同。一般来说，投资收益与投资风险成正比，风险大，收益也高；风险小，收益也低。

中介机构在国债发行市场上是以媒介的身份出现的，它们促成了国债发行和国债投资的顺利进行。国债的发行中介机构主要包括银行、证券商和经纪人等。国债首先由它们承购，然后再向投资者出售。中介机构主要以两种方式承销国债：一种方式是接受政府委托，以委托募集的方式承销国债。在这种方式下，中介机构本身不负有接受国债的义务，也不承担任何国债发行风险。另一种方式是以承包募集的方式承销国债，它的基本要点是中介机构有义务承购因未完成计划发行额而剩余的国债，因而也就承担相应的国债发行风险。

（三）国债流通市场

国债流通市场，也称国债二级市场，是指转让买卖已发国债的市场。其职能是为已发国债提供一种再次出售的机会，由此促成一种流动性，使国债持有者在需要资金时能够卖出国债收回资金，并向新的持资者提供投资选择的机会。

1. 国债流通市场的交易类型

国债流通市场的交易类型包括交易所交易和柜台交易两种。**交易所交易**是一种有集中、固定的交易场所和交易时间的国债交易类型，是一种高度组织化的二级证券市场，是最主要的证券交易场所，在多数国家中也是唯一的证券交易场所。它通常有较严密的组织和管理规则，采用公开竞争的方式并借助完善的交易设施和较高的操作效率进行交易。一般地，只有作为交易所成员的经纪人或交易员才能在交易所中从事交易活动，公众则通过经纪人或交易员进行交易活动，买卖的证券也必须经过核准才能进入交易所。世界各国证券交易所的组织形式大体分为两类：一类是会员制组织形式，另一类是公司制组织形式。会员制组织形式的证券交易所是由许多会员自愿组成的、不以盈利为目的的法人团体。会员对证券交易所的责任仅以其所缴纳的会费为限，只有会员才能进入交易所直接参加交易，目前世界上大多数发达国家的证券交易所都采取这种组织形式。我国上海证券交易所和深圳证券交易所也采取这种组织形式。公司制组织形式通常以股份有限公司制组成。这种形式的证券交易所是一种股份公司组织，它是由股东出资组成，以盈利为目的的法人团体。它的股东一般有银行、证券公司、信托投资机构及各类公司。

柜台交易，也称店头市场交易，指国债经纪人或国债自营商不通过证券交易所而直接与顾客进行交易的方式。它的主要特点是交易方式灵活，由买卖双方协商定价。投资者既可以与证券公司直接议价买卖，也可以委托经纪人与证券公司议价买卖。通常柜台交易有两种形式，即自营买卖和代理买卖。在自营买卖的情况下，证券公司以批发价格从其他证券公司买进国债，然后再以零售价格把国债出售给客户，或者证券公司以零售价格向客户买进国债，然后再批发给其他证券公司。在代理买卖的情况下，证券公司作为经纪人根据客户的委托，代理客户买卖国债，以赚取手续费。在从事代理业务时，经纪人必须为客户的利益着想，但在交易中不承担任何风险，其所得报酬只是手续费。通常的做法是，证券公司按照想买入国债的客户委托的买价或按照想卖出国债的客户委托的卖价，尽可能以对客户最有利的价格成交，然后向客户收取手续费。

2. 国债流通市场的交易方式

国债在进行买卖时通常采取三种方式，即现货交易、期货交易及回购协议交易。

现货交易也称现金现货交易，指买卖双方同意在国债成交时马上交割，一手交券，一手交现金。但在实际交易过程中，往往有个较短的拖延时间，因而实际上即时交割的情况并不多见。通常采取次日交割或例行交割等方式。次日交割是指在成交后的一个营业日结束之前办完交割手续。例行交割则是一种在交割时间上约定俗成的交易办法，但各国的约定时间不尽相同。

期货交易指国债成交后并不马上交割，而是买卖双方按契约规定的价格和时间在将来某一时间进行交割结算的交易。国债的期货交易可以在市场上把因国债价格（利率）变化所造成的风险转移他人。期货交易都是通过证券交易所进行的。在交割日期到来之前，买进期货的人还可以再卖出同样一笔期货，卖出期货的人也可以再买进同样一笔期货。在期货交易中，可以利用期货价格与现货价格的不一致进行套买套卖，这样可以达到套期保值或投机的目的。套期保值是指在现货市场上买进或卖出某种债券的同时，再在期货市场上卖出或买进同等数量的债券，这样，当期货到期后，因价格变动而在现货交易中造成的盈利或亏损就可以由期货交易中的亏损或盈利去弥补或抵消。利用期货交易进行投机是指当债券行情看涨时买进期货，到期后再以高价卖出，从贱买贵卖中获利；当债券行情看跌时卖出期货，到期后再以更低的价格买进，从贵卖贱买中获利。这里投机因素可以起到加剧债券价格变动的作用，但投机时投机者通常要承担价格变动的风险。

回购协议交易是附加一定的条件，于一定时期后以预定的价格或收益率，由最初出售者再将该种国债券购回的交易方式。在回购协议交易中，对国债的原持有人（卖方）来说，是回购，而对投资人（买方）来说，则是逆回购。由于是带有回购条件的买卖，所以国债实际上只是被暂时抵押给了买方，买方得到的只是双方议定的回购协议的利息，而不是国债本身的利息。国债本身的利息（包括被抵押出去的这段时间内的利息）是属于卖方（国债的原持有人）的。这种有条件的国债交易方式实际上是一种短期的资金借贷。回购协议的期限最短为一天（隔夜交易），最长为一年。回购协议的利率是由协议双方根据回购期限、货币市场行情以及回购国债的质量等有关因素议定的。与国债本身的利率没有直接关系。

（四）我国国债市场的发展

1. 国债管理市场化改革的主要成绩

(1) 一级市场的改革与发展。

首先，简化了国债种类及交易手续，丰富了国债内涵。国债品种从原来的四类减少到只有记账式国债和凭证式国债两类，2006 年开始发行储蓄国债（电子式）后，当前国债品种为三类，分别是记账式国债、储蓄国债（凭证式）和储蓄国债（电子式）。也可将后两者统称为储蓄国债。其中储蓄国债（凭证式）与凭证式国债是同一个概念，2017 年起凭证式国债更名为储蓄国债（凭证式）。从 1998 年起可流通国债一律采用记账形式，不再发行实物国债，这节省了相当大一笔国债印制、调运、保管和销毁成本，杜绝了假券的出现。按票面利率变动与否，记账式国债可分为固定利率国债和浮动利率国债，按照期限则可划分为短期、中期、长期国债三种。2006 年以前所发行的记账式国债只有中长期品种，但目前的品种既有中长期也有短期，其中关键期限国债有 1 年、3 年、5 年、7 年和 10 年期品种，一般每年或每半年付息一次。储蓄国债（凭证式）具有储蓄债券性质，主要通过部分商业银行、邮政储蓄柜台和财政部门国债服务部重点面向个人投资者发行，机构投资者也可购买，期限通常为 2 年、3 年和 5 年，付息方式为到期一次还本付息。它以**填制“储蓄国债（凭证式）收款凭证”形式**，尽管不能流通转让，但是投资者可以提前兑付。2006 年首次推出的储蓄国债（电子式），通过银行营业网点专门针对个人投资者发行，采用电子方式记录债权，付息方式更为灵活多样。

其次，已基本实现市场化发行，发行体系日益完善。储蓄国债（凭证式）发行已完全采取先由商业银行向财政部承购包销，然后在发行期内通过商业银行柜台面向个人投资者销售的方式，彻底废除了以前年度的行政分配方式。至于记账式国债，也已完全采用公开招标方式发行，招标标的有国债的利率、利差、价格或数量，形式有缴款期招标、价格招标、收益率招标。这是一种完全市场化发行方式，所确定的价格是由市场供求决定的价格。2013 年 10 月 10 日，上海证券交易所首次推出国债预发行交易，标志着我国国债市场化发行制度的进一步完善。

最后，国债发行逐步规范，透明度有所提高。从 2000 年开始恢复了国债承销团制度，此后不断修订完善。目前承销团的组建按照国债品种，有凭证式国债承销团、记账式国债承销团及其他国债承销团。承销团划分为甲类成员和乙类成员。承销团成员资格采取申请审核制，资格有效期为 3 年，期满后再次申请审批。这一制度基本上规范了发行体和承销机构在国债市场上的操作行为，明确了各自的权利和义务，实践证明它有力地促进了国债的平稳发行。国家财政部还于国债发行前公布发债计划，提前公布债券品种和债券的发行时间；推行常规化季度发债计划、月度发行等，这对于提高国债发行透明度和便于投资者合理安排投资计划，以及扩大国债投资者基础，均有积极意义。

拓展区

阅读网络教学资源“案例分析”栏目第八章中的“国债承销团”，理论联系实际地分析问题。

（2）二级市场的改革与发展。

从 2000 年开始，通过鼓励部分商业银行开展代理国债买卖业务，银行间国债市场的机构投资者逐步扩大到非银行金融机构。2002 年 10 月，39 家商业银行获准开展代理债券结算业务。与此同时，经过近三年的精心准备，逐步做到与国际通行做法接轨，2002 年已经允许四大国有商业银行在部分地区开办国债柜台交易业务。这些措施会使更多的机构投资者和个人投资者加入到银行间市场中来，有助于逐步把银行间市场转变为场外市场，从而提高其流动水平。此外，2001 年推行的国债净价交易措施，在一定程度上降低了国债交易成本，并能准确反映国债价格走势和利率水平，这对于提高国债市场流动性也有一定作用。

（3）合理调整国债结构。

首先，可流通国债期限结构趋于长期化。从20世纪80年代中期到1997年的10多年间，所发国债大多是2年、3年和5年三个品种，期限较短。1998年9月，为配合积极财政政策，满足通过发债筹资加快基础设施建设的需要，以向四大国有银行发行1 000亿元10年期国债为开端，可流通国债平均剩余期限趋于长期化。近几年发行的可流通国债品种，主要是7年以上长期国债。

其次，浮动利率国债趋于减少，长期固定利率国债规模逐步增加。1999年9月，财政部针对银行存贷款利率在连续数次下调后水平较低，以及利率尚未实现市场化、长期国债定价困难的市场情况，首次向四大国有银行发行了600亿元10年期浮动利率国债，2000年发行的7年以上国债几乎全是浮动利率国债。2001年以来，财政部在与广大市场参与者进行广泛沟通和交换看法的基础上，从第二季度开始尝试发行长期固定利率国债，在继2001年成功发行了期限为15年和20年固定利率国债的基础上，2002年又成功地发行30年期固定利率国债。这表明我国在发展长期固定利率国债市场方面迈出了实质性步伐。

（4）加强国债兑付管理。

由于近几年国债发行量快速增长，且付息方式大多是按年付息或者半年付息一次，国债还本付息的次数、金额明显增多、增大。对此，财政部在严格加强内部管理的同时，还明令要求各有关承办国债业务的机构必须按时足额地把国债兑付资金拨付到投资者账户上。大量国债还本付息资金的按时足额拨付，不仅保障了国债投资者的切实利益，而且巩固了国债的“金边债券”地位，为国家积极财政政策的有效实施奠定了坚实基础。

（5）国债管理机构设置及其职责。

近几年来，我国在推进国债市场化改革和调整国债结构的同时，在国债管理机构设置和相关机构职责的确定方面也取得了很大的进展。2000年6月，财政部在整合国库账户管理、预算执行、国债管理和政府采购等职能的基础上，组建了国库司，基本做到了国债管理和国库收支的有效衔接。2001年9月，财政部成立了国库支付中心，其与国库司的职责划分是：国库司负责有关政策的研究和制定，国库支付中心则是具体执行部门，这是国库集中收付制度改革的具体体现。国库支付中心的成立，也使国债管理在政策制定和具体执行上基本实现了职能上的分离，符合国际通行做法。

2. 我国国债市场发展现状及存在的主要问题

由于我国国债市场发展的历史还很短，特别是受到社会主义市场经济、金融体制改革进程的影响，总体而言，现阶段我国国债市场的市场化程度还不算高，国债市场流动性还有待进一步提高，可以说还处于初级发展阶段，主要表现是：

（1）法律制度建设较为滞后。我国1992年颁布《中华人民共和国国库券条例》，但自1998年开始，我国已停止国库券的发行。该条例已不能适应国债管理和国债市场发展的需要，并且该条例还与1995年颁布的《中国人民银行法》的规定存在相互冲突之处。尽管最近几年频繁发布了许多规范国债市场的部门规定、办法、实施细则、规则等规范性文件等，但这些文件仅属于部门规章性质，并且比较零散，不系统，不规范。

（2）交易所债券市场与银行间债券市场相互分离。银行间债券市场是指依托于全国银行间同业拆借中心和中央国债登记公司的，由商业银行、农村信用社、保险公司、证券公司等金融机构进行债券买卖和回购的市场。目前银行间债券市场是我国债券市场的主体部分，大部分记账式国债都在该市场发行，交易方式采用做市商制度，价格波动小，交易成本低。相比之下，交易所债券市场实行集中撮合竞价（时间优先、价格优先）和经纪商制度，价格波动更大、流动性更强、交易费用更高。两大市场的相互分离造成银行间国债市场的收益率低于交易所国债市场收益率，不仅扭曲了国债市场价格，也是造成国债流动性不强的重要因素之一。

（3）国债市场流动性差。当前国债中面向个人投资者的储蓄国债（凭证式）的比例较高。个人投资者购买国债主要是为寻求安全保值、收益稳定，是以一种储蓄的心态来购买。因此，大部分持有者会持有至到期，流通转让的意愿不高。加之交易所市场与银行间市场的分割，抑制了债券交易的活跃程度。

（4）国债投资者结构还不够合理。目前个人投资者直接持有国债的比重依然较高，今后还需大力发展机构投资者队伍。

（5）公债市场供需仍不平衡。国债由于信用等级高、收益稳定、利息收入免税等优势，特别符合我国这样一个高储蓄率国家的大众投资理财偏好。随着交易方式日趋便捷、政府宣传力度加大，信息加速传递等，今后社会大众对国债投资的需求量只会增加，不会减少，但仅从目前市场供需看，国债的发行量与投资需求仍有一定距离。

二、地方政府债券市场

地方政府债券市场包括地方政府债券的一级发行市场和二级流通市场。我国地方政府债券的发行依次经历从“代发代还”到“代发自还”再到现在的“自发自还”三个阶段。我国自 2015 年起才开始发行的新生“自发自还”地方政府债券品种，发行规模迅速增长，目前市场认可度、流动性以及发行机制等尚存在诸多问题。

（一）流动性偏低

与国债、政策性金融债相比，地方债流动性偏低。这主要是由于地方债发行数量多而散，单只规模小，且高度集中于商业银行，2015 年 90%以上地方债为商业银行持有。这既阻碍债券换手流动，使债券缺乏“活力”，也不利于分散风险。

（二）地方债认可度较低

新发行的地方政府债券品种，市场认知与认可度低，尚需一定时间获得充分的认知与认可。尽管近年来地方债的市场规模增速较快，但真正到二级市场流转交易环节的却很少，投资者尚未对地方债交易形成一致观点，对地方债收益率曲线还未充分认可。

（三）定价标准不科学

地方债发行定价没有体现差异化、市场化，置换债券利率也没有体现地区之间的差异，发行及承销中带有一定行政色彩。甚至一些地方政府对市场化认知不足，认为债券利率越低越好，通过“指导价格”或将地方债认购与其他财政相关业务进行挂钩，造成对地方债发行价格的干扰。

三、我国公债市场的完善与发展

坚持稳中求进的原则，通过深化改革不断提升国债、地方债发行市场化水平，确保以合理成本和市场风险满足积极财政政策筹资需求，重点做好以下六个方面的工作。

（一）逐步健全政府债券管理的法律法规

完善做市商制度，降低做市商资格的准入门槛，减少做市商制度的行政审核，提高国债衍生品的市场参与度。建立做市商信息披露制度，保证市场所有参与者及时获取做市商的报价信息，保证市场信息充分对称。建立统一的担保品管理制度和逐日盯市制度，由中央托管机构统一管理国债衍生品的担保品，通过准确测算担保品是否足额的情况，依次为依据进行债券的增减，实现足额质押，从而有效避免国债衍生品的风险。

（二）优化国债发行计划防范市场风险

结合国库现金流量预测情况，优化国债发行计划。建立健全国债市场价格波动监测机制，增强对宏观政策调整、国债市场变化的敏感性和反应性，防范筹资风险。丰富基准国债体系，使其更加全面均衡；增加短期付息国债品种，提高投资者参与交易的动力；有针对性地调整不同市场的交易品种，例如促进上交所国债市场中长期国债品种的交易，促进银行间国债市场中短期国债品种的交易等。

（三）继续深化国债发行市场化改革

完善记账式国债发行机制，推动银行间债券市场开展预发行交易，改进续发行管理，不断提高记账式国债发行管理效率。适应利率市场化不断加速的要求，研究改进储蓄国债定价机制，逐步确立储蓄国债在个人金融产品定价中的基准地位。实现交易机制的互通，使银行间市场的固定收益平台和交易所市场的集合竞价平台之间的分设、互通、联动，由银行间市场专门负责固定收益平台的国债交易，由交易所市场专门负责集合竞价平台的国债交易。

（四）健全反映市场供求关系的国债收益率曲线

在公布关键期限和短端国债收益率曲线基础上，进一步健全长端国债收益率曲线。建立国债二级市场做市支持机制，提高国债二级市场交易活跃度，改善国债收益率曲线的样本数据质量。加大与有关方面沟通协调力度，早日开展国债做市支持操作；结合 30 年期国债发行情况，适时在财政部网站公布 30 年期国债收益率，初步形成涵盖短端、中端、长端的较为完整的国债收益率曲线。

（五）提升地方债发行市场化管理水平

把握好发债节奏，进一步强化市场意识，不断提高地方债发行定价的市场化水平，确保完成各年度的筹资任务。积极采用定向承销方式发行置换债券，充分发挥定向承销方式置换效率高、不发生现金流无资金挪用风险等优势。丰富地方债投资主体，加快推进通过财政部上海证券交易所国债发行招投标系统发行地方债相关工作，拓宽发行渠道，吸引更多投资者参与地方债投资。强化地方债市场化发行约束，引导信用评级机构完善信用评级指标体系，增强地方债信用评级结果区分度，充分发挥信用评级在债券定价参考等方面的应有作用。研究推进地方债投资主体多元化，在符合有关制度前提下，鼓励各地研究探索面向社会保险基金、住房公积金、企业年金等机构发行地方债，丰富地方债投资主体。

（六）强化地方债的风险管理

一是切实加强融资平台公司的融资管理，进一步规范融资平台公司融资行为管理，推动融资平台公司尽快转型为市场化运营的国有企业、依法合规开展市场化融资，地方政府及其所属部门不得干预融资平台公司日常运营和市场化融资。地方政府不得将公益性资产、储备土地注入融资平台公司，不得承诺将储备土地预期出让收入作为融资平台公司偿债资金来源，不得利用政府性资源干预金融机构正常经营行为。融资平台公司在境内外举债融资时，应当向债权人主动书面声明不承担政府融资职能，并明确自2015年1月1日起其新增债务依法不属于地方政府债务。二是规范政府与社会资本方的合作行为，允许地方政府以单独出资或与社会资本共同出资方式设立各类投资基金，依法实行规范的市场化运作，按照利益共享、风险共担的原则，引导社会资本投资经济社会发展的重点领域和薄弱环节，政府可适当让利。地方政府不得以借贷资金出资设立各类投资基金，严禁地方政府利用PPP、政府出资的各类投资基金等方式违法违规变相举债，除国务院另有规定外，地方政府及其所属部门参与PPP项目、设立政府出资的各类投资基金时，不得以任何方式承诺回购社会资本方的投资本金，不得以任何方式承担社会资本方的投资本金损失，不得以任何方式向社会资本方承诺最低收益，不得对有限合伙制基金等任何股权投资方式额外附加条款变相举债。三是进一步健全规范地方政府举债融资机制，地方政府举债一律采取在国务院批准的限额内发行地方政府债券方式，除此以外地方政府及其所属部门不得以任何方式举借债务。地方政府及其所属部门不得以文件、会议纪要、领导批示等任何形式，要求或决定企业为政府举债或变相为政府举债。四是建立跨部门联合监测和防控机制，完善统计监测机制，由财政部门会同发改委、人民银行、银监、证监等部门建设大数据监测平台，统计监测政府中长期支出事项以及融资平台公司举借或发行的银行贷款、资产管理产品、企业债券、公司债券、非金融企业债务融资工具等情况，加强部门信息共享和数据校验，定期通报监测结果。开展跨部门联合监管，建立财政、发展改革、司法行政机关、人民银行、银监、证监等部门以及注册会计师协会、资产评估协会、律师协会等行业自律组织参加的监管机制，对地方政府及其所属部门、融资平台公司、金融机构、中介机构、法律服务机构等的违法违规行为加强跨部门联合惩戒，形成监管合力。

拓展区

阅读网络教学资源“背景资料”栏目中的“我国国债承销团成员资格审批办法”；阅读网络教学资源“专题讨论”栏目第八章中的“我国国债市场发展的现状”，完成学习活动，并进行讨论。

【历史浏览】

按照以下提示，回顾本章内容，回答复习思考题。

公债就是政府举借的债务，是政府及政府所属机构以债务人的身份，按照国家的法律规定或合同的规定，同有关各方发生的特定的债权债务关系。公债是政府债务收入的主要形式，也是政府财政活动的重要内容。

国债的财政功能主要包括弥补财政赤字、筹集建设资金和调节经济运行。

国债的结构是指一个国家各种性质债务的互相搭配，以及债务收入来源和发行期限的有机结合。

我国地方政府债务的构成主要包括五个层次：地方政府的债务性收入、准地方政府债务、地方政府的欠款和挂账、地方政府担保的债务和社会性债务。

世界各国通用的国债发行方法：直接发行法、代销发行法、承购包销法、公开招标法

国债市场是政府债券进行转让、买卖和交易的场所。国债市场通常由发行市场（一级市场）和流通市场（二级市场）组成。

地方债的发行管理包括一般债券的发行管理和专项债券的发行管理。

【复习思考题】

1. 请说明公债的特征。
2. 国债具有哪些财政功能？
3. 如何理解国债的限度？
4. 衡量国债相对规模的指标主要有哪些？
5. 请说明地方债的分类情况。
6. 如何强化地方债的风险管理？

☞ 解答提示请参考网络教学资源“复习思考题答案”中的相关内容；请在60分钟内，完成网络教学资源“即时练习”栏目中的本章练习；阅读网络教学资源“参考文献”，了解学习本章的参考文献，如果学有余力，请选择阅读；在网络教学资源“重点概念”中，提供了本章相关概念的检索。

第九章

政府预算与管理

【学习导航】

请使用4学时学习本章内容，通过本章学习重点理解政府预算的含义、分类、原则和目标，掌握政府预算的编制、执行、决算程序，了解政府预算监督的内容。

本章考试的重点是政府预算的内涵及分类、预算管理目标、政府预算管理程序、预算监督等。

【引导案例】

政府预算，是政府对未来一定时期内的收入和支出的计划，是一本政府公开的“财务大账”：过去一年收了多少钱？钱投到哪里去了？今年的钱该怎么用？这些钱是不是“取之于民，用之于民”？每年都要接受人大代表的监督和审查。为此，在近年各地的人代会上，代表对财政预算的监督力度明显加大。

西方有一句名言：权力导致腐败，绝对权力绝对导致腐败。正因为财政部门掌握着纳税人的钱，权力巨大，所以，尽管各国社会制度不同，政权组织各异，但对财政预算的监督，都是从严要求，不敢放松。人民代表为人民，两会上代表们对预算报告讨论“热度”的升高，是一件利国利民的大好事。

学习本章内容，请思考：什么是政府预算？它分为哪几类？它的编制程序如何？为什么要进行预算监督？

☞ 解答提示请参考网络教学资源“案例分析”中的相关内容。

第一节 政府预算概述

一、政府预算的概念与分类

（一）政府预算的概念

政府预算就是指经法定程序审核批准的具有法律效力的政府年度财政收支计划，是政府筹集、分配和管理财政资金的重要工具。

政府预算有如下含义：

（1）从本质上看，政府预算首先是一种权力制衡的工具。现代预算制度的产生，本身就是新兴资产阶级同封建王朝进行经济斗争的结果。西方国家在预算产生后，政府往往希望摆脱国民的赞同权和监督权，故意使预算结构晦涩难懂，以便谋求不受限制的自由，两者间激烈的斗争表现出预算的政治性。在民主制度下，政治权力必须受到约束，因而政府必须将预算提交立法机构批准后才能进行预算活动，以便预算措施体现国民意志，国民意愿归集方式采取政治行政程序，因此国家预算就成为政府的财政执行权与国民的赞同权和监督权实现制衡的政治工具。

（2）从形式上看，政府预算是以年度政府财政收支计划的形式存在的。政府预算是政府对年度政府财政收支的规模和结构进行的预计、测算和安排，是按国家一定的政策意图和制度标准将政府预算年度的财政收支分门别类地列入各种计划表格，通过这个表格反映一定时期政府财政收支的具体来源和使用方向。

（3）从性质上看，政府预算是具有法律效力的文件。政府预算的形成过程实际上是国家权力机关审定预算内容和赋予政府预算执行权的过程。即政府必须将所编制的政府预算提交国家立法机关批准后才能据以进行预算活动。政府预算的法律性具体体现在有关预算级次划分、收支内容、管理职权划分等方面，都是以预算法为形式规定的；预算的编制、执行和决算的程序也是在预算法的规范下进行的；政府预算编制后要经国家权力机构审查批准后方能公布并组织实施；预算的执行过程要受严格制约，不经过法定程序审查批准，任何人无权改变预算规定的各项收支指标。这样就使政府的财政行为通过预算的法制化管理被置于社会公众的监督之下。

（4）从内容上看，政府预算反映政府财力的分配过程。从预算收支的内容上看，政府预算的各项收入来源和支出用途体现了政府的职能范围，全面反映了公共财政的分配活动。从预算收入方面看，政府通过预算的安排，采用税收、利润、公债、收费等手段参与国民生产总值的分配，把各地区、各部门、各企业及个人创造的分散的一部分国民生产总值集中起来，集中收入的过程也反映和协调着政府与企业、部门及公民个人的分配关系；从预算支出方面看，通过预算安排，把集中的财政资金在全社会范围内进行分配，以保证政府行使其公共职能的需要。因此，政府预算收支体现着政府集中掌握的财政资金的来源、规模和流向，预算规模和结构又直接反映了公共财政参与国民生产总值分配及再分配的规模和结构。

（5）从作用上看，政府预算是政府调控和监督经济和社会发展的重要手段。政府预算作为财政分配的中心环节，在对财政资金的筹集、分配和使用过程中，如果通过收支分配活动有意识地为财政的宏观调控和监督功能服务，那么收支手段就又成为对经济进行宏观调控和监督的重要杠杆。调控和监督是财政分配对经济能动作用的具体表现。

拓展区

阅读网络教学资源“重点解析”栏目第九章中的“政府预算的性质”，对上述内容加深理解。

（二）政府预算的类型

由于政府预算收支反映着政府活动的范围和方向，因而随着社会经济生活和财政活动的逐步复杂化，各国预算也由最初简单的政府年度收支一览表，逐步发展为满足多种需要的包括多种预算结构和形式的复杂系统。

（1）按预算编制的形式分类，政府预算可以分为单式预算和复式预算。

单式预算是将政府全部财政收支汇集编入一个总预算之内，形成一个收支项目安排对照表。复式预算是把预算年度内的全部财政收支按收入来源和支出性质，分别编成两个或两个以上的预算，从而形成两个或两个以上的收支对照表。

复式预算的典型形式是双重预算，一为经常预算，二为资本预算（也称普通预算和特别预算、经费预算和投资预算等）。虽然各国使用的复式预算名称和具体项目不尽相同，但从内容上看，经常预算主要包括政府一般行政费支出，如政府日常活动的经费支出以及一般性的拨款等。经常预算的收入来源，主要包括各项税收收入以及一部分非税收入。在一般情况下，经常预算应保持收支平衡并有结余，结余额转入资本预算。资本预算主要包括政府的各项资本性支出，如政府对公营企业的投资、对公共工程项目的投资、战略物资储备、政府贷款以及偿还国债等支出。政府的资本预算收入来源，主要包括经常预算转来的结余额、国债收入等。复式预算的另一种形式是多重预算，即由一个主预算和若干个分预算组成。

拓展区

阅读网络教学资源“重点解析”栏目第九章中的“单式预算与复式预算的优缺点”，对上述内容加深理解。

按预算编制方法分类，可以将政府预算分为基数预算和零基预算。

基数预算又称增量预算，是指预算年度的财政收支计划指标，是以上年财政收支执行数为基础，再考虑新的年度国家社会经济发展需要而确定。因此，基数预算与以前财政年度财政收支的执行情况及新的财政年度国家经济发展趋势密切相关。从其总的收支走势来看，是逐年上升的。

零基预算是对新的预算年度财政收支计划指标的确定，不考虑以前年度的收支执行情况，是以零为基础，结合经济发展情况及财力可能，从根本上重新评估各项收支的必要性及其所需金额的一种预算形式。零基预算法的特点就是对预算收支进行全面的分析，最后得出计划年度预算收支指标的新结果。

（2）按预算项目能否直接反映其经济效果划分，可以将政府预算划分为投入预算和产出预算。

投入预算是指只反映投入项目的用途和支出金额，而不考虑其支出的经济效果的预算。因此，投入预算只能用来控制各项支出的用途和金额，而无法根据各项支出的经济效果来进行经济分析和选择。

产出预算主要有：1）绩效预算。所谓绩效预算就是政府首先制定有关的事业计划和工程计划，再依据政府职能和施政计划制定执行计划的实施方案，并在成本效益分析的基础上确定实施方案所需要支出的费用，以此来编制预算。绩效预算的特点就是按计划决定预算，按预算计算成本，按成本分析效益，然后根据效益来衡量其业绩。可见，绩效预算与只注重投入而忽视产出的传统预算不同，它十分重视对预算支出效益的考核，是以成本—效益为衡量支出标准的预算组织形式，对于监督和控制预算支出，提高支出效益有积极的作用。2）计划—项目—预算制。计划—项目—预算制是在绩效预算制的基础上发展起来的，它是依据国家确定的目标，着重按项目安排和运用定量分析方法编制的一种预算制。实行计划—项目—预算制的基本步骤是：第一，要求按政府确定的目标划分项目，如把国防活动划分为战略报复、一般兵力、运输及后勤等主要计划，把这些主要计划构成一个总系统，在此基础上，再划分诸多细项目；第二，确定用于完成目标所必需的资源，以及对选定的项目配置资源，在此基础上确定这部分资源的费用，并从中选择一种最佳的办法；第三，安排计划，既要考虑过去的计划决策的执行情况，更要考虑现在正在设计的未来计划，要善于把两者有机地结合起来考虑。实行计划—项目—预算制的优点主要是：第一，可以把预算中安排的项目和政府的中长期计划相结合，做到长计划短安排，有利于政府活动的开展；第二，由于在选择和安排项目过程中，重视成本—效益，因而要求依据各项数据资料进行经济分析和评估，并通过对项目之间进行比较，有利于降低各个项目的费用和提高财政资金的使用效果，供政府作为决策的依据和参考；第三，考虑许多项目往往是跨年度的，按项目安排预算，可以根据发展变化情况，对目标、计划和预算进行调整。计划—项目—预算制能够较好地把政府活动的长期计划和年度预算所包括的各项活动规划结合起来，利用各种数量分析方法对方案进行分析，参照各种成本和效益的数据，选择出最佳的方案，因而成为政府决策的重要依据。

（3）按预算收支的平衡状况划分，可以将政府预算分为平衡预算和差额预算。

平衡预算是预算收入基本等于预算支出的预算形式。预算收支之间的对比关系，不外乎有三种情况，即收支相等，收大于支，支大于收。人们习惯上将收支相等，称为平衡；收大于支，称为结余；支大于收，称为赤字。这三种情况在编制国家预算计划时均有可能出现，但在预算执行及决算中，可能出现的只能是两种情况：或者是结余，或者是赤字。因此，在实际工作中，略有结余或略有赤字的预算也被视为平衡预算。

差额预算是预算收入大于或小于预算支出的预算形式。这里所说的差额预算是指收支差额较大，并且这种差额被作为编制国家预算的一种政策加以执行的预算形式。差额预算按其收支对比的具体情况可以分为两种：一是盈余预算，即收入大于支出的预算；二是赤字预算，即支出大于收入的预算。

（4）按预算分级管理的要求划分，可以将政府预算分为中央预算和地方预算。

中央预算是指中央政府预算，由中央各部门（含直属单位）的预算及地方向中央的上解的收入、中央对地方的返还或补助的数额组成。

地方预算是由地方各级政府预算组成，包括本级各部门（含直属单位）的预算及下级政府向上级政府上解的收入、上级政府对下级政府的返还或给予补助的数额。

(5) 按收支管理范围和编制程序划分，可以将政府预算分为总预算和部门单位预算。

总预算是指政府的财政汇总预算。按照国家行政区域划分和政权结构可相应划分为各级次的总预算，如我国的中央总预算、省（自治区、直辖市）总预算、市总预算、县总预算等。各级总预算由本级政府预算和所属下级政府的总预算汇编而成，由财政部门负责编制。

部门单位预算是指部门、单位的收支预算。各部门预算由本部门所属单位预算组成，单位预算是指列入部门预算的国家机关、社会团体和其他单位的收支预算。部门单位预算是总预算的基础，其预算收支项目比较详细和具体，它由各预算部门和单位编制。

(6) 按预算编制年限划分，可以将政府预算分为年度预算和中期预算。

年度预算是指预算有效期为一年的财政收支预算。这里的年度是指预算年度，又称财政年度，指政府预算的有效起讫期限，通常为一年。

中期预算是一个复杂的政府范畴支出计划，它通过结合宏观经济与财政收入预测（通常是三年期以上的计划），在预算政策框架范围内以政策优先性作为依据配置公共支出。中期预算按照由低到高的要求，分为三个阶段：中期预算政策框架、中期部门预算框架和中期绩效预算框架。目前我国政府文件中用于描述中期预算相关概念的术语主要是中期财政规划和三年滚动政府投资计划。根据国发〔2015〕3 号文件，中期财政规划被定义为："中期财政规划是中期预算的过渡形态，是对总体财政收支情况进行科学预判的基础上，重点研究确定财政收支政策，做到主要财政政策相对稳定，同时根据经济社会发展情况适时研究调整，使中期财政规划渐进过渡到真正的中期预算。"

跨年度预算平衡机制是对现行单一年度预算平衡机制的一种改进，是指在财政预算编制、执行等环节，建立健全跨年度的、合理的平衡机制，实施依法征税，硬化支出预算约束，更好地发挥财政宏观调控作用。

跨年度预算平衡机制的核心理念就是加强资源与计划的匹配，服从于政府的长远目标和计划。根据十八届三中全会关于"审核预算的重点由平衡状态、赤字规模向支出预算和政策拓展"的要求，新《预算法》增加规定，各级人大预算审查的重点是：预算安排是否符合国民经济和社会发展的方针政策，收支政策是否可行；重点支出和重大投资项目的预算安排是否适当；对下级政府的转移性支出预算是否规范、适当等内容。为确保收入预算从约束性转向预期性，新《预算法》要求各级预算收入的编制，应当与经济和社会发展水平相适应，与财政政策相衔接；各级政府不得向预算收入征收部门和单位下达收入指标。

二、现代政府预算原则

政府预算原则是一国预算立法、编制及执行所必须遵循的原则。预算原则是伴随着现代预算制度的产生而产生的，并且随着社会经济和预算制度的发展变化而不断变化。早期的预算原则比较注重控制性，即将预算作为监督和控制政府的工具，而后随着财政收支内容的日趋复杂，开始强调预算的周密性，即注重研究预算技术的改进；自功能预算理论发展后，政府预算的功能趋于多样化，由此，预算原则又更注重发挥预算的功能性作用，即正确合理地运用预算功能来实现国家的整体利益。

现代预算制度产生后，各国预算学者对预算原则进行了一系列的探索。目前被多数国家广为接受的一般性预算原则，主要包括以下几条。

（一）完整性

这就是要求政府的预算包括政府全年的全部预算收支项目，完整地反映政府全部的财政收支活动，不允许有预算外的其他财政收支。

（二）统一性

这就是要求预算收支按照统一的程序来编制，任何单位的收支都要以总额列入预算，不应当只列入收支相抵后的净额。统一性的原则实际上就是要求各级政府都只能编制一个统一的预算，不要以临时预算或特种基金的形式另外编制预算。

（三）年度性

所谓年度性是指政府预算的编制、执行，决算，这一完整的工作程序是周期性进行的，通常为一年。要求政府预算按年度编制，预算中要列明全年的预算收支，并进行对比。不容许预算收支上有跨年度的规定。这里的一年是指预算年度，预算年度指预算收支的起讫时间，它是各国政府编制和执行预算所依据的法定期限。预算年度有历年制和跨年制两种形式：历年制是按公历计，即每年的1月1日起至12月31日止。如我国及法国等国的预算年度均采用历年制。跨年制是指一个预算年度跨越两个公历年度，主要考虑与本国立法机构的会期、预算收入与工农业经济的季节的相关性，以及宗教和习俗等因素。如英国、日本、印度等国家将预算年度的定为本年的4月1日至次年的3月31日；美国则将预算年度定为本年的10月1日至次年的9月30日。

（四）可靠性

这就是要求编制预算中，正确地估计各项预算收支数字，对各项收支的性质必须明确地区分。

（五）公开性

所谓公开性是指各级政府预算及决算不仅要经过各级权力机关审批，还须向社会公众全面公开。即预算属于公开性的法律文件，其内容必须明确，以便于社会公众了解、审查政府如何支配纳税人的钱，并监督其使用。

（六）分类性

这就是要求各项财政收支必须性质明确地分门别类，在预算中清楚列示。

三、政府预算管理的目标

（一）关键目标：总支出控制、战略性资源配置、公共部门运营效率

政府公共预算管理的首要目标就是实现总支出控制。我们认为，总支出控制对于良好的政府预算管理是必不可少的。实现总支出规模控制，不仅要求支出预算的编制要现实、可靠，而且还需要有一个良好的预算执行体系，如国库单一账户体系，预算（拨款）会计系统，用于管理多年度合同和远期承付项目的系统、规范的人事管理系统以及完善且透明的竞争性政府采购管理系统等。

战略性资源配置是指根据经济发展战略和发展规划、政府的政策重心等，对稀缺财政资源进行科学安排，以最大限度地提高财政资源的使用效益和效率。战略性资源配置需要

良好的规划以及政府内部各职能部门之间的协调。

总支出控制和战略性资源配置涉及政府上下级和同级政府内部各职能部门之间的财政分配关系。采用的原则是：(1) 财政目标应该适用于各级政府。(2) 收入分配应该与支出划分相匹配，各级政府之间不允许“转嫁”财政赤字。当新的职责或责任转移给下级政府时，上级政府应有相应的补偿措施。(3) 应设立相应的机制来控制地方政府的借债，对地方政府预算的超支或拖欠，法律应规定相应的制裁或紧急救助措施。(4) 中央与地方政府间应保持适度分权，同时，在预算执行、内部控制以及审计制度等方面应保持中央与地方的一致性。(5) 中央政府与地方政府应该具有统一的、按职能和经济用途划分的支出分类，以强化各级政府的支出责任。

良好的运作管理、公共部门较高的运营效率也是政府预算管理的关键目标之一。它要求建立健全的公共财政运行机制、设计规范的支付程序以及加强政府部门责任制、提高透明度等措施，以实现政府公共预算管理较好的效益、效率和有效性。

从短期看，政府预算管理的三大主要目标可能是互相冲突的，如过分强调总支出控制或许能够在一定程度上消除浪费、欺诈、贪污等腐败行为，但自上而下层层控制的结果有可能导致资源配置失当和管理运作低效。然而，如果在提高管理灵活度的名义下取消事前财政控制，又将为大范围的腐败制造可乘之机。但从长远看，它们是相辅相成的，因为要想提高管理和运作效率，必须具备良好的财经纪律和合理的资源配置这两大背景，而优质的管理本身又能对两大背景的形成发挥关键性的作用。

(二) 重要目标：确保财务合规性和控制财政风险

除了以上关键目标外，关注适当程序以确保政府财务的合规性以及控制和管理财政风险，也是政府公共预算管理的基本要求，因为合规性和风险存在于预算管理的每一个环节，严重的违规和高风险对任何公共部门（包括政府）都会造成重大的负面影响。

合规性是指在政府公共预算管理过程中的所有参与者，包括行政部门、财政部门、支出部门和支出机构中的决策者与管理者，都必须严格遵从与政府预算有关的法律和其他相关的规范。合规性要求存在于预算过程的每个环节，在传统预算管理中，合规性是最为重要的目标。现代预算管理由于更加强调预算过程的绩效导向，合规性的重要性有所下降。即便如此，合规性是每个预算管理系统都需要的。特别是在实行投入预算的国家中，政府预算管理更多地关注投入和过程，而较少对产出和结果进行严格、科学的绩效考核，因而预算执行中的违规行为比比皆是，过多的自由裁量常常使法律法规流于形式，未能得到切实贯彻。在这种情况下，在政府公共预算管理系统中，培养和贯彻“顺应规则”的文化，强调合规性是极为重要的。如果这一目标和原则不能得到有效的遵从和贯彻，其他目标都将无法实现。

风险是在某个特定状态下和特定时间内可能发生的结果的变动。财政风险是一种政府性的经济风险，它是指在进行财政活动中导致未来遭受损失的可能性。它的表现形式或种类是多种多样的，有财政政策风险、财政体制风险、国债风险、隐性债务风险、财政赤字风险、财政收支风险等。

所有的公共组织（包括政府）都在不同程度上和不同范围内参与与风险有关的财政交易（如政府贷款担保等），因而或多或少地存在财政风险。在许多经济转轨国家和发展中国家，经济、金融和社会政治领域中的风险都有最终集中导向政府的趋势，由此削弱了财政的可持续性以及政府的施政能力和可信度。

当政府面临严重的财政风险时，唯一的办法就是对财政风险进行及时而全面的控制和管理。风险管理的目标是控制风险损失，常用的方法有三种：转移风险、消除或减少风险、承担风险。而关键性措施则是建立一套对财政风险的确认、量化、评估和报告制度。确认风险包括确认风险的来源、性质和类别；量化风险则要求应尽量使一切可能量化，掌握其规模和结构；评估风险要求对风险的程度和发生频率进行计量和评估；确认、量化和评估的结果应以财政风险报告书的形式予以公布。

除了上述财政经济目标外，政府公共预算管理还关注公共利益方面的需要和政治方面的目标。满足公共利益方面的需要要求：政府公共预算必须依据明晰的决策程序来保证适度的财政透明度；要建立明确的责任制，确保在具体规定的质量、成本以及时间安排范围内提供公共产品和服务；政府的行政系统与程序在设计时应致力于满足各利益集团的需求。公共财政管理服务于政治方面的目标要求：政府实施的各项有关政策能获得社会的广泛认可，保证政治上的可接受度；向社会民众提供机会，参与特定领域的经济管理等。

超链接

中国财经网：http：//www. fec. com. cn/

财政部财政科学研究所：http：//www. crifs. org. cn/index. asp

四、我国政府预算体系

（一）按照行政级次划分

预算管理体系是指政府预算管理各部分的构成。由于预算是政府的基本收支计划，为政府履行职责、提供公共服务提供财力保障，因而预算管理体系必然与财政管理体制相一致，即一级政府，一级财政，一级预算。根据宪法，我国目前从中央到地方共有五级政府，即中央、省（自治区、直辖市）、市（自治州）、县（自治县、旗、不设区的市、市辖区）、乡（民族乡和镇）五级政府。与之相适应，我国预算管理体系也包括中央预算，省、自治区、直辖市预算，设区的市、自治州预算，县、自治县、旗、不设区的市、市辖区预算，乡、民族乡和镇预算，共五级预算。

中央预算是经法定程序批准的中央政府的财政收支计划，它由中央各部门预算所组成，预算收入包括地方向中央上解的收入数额和中央对地方返还或者给予补助的数额，中央各部门预算由部门所属各单位预算组成。**地方预算**是经法定程序批准的地方各级政府的财政收支计划的统称，由省、自治区和直辖市总预算组成。地方各级总预算由本级政府预算（简称本级预算）和汇总下一级总预算组成，下一级只有总预算的，下一级总预算即指下一级的本级预算。整个预算体系的基本关系，如图 9－1 所示。另外，我国预算法规定，不具备设立预算条件的乡、民族乡、镇，经省、自治区、直辖市政府确定，可以暂不设立预算。

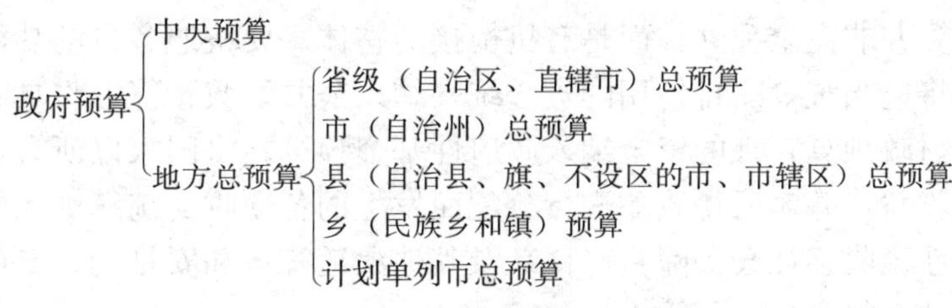

图 9-1　我国政府预算体系

（二）按照预算构成体系划分

从预算构成体系来看，目前我国各级政府预算由一般公共预算，政府性基金预算，国有资本经营预算、社会保险基金预算共同构成。政府各类收入反映政府以行政权力和国有资产所有者身份集中社会资源的规模和份额，都应纳入政府预算体系管理。

（1）一般公共预算是指政府凭借国家政治权力，以社会管理者身份筹集以税收为主体的财政收入，用于保障和改善民生、维持国家行政职能正常运转、保障国家安全等方面的收支预算。

（2）政府性基金预算是指政府通过向社会征收基金、收费以及出让土地、发行彩票等方式取得收入，专项用于支持特定基础设施建设和社会事业发展等方面的收支预算。政府性基金预算的管理原则是：以收定支，专款专用，结转结余下年继续使用。基金支出根据基金收入情况安排，自求平衡，不编制赤字预算。各项基金按规定用途安排，不调剂使用。当年基金收入不足的，可使用以前年度结余安排当年支出；当年基金收入超过支出的，结余资金可结转下年安排使用。基金预算的基本政策目标是为特定公共事业发展提供稳定的资金来源，提高预算保障程度和管理透明度，支持重大基础设施建设、加强经济社会发展的薄弱环节和促进战略性新兴产业发展。按照《政府收支分类科目》确定的政府性基金收支范围，2013 年纳入基金预算的资金共 45 项。

（3）国有资本经营预算，是国家以所有者身份依法取得国有资本收益，并对所得收益进行分配而发生的各项收支预算，是政府预算的重要组成部分。国有资本经营预算收入主要包括从国家出资企业取得的利润、股利、股息和国有产权（股权）转让收入、清算收入等，支出主要用于支持国有经济和产业结构调整以及弥补国有企业的改革成本等。

（4）社会保险基金预算是指政府通过社会保险缴费、公共财政预算安排的补助等方式取得收入，专项用于社会保障支出的收支预算。社会保险基金预算按险种分别编制，包括企业职工基本养老保险基金、失业保险基金、城镇职工基本医疗保险基金、工伤保险基金、生育保险基金等内容。根据国家法律法规建立的其他社会保险基金，条件成熟时，也应尽快纳入社会保险基金预算管理。社会保险基金收入预算的编制应综合考虑统筹地区上年度基金预算执行情况、本年度经济社会发展水平预测以及社会保险工作计划等因素，包括社会保险参保人数、缴费人数、缴费工资基数等。统筹地区人民政府应根据社会保险基金收支、财政收支等情况，合理安排本级财政对社会保险基金的补助支出。社会保险基金支出预算的编制应综合考虑统筹地区本年度享受社会保险待遇人数变动、经济社会发展状况、社会保险政策调整及社会保险待遇标准变动等因素。社会保险待遇支出预算应根据上年度享受社会保险待遇对象存量、上年度人均享受社会保险待遇水平等因素确定，同时考虑本年度变动情况；社会保险非待遇性支出预算要严格执行社会保险政策和管理制度规定。

上述四类预算并非完全独立，而是有机衔接的整体。要按照各自的功能和定位，科学设置政府预算。将应当统筹安排使用的资金统一纳入公共财政预算；将具有专款专用性质且不宜纳入公共财政预算管理的资金纳入政府性基金预算；将国家以所有者身份依法取得的国有资本经营收益，并对所得收益进行分配而发生的各项收支统筹纳入国有资本经营预算；将通过一般性税收、社会保障费（税）及其他渠道筹集和安排的、专门用于社会保障的各项收支纳入社会保险基金预算中。

拓展区

阅读网络教学资源“案例分析”栏目第九章中的“我国的政权结构与行政区划”，理论联系实际地分析问题；阅读网络教学资源“背景资料”栏目中的“《中华人民共和国预算法》（部分）”。

第二节　政府预算管理程序

一、政府预算编制

（一）预算编制的准备工作

编制政府预算是一项系统工程，因此在预算编制前要做好各项准备工作，以使预算能够正确反映当年经济的发展情况和政府所要达到的政策目标。

1. 宏观经济规划

政府预算反映的是规定年度的财政收支计划，因此编制政府预算时首先要考虑的是计划年度的宏观经济规划，对未来的经济形势进行预计和分析，唯其如此才能真实反映当年的经济发展实际。

2. 中期支出框架

根据计划年度的国民经济宏观规划，财政部门要拟定下年度收支指标，作为各级财政部门编制预算草案的依据。在确定中期支出框架时，要掌握的信息有：本年度预计收支完成数、下一年度国民经济的社会发展计划控制数、各地及各部门提出的计划年度收支建议数、影响计划年度预算收支的不利因素和历年预算收支规律等。

3. 年度预算限额

依据下一年度的经济发展形势预测和历年的收支规律，按照国务院颁发编制下年度预算草案的指示，确定计划年度的预算收支限额。

4. 预算收支分类

国家预算收支科目是国家预算收支科学划分的综合总分类，它由财政部统一制定，预算科目分为收入科目和支出科目“两列”，各列按包括范围的大小及管理的需要又分为“五级”，由大到小依次划分为“类”“款”“项”“目”“节”；“类”下分设若干“款”，依此类推。为了适应经济发展和预算管理的需要，我国每年都会对预算收支科目进行调整、修订。从1997年开始，国家预算收支科目分为一般预算收支科目和基金预算收支科目两大部分。1998年预算收支科目修订后分为三部分，即一般预算收支科目、基金预算收支科目和债务预算收支科目，现行预算科目的设置可概括为“两列五级三部分”。2011 年，财政部对政府收支分类科目又做了重新调整，删除了预算外收支科目，增设了国有资本经营预算收支科目和社会保险基金预算收支科目，各级财政部门按照新的政府收支科目编制公共预算、政府性基金预算、国有资本经营预算和社会保险基金预算。

5. 人员培训与技术服务

在编制年度预算时，要对各级、各部门的编制人员，按照当年的要求进行相关内容的培训。

（二）“两上两下”的部门预算编制程序

政府预算的编制一般采用自上而下和自下而上，上下结合，逐级汇总的程序。国务院一般于每年第四季度要向各省、自治区、直辖市和中央各部门下达编制下一年度预算草案的指示，提出编制预算草案的原则和要求。财政部在国务院下达指示后，具体部署编制预算草案的工作，如制定和颁发收支科目、报表格式、明确编制预算的具体要求和方法，并具体安排财政收支计划。此后，各部门预算的编制经历了上报、下核、再上报、再下核的过程，我们习惯称之为“两上两下”的部门预算编制程序。

“一上”，由部门编制预算建议数，上报财政部。单位提出概算，行政单位根据预算年度工作计划、工作任务和收支增减因素，提出包括财政预算拨款收入、预算外资金收入、其他收入和各项支出组成的收支概算，逐级汇总后由主管部门报送同级财政部门。

“一下”，财政部门与有预算分配权的部门审核部门预算建议数后，下达预算控制数或预算指标。财政部门根据本级人民代表大会批准的财政预算及本级政府批准的财政预算外资金收支计划，参照行政单位编报的收支概算，按照预算编报审批原则测算、分配下达单位预算指标，包括财政预算拨款指标和预算外资金核拨数额。行政单位应当按照规定程序逐级报送主管预算单位或者财政部门审批。

“二上”，各部门根据预算控制数编制本部门预算报送财政部。行政单位根据财政分配的预算指标，核实调整单位各项收支，按照预算编报的要求，正式编制年度收入和支出预算，经主管预算单位审核汇总后报送同级财政部门。

“二下”，财政部门根据人民代表大会批准预算草案批复部门预算。财政部门对上报的行政单位预算，应进行认真审核，在规定期限内批复下达部门预算；主管部门再在部门预算的范围内批复单位预算。单位预算经财政部门、主管预算单位批准后作为预算执行的依据。

依据法律规定，政府预算草案只有经国家权力机关审查和批准后才能正式成为政府预算。

拓展区

阅读网络教学资源“背景资料”栏目中的“《中华人民共和国预算法实施条例》（部分）”。

二、政府预算执行

（一）预算执行的机构和任务

1. 国务院及地方各级人民政府是政府预算执行的组织领导机构

国务院的职责为：执行国家预算法律、法令，制定预算管理方针、政策；核定国家预算、决算草案；组织、领导国家预算的执行；颁发全国性的、重要的财政预算规章制度；审查、批准中央总预备费的动支。各级地方政府的职责为：颁发本级预算执行的规定、法令；批准本级预备费、机动财力的动支；按规定执行预算调剂权；按规定安排使用本级预算结余；审查本级预算的执行和决算。

2. 各级政府财政部门是政府预算执行的管理机构

在预算收入执行中，各级政府财政部门既是预算收入执行的统一负责部门，根据国家预算收入执行工作的需要，制定组织收入的各种制度和方法，监督各经管收入的部门、各预算缴款单位努力完成预算收入任务，检查预算收入执行情况等，又是国家预算收入的主管机关，主要负责管理行政规费收入、罚没收入、公产收入和杂项收入，国有企业缴纳的企业利润、资金占用费等。财政部门还负责组织和监督管理预算支出，主管预算资金的分配。

3. 税务机关、海关、政策性银行、中国人民银行（国家金库）是政府预算的执行机构

各级税务机关和海关是收入的征收机构。各级税务机关的职责是负责征收海关关税之外的各类税收（主要包括各项工商税收和国有企业所得税）以及国家交办的其他预算收入，其中国家税务局主要负责征收中央固定税和中央地方共享税，地方税务局主要负责征收地方税。海关主要负责征收管理关税、对进口货物代征的工商税等有关税款、海关罚没收入。

中国人民银行是国家预算资金的出纳机构。我国由中国人民银行经理国库业务，不设中国人民银行机构的地方，其国库业务委托当地的专业银行办理。我国国库机构按级次从上往下分设中央总库、省分库、市中心支库和县支库，国库业务工作实行垂直领导，各级国库分支机构既是中央国库的分支机构，也是地方金库。目前中央总库办理中央金库业务，并兼理地方国库业务。地方金库不仅办理同级预算收支的出纳工作，也办理上级和中央预算收支的出纳工作，各级支库可能同时办理中央、省、地区（市）、县四级预算收入的收纳、划分和报解工作。

此外，政策性银行也是政府预算的执行机构。政策性银行按其专业分工，分别管理支农资金的拨、贷管理及结算业务，基建投资的拨、贷管理及结算业务，工商企业的流动资金等。

（二）预算收入的缴库方式

预算收入组织入库的方式称为缴库方式。在我国预算收入的缴库方式分为就地缴库、集中缴库和自收汇缴三种方式。就地缴库是指缴款人通过其开户银行，以转账方式直接向当地国库办理缴库。集中缴库是指基层缴款单位将应缴预算收入通过银行到上级主管部门汇总，向国库缴纳。自收汇缴是指由征收机关直接向缴款人和缴款单位征收税款后，汇总缴入国库。

（三）预算收入缴款的程序

国库收纳的各项预算收入一律凭统一规定的缴款书办理。缴款书是办理预算收入缴库的唯一凭证，缴款书应由缴款单位或征收机关按国家预算收入科目一税一票按款填制。没有按规定正确填制缴款书的，各级金库都不办理预算收入的收纳入库。

（四）预算收入的划分和报解程序

（1）国库对每天收纳入库的预算收入，首先分清预算级次，按照中央、省（自治区、直辖市）、市（自治州）、县（市）四个级次，及时办理预算收入和库款的划分报解工作。

（2）国库凭预算收入缴款书，经审核无误后，按照预算收入科目分“款”进行统计，编制预算收入日报表，同时根据预算收入日报表中属于分成收入项目的会计数，按确定的分成比例编制分成收入日报表，作为分成收入报解的依据。

（3）按照国家预算法的规定，国家预算收入分为中央预算固定收入，地方预算固定收入，中央预算与地方预算共享收入三种，凡属中央预算固定收入的，按照中央预算收入统计表的数额逐级全部报解到中央总金库，增加中央财政国库存款；属于地方预算固定收入的按地方预算收入统计表的数额，全部报解同级地方国库，增加同级地方财政国库存款；中央预算和地方预算的分成收入，根据分成收入统计表的数额，按照财政部规定的收入留解比例，分别报解中央总金库和地方各级金库，相应增加中央财政国库存款和地方各级财政国库存款。

（五）预算收入的退库

预算收入退库是指在预算收入执行过程中，将已入库的预算收入退还给原缴款单位或个人。预算收入的退库必须遵守《中华人民共和国金库条例》及《中华人民共和国金库条例实施细则》规定的退库范围和审批程序。

拓展区

阅读网络教学资源“背景资料”栏目中的“《中华人民共和国国家金库条例》”和“《中华人民共和国国家金库条例实施细则》”。阅读网络教学资源“重点解析”栏目第九章中的“预算收入退库的分类”，对上述内容加深理解。

（六）预算收入退库的程序和方法

（1）各单位及个人申请退库，首先应向财政机关或征收机关填写退库申请书，经财政机关和征收机关严格审查同意后，签发收入退还书交退库单位或退库人到国库办理退库。

（2）预算收入退库应从当日入库款中退付。中央预算收入的退库从中央预算收入科目中退付；地方预算收入退库从地方预算收入中退付。

（3）国库经收处所收款项是代收性质，不算正式入库，所以不能办理收入的退库。但在当日预算收入未上划之前，如征收机关发现错误可以更正。

（七）预算拨款的原则和方式

（1）政府财政部门应当加强对预算拨款的管理，并遵循下列原则：1）按照预算拨款，即按照批准的年度预算和用款计划拨款，不得办理无预算、无用款计划、超预算、超计划的拨款，不得擅自改变支出用途；2）按照规定的预算级次和程序拨款，即根据用款单位的申请，按照用款单位的预算级次和审定的用款计划，按期核拨，不得越级办理预算拨款；3）按照进度拨款，即根据各用款单位的实际用款进度和国库库款情况拨付资金。

（2）财政预算的拨款方式有两种，即财政直接支付方式和财政授权支付方式。财政直接支付是指由财政部向中国人民银行和代理银行（具体办理财政性资金支付业务的商业银行）签发支付指令，代理银行根据支付指令通过国库单一账户体系将资金直接支付到收款人（即商品或劳务供应商等）或用款单位（即具体申请和使用财政性资金的预算单位）账户。财政授权支付是指预算单位按照财政部的授权，向代理银行签发支付指令，代理银行根据支付指令，在财政部批准的用款额度内，通过国库单一账户体系将资金支付到收款人账户。

（八）预算调整与检查

1. 预算调整

预算调整是指在预算执行过程中对原定政府预算的收支指标或项目目所做的改变，必须经同级人民代表大会常务委员会批准。预算调整实际上是通过改变预算收支规模或改变收入来源或支出用途，组织新的预算平衡的重要方法。预算调整的措施有动用预备费、预算的追加追减、经费流用、预算划转。

（1）动用预备费。在预算执行中，如果发生较大的自然灾害和经济上的重大变革，发生原来预算没有列入而又必须解决的临时性开支等情况，可以动用预备费。

（2）预算追加追减。在原核定预算收支总数不变的情况下，追加追减预算收入或支出数额。各部门、各单位需要追加、追减收支时，均应编制追加、追减预算，按照规定的程序报经主管部门或者财政部门批准后，财政机关审核并提经各级政府或转报上级政府审定通过后执行。

（3）经费流用，亦称“科目流用”，是在不突破原定预算支出总额的前提下，由于预算科目之间调入、调出和改变资金使用用途而形成的预算资金再分配，而对不同的支出科目具体支出数额进行调整。

（4）预算划转，即由于行政区划或企事业、行政单位隶属关系的改变，在改变财务关系的同时，相应办理预算划转，将其全部预算划归新接管地区和部门。

2. 预算检查

预算检查是国家各级预算执行机关通过采取多种形式和方法，对国家预算资金的筹集、分配和使用的活动情况进行的检查和分析，是保证实现预算收支任务、加强预算管理，促进国民经济协调发展的一个重要环节。预算检查的方式有定期检查分析、专题检查分析、典型调查分析。

三、政府决算

（一）概念和组成

政府决算是按照法定程序编制，用以反映政府预算执行结果的会计报告，由决算报表和文字说明两部分构成。政府决算是预算年度内预算收入和支出的最终结果，也是政府的经济活动在财政上的集中表现。

我国的政府决算由中央总决算和地方各级政府总决算组成。中央总决算由中央部门汇总所属行政事业单位和企业财务决算、基本建设财务决算等组成；地方各级政府总决算由省（自治区、直辖市）总决算汇总组成。

（二）政府决算的准备

1. 进行年终清理

年终清理是指各级财政部门和行政事业单位、企业单位、基本建设单位，在年终对预算收支、会计账目、财产物资进行的全面核对和清查。它是搞好年度决算编制工作的重要条件。为了如实反映全年预算执行的结果，保证决算数字的准确、完整，在年度终了时，各级财政部门和行政事业单位、企业单位、基本建设单位必须进行年终清理，即要求其按照国家有关的政策、规章制度，对全年的预算收支、会计账目、财产物资及其有关财务活动，进行全面清理、结算和核对。

2. 拟定和下达政府决算的编报办法

为了提高决算的质量，每个预算年度终了前（一般在四季度），财政部要在认真总结上一年决算编制工作经验的基础上，根据本年度预算执行的情况，财政经济政策，政府预算管理体制、制度，企业财务管理体制以及当年预算执行中的问题，提出本年度编制决算的基本要求和具体办法，一般包括编制决算草案的原则、要求、方法和报送期限，制定和颁发中央各部门决算、地方决算及其他有关决算的报表格式。

3. 制定和颁发决算表格

每年第四季度，财政部在下达决算编审办法时，还应制定和颁发各省（自治区、直辖市）财政决算统一表格及中央各部门与其他财务决算统一表格。

决算表格按照预算财务系统可划分为财政总决算表格、事业行政单位决算表格、企业财务决算表格和基本建设财务决算表格。决算表格按使用范围划分为两种：一是各级财政部门使用的总决算表格；二是各级主管部门和所属单位预算机关使用的单位决算表格。决算表格反映的主要内容包括决算收支表和资产负债表以及反映全年预算收支执行结果和预算资金活动结果的会计数字表等。预算外收支决算表要随同总决算或单位决算一并上报。此外，国库年报、税收年报等也是国家决算表的组成部分，应按各系统的要求上报。

（三）政府决算编制的程序

我国预算法规定，决算草案由各级政府、各部门、各单位在每一预算年度终了后按照国务院规定的时间编制。编制决算草案的具体事项，由国务院财政部门部署。我国政府预算的编制程序是从执行预算的基层单位开始，自下而上层层汇编，由各级财政部门汇编成本级决算。

财政部在收到中央主管部门报送的汇总单位决算和各省（自治区、直辖市）报送的总决算后，首先进行全面的检查，然后根据中央各主管部门报来的单位决算汇总，汇编为中央总决算；根据各省（自治区、直辖市）报来的总决算，汇总为地方总决算；最后，根据中央总决算和地方总决算汇编成政府决算。

四、深化预算管理制度改革

党的十八届三中全会确立了全面深化改革的总目标，并对改进预算管理制度提出了明确要求。贯彻落实党的十八届三中全会精神和国务院决策部署，深化预算管理制度改革，实施全面规范、公开透明的预算制度，是深化财税体制改革，建立现代公共财政制度的迫切需要；是完善社会主义市场经济体制，加快转变政府职能的必然要求；是推进国家治理体系现代化，实现国家长治久安的重要保障。

（一）完善预算体系

1. 完善政府预算体系

明确一般公共预算、政府性基金预算、国有资本经营预算、社会保险基金预算的收支范围，建立定位清晰、分工明确的政府预算体系，政府的收入和支出全部纳入预算管理。

加大政府性基金预算、国有资本经营预算与一般公共预算的统筹力度，建立将政府性基金预算中应统筹使用的资金列入一般公共预算的机制，加大国有资本经营预算资金调入一般公共预算的力度。加强社会保险基金预算管理，做好基金结余的保值增值，在精算平衡的基础上实现社会保险基金预算的可持续运行。

2. 健全预算标准体系

进一步完善基本支出定额标准体系，加快推进项目支出定额标准体系建设，充分发挥支出标准在预算编制和管理中的基础支撑作用。严格机关运行经费管理，加快制定机关运行经费实物定额和服务标准。加强人员编制管理和资产管理，完善人员编制、资产管理与预算管理相结合的机制。进一步完善政府收支分类体系，按经济分类编制部门预决算和政府预决算。

3. 积极推进预决算公开

细化政府预决算公开内容，除涉密信息外，政府预决算支出全部细化公开到功能分类的项级科目，专项转移支付预决算按项目按地区公开。积极推进财政政策公开。扩大部门预决算公开范围，除涉密信息外，中央和地方所有使用财政资金的部门均应公开本部门预决算。细化部门预决算公开内容，逐步将部门预决算公开到基本支出和项目支出。按经济分类公开政府预决算和部门预决算。加大“三公”经费公开力度，细化公开内容，除涉密信息外，所有财政资金安排的“三公”经费都要公开。对预决算公开过程中社会关切的问题，要规范整改、完善制度。

（二）改进预算管理和控制

1. 实行中期财政规划管理

财政部门会同各部门研究编制三年滚动财政规划，对未来三年重大财政收支情况进行分析预测，对规划期内一些重大改革、重要政策和重大项目，研究政策目标、运行机制和评价办法。中期财政规划要与国民经济和社会发展规划纲要及国家宏观调控政策相衔接。强化三年滚动财政规划对年度预算的约束。推进部门编制三年滚动规划，加强项目库管理，健全项目预算审核机制。提高财政预算的统筹能力，各部门规划中涉及财政政策和资金支持的，要与三年滚动财政规划相衔接。

2. 改进年度预算控制方式

一般公共预算审核的重点由平衡状态、赤字规模向支出预算和政策拓展。强化支出预算约束，各级政府向本级人大报告支出预算的同时，要重点报告支出政策内容。预算执行中如需增加或减少预算总支出，必须报经本级人大常委会审查批准。收入预算从约束性转向预期性，根据经济形势和政策调整等因素科学预测。

3. 建立跨年度预算平衡机制

根据经济形势发展变化和财政政策逆周期调节的需要，建立跨年度预算平衡机制。中央一般公共预算执行中如出现超收，超收收入用于冲减赤字、补充预算稳定调节基金；如出现短收，通过调入预算稳定调节基金、削减支出或增列赤字并在经全国人大或其常委会批准的国债余额限额内发债平衡。地方一般公共预算执行中如出现超收，用于化解政府债务或补充预算稳定调节基金；如出现短收，通过调入预算稳定调节基金或其他预算资金、削减支出实现平衡。

（三）加强财政收入管理

1. 加强税收征管

各级税收征管部门要依照法律法规及时足额组织税收收入，并建立与相关经济指标变化情况相衔接的考核体系。切实加强税收征管，做到依法征收、应收尽收，不收过头税。严格减免税管理，不得违反法律法规的规定和超越权限多征、提前征收或者减征、免征、缓征应征税款。加强执法监督，强化税收入库管理。

2. 加强非税收入管理

各地区、各部门要依照法律法规切实加强非税收入管理。继续清理规范行政事业性收费和政府性基金，坚决取消不合法、不合理的收费基金项目。加快建立健全国有资源、国有资产有偿使用制度和收益共享机制。加强国有资本收益管理，完善国家以所有者身份参与国有企业利润分配制度，落实国有资本收益权。加强非税收入分类预算管理，完善非税收入征缴制度和监督体系，禁止通过违规调库、乱收费、乱罚款等手段虚增财政收入。

3. 全面规范税收优惠政策

除专门的税收法律、法规和国务院规定外，各部门起草其他法律、法规、发展规划和区域政策都不得突破国家统一财税制度、规定税收优惠政策。未经国务院批准，各地区、各部门不能对企业规定财政优惠政策。各地区、各部门要对已经出台的税收优惠政策进行规范，违反法律法规和国务院规定的一律停止执行；没有法律法规障碍且具有推广价值的，尽快在全国范围内实施；有明确时限的到期停止执行，未明确时限的应设定优惠政策实施时限。建立税收优惠政策备案审查、定期评估和退出机制，加强考核问责，严惩各类违法违规行为。

（四）加强结转结余资金管理

建立结转结余资金定期清理机制，各级政府上一年预算的结转资金，应当在下一年用于结转项目的支出；连续两年未用完的结转资金，应当作为结余资金管理，其中一般公共预算的结余资金，应当补充预算稳定调节基金。各部门、各单位上一年预算的结转、结余资金按照财政部的规定办理。要加大结转资金统筹使用力度，对不需按原用途使用的资金，可按规定统筹用于经济社会发展亟需资金支持的领域。建立预算编制与结转结余资金管理相结合的机制，细化预算编制，提高年初预算到位率。建立科学合理的预算执行进度考核机制，实施预算执行进度的通报制度和监督检查制度，有效控制新增结转结余资金。

（五）加强预算执行管理

1. 做好预算执行工作

硬化预算约束，年度预算执行中除救灾等应急支出通过动支预备费解决外，一般不出台增加当年支出的政策，一些必须出台的政策，通过以后年度预算安排资金。及时批复部门预算，严格按照预算、用款计划、项目进度、有关合同和规定程序及时办理资金支付，涉及政府采购的应严格执行政府采购有关规定。进一步提高提前下达转移支付预计数的比例，按因素法分配且金额相对固定的转移支付提前下达的比例要达到90%，加快转移支付预算正式下达进度。

2. 规范国库资金管理

规范国库资金管理，提高国库资金收支运行效率。全面清理整顿财政专户，各地一律不得新设专项支出财政专户，除财政部审核并报国务院批准予以保留的专户外，其余专户全部取消。规范权责发生制核算，严格权责发生制核算范围，控制核算规模。地方各级财政除国库集中支付年终结余外，一律不得按权责发生制列支。按国务院规定实行权责发生制核算的特定事项，应当向本级人大常委会报告。

3. 健全预算绩效管理机制

全面推进预算绩效管理工作，强化支出责任和效率意识，逐步将绩效管理范围覆盖各级预算单位和所有财政资金，将绩效评价重点由项目支出拓展到部门整体支出和政策、制度、管理等方面，加强绩效评价结果应用，将评价结果作为调整支出结构、完善财政政策和科学安排预算的重要依据。

4. 建立权责发生制的政府综合财务报告制度

研究制定政府综合财务报告制度改革方案、制度规范和操作指南，建立政府综合财务报告和政府会计标准体系，研究修订总预算会计制度。待条件成熟时，政府综合财务报告向本级人大或其常委会报告。研究将政府综合财务报告主要指标作为考核地方政府绩效的依据，逐步建立政府综合财务报告公开机制。

（六）规范地方政府债务管理

1. 赋予地方政府依法适度举债权限，建立规范的地方政府举债融资机制

经国务院批准，省、自治区、直辖市政府可以适度举借债务；市县级政府确需举借债务的由省、自治区、直辖市政府代为举借。政府债务只能通过政府及其部门举借，不得通过企事业单位等举借。地方政府举债采取政府债券方式。剥离融资平台公司政府融资职能。推广使用政府与社会资本合作模式，鼓励社会资本通过特许经营等方式参与城市基础设施等有一定收益的公益性事业投资和运营。

2. 对地方政府债务实行规模控制和分类管理

地方政府债务规模实行限额管理，地方政府举债不得突破批准的限额。地方政府债务分为一般债务、专项债务两类，分类纳入预算管理。一般债务通过发行一般债券融资，纳入一般公共预算管理。专项债务通过发行专项债券融资，纳入政府性基金预算管理。

3. 严格限定政府举债程序和资金用途

地方政府在国务院批准的分地区限额内举借债务，必须报本级人大或其常委会批准。地方政府举借债务要遵循市场化原则。建立地方政府信用评级制度，逐步完善地方政府债券市场。地方政府举借的债务，只能用于公益性资本支出和适度归还存量债务，不得用于经常性支出。

4. 建立债务风险预警及化解机制

财政部根据债务率、新增债务率、偿债率、逾期债务率等指标，评估各地区债务风险状况，对债务高风险地区进行风险预警。债务高风险地区要积极采取措施，逐步降低风险。对甄别后纳入预算管理的地方政府存量债务，各地区可申请发行地方政府债券置换，以降低利息负担，优化期限结构。要硬化预算约束，防范道德风险，地方政府对其举借的债务负有偿还责任，中央政府实行不救助原则。

拓展区

阅读网络教学资源“背景资料”栏目中的“《中华人民共和国预算法实施条例》（部分）”。

超链接

全国人民代表大会：http：//www. npc. gov. cn/zgrdw/home/index. jsp

北大法律信息网：http：//law. chinalawinfo. com/

第三节　政府预算监督

一、对预算监督的基本认识

政府预算经过编制、审批后只是完成了法定程序，要使其职能得以实际履行发挥，只有将政府预算计划付诸实施。为确保政府预算的实施既满足配置效率，又满足生产效率的要求，必须建立严格的预算监督制度。目前对政府预算监督有两种观点：一种观点认为，政府预算监督就是政府财政部门（内部）的监督；另一种观点认为，政府预算监督是国家监督的重要组成部分，它首先是一种立法层次的监督，是国家通过民主程序对政府预算活动实施的监督，强化预算监督是实现和正确运用国家职能的重要保证。

拓展区

阅读网络教学资源“重点解析”栏目第九章中的“政府预算监督的广义和狭义之分”，对上述内容加深理解。

这里，我们认为政府预算监督是指广义的政府预算监督，即是国家立法、司法和行政机关依据国家法律对政府预算活动进行的监察和督促。现代财政预算制度区别于传统预算制度的最突出的特征就是预算的法制性、民主性和公开性。正是由于国家法律赋予了财政资金的提供者对财政资金的配置和使用行使依法监督的权力，才促使政府预算更加公开、透明，成为现代社会国家民主管理和财政管理的最有力工具。对政府预算实施强有力的监督，是国家意志的体现，也是人民当家做主、民主理财的具体体现。强化预算监督既是国家宪法和财经法规的明文规定，是财政管理历史发展的必然，也是保证市场经济和社会健康发展的关键因素。

二、国外预算监督模式及其特点

（一）国外预算监督模式

依法对政府预算实施全方位的、严密的监督是西方市场经济国家的通行做法。归纳起来看，其预算监督机制的模式及特点大致有以下三种类型。

1. 立法型预算监督模式

立法型预算监督是指国家立法机关对国家公共权力机关施行的监督。该模式的监督实施主体是立法机关（议会或国会），具体由议会、审计机关和财政机关共同对政府预算实施监督。立法型预算监督模式的特点在于：宪法和国家法律是预算监督的依据，立法机关具有最高的权威性，政府预算管理的法制性强；立法、行政、司法之间既合理分工又相互制衡，各自的预算监督权力边界清晰，责任界定明确可行，具有权威性、独立性和宏观性的特点。

2. 司法型预算监督模式

司法型预算监督是指国家司法机关依照法定职权与法定程序对行政机关及其公务人员的预算管理行为是否合法而进行监督，它包括检察机关的监督和审判机关的监督两个方面。其监督形式是审计法院或会计法院对政府财政资源配置、使用主体及其使用公共资源的结果施行的监督。这种监督模式具有法定性、独立性、强制性、程序性和直接性等突出特点，其审计法院的设置及其职权的规定尤具特色。

3. 行政型预算监督模式

行政型预算监督是指国家财政机关依据国家法律规章对自身及其附属机构和关联机构的预算行为实施的监督。这种模式的监督主体主要是政府及其所属部门或只是财政部门。其特点在于：专业性、针对性强；事前、事中、事后监督相结合；侧重于对微观主体及其行为的监督。

（二）国外政府预算监督模式特色

1. 预算监督范围广

西方市场经济国家预算监督的范围广泛，涵盖了政府预算收支、预算外收支、公有企业、社会中介机构，以及与政府预算相关的所有财政财务活动。在具体履行监督职责时，注重对“人”监督和对“物”监督相统一；事前防范、事中控制与事后追踪相结合；内部监督与外部监督相协调，既抓全程又促重点，极大地提高了预算监督的效率。

2. 注重预算监督权力的制衡

崇尚和奉行预算监督权力之间的合理配置和相互制衡、“掌舵”与“划桨”之间的绝对分离是西方市场经济国家有效实施预算监督的一大特色。如在法国，议会对政府预算决算进行监督、财政部门对财政收支进行监督、财政监察专员对部门和大区进行监督、公共会计对公共支出拨付进行监督、财政监察总署进行专项监督、国家监察署对国有企业进行监督、税收机关对纳税人进行监督，以及审计法院对政府预算决算、公共会计、公共支出决策人、国企财务活动的高层进行事后监督等，都体现了监督权力之间的合理分工和相互制衡，有效地防范和控制了政府预算运行中的制度风险。

3. 高规格配备预算监督机构及人员

为了保证预算监督的权威性、经济性、效率性、有效性，以及公正性，西方各国在设置预算监督机构及配备人员时，首先是高规格的设置监督机构，或直接隶属国会，或直接对总统负责，有的甚至独立于国会和政府，使其依法独立行使监督权。重视人员配备，坚持高标准、高素质、严格管理，以加强监督力量。

4. 预算监督程序严密

西方国家预算监督的特色之一是监督程序与方法的法制化、综合化和现代化。在法制化方面，预算监督必须依据有关法律进行，监督人员按法定程序任免，处罚按相关法规执行，真正做到有法可依、有法必依、执法必严、违法必究。在综合化方面，事前、事中、事后监督相结合，日常、专项、个案监督相交叉，灵活多样的监督方式有力地保证了预算监督工作的顺利进行。在现代化方面，将现代信息技术运用于政府预算监督工作，利用发达、便捷的计算机网络构建预算监督网络系统，不但方便了纳税人，节约了监督成本，也极大地提高了监管的效率和水平。

三、我国政府预算监督的现状及问题

(一) 我国政府预算监督的现状

从近年来我国政府公共预算监督制度建设来看，监督体系基本形成，相关法律法规日趋完善，监督力度不断加大，监督效果较为显著。

1. 政府预算监督组织体系基本形成

政府预算监督组织体系是由国家机关、社会组织和公民组成的、依法对政府预算各相关活动进行监督的有机整体。目前，我国已经基本形成了由立法机关、司法机关和行政机关实施的国家监督和由社会中介组织、其他党派、社会团体、单位财务会计、社会舆论实施的社会监督相结合，外部控制与内部控制并举的预算监督网络体系。

2. 财政立法速度加快，预算监督法律框架基本形成

目前，规范和约束我国政府预算行为的法律法规主要有：全国人民代表大会颁布的《中华人民共和国宪法》《中华人民共和国预算法》《中华人民共和国审计法》《中华人民共和国会计法》《中华人民共和国税收征管法》《中华人民共和国行政诉讼法》《关于加强中央预算审查监督的决定》等。

近年来，财政部也陆续颁布了《预算法实施条例》《财政监察工作规范》《财政监察条例》《规范中央预算管理若干问题的规定》《关于规范财政管理，严肃财政工作纪律的暂行规定》《财政实施会计监督暂行规定》等相关行政法规。

各省级人大和政府也相继颁布了一些地方性预算监督法规。如《北京市预算监督条例》《淮南市预算监督条例》《湖南省财政监督条例》《吉林省财政监督条例》。目前，全国绝大部分省市都制定颁布了本省的财政监督条例、财政监督办法或预算监督管理办法等各种财政预算监督法规。

3. 监督力度不断加大，监督效能显著提高

近年来，我国政府公共预算监督工作取得了很大的成绩，基本上走向了法制化、规范化的轨道。表现在：(1) 随着我国加入 WTO 以及政府机构改革和职能转变，各级人大、政府和社会各界对政府预算的监督工作高度重视，对“优化事前编制，严格事中执行，强化事后审计”取得了一致共识。(2) 政府预算制度改革逐步深入，先后进行了部门预算制度、政府采购制度、国库集中支付制度、工资统发制度、收支两条线制度、票据管理制度、政府财政信息管理系统等全方位的改革，政府预算管理和监督正朝着立法、行政、司法合理分工，事前、事中、事后相互结合，收支并举、内外并重、监管并行的格局和方向健康发展。(3) 近年来，财政部、国家税务总局、国家发改委、审计署、海关总署、全国人大财经委等分别就政府预算执行情况进行了多次专项监督检查，执法检查力度不断加大，查处了大批经济违法案件，挽回了巨额财政损失。(4) 监督方式由微观转向宏观，工作方式由检查型转向管理服务型，基本实现了“四个结合”和“两个转变”，即财政监督与具体业务管理相结合，普查与专项检查及抽查相结合，经常性检查与突击性检查相结合，事前、事中、事后相结合；由“创收型”和“眼睛向外型”检查向“收支并举、内外并重、监管并行型”监督检查转变，由各种年终突击型、专项检查型向管理服务型和经常性监督检查相结合转变。部门之间的积极配合形成了极大的联动效应，提高了预算监督监

察的整体效能。

（二）当前存在的主要问题

（1）缺乏对公共财政资源决策和配置权力的制衡和监督，公共决策中的“长官意志”、官僚主义、本位主义、地方保护主义、凭经验和热情决策等现象依然十分严重，各种低效、无效、浪费的“政绩工程”“形象工程”“烂尾工程”仍大量存在。

（2）法制不健全，执法不规范。虽然我国已经颁布了较多预算管理方面法律法规，但至今还没有一部专门规范财政监督行为的完整、全面、系统的财政监督法，这使得监督执法缺乏强有力的法律保证，不能做到依法理财、依法治财、依法管财、依法监督。

（3）政府预算编制科目过于笼统，内容不够详细、完整，编报时间太短，透明度低，公众难以参与等，弱化了预算监督的基础。

（4）各级人大对政府预算和决算的审查监督威慑力不大、约束性不强，特别是违法违规责任难以落实，没有相应的责任追究制度，监督质量不够高。而各部门内部的监督更为薄弱，管理松懈，风气不正，缺乏有效的约束制衡，政府财政资金分配和使用中的漏洞和隐患比比皆是。

（5）预算监督的信息化程度低，资源不能共享，检查结论不能相互利用，加大了监督成本，降低了监督效率。

四、完善我国政府预算监督的设想和建议

（一）加强预算监督的组织机构建设，保证预算监督的独立和公正

目前我国预算审查和预算监督能力不强的一个重要原因就是监督机关的法律地位缺乏独立性，经费来源受制于各级政府财政，执法人员尚有很多后顾之忧。为此，建议在各级人大成立专门的预算审查委员会，通过立法，赋予该委员会拥有独立执法的权力，使其直接对各级人大负责。委员会内部实行政府预算审查首长终身负责制，其任职或罢免由人民代表大会决定。委员会的活动经费在政府预算中单独列支，并有稳定和充足的保障。

（二）建立健全预算监督法律法规体系

就我国的情况看，目前规范我国财政预算监督的法律条款并不少，但立法层次不高，缺乏权威性。因此，建议：（1）尽快修订和完善《中华人民共和国预算法》。（2）由全国人大正式颁布一部权威性的财政监督法，作为规范全国财政预算监督的基本准则，以使我国的财政预算监督尽快走上法制化、规范化的轨道。

（三）细化预算编制，夯实预算监督基础

进一步细化预算编制是加强预算监督的基础。为此，应做好以下几方面的工作：（1）在做好国民经济筹划的前提下，应着手编制多年期预算。（2）延长预算编报时间，实行标准预算周期制度。（3）改革预算收支科目，细化预算编报内容，提高政府预算的完整性、公开性和透明度。（4）改革和完善预算决策程序和预算编制方法，加强绩效考评和民主监督。（5）依法强化人大和审计部门对政府预算的审查监督力度，真正体现人民当家做主和民主理财。

（四）把预算监督寓于整个预算执行的始终

预算执行过程的监督是目前预算监督的最主要环节，也是存在问题最多的环节，因此，如何监督执行好法定的政府预算，把预算监督寓于整个预算执行的始终，是当前预算

监督工作的重中之重。

（五）健全预算监督机制

预算监督是国家监督的重要组成部分，要根据我国的政体和国情，建立和完善适合我国国情的、包括各级人大宏观监督、财政部门日常监督、审计部门事后监督、社会舆论全程监督的政府预算监督机制。

（六）加强预算监督配套制度的建设

1. 逐步在政府（部门）预算决策中引入听证制度

在公共决策领域引入听证制度，对于改善决策中的随意性，提高决策的科学性和民主性具有显著作用。而在政府公共预算决策中引入听证制度，目的也在于扩大公共预算决策中的公众参与，提高预算透明度。因此，应当逐步在政府（部门）预算决策中引入听证制度。

2. 强化政协和民主党派对政府部门预算的参与及监督力度

我国宪法规定，各级政协和各民主党派具有参政议政的权力和责任，尤其是在政协和各党派中，有众多著名专家学者和社会活动家，他们具有很高的参政议政的热情、能力和水平。因此，应设置有效渠道鼓励他们参与政府预算管理。

3. 强化新闻媒体和中介机构的监督作用

新闻媒体对政府公共财政管理的监督作用是不可忽视的。政府通过广播、电视、各级各类报纸杂志以及各种新闻发布会等媒体，在宣传政府预算管理的法律法规、制度规定的同时，也对公共财政管理中存在的问题进行公开“曝光”，以帮助社会公众了解国家的各项重要财政管理制度和政策，提高社会公众对政府财政管理问题的关注和参与力度。

另外，社会中介机构独立、客观、公正地参与重大公共支出项目的评估和审计，协助政府监管部门对企事业单位经济业务的真实性、合法性进行鉴证和评估，对规范社会经济秩序、强化政府监管发挥了重要的作用。

拓展区

阅读网络教学资源“专题讨论”栏目第九章中的“进一步完善预决算审查监督制度”，完成学习活动，并进行讨论。

【历史浏览】

按照以下提示，回顾本章内容，回答复习思考题。

政府预算按编制的形式可分为单式预算和复式预算，按编制方法可分为基数预算和零基预算，按其反映的经济效果可分为投入预算和产出预算。

政府预算管理的关键目标是总支出控制、战略性资源配置、公共部门运营效率，重要目标是确保财务合规性和控制财政风险。

我国实行“两上两下”的部门预算编制程序，政府是预算执行的组织领导机构，财政部门是管理机构，税务机关、海关、政策性银行、中国人民银行（国家金库）是执行机构。

政府决算是预算年度内预算收入和支出的最终结果，也是政府的经济活动在财政上的集中表现。

政府预算监督是国家立法、司法和行政机关依据国家法律对政府预算活动进行的监察和督促。

【复习思考题】

1. 论述政府预算的内涵。
2. 什么是绩效预算？它有什么优点？
3. 政府预算管理的目标是什么？
4. “两上两下”的部门预算编制程序是指什么？
5. 广义和狭义的政府预算监督是指什么？

☞ 解答提示请参考网络教学资源“复习思考题答案”中的相关内容；请在 60 分钟内，完成网络教学资源“即时练习”栏目中的本章练习；阅读网络教学资源“参考文献”，了解学习本章的参考文献，如果学有余力，请选择阅读；在网络教学资源“重点概念”中，提供了本章相关概念的检索。

第十章

政府间财政关系

【学习导航】

请使用3学时学习本章内容。通过本章学习了解财政分权理论和政府支出职责划分；掌握政府间转移支付制度的含义、目标，分税制财政体制的内涵、类型及其改革思路。

本章考试的重点是政府间转移支付制度、我国分税制财政体制的内涵、类型及改革思路。

【引导案例】

我国实行分税制改革以来，有一种比较普遍的说法叫“富了中央，穷了地方”，意思是中央财政拿走了大头而地方财政得到的却很少。但是，从2011年预算报告执行情况看，中央和地方财政收入均保持了较快增长，而地方财政收入的增长速度还快于中央6个百分点，地方本级收入增长则更快。

学习本章内容，请思考：影响中央与地方财政关系的因素有哪些？如何妥善处理好中央与地方间的财政关系？

☞ 解答提示请参考网络教学资源“案例分析”中的相关内容。

第一节　财政分权理论

一、政府间财政关系的研究对象与内容

政府间财政关系理论的研究对象是一国上下级政府之间在财政活动上的分工与合作问

题。通过公共产品理论的学习，我们已搞清楚政府与市场之间的分工，哪些事情该归市场负责，哪些事情该归政府负责。在此我们要进一步研究政府内部的分工、合作问题。政府内部的分工与合作问题可以从两个角度考察，一是同级政府内部各部门之间在财政活动上的分工、合作问题，如在我国，参与财政活动的就有财政部门、税务部门、海关等多个政府部门，它们各自在财政活动中负责哪些事务，有哪些权利与义务，就是一个很值得研究的问题；二是上下级政府间的分工、合作问题。一个国家，无论大小，都不可能只有一级政府，一般都由多级政府构成。处于不同层级的政府各自在财政活动中拥有哪些权利、负有哪些义务，同样必须有明确的分工。有关各级政府之间以及同级政府各部门之间的分工问题一般是通过预算管理体制的相关规定予以明确。

政府间财政关系的内容主要包括以下内容：一是政府间的职责划分，亦称事权划分，事权的划分决定了财政支出的划分；二是政府间的财权划分，即财政收入相关权限的划分；三是政府间的转移支付。处理上下级政府间的财政关系的实质内容是处理分权与集权关系。所谓“分权”是指财政权力由各级政府分散行使，而“集权”则是指财政权力高度集中于中央政府手中。

集权和分权是政府间财政关系的一个核心问题。由于国体、政体和文化传统等方面的不同，各国在处理政府间关系时，对集权与分权的处理也存在较大差异。一般而言，联邦制国家倾向于分权，而单一制国家倾向于集权。同一国家在不同的历史时期，在分权与集权关系的处理上也有区别。例如美国，在20世纪初至80年代的发展趋势是从分权向集权发展，1982年美国联邦政府向州政府支付的转移支付资金占联邦政府支出总额的比重从1902年的36.4%提高到70.6%①，几乎翻了一番。该项资金所占比重的提高，说明联邦政府在财政权限上的扩大。而从90年代至今则又转而出现分权的倾向。转移支付额在联邦政府的支出所占比重有所下降。从我国的实践来看，改革开放以来，政府间关系总的发展趋势是向分权方向发展的。

二、西方财政分权理论

在市场经济的发展过程中，如何建立协调、融洽的政府间财政关系，从理论上论证财政分权与集权的程度与范围，研究其规律性，是我国财政理论界十分关注、迫切需要解决的现实问题。在这个问题上我们应借鉴西方财政学界有关财政分权理论的研究成果。

（一）马斯格雷夫的分权理论

马斯格雷夫在肯定多级政府必要性的基础上，运用数理模型分别分析了财政的资源配置职能、收入再分配职能与经济稳定发展职能各自应由哪级政府承担的问题。在分析资源配置职能的履行问题时，他运用最佳社会结构模型对政府间财政权限问题作了分析。其所设计的模型中，强调了由于不同公共产品的受益范围不同，因而应由不同层级的政府单位来提供。最佳社会结构模型假设：消费者有完全相同的偏好和收入；公共劳务是纯粹的社会货物，仅受制于受益的空间限制。在此假设成立的前提下，马斯格雷夫分析了公共劳务的人均总成本与社会成员数量之间的函数关系、人均单位成本与劳务水平之间的函数关系以及劳务水平与社会规模的函数关系，最终得出的结论是：一个国家必须有在规模与地区

① 参见理查德·A. 马斯格雷夫. 美国财政理论与实践. 北京：中国财政经济出版社，1987：394.

范围上都不同的多级财政单位。公共产品有些必须是由中央政府提供（如国防设施），而另一些则必须由地方政府提供（如路灯）。换句话说，全国性的资源配置应由中央政府负责，而区域性的资源配置则应由地方政府负责。在分析收入再分配职能的归属问题时，马斯格雷夫将分配划分为个人之间的分配与辖区间的分配两个层次。他认为，两个层次的分配均需由中央政府来完成。至于经济稳定发展职能，马斯格雷夫则认为应由中央政府承担，因为地方政府无法成功地自行执行稳定政策。

（二）施蒂格勒的最优分权模式

施蒂格勒的理论贡献在于提出了地方政府存在必要性的两条基本原则，进而说明由地方政府来进行资源配置比中央政府更有效率，他在《地方政府功能的有理范围》中提出了这两条原则：一是与中央政府相比，地方政府更接近于自己的民众，地方政府更了解它所管辖公民的效用与需求；二是一国国内不同的人们有权对不同种类和不同数量的公共服务进行投票表决。这就说明了地方政府的存在是为了更有效地配置资源，进而实现社会福利的最大化。同时施蒂格勒并不否认中央一级政府的作用。他指出行政级别高的政府对于实现配置的有效性和分配的公平性目标来说也是必要的。尤其是对于解决分配上的不公平和地方政府之间的竞争与摩擦这类问题而言，中央政府更为有效。

（三）奥茨的分权理论

奥茨在《财政联邦主义》一书中，将全部人口分为两个子集，每个子集内的人都具有同样的偏好，而两个子集间的偏好是不相同的，他从中央政府等量分配公共产品出发，认为中央政府忽略了两者的不同偏好，因而达不到帕累托最优，地方政府与中央政府在提供公共产品上的效率差别，使其在配置资源的功能上不如地方政府。由此，奥茨提出了“财政分权定理”：让地方政府将一个帕累托有效的产出量提供给它们各自的选民，则总是要比由中央政府向全体选民提供任何特定的并且一致的产出量有效得多。

奥茨的分权理论主要是从经济效率的角度，强调公共服务的下放有助于提高公共服务的经济效率。但他的关于中央政府对每个人口子集等量地提供公共产品这一假定是很难使人信服的。

（四）布坎南的分权“俱乐部”理论

所谓分权“俱乐部”理论，就是把社区比作俱乐部，然后研究在面临外在因素的条件下任何一个俱乐部——为分享某种利益而联合起来的人们的一个自愿协会——如何确定最优成员数的一种理论。理论核心有两个方面：一方面随着俱乐部成员的增加，人均劳务成本会下降，他的假定条件是社区的劳务水平一定；另一方面，新的俱乐部成员的进入，会增加拥挤成本，从而增加外部不经济等。于是，一个俱乐部的最佳规模就在外部不经济所产生的边际成本正好等于由于新成员分担运转成本所带来的边际节约这个点上。

（五）特里希的“偏好误识”理论

特里希从信息不完全和非确定性出发，对中央政府完全了解社会福利函数偏好序列提出疑问，提出了“偏好误识”理论，即中央政府有可能错误地认识社会偏好，从而错误地把自己的偏好强加于全民头上。由此为地方分权提供了理论依据。

（六）蒂布特的“以足投票”理论

蒂布特在《地方支出的纯粹理论》中，提出六大假设条件：一是消费者是充分流动的，能够在不同辖区间自由迁徙；二是消费者掌握不同辖区间在税收与公共服务组合上的差异；三是有许多社区可供消费者选择；四是不会因就业机会而造成对消费者自由流动的限制；五是在各辖区间不存在效益或税收的外溢性；六是每个社区都希望吸收更多的人口，以达到规模经济。在上述假设条件下蒂布特构建了一个地方政府模型，他认为人们通过在社区间的充分流动，选择公共产品与税收的组合使自己效用最大化的社区政府，社区必须有效率地提供人们需要的公共产品，否则，人们会迁移到能更好地满足他们偏好的社区，这样，社区间的竞争将使资源能够有效配置，实现帕累托最优，从而达到社会福利的最大化。这就是所谓的"以足投票"理论。实践中也存在家庭和居民因为地方公共产品提供的差异而进行迁移的现象，蒂布特的理论贡献在于提出了通过居民的充分流动，对公共产品具有相同偏好的人会聚集到一个社区，各社区间的偏好是不同的，为奥茨的理论提供了支持。从财政的角度看，"以足投票"同时也引出了地方税设置的一系列问题，如税率和主体税种的设计等都应考虑居民的流动性等问题，也为地方税收竞争理论打下了理论基础。

提示音

"以足投票"理论

蒂布特的"以足投票"理论是以最优理论为背景的。但现实生活中形成地方政府的过程要比蒂布特想象的图景复杂得多。许多经济学家提出了更为具体的模型，对他的理论作出了补充。其中较为著名的是麦圭多的模型。

拓展区

阅读网络教学资源"重点解析"栏目第十章中的"政府间财政关系"，对上述内容加深理解。

第二节 政府间的职责划分

一、政府间职责划分的依据

研究政府间的职责划分主要是解决两个问题：一是政府应该干什么？二是如果这件事情应由政府来干，那么，政府应该怎样干以及应该由哪级政府来干？

如果把公共产品的内涵与政府职责联系起来的话，那么可以认为，政府的基本职责就是有效地提供公共产品并致力于实现三个主要目标：一是实现资源的优化配置；二是调节收入公平分配；三是调控经济稳健运行。

不同层次的公共产品与各级政府职责和行为目标之间的内在联系，为科学、合理地界定和划分各级政府的事权和支出范围以及建立规范的政府间财政转移支付制度提供了理论依据。政府间的职责划分是否恰当，可以大致从以下四个角度进行分析和判断。

（一）受益范围

现实生活中，公共产品的有效提供确实会受到地理和空间因素的影响，因为不同的公共产品其受益范围是不同的。从一般意义上讲，受益范围局限于某一特定辖区的公共产品，就应该属于地方性公共产品；如果其受益范围是跨辖区的，甚至全国范围内的每一个人都能从中获益，那么，该产品就是全国性公共产品。根据受益范围原则和成本与受益对称原则，公共产品应由能使这一产品在成本与效益内部化的最小地理范围的辖区来提供。亦即根据公共产品的受益范围确定分担公共产品成本的辖区范围，使成本分担的地理边界与受益范围相一致，据此实现成本与受益在地理范围上的完全内部化，而不至于外溢到其他辖区。如果某项公共产品的受益能够在最低层级的辖区范围内完全内部化，那么，由该级政府来负责提供此项产品就是有效率的；如果某项公共产品的受益范围是全国性的，那么，该项公共产品的提供成本就应该分摊到全国，而由中央政府来负责提供该项公共产品就是有效率的。因此，受益范围是全国性的基础设施项目和其他全国性公共产品的提供和协调应由中央政府来承担。

按受益范围来划分公共产品的层次性及政府职责虽然仍存在一些缺陷，但这一原则所强调的理念却是极具说服力的。从这一角度研究公共产品的层次性还有两个问题需要澄清。

1. 特定公共产品受益边界的确定

现实生活中，有些公共产品的受益边界并不是十分明确的。实际上，由地方政府提供的许多公共产品，同时也具有某种外溢性，其受益范围以本地区为主，但也可以在一定程度上超出本区域的界限，成为对其他地区产生一定影响的公共产品。同理，由中央政府提供的许多公共产品，也可能仅仅在某一特定辖区内释放其效应。在这一方面，中央政府财政给予受灾地区的救灾性补助和对相对落后地区下拨的开发性补助是比较突出的例子。在这种情况下，该项公共产品的成本分担可按以下原则来处理：(1) 各自按受益的多少来分担成本；(2) 将此类公共产品的提供责任上划给涵盖全部受益的更高一级政府；(3) 由高层级政府进行协调，促成有关各方达成都可接受的协议；(4) 必要时由高层级政府提供专项补助以使外溢内在化。

2. 纯公共产品的层次性

纯公共产品也有层次性，也有全国性纯公共产品和地方性纯公共产品之分。亦即纯公共产品并非一定就是全国性的，准公共产品也并不一定就是地方性的。路灯是典型的纯公共产品，但其受益范围却仅仅限于某一街区。因此，对纯公共产品的提供也应该按照受益原则在不同层级政府之间进行划分。

（二）规模经济

不同类型的公共产品具有不同的规模经济效果。从理论上讲，任何一种公共产品都存在着一种最佳的供应规模，由此决定了公共产品的层次性及由不同层级的政府提供不同规模的公共产品，才能取得单位成本上的节约。

有些公共产品的规模经济只及于一个较小的辖区范围，这样的公共产品当属于地方性公共产品，如城市供水、排水系统；有些公共产品可能根本没有规模经济特征，如交警、消防等，在这种情况下，由较低层级的政府负责提供就是适当的。但对于重大水利枢纽工程或省际高速公路而言，由于其规模经济及于全国，因此，这样的公共产品就是全国性公共产品。对具有全国性规模经济效益的公共产品，如果仍由较低层级的地方政府来负责提供，将会极其没有效率，而由中央政府融资兴建将会带来融资成本和管理成本的节约。

（三）偏好差异

不同个体对公共产品的偏好差异是不同的。如果所有的居民不论居住在哪个辖区，都对某项公共产品具有相同的偏好或偏好差异很小，那么，该项公共产品就应属于全国性公共产品，由中央政府集中提供是最有效率的。国防就是最好的例子。当然，对于大部分公共产品而言，不可能所有的居民都对其有相同的偏好。实际上，大多数公共产品的偏好差异是巨大的。这些偏好差异较大的公共产品，当属于地方性公共产品，应该由地方政府来供应。偏好差异越大，就越应由更低层级的政府来提供。

（四）中央政府与地方政府的比较优势

比较优势原理为确定公共产品的层次性和不同层级政府的活动范围及公共产品的有效供应提供了一个适当的理论标准。比较不同层级政府的优势和劣势的基本方法就是进行成本效益分析。相对于地方政府而言，中央政府的比较优势在于具有大范围（全国性）的强迫权和大范围的规模经济。大范围的强迫权能够使中央政府凭借其政治强权强制规范和约束当事人的行为，并在全国范围内统一、集中地调配资源，实现资源配置的高效率；而大范围规模经济将会使中央政府在提供全国性公共产品时能够最大限度地降低单位成本，并使该产品达到最佳供应规模。因此，对那些需要在全国范围内强制服从的公共产品、具有全国范围规模经济的公共产品、偏好差异极小的公共产品以及具有全国外溢效果的公共产品，应由中央政府承担供应之责。相对于中央政府，地方政府的比较优势在于：（1）更接近于当地居民，因而更了解其意愿和需求；（2）不同辖区的居民有权选择自己偏好的公共产品的种类和数量，但中央政府不能保证做到这一点。据此，对那些需要在地方辖区内强制服从的公共产品、具有地方辖区规模经济的公共产品、偏好差异极大的公共产品以及不具有明显外溢效果的公共产品，应由不同层级的地方政府来提供。

二、政府间职责划分的基本原则

（一）西方国家划分政府间职责范围的基本原则

1. 受益范围原则

受益范围原则是指根据公共服务的受益范围来确定各级政府的职责范围。虽然公共产品是提供给所有公众使用的，但其中一部分存在受益范围的限制，即一些公共产品和公共服务的享用是受到区域的限制的。部分公共服务受益范围遍及全国，如政府提供的国防服务，就是全体国民共同受益的。而部分公共服务则只有局部地区的民众受益，如政府提供的环境保护、供水、供电服务等。根据受益范围原则的要求，凡是全国人民共同受益的公共服务，都应由中央政府负责供应，而局部地区受益的公共服务则由受益区域的地方政府负责供应。

2. 行政效率原则

行政效率原则是指根据各级政府提供公共服务的成本、效率来确定各级政府职责的划分。由哪级政府负责某项事务成本最低，行政效率最高，则应交由哪级政府负责。在确定某些受益范围难以明确划分的公共服务事项时，可根据此原则来划分。例如，基础教育等公共服务由地方基层政府提供行政效率较高，所以国际上许多国家都将该项事务交由地方基层政府负责。

3. 向地方基层政府倾斜原则

向地方基层政府倾斜原则是指那些划分给哪级政府均可的公共服务事项，应尽量向地方基层政府倾斜。能够交地方基层政府办的事，就尽量交给地方基层政府办。之所以向地方基层政府倾斜，其理由是地方基层政府最接近民众，最了解民众的实际需要，由其提供公共服务能最大限度地满足社会的实际需要。

（二）我国划分政府间职责范围的基本原则

1. 体现基本公共服务受益范围

体现国家主权、维护统一市场以及受益范围覆盖全国的基本公共服务由中央负责，地区性基本公共服务由地方负责，跨省（区、市）的基本公共服务由中央与地方共同负责。

2. 兼顾政府职能和行政效率

结合我国现有中央与地方政府职能配置和机构设置，更多、更好发挥地方政府尤其是县级政府组织能力强、贴近基层、获取信息便利的优势，将所需信息量大、信息复杂且获取困难的基本公共服务优先作为地方的财政事权，提高行政效率，降低行政成本。信息比较容易获取和甄别的全国性基本公共服务宜作为中央的财政事权。

3. 实现权、责、利相统一

在中央统一领导下，适宜由中央承担的财政事权执行权要上划，加强中央的财政事权执行能力；适宜由地方承担的财政事权决策权要下放，减少中央部门代地方决策事项，保证地方有效管理区域内事务。要明确共同财政事权中央与地方各自承担的职责，将财政事权履行涉及的战略规划、政策决定、执行实施、监督评价等各环节在中央与地方间作出合理安排，做到财政事权履行权责明确和全过程覆盖。

4. 激励地方政府主动作为

通过有效授权，合理确定地方财政事权，使基本公共服务受益范围与政府管辖区域保持一致，激励地方各级政府尽力做好辖区范围内的基本公共服务提供和保障，避免出现地方政府不作为或因追求局部利益而损害其他地区利益或整体利益的行为。

5. 做到支出责任与财政事权相适应

按照“谁的财政事权谁承担支出责任”的原则，确定各级政府支出责任。对属于中央并由中央组织实施的财政事权，原则上由中央承担支出责任；对属于地方并由地方组织实施的财政事权，原则上由地方承担支出责任；对属于中央与地方共同财政事权，根据基本公共服务的受益范围、影响程度，区分情况确定中央和地方的支出责任以及承担方式。

三、政府间职责划分的现状

宪法对各级政府的事权划分只做了原则性甚至模糊性的表述，缺乏明确具体的规定。有关政府间事权和支出责任划分的具体内容主要散见于国务院有关文件和部门规章中。目前政府间事权和支出责任划分存在不清晰、不合理和不规范等问题。具体表现在以下几个方面：

一是应该中央负责的事务，交给了地方处理。如国际界河的保护、跨流域大江大河的治理、跨地区污染防治、跨地区经济纠纷司法管辖、海域和海洋的使用管理等方面，事关国家利益，涉及多个省份，应由中央管理，却交给了地方。重度刑事犯罪、食品药品安全以及高级官员贪腐的司法管辖，应该由中央进行管理，却交给了地方。养老保险、医疗保险等涉及劳动力的跨域流动，管理主体应为中央政府，而目前管理较为碎片化。

二是属于地方管理的事项，中央承担了较多的支出责任。对于地方管理的任何事项，中央都可以无条件介入，并给予财政补助。例如，从区域性重大基础设施建设到农村厕所改造等地方项目，中央有关部门有相当的资金补助。这不仅容易形成地区间资金分配的不公平，不一定符合地方实际，也为中央有关部门寻租创造了机会。

三是中央和地方的职责重叠，共同管理的事项较多。中央财政与地方财政对社会保障、公共卫生、义务教育等相当多事项的职责和支出责任实行共同承担的办法。不少事项以中央按一定比例负担的方式对地方补助。还有一些事项，各级财政承担着若有若无的责任。职责重叠、共同管理，使得中央与地方通过各种形式进行博弈，容易造成职责不清、互相挤占或者双方都不管、无从问责。

四是中央负责的事项管理不到位。如经济总量平衡、经济结构优化和全国市场的统一等宏观经济管理职责由中央承担，相应的调控手段的决策权也必须集中在中央，但地方却承担了很多责任。

第三节　政府间的税收安排

一、政府间的税权划分

税权的划分是政府间财政关系的核心内容。它是在各级政府事权得到明晰的基础上，根据各自的支出范围和任务的需要，采取适当的形式进行划分的。在市场经济条件下，税收是主要的财政收入来源，因此，怎样合理地划分税收权力，是处理政府间关系的关键。

（一）税权的内涵

税权，即税收权限，也称税收管辖权。税权，在一国范围内是指在处理纵向税收权限分配关系方面，中央和地方政权机关各自拥有的税收立法、税收行政和税收司法等诸方面的权力。

政府间的税权主要包括税收立法权、课征权和税收的归属权。

1. 税收立法权

税收立法权是指通过立法确定税的开征、停征，或者撤销的权力，属于国家机关的职权。从财政体制及其财税权限的角度来看，税收立法权的归属状况如何，是决定一个国家的财政管理体制的性质与特点一个重要因素。从世界各国的情况来看，在税收立法权的归属上大体有两种模式：集权模式和分权模式，集权模式强调税收立法权要高度集中于中央政权，分权模式则强调应按照分权的原则，将税收立法权在各级政权之间进行分配。一国政府在税收立法权上是采取集权模式还是采取分权模式，取决于该国的国体。一般而言，联邦制国家在税收立法权上多实行分权模式，即在联邦政府与州政府之间存在着税收立法权的纵向分配。联邦政府、州政府及地方均拥有独立的税收立法权，各自颁发自己的税法。

2. 税收的课征权

税收课征权也叫税收征管权，是指税收执行权或征税权。各国税收征管权在各级政权上的划分可能与税收立法权划分一致，也可能不一致。主要有两种情况：税收立法权与征管权保持一致。如法国的税收立法权与征管权均集中于中央，而美国的税收立法权与征管权则相对分散。税收立法权集中于中央，但赋予地方一定的征管权，如日本、中国等。

3. 税收的归属权

税收收入的归属权在各级政府间的划分是各级政府间划分财政收入的一个主要手段。通常情况下，税收收入归属权的划分与税收征管权的划分保持一致，以调动各级政府组织税收收入的积极性。

（二）税权划分依据

按照公共产品的层次性来划分各级政府间的事权和财政支出范围，根据财权和事权相结合的原则，明确划分了政府间的事权和财权支出范围后，就应该有相应的财权作保证。现阶段由于我国政府的财政收入主要是税收收入，所以税权的划分在很大程度上决定了各级政府的基本财政收入。在支出责任明确的前提下，税收的分配也决定了政府间财政转移支付的总量规模和补助范围及程度。因此，根据事权和财权相结合的原则，一般说来，凡是属于地方事务所需要的财力，除了上级政府的转移支付以外，其余的税权应该下放到地方，这是因为：

首先，地方政府比中央政府更了解当地居民的偏好，掌握的信息更及时、更充分、更完善，而且能够对当地的偏好及环境的变化及时做出反应，并提供满足当地居民需要的公共产品和公共服务，因而由地方政府掌握税权比中央政府会更有效率。

其次，事权的对称性。地方性的事务应该要由地方政府来承担，这就需要充足的资金来源，可是，由于地方政府只具有税收课征权，而没有相应的税收立法权，就无法从本地区的实际出发，课征一些具有本地区特色的赋税，从而无法提供更好更多的公共产品和公共服务。

最后，风险的不确定性。地方政府为了本地的经济发展，必须提供公共产品来满足当地居民的需要。然而由于提供这些物品的过程中，存在较大的风险，对此，地方政府就要有相应的风险预算，但由于缺乏相应的税权，地方政府受到财力的制约，即使预见到风险，可能无力采取有效的措施来应对风险。如果地方政府有相应的税收立法权，就会制定相应的税收法律，以某些税收收入作为地方的预算资金。所以，划分税权的依据是地方政府要能充分履行其职能，并且中央政府要进行有效的宏观调控。

提示音

塞利格曼原则

美国财政学者塞利格曼提出的中央收入与地方收入划分原则，具体包括：

（1）效率原则。该原则以征税效率高低为划分标准。如财产税，如果财产税划归中央，中央政府对居民财产状况的了解远不如地方政府，因此归地方政府征收更为合理一些。

（2）适应性原则。该原则以税基作为划分原则，税基广的归中央，税基窄的归地方。

（3）恰当原则。该原则以税负是否公平为原则。

（三）税权划分的模式

根据税权划分的原则，不同的国家有不同的税权划分模式，从国外情况看，因受政治、经济、法律以及历史等诸多因素的影响，各国税权划分并不一致，甚至存在很大的差别。目前国际上通行的税权划分有三种模式。

1. 以美国为代表的税权分散模式

美国是联邦制国家，政府机构分联邦、州、地方三个层次，联邦、州、地方均有各自相对独立完整的税收体系，并享有各自相对独立的税收立法权和征管权。各级政府都有明确的事权、财权，实行以分别立法、财源共享、自上而下的政府间转移支付制度为特征的分税制。联邦政府的主体税种是个人所得税，州政府的主体税种是销售税，地方政府的主体税种是财产税。美国联邦、州、地方三级政府虽然各有相对独立的税收立法权和征收管理权，但实际上是受到上级法律的监督和制约的，即它既可以控制下级政府税收权限的范围，又可以使下级政府在一定幅度内较为灵活地行使必要的职责。在税权分散模式下，地方政府拥有较充裕的本级税收固定收入来源，对中央财政的依赖性较小。

2. 以日本为代表的适度分权模式

日本是单一制国家，税收权限分为中央、都道府县和市町村三级。日本税制中的一个突出特征便是税款征收上的中央集权和税收权限上的地方分权或称税收立法权、征收权相对集中，管理权、使用权相对分散。原则上，日本的中央税和地方税均由国会统一立法，其中地方税是以地方税法的形式加以确定的。地方政府根据国会颁布的法律制定属于地方税种的条例，并拥有决定开征和停征一些法定外普通税种的权力。日本税权划分的另一个特点是中央对地方实行较严格的管理，即“课税否决制度”。该制度可以在一定程度上限制地方政府擅自开征税种，同时对地方税率给予适当限制。在税收收入划分方面，中央政府征收国税，地方政府分别征收各自的地方税收，各级政府均有自己的固定收入。在税收总额中，地方政府的固定税收收入占35%。从事权和财权相对统一的角度看，地方政府税收收入仍相对不足，需要中央政府实行再调剂制度，但对中央政府的依赖性较弱。

3. 以法国为代表的高度集权模式

法国实行的是较为明显的集权式分税制，其税收权限主要集中于中央，一般税权则分散于地方。中央对全国税收拥有立法权，并对中央税行使征收权；地方在中央立法的范围内只能对属于本级政府的地方税行使征收权，并对其拥有一定的税率调整权和税收减免权。在中央授权的范围内，地方也可以开征某些零星的税种。由于中央集权程度较高，地方政府的税收管理权限十分有限，收入份额较小，财政支出规模取决于中央政府的补助规模，地方对中央政府的依赖性较强。

综合以上比较分析，可以得出以下几点重要结论和启示：

第一，中央税权的主导性与适度赋予地方税权相结合。虽然各国从自身国情出发选择的税权划分模式存在较大差异，但都不同程度地赋予地方一定的税权。而且无论强调税权集中，还是强调税权分散，各国大致上都将中央税权置于地方税权之上，使地方税权受到中央税权的制衡，确保中央政府的宏观调控能力。

第二，税权划分的规范性和科学性相结合。各国严密、健全的法律体系是维持税权划分顺利进行的有力保障。同时，各国税权划分的形式、结构等也不是一成不变的，而是按照一定的条件进行调整，使税权划分的法制化和弹性化有机结合。

第三，税权划分要考虑地方政府的事权与财政支出需求。政府分权的重要方面是财政分权，政府提供公共产品的过程也就是财政承担支出责任的过程，只有在中央政府与地方政府之间合理划分税权，才能保证地方政府提供地方性公共产品的可能性和可行性。无论采用哪种模式都必须充分考虑各级政府提供公共产品的范围及其财政能力。

第四，税权划分要注重调动地方政府征税的积极性。虽然地方政府通过某种方式能够获得财政收入，但地方政府由于有自身的利益需求，而这种需求又是中央政府难以准确判断与估算的，只有让地方政府拥有一定的财力自主权，才能既有利于强化中央政府的宏观调控能力，又有利于分清政府之间的财力分配范围，使各级政府各司其职，发挥资源配置的最佳效率。正因为如此，各国均注重发挥地方政府征税的积极性，赋予地方一定的征税权限甚至一定的立法权限。

二、我国政府间的税收安排

（一）我国政府间的税收安排

我国政府间的税收安排是按照宪法和现行财政管理体制进行的，在课征权中，税收立法权完全掌握在中央政府手中；主要税种的解释权、税收调整权、税收减免权都划归中央；地方政府有一定的地方性税收的解释权和调整权；税收课征权和归属权基本保持同步。

根据《关于实行分税制财政管理体制的决定》的规定，在确定中央和地方财政支出范围的基础上，根据事权与财权相结合的原则，采用税种分割法，按税种划分中央与地方的收入，将维护国家权益、实施宏观调控所必需的税种划为中央税；将同经济发展直接相关的主要税种划为中央与地方共享税；将适合地方征管的税种划为地方税，并充实地方税税种，增加地方税收收入。

（二）当前我国税权划分的现状

1994 年我国实行的分税制财政体制改革，初步确立了我国政府间税收权限划分的雏形，向着公共财政的目标迈进了一大步，并已经在实践中显示出其积极作用。但是也应该看到，由于当时的改革主要是出于中央加强宏观调控的需要，在税权划分上具有过渡性，使现行分税制保留了旧体制的痕迹，存在着明显的缺陷和不足。主要表现在以下方面。

1. 税收立法权过分集中于中央

我国宪法规定，省、自治区、直辖市的人大及其常委会在不同宪法、法律和行政法规相抵触的前提下，可以制定地方性税收法规。但在实际操作中，这项规定并未实现。现有的税收立法权集中于中央政府，没有赋予地方政府在约定范围内开征新税的自主权。这种制度设计使得地方很难从实际出发筹集稳定、可持续的收入。目前几乎所有地方税种的税法、条例及其实施细则都是由中央制定与颁发的，地方税的其他税权，如税收优惠政策和减免政策，也完全集中在中央。

2. 税权的划分缺乏规范性

在法制化水平较高的国家，税权的纵向分配一般通过宪法予以明确规定，或至少由最高立法机构通过的基本法予以规范，而我国税权的纵向划分一直没有一个统一的、稳定的规则。其实际划分是由中央政府，即国务院通过颁布行政法规来加以规定的。此种处理方式使得税权划分的过程成为中央与地方博弈的过程，从而使集权—放权—集权的循环变得不可避免。

3. 非税收入基本没有纳入政府间财政关系调整的范围

非税收入作为政府收入体系中不可或缺的一部分，近年来非税收入的超常增长是我国在体制转轨时期出现的一种特殊现象，地方各级政府以各种行政性收费方式参与社会收入分配的现象日益严重，一些本应以税收形式征收的地方性收费或基金项目，由于地方没有税收立法权而不能征税，形成了“税不够，费来凑”的现象。非税收入中数额最大的是土地出让金，而我国目前尚未出现真正意义的房地产税，集体所有的土地制度使得地方政府通过土地招拍挂获得的土地出让金数额巨大，地方政府的收费行为亟待规范。从国外市场经济国家的情况看，政府分配历来以税收分配为主、收费分配为辅，而且将政府收费纳入政府统一的预算管理。

4. 政府间税收征管关系尚未理顺

国税与地税分设后，国、地税在协调上仍有诸多矛盾，税收征管权划分方面难以适应税收征管的复杂情况，使国、地税在税务登记、发票管理、纳税申报、税款征收、税务稽查等方面存在界定模糊、多头重复的情况，给实践操作造成了较大的矛盾和问题。国、地税的分设，建办公大楼、建纳税服务厅、培训干部等使办公经费开支相应增加，税务工作人员增加使税务人员工资支出增加，税收征纳成本上升。同时，国、地税之间没有建立起有效的信息传递机制，导致税款流失，影响征管效率。

第四节 政府间财政转移支付制度

一、政府间财政转移支付制度的目标

（一）政府间转移支付制度的含义

政府间转移支付是指在中央政府与地方政府之间或者上下级政府之间，不同地区的同级政府之间通过财政资金的无偿拨付，来调节各预算主体收支水平的一项制度。在分级预算管理体制中，收支的划分不可能使各级预算主体收支完全对应，而且同级次预算主体之间的收支的对应程度也有差别，从而出现财政收支的纵向不平衡和横向不平衡。因此需要运用财政转移支付来实现各级政府收支平衡。财政转移支付制度是分税制的辅助制度。

（二）建立政府间财政转移支付体系的基本原因

财政收支的纵向不平衡和横向不平衡的存在需要运用财政转移支付来实现各级政府收支平衡。具体地讲，有以下三个基本原因使得政府间的转移支付有存在的必要：

（1）部分地方政府的财政能力非常低，在平均的税收努力下，所获得的收入并不足以满足最基本的公共服务支出的需要。这些地方财政能力的不足，可能是由于自然资源的贫乏，也可能是以前政府所制定的政策的效果所致，还可能是因为特定的环境下促使了支出水平的上涨。而无论各地方政府财政能力如何，中央政府都应保证所有的公民，不论他们居住在哪个地区，都能享受到水平基本相当的公共服务。正是为了使各地方政府都能达到基本的公共服务水平，才奠定了中央政府应实施财政转移支付的第一个基本理由。

拓展区

阅读网络教学资源“案例分析”栏目第十章中的“地方财政收入”，理论联系实际地分析问题。

（2）所提供的公共产品中存在的外部性，会导致公共产品的供给不足。为保证此类公共产品的供应水平，中央政府需对其提供补贴。比如说大型基本建设投资项目，如三峡工程，项目兴建地在长江上游，而其受益范围遍及长江中下游地区，效益外溢性很强。若由长江上游地区的地方政府独自承担其投资责任，则地方政府缺乏投资的积极性和投资能力。因而中央政府必须通过转移支付体系给上游地方政府提供补贴，以调动其投资积极性，以保障该项目的顺利实施。

（3）加强中央政府的宏观调控能力。分税制下，各级政府均有其独立的财政收入来源，因此在安排财政支出时的自主性也相应较强。地方政府在财政支出和投资项目的安排上，往往以当地经济发展目标为依据，有所侧重。而这与全国范围内通盘考虑的投资侧重点，以及投资项目的筛选标准可能会产生矛盾，由此需要加强中央政府的宏观调控能力，保证国民经济的整体协调性。通过财政转移支付制度，在地方经济发展与国家总体经济发展产生矛盾时，中央政府能以国家整体利益为重，对地方政府的投资行为进行有效调节。

（4）制止辖区间的过度竞争。在充分竞争的市场经济体制下，流动性较强的生产要素，如资本与劳动力，可以在各行政区域间自由流动。各辖区为争取更多的资源流向本辖区，在分级预算体制下，往往会通过税收优惠等措施来吸引资本与高素质的人才流向本区域。常用的竞争手段为调节企业所得税、个人所得税、财产税、遗产税等税种税率。各辖区可通过不征或少征上述各税种来吸引资本与高级人才。中央政府若不予以制止，由此往往会导致恶性财政竞争的发生，破坏财政制度的严肃性和规范性。为防止此类情况的发生，中央政府往往通过财政转移制度和税收抵免等制度来遏制地方政府之间的过度竞争。

此外，一个正确有效的政府间财政转移支付体系还有助于地方政府去尽力增加本级收入（这是在地方政府拥有一定的收入增长自主权的情况下）。

（三）财政转移支付制度的目标

政府间财政转移支付制度的目标可以分为三个层次：终极目标、基本目标和直接目标。

（1）实现社会公平是政府间财政转移支付制度的终极目标。中央政府运用财政转移支付制度调节不同地区的收入水平，保证各地区全体成员能享受大体均等的公共服务以实现社会公平。

（2）实现经济相对均衡发展是政府间财政转移支付制度的基本目标。经济实现相对均衡发展是公平和效率的要求。经验表明，地区经济发展悬殊的国家是不可能实现社会公平的。只有实现了经济相对均衡发展，落后地区有力量为本地居民提供最基本的公共服务，才能实现社会公平。

（3）实现各级政府财政能力和公共服务水平的均等化是政府间财政转移支付制度的直接目标。各地财政能力均等化是实现社会公平和经济均衡发展的要求和手段。均等化的财政能力意味着落后地区财政有能力为本地居民提供与发达地区大体均等的基础设施、教育、卫生等生产生活条件，意味着生活在贫困线下的居民能够得到社会救助。但是由于市场的非均衡会导致财政非均衡，所以建立财政转移支付制度就是要以财政均衡来解决市场的非均衡，使各地政府提供大致均等的公共服务。

二、政府间财政转移支付的类型

（一）根据地方政府使用资金权限的大小，分为一般性转移支付和专项转移支付

政府间财政转移支付的种类很多，根据地方政府使用资金权限的大小可以分为一般性转移支付和专项转移支付。

1. 一般性转移支付（无条件转移支付）

这些补助在给予地方政府时并不附加任何使用上的要求。它有效地实现了中央财力向地方的转移，而且这部分资金可以由地方任意使用。这部分转移支付资金对保证地方政府的公共服务能力有很重要的作用，是实现地区间公共服务水平均等化的主要手段。

2. 专项转移支付（有条件转移支付）

这种补助只是针对于某项特定的支出，因而其适用性也是与某项特定支出相关联。有条件转移支付能增强中央政府的宏观调控能力，能在一定程度上干预地方政府的自主权。专项转移支付又可以分为无配套资金要求的转移支付和有配套资金要求的转移支付。实际上，无配套资金要求的转移支付介于有条件转移支付和无条件转移支付之间。获得这种补助，并不需要地方政府有相应的配套资金。在这个意义上，这种补助作为地方政府的收入来源，可以被视为无条件转移支付。有配套资金要求的转移支付更多地适用于特定的支出目的（有时它们也作为成本补偿性转移支付来使用）。在这种情况下，地方政府需要提供一个既定百分比的自有资金相配套，才能获得这项补助。这种补助强制地方政府分担支出责任，从而有利于增强地方政府的支出效率。这也可以发生在地方政府分享中央政府的公共服务的“定价权”时。相对低的价格可以促使公共服务在既定的公共支出水平上更多地产出，当中央提供了相应的补助时，配套资金也将会产出更高水平的公共服务。

（二）根据财政转移支付的拨款形式，分为对称补助、一般性补助和专项补助

1. 对称补助

对称补助，又称为配套补助，即在中央政府对地方政府实施转移支付时，同时要求地方政府拿出相应的配套资金。这里所谓的配套资金，既可以是某一固定数额的资金，也可以是相当于补助金一定比例的资金，主要目的在于加强中央政府和地方政府的合作，共同承担提供公共产品的职责。配套数额或比例的确定依具体情况的不同而变化。在地方财政较为拮据的情况下，补助金的配套数额或比例会低些；对于比较富裕的地区，配套数额或比例可能会高些。

2. 一般性补助

一般性补助也叫无条件补助。这种补助在给予地方政府时并不附加任何使用上的要求，因此，这无异于对地方政府的“赠款”，它赋予地方以较大的自由度，使地方政府可以依照本地情况灵活地安排资金投向，中央政府对此一般不加限制和干预。

3. 专项补助

专项补助就是一种指定了专门用途的拨款，补助金不得挪作他用。专项补助的主要功能在于，保证各个地区的居民享有大致同样的公共产品和公共服务。根据不同时期经济社会发展薄弱环节或宏观调控重点的变化，专项补助的项目范围及其补助比例也需要作相应的调整。同时专项补助范围的大小和比例的高低，还应该视中央政府的财力状况来定。同

对称补助、一般性补助相比，专项补助并不是一种纯粹的经济手段，其中也包含了若干行政手段的成分，更能体现中央政府的意图。

三、我国财政转移支付制度

（一）我国财政转移支付制度的沿革

经济体制改革前，我国在处理各级政府之间的财政关系上，实行的是高度集中的管理体制，权力高度集中在中央政府手中，地方政府的财政权限十分有限。所有的财政收入归中央政府，地方政府的财政需要由中央政府统一安排，缺乏规范的财政转移支付制度。

1994 年，分税制改革实施后，为保证新体制的顺利运行，我国建立了税收返还制度。1995 年为加强中央政府对地区间财政差异的调节作用，建立了一般性转移支付制度。

我国现行的政府间财政转移支付包括税收返还、专项补助和一般性转移支付制度三部分。

税收返还是 1994 年实行分税制时为了减少改革的阻力、不触动地方政府的既得财政利益所采取的一种带有妥协性的政府间财政转移支付形式。它是指中央政府从 1994 年起将从地方净上划的财政收入全部返还给地方政府，并在以后年份使税收返还数额随增值税、消费税收入的增长而以 1∶0.3 的系数相应地增长。因此，税收返还实际上由基数返还与递增返还两部分组成。税收返还的具体办法是：根据税制改革和分税制对税种的划分，以 1993 年为计算基期，核定中央财政从地方净上划的收入数额（即消费税＋75％增值税－从中央下划地方的财政收入），1994 年将这一净上划收入全额返还地方政府，并自 1994 年起每年对某个地区的税收返还额在 1993 年基数的基础上逐年递增，递增率按该地区增值税和消费税的增长率和 1∶0.3 的系数确定——如果 1994 年某地区增值税、消费税收入较上年增长 1％，则中央对该地区的税收返还额比以 1993 年为基期核定的税收返还额增加 0.3％，以后年份依此类推。不过应注意，为了防止某些地方政府在 1993 年人为地抬高基数以达到多得税收返还的目的，同时还规定，如果 1994 年以后中央从某地区净上划收入达不到 1993 年基数，则应相应扣减该地区的税收返还额。计算某个地区的税收返还额的公式如下：

$$\begin{array}{c}\text{1994 年税}\\\text{收返还额}\end{array}=\begin{array}{c}\text{1993 年核定的}\\\text{净上划中央收入}\end{array}\times\left(1+\begin{array}{c}\text{该地区增值税和}\\\text{消费税的增长率}\end{array}\times 0.3\right)$$

$$\begin{array}{c}\text{以后年份}\\\text{税收返还额}\end{array}=\begin{array}{c}\text{该地区上一年}\\\text{的税收返还额}\end{array}\times\left(1+\begin{array}{c}\text{该地区增值}\\\text{税和消费长率}\end{array}\times 0.3\right)$$

一般性转移支付制度建立于 1995 年，最初称为过渡时期转移支付制度。设立该项制度的目的是弥补税收返还制度无法调节地区财政差异的缺陷而制定的临时性制度。2002 年对其内容进行调整后，改称一般性转移支付制度。用于一般性转移支付的资金主要来源于中央财政每年的收入增量部分和所得税分享改革所增加的财政收入。一般性转移支付额的确定依据是各地标准财政收入与标准财政支出的差额以及转移支付系数。地方政府标准财政收入大于或等于标准财政支出的地区不享受中央政府提供的转移支付资金；地方标准财政收入小于标准财政支出的地区，按下列公式计算其应享受的转移支付额：

$$\begin{array}{c}\text{转移}\\\text{支付额}\end{array}=\left(\begin{array}{c}\text{当地标准}\\\text{财政收入额}\end{array}-\begin{array}{c}\text{当地标准}\\\text{财政支出额}\end{array}\right)\times\begin{array}{c}\text{转移支}\\\text{付系数}\end{array}$$

公式中的当地标准财政收入额由地方本级标准财政收入、中央对该地区税收返还和财力转移支付构成；当地标准财政支出主要根据该地区行政、公检法标准支出等要素，按人员经费、公用经费和其他经常性支出项目分别计算确定；转移支付系数根据当年中央政府可用于转移支付的资金总规模、各地区标准财政支出大于标准财政收入的收支差总额以及各地区财政困难程度确定。每年的系数不同。对老少边穷地区适当调高系数。

一般性转移支付制度在调节地区差异，保证地方政府提供无差异的公共服务方面具有十分重要的作用，是我国转移支付制度发展的方向。

专项补助是中央政府为特定目的对地方政府提供的指定用途的转移支付制度。例如，中央为配合西部大开发战略的实施，保护西部地区的生态环境而提供的退耕还林、还草补贴等。该部分转移支付往往与国家的经济发展战略相关，具有较强的灵活性和调节功能。

（二）我国现行财政转移支付制度存在的问题

目前我国的财政转移支付制度还不规范、科学，而且转移支付力度不足，离公共服务均等化的目标还有较大差距，主要表现在以下方面。

1. 转移支付资金结构不够合理，专项转移支付比重高，转移支付制度均等化的效果差

我国自分税制改革以来，中央对地方安排的转移支付每年都在增加，绝对量上专项转移支付增长尤其快，专项转移支付种类繁多，项目也越来越多，单项目规模越来越大。新《预算法》出台后，提高一般性转移支付占比、规范专项转移支付被列入财政改革内容之一，政府加大力度压减、整合专项转移支付项目，扩大一般性转移支付的规模。实践上已取得了比较显著的成果，一般性转移支付占全部转移支付比重由2013年的56.7%提升到2016年的60.5%，且比重仍在继续提升。财政转移支付制度的直接目标是实现各级财政能力均等化，使各地政府能为本地居民提供大致均等的公共服务，保持社会稳定和经济发展。在现行的转移制度体系中，除了一般性转移制度是以均等化为目标外，专项转移支付项目在实现基本公共服务均等化上效果不明显，且一般性转移支付的比重仍然过低，不利于实现公平。

2. 专项转移支付分配缺乏科学的依据，资金分配随机性大

一些专项转移支付在分配时没有规范的分配方法，存在讨价还价和人情款的问题。专项转移支付的立项审批不规范，项目的确定和范围选择不尽合理，一些专项转移支付的分配使用缺乏事权依据，亦无相应的基础设施建设法规和单项事业法规可依。

3. 省以下转移支付制度还不够完善

目前，省以下转移支付制度缺乏统一规范，为保本级财力，仅有少数省份建立了省对下的一般性转移支付制度，多数省份仅将中央直接对市县的转移支付和由其省级配套的资金下拨到市县。

4. 转移支付缺乏有效的约束和监督机制，没有法律依据

我国的转移支付大多数为无条件转移支付，多为无偿使用，对每一项资金的硬性配套资金没有明确规定，在资金的使用方面还没有建立一套有效的约束、监督机制。资金拨付以后，对于地方政府如何分配和使用这些资金、这些资金是否做到了专款专用，缺乏监督。

第五节　分税制财政管理体制

一、分税制的基本含义

分税制亦称分级预算管理体制，是指在明确划分政府间事权和支出责任及范围的基础上，按照事权和财权相统一的原则，通过在中央和地方政府间划分税种和财政收入来确定政府间财政关系的制度总称。在这种预算管理体制下，各级政府有自己相对独立的财政收入来源，其职责范围划分明确，具有较强的独立性，有利于调动各级政府为社会提供公共服务的积极性。

分税制预算管理体制的内涵包括分税、分权、分征、分管等内容。

分税是分税制的核心内容，是在中央和地方政府之间划分税种和税收收入。分税方法包括：一是按税种分为中央税和地方税。二是按照税源分税，即各级政府对同一税源按不同税率分别征收。

分权是指在中央和地方政府之间划分税收管理权限，包括税收的立法权、税法的解释权以及税收的征管权、调整权和减免权等。从国际经验看，税权划分主要依据该国的国体和政体，依次大致可以分为两种类型：一是单一制国家的授权制。在这一制度下，地方政府的权力由立法机关授予，基本上没有确定税法和税基的权力，但中央政府给予一定范围的税率和税目等的调节自由度。二是联邦制国家的分权制。在法律赋予联邦政府较优先的征税权的基础上，州政府拥有独立的税收立法权，自主制定本州的税收制度体系。

分征是在中央和地方政府分别建立税收征收组织机构。中央政府设有国税局，负责中央税和共享税的征收；地方政府设置地税局，负责地方税的征收。

分管是中央政府和地方政府分别建立相对独立的预算，分别管理各自的税收收入，自求平衡，即分级预算。

二、我国现行分税制财政管理体制的主要内容

1992 年，我国明确提出了建立社会主义市场经济体制的改革目标，而原有的以各种形式实施的“地方大包干”财政管理体制与这一改革目标极不适应，存在许多弊端。在这种背景下，我国总结 1992 年以来在天津等九个地区进行分税制改革试点的经验，并借鉴实行分税制国家的成功做法，于 1994 年年初在全国实行了分税制财政管理体制。

我国现行分税制体制的内容主要由以下两个部分构成。

（一）中央与地方政府间的事权与财政支出责任划分

中央政府的事权与财政支出的主要责任是：承担国家安全、外交和中央国家机关运转所需的经费，调整国民经济结构、协调地区发展、实施宏观调控所必需的支出，以及由中央政府直接管理的事业发展支出。

地方政府的事权与财政支出的主要责任是：承担本地区政权机关运转所需的支出，以及本地区经济和事业发展所需的支出。

（二）中央与地方政府间财政收入的划分

根据事权与财权相结合的原则，按税种划分中央与地方政府的预算收入。将维护国家权益、实施宏观调控所必需的税种划为中央税，包括关税、消费税、海关代征的增值税与

消费税、中央企业所得税等；将同经济发展直接相关的主要税种划为中央与地方共享税，包括增值税（中央分享50%、地方分享50%）、个人所得税和企业所得税（中央分享60%和地方分享40%）、资源税（海洋石油资源税归中央、其余资源税归应税资源所在地区）、证券交易印花税（中央分享97%，上海、深圳分享3%）。将税源相对零星分散、适合地方征管的税种划为地方税，包括房产税、车船使用税、印花税（不含证券交易印花税）、契税、烟叶税、土地使用税、土地增值税、耕地占用税等。

三、现行分税制存在的问题

1994年分税制财政体制改革仅仅是朝着理顺政府间财政关系的方向所采取的一个初步性步骤。而且分税制在设计之初，思路上采取了“双轨并行”“存量不动”“增量调整”“逐步到位”的渐进策略，使得这一体制的过渡性特征非常明显。概而言之，我国分税制财政体制存在的问题主要有以下几个方面。

（一）中央和地方政府事权和支出范围的划分不够科学和规范

1994年分税制财政体制改革基本维持了原来的支出范围，在政府和市场之间的关系上，界定仍存在不够具体和规范的方面。突出表现在：“内外不清”，即政府和企业事权划分不清，职能错位；“上下不明”，即中央和地方政府之间事权划分不清或不规范，不能很好地体现事权和财权的统一；“前后不一”，即中央与地方政府事权的划分缺乏法律界定，存在交叉的地方，表现出较大的随意性，中央财政和地方财政之间讨价还价的现象时有发生。这在一定程度上制约了各级政府职责的正常履行和财政资金的使用效率。

（二）税收和税种划分存在缺陷

分税制改革基本是按照现行税制的税种划分税收收入，接近于目标模式的分配格局。但某些税收和税种的划分不够规范，主要表现在：

（1）分税不彻底。现行分税制不是真正意义上的分税制，旧体制的痕迹非常明显。如分配格局不变，对地方既得利益部分搞基数返还，增值税按比例分成。从表面看是按税种划分税收收入，但实质上并没有真正实现“分税”。

（2）税种划分未充分考虑税收职能作用的发挥。现行分税制主要考虑的是税收收入在各级财政之间的归属与分配，旨在通过税收划分解决财政预算分配问题，而对税收调节经济的作用考虑不够。

（3）税收立法权和税收政策的制定过于集中于中央政府，使得国家机构内部税收机制不均衡，既不利于我国依法治税和税收法制化，也不利于地方的制度创新和因地制宜发展经济。

（4）税收征管权划分不合理，难以适应复杂情况，难以处理好中央与地方的关系。由于分设国税、地税两套机构，出现执法行为准则、征管程序、协调规程的不一致，既导致地方税收征收积极性不高，又降低了税收征管效率。

（三）省以下分税制基本上没有建立起来，地方财政特别是县乡财政面临严峻局面

分税制实施以来，各地按照中央对省的分税制改革的基本原则与模式，结合本地的实际情况，实施了省以下分税制财政预算管理体制，但省以下财政新旧体制并存的格局未真正打破，仍存在许多问题。

（1）省以下政府间经济社会事务管理权与财政支出责任划分不清晰、不合理。一方面

表现为省级政府过多包揽了市县级政府的财政收入，掌握着交通、农业、环保、文化、教育和城市基础设施等项目的专项资金，而相应的支出却由下级政府负责。由此迫使县级政府“跑进省厅要钱”，从省直管部门争取非规范的资助。另一方面下级政府也承担了部分属于上级政府的事务，致使相当困难的基层面临更加窘迫的局面。另外，对于各级政府共同承担的公共事务，不能根据各方受益情况和基层财政承受能力来确定合理的分担比例。

（2）税收划分不科学，地方税收体系不健全，影响了地方收入的稳定性，造成地方财政特别是县、乡基层财政的困难。

（3）没有解决国家级贫困地区的财政问题。这些地区一般是老少边山区，大部分县乡地域广阔，人口稀少，经济落后，财政规模小。按照目前的制度规定，这些地区根本得不到补助或是补助甚少；有些省份采取对贫困县乡特殊照顾的办法，也只是权宜之计，缺乏科学性与规范性。

四、分税制财政管理体制的完善

（一）科学划分中央和地方政府事权和支出范围

在市场经济条件下，政府的事权主要作用于“市场失灵”和“市场缺陷”的领域，这一点已基本达成共识。从公共财政的角度看，国内外的学者普遍认同中央政府应履行经济稳定职能和收入分配职能，地方政府主要履行资源配置职能。因此，针对我国的实际情况，在事权划分原则指导下，应科学、规范地细划中央和地方政府的事权和支出范围。

1. 推进中央与地方财政事权划分

（1）适度加强中央的财政事权。坚持基本公共服务的普惠性、保基本、均等化方向，加强中央在保障国家安全、维护全国统一市场、体现社会公平正义、推动区域协调发展等方面的财政事权。强化中央的财政事权履行责任，中央的财政事权原则上由中央直接行使。中央的财政事权确需委托地方行使的，报经党中央、国务院批准后，由有关职能部门委托地方行使，并制定相应的法律法规予以明确。对中央委托地方行使的财政事权，受委托地方在委托范围内，以委托单位的名义行使职权，承担相应的法律责任，并接受委托单位的监督。逐步将国防、外交、国家安全、出入境管理、国防公路、国界河湖治理、全国性重大传染病防治、全国性大通道、全国性战略性自然资源使用和保护等基本公共服务确定或上划为中央的财政事权。

（2）保障地方履行财政事权。加强地方政府公共服务、社会管理等职责。将直接面向基层、量大面广、与当地居民密切相关、由地方提供更方便有效的基本公共服务确定为地方的财政事权，赋予地方政府充分自主权，依法保障地方的财政事权履行，更好地满足地方基本公共服务需求。地方的财政事权由地方行使，中央对地方的财政事权履行提出规范性要求，并通过法律法规的形式予以明确。逐步将社会治安、市政交通、农村公路、城乡社区事务等受益范围地域性强、信息较为复杂且主要与当地居民密切相关的基本公共服务确定为地方的财政事权。

（3）减少并规范中央与地方共同财政事权。考虑到我国人口和民族众多、幅员辽阔、发展不平衡的国情和经济社会发展的阶段性要求，需要更多发挥中央在保障公民基本权利、提供基本公共服务方面的作用，因此应保有比成熟市场经济国家相对多一些的中央与地方共同财政事权。但在现阶段，针对中央与地方共同财政事权过多且不规范的情况，必须逐步减少并规范中央与地方共同财政事权，并根据基本公共服务的受益范围、影响程度，按事权构成要素、实施环节，分解细化各级政府承担的职责，避免由于职责不清造成互相推诿。逐步将义务教育、高等教育、科技研发、公共文化、基本养老保险、基本医疗和公共卫生、城乡居民基本医疗保险、就业、粮食安全、跨省（区、市）重大基础设施项目建设和环境保护与治理等体现中央战略意图、跨省（区、市）且具有地域管理信息优势的基本公共服务确定为中央与地方共同财政事权，并明确各承担主体的职责。

（4）建立财政事权划分动态调整机制。财政事权划分要根据客观条件变化进行动态调整。在条件成熟时，将全国范围内环境质量监测和对全国生态具有基础性、战略性作用的生态环境保护等基本公共服务，逐步上划为中央的财政事权。对新增及尚未明确划分的基本公共服务，要根据社会主义市场经济体制改革进展、经济社会发展需求以及各级政府财力增长情况，将应由市场或社会承担的事务交由市场主体或社会力量承担，将应由政府提供的基本公共服务统筹研究划分为中央财政事权、地方财政事权或中央与地方共同财政事权。

2. 完善中央与地方支出责任划分

（1）中央的财政事权由中央承担支出责任。属于中央的财政事权，应当由中央财政安排经费，中央各职能部门和直属机构不得要求地方安排配套资金。中央的财政事权如委托地方行使，要通过中央专项转移支付安排相应经费。

（2）地方的财政事权由地方承担支出责任。属于地方的财政事权原则上由地方通过自有财力安排。对地方政府履行财政事权、落实支出责任存在的收支缺口，除部分资本性支出通过依法发行政府性债券等方式安排外，主要通过上级政府给予的一般性转移支付弥补。地方的财政事权如委托中央机构行使，地方政府应负担相应经费。

（3）中央与地方共同财政事权区分情况划分支出责任。根据基本公共服务的属性，体现国民待遇和公民权利、涉及全国统一市场和要素自由流动的财政事权，如基本养老保险、基本公共卫生服务、义务教育等，可以研究制定全国统一标准，并由中央与地方按比例或以中央为主承担支出责任；对受益范围较广、信息相对复杂的财政事权，如跨省（区、市）重大基础设施项目建设、环境保护与治理、公共文化等，根据财政事权外溢程度，由中央和地方按比例或中央给予适当补助方式承担支出责任；对中央和地方有各自机构承担相应职责的财政事权，如科技研发、高等教育等，中央和地方各自承担相应支出责任；对中央承担监督管理、出台规划、制定标准等职责，地方承担具体执行等职责的财政事权，中央与地方各自承担相应支出责任。

（二）完善现行税制，明确划分各级政府的财权

（1）根据不同税种的特征、税源大小以及对经济的调节作用等因素，将不同税种分别划归中央收入和地方收入。1）凡是关系到国民经济全局、有利于发挥中央政府职能和便于加强中央对宏观经济调控作用的税种划归中央，作为中央财政收入；与地方关系密切、税源分散、需要发挥地方积极性组织征收的税种划归地方，作为地方政府收入。2）与整个经济发展直接相关、税源充足的税种划归中央和地方共享收入，并由全国人民代表大会立法，建立我国税收基本法，通过立法程序，来规范税权划分。

（2）构建地方税体系。1）税源较为普遍，税基不易产生地区之间转移，且对宏观经济影响较小的税种，以及涉及维护地方基础设施的税种，如房地产税、城镇土地使用税、

车船使用税、城市维护建设税等，其实施办法、税目税率调整、税收减免及其征收管理等权限可赋予地方；2）税源零星分散，纳税环节不易掌握，征收成本大，且对宏观经济不发生直接影响的税种，如契税、屠宰税、筵席税等全部立法权下放给地方；3）地方政府还可以结合当地经济资源优势，对具有地方性特点的税源开征新的税种，但须报上级机关备案并审查；4）共享税应该采用国际通行的税基分享、分率计征的办法，即中央政府统一确定税基，不同层次政府分率计征。这样，可以使中央和地方收入都能随经济发展而自动稳定增长，也使各级政府财政收入有一定的可预见性。

（3）给予地方立法机构一定的税收立法权。特别是进行税费改革后，部分收费要改为税收，而且很多地方政府原有的收费千差万别，统一中央政府立法有很大难度，需要由地方立法机构解决。税收立法权的划分应以中央立法为主，省级立法为辅，建立两级立法相辅相成的立法格局。地方税的税收立法权可按不同税种分别处理。在适当下放税收立法权限的同时，需要有其他方面改革的配合，例如减少财政级次，实行中央、省、市县三级财政体制。

（4）加强各级国税、地税机关在税收行政执法方面的密切联系与协作。在税收管辖权方面，应通过法律确立国税与地税机关明确的权限范围，使其相互协调；在税收稽查权方面，国税、地税机关在行使税收稽查权时要严格依照法定程序，在其法定职责范围内对纳税人进行税收稽查，不得超越职权或相互推诿；对交叉征收管理中涉及的问题，国税、地税机关在税收行政权划分清晰的基础上，可以建立联合办公日制度，定期研究和处理对共同纳税人的征管问题，并逐步完善信息传递交流制度，充分利用计算机网络，建立健全信息交流程序，实现两部门信息资源的共享。

（三）改革与完善的我国转移支付制度

完善我国政府间转移支付制度，应该借鉴国外规范转移支付制度的一般做法，结合中国国情，在明确界定中央与地方支出范围和税收能力的前提下，有计划、有步骤地进行。

1. 以实现基本公共服务均等化为目标，加大一般性转移支付的规模

我国政府间转移支付制度的最终目标就是逐步实现各地基本公共服务水平的均等化。要使转移支付充分发挥其均等化的效果，一方面，要继续调整地方既得利益；另一方面，要将我国的转移支付制度转向以实现社会公平为基本目标，加大一般性转移支付的规模，解决经济落后地区的财政困难，缩小地方间服务水平的差距。目前我国的转移支付制度均等化效果差，使得落后地区的基本公共服务得不到改善，地区间经济发展水平差距拉大，从长远来看也必将对发达地区的经济发展造成不良影响。因此，政府间的转移支付制度应该以公平为主，兼顾效率。在发挥转移支付的均等化功能时，尽量鼓励地方政府的积极性。

2. 规范转移支付的分配办法

采用“因素法”是规范转移支付的主要标志。我国的转移支付制度中只有公式化转移支付办法是采用公式法分配资金，由于公式化转移支付在全部转移支付中所占的比重较小，其数额不足以改变现有转移支付制度的非正规状况。规范转移支付资金的分配办法，首先要消除转移支付资金分配中的主观因素，取消基数法的使用，设计出一套科学的计算公式，作为转移支付制度的拨付依据，以提高透明度，防止主观随意性，这可以通过对现行的转移支付方式进行调整归并完成；其次，要进一步完善公式化转移支付办法。过渡期

转移支付要测算标准收入和标准支出，因素的选择直接关系到标准收支的确立。因此，在选择影响收支的因素时，要注意考虑各个地区之间的差异，应反映各地区收支的全貌，根据客观、公正、效率三原则进行选择。

3. 加强财政转移支付制度的法制化建设，建立政府间转移支付制度的监督约束机制

政府间财政转移支付制度要真正作为一种规范性的制度建立起来，提高转移支付制度的权威性，必须遵从法制化的原则。这就要加强转移支付的立法工作，以法律的形式确立转移支付的目标、原则、范围、用途标准，使转移支付在操作上有法可依。同时，因为转移支付的透明度增加了，保证了它实施的严肃性，并对地方政府使用财政支付资金进行监督，减少地方政府的随意性。另外，建立转移支付的指标评价体系。转移支付效益考核必须在法律上明确规定各地方应达到或应实现的目标，强化地方政府依法使用财政资金的意识，以促进宏观经济与微观经济的双向健康发展。这一问题在我国《预算法》的修改中将得到解决。

4. 完善省以下转移支付制度，加大财政管理改革力度

改善省以下纵向财政失衡的状况，应明确省级政府弥补省以下纵向和横向财政失衡的职责。各省应参照中央对省一般性转移支付办法，建立省以下一般性转移支付制度。各省对下一般性转移支付分配方法、分配依据、分配结果及实施效果等都要接受中央政府监督，同时应公开信息接受社会监督。

5. 集中财力，加大对贫困地区转移支付

我国地区之间，省份之间经济发展很不平衡，人均财政收入相差近十倍，公共服务水平差距非常明显。越是贫困地区，越是经济欠发达地区，转移支付的重要性才越发显现。要全面考虑各地的实际因素，进一步加大对民族地区和贫困地区的转移支付力度，在稳步增加中央转移支付总体规模的同时，进一步向民族地区和贫困地区倾斜，极力缩小地区之间、省份之间的财力差异。

（四）完善省以下的分税制财政体制

1. 加快省以下财政事权和支出责任划分

省级政府要参照中央做法，结合当地实际，按照财政事权划分原则合理确定省以下政府间财政事权。将部分适宜由更高一级政府承担的基本公共服务职能上移，明确省级政府在保持区域内经济社会稳定、促进经济协调发展、推进区域内基本公共服务均等化等方面的职责。将有关居民生活、社会治安、城乡建设、公共设施管理等适宜由基层政府发挥信息、管理优势的基本公共服务职能下移，强化基层政府贯彻执行国家政策和上级政府政策的责任。省级政府要根据省以下财政事权划分、财政体制及基层政府财力状况，合理确定省以下各级政府的支出责任，避免将过多支出责任交给基层政府承担。

2. 规范各级财政收入划分格局

一是省级按比例分享增值税、企业所得税、个人所得税，其他税种要全部下划市县两级。二是市级要进一步规范收入划分，按照县市（区）分别实行不同的收入划分方式，市级对县级，要从有利于县市政府职能转变和县域经济发展角度来划分收入，将经济调节作用强的税种作为共享收入，其他税种作为县市级收入，市对其辖区要从有利于城市协调发展、发挥整体功能出发划分收入，涉及经济发展与城市建设的税种作为市级收入，规模小、税源分散、便于县（区）级征管的税种作为县（区）级收入，同经济发展联系密切但

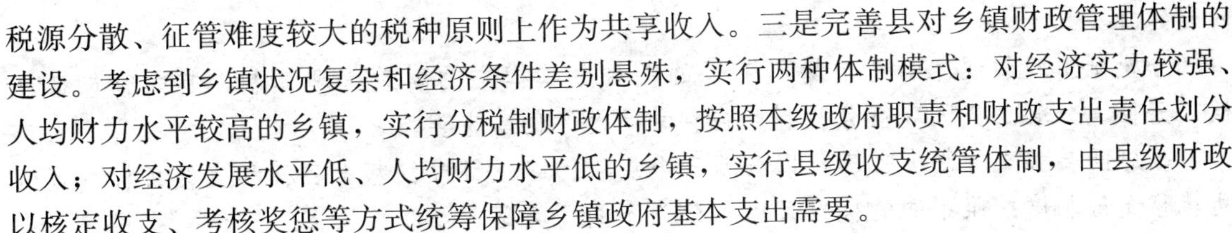

税源分散、征管难度较大的税种原则上作为共享收入。三是完善县对乡镇财政管理体制的建设。考虑到乡镇状况复杂和经济条件差别悬殊，实行两种体制模式：对经济实力较强、人均财力水平较高的乡镇，实行分税制财政体制，按照本级政府职责和财政支出责任划分收入；对经济发展水平低、人均财力水平低的乡镇，实行县级收支统管体制，由县级财政以核定收支、考核奖惩等方式统筹保障乡镇政府基本支出需要。

3. 培育各级政府的主体税种

随着财政级次的减少和地方税收体系的完善，省以下分税制改革也具备了推进的条件。由此可确立各级政府主体税种如下：从近期来看，实行“营改增”改革之前，营业税应成为省级政府的主体税种，实施“营改增”改革后，增值税将成为省政府的主体税种。但从长远来看，个人所得税、环境税、燃油税等完全可以逐步替代营业税、增值税成为省级财政的主体税种，财产税应成为县乡政府的主体。

（五）继续推进“省直管县”和“乡财县管”财政体制改革

省直管县是指在政府间收支划分、转移支付、资金往来、预决算、年终结算等方面，省财政与市、县财政直接联系，开展相关业务工作。推进省直管县财政管理方式改革，有利于发挥省级财政在省辖区域内对财力差异的调控作用，帮助缓解县级财政困难，减少财政管理级次，降低行政成本，推动城乡共同发展。

乡财县管是指以乡镇为独立核算主体，由县级财政部门直接管理并监督乡镇财政收支，实行县乡“预算共编、账户统设、集中收支、采购统办、票据统管”的财政管理方式。实行乡财县管改革，在坚持乡镇“三权”不变的前提下，实施综合财政预算，集中和加强乡镇收入管理，控制和约束了乡镇支出需求，统一和规范了乡镇财务核算，遏制和缩减了乡镇债务规模，提高了县乡财政管理水平。

超链接

中华人民共和国国家税务总局：www.chinatax.gov.cn

拓展区

阅读网络教学资源“专题讨论”栏目第十章中的“我国税务机构的整合”，完成学习活动，并进行讨论。

【历史浏览】

按照以下提示，回顾本章内容，回答复习思考题。

财政分权理论的理论依据：为了能够正确处理政府间的财政关系，就必须明确政府的职责范围。由于不同级次政府有着比较优势，中央政府提供使全国公众受益的服务，而地方政府提供在地理上可以分割的公共服务，我们把财政职能，包括稳定职能、资源配置职能和分配职能，在各级政府之间进行简单的划分。

根据财权和事权相结合的原则，在各级政府事权得到明晰的基础上，根据各自的支出范围和任务的需要，采取适当的形式合理划分税收权力，这是处理政府间关系的一项重要内容。

分税制财政管理体制是市场经济下的一种分权模式的财政管理体制，其内容包括分权、分征、分管。我国现行分税制存在种种问题，仍需完善。

政府间转移支付制度目标可以分为三个层次：终极目标、基本目标和直接目标。政府间转移支付制度按照不同的标准可以划分为不同的类型。

【复习思考题】

1. 简述划分政府收支的基本原则。
2. 如何完善我国分税制财政管理体制？
3. 简述财政转移支付的目标及分类。

☞ 请在60分钟内，完成网络教学资源“即时练习”栏目中的本章练习；阅读网络教学资源“参考文献”，了解学习本章的参考文献，如果学有余力，请选择阅读；在网络教学资源“重点概念”中，提供了本章相关概念的检索。

财政政策

【学习导航】

请使用 4 学时学习本章内容。通过本章学习重点理解财政政策的相关理论，掌握财政政策与货币政策的配合使用，着重培养运用财政政策的工具和类型理论分析解决实际问题的能力。

本章考试的重点是财政政策的目标、类型、工具，以及财政政策与货币政策的搭配。

【引导案例】

积极的财政政策为经济保驾护航

2012 年中央经济工作会议提出，要加强和改善宏观调控，继续实施积极的财政政策和稳健的货币政策，要结合税制改革完善结构性减税政策。各级政府要厉行节约，严格控制一般性支出，把钱用在刀刃上。实施稳健的货币政策，就是注意把握好度，增强操作的灵活性。要适当扩大社会融资总规模，保持贷款适度增加，保持人民币汇率基本稳定，切实降低实体经济发展的融资成本。要继续坚持房地产市场调控政策不动摇。要高度重视财政金融领域存在的风险隐患，坚决守住不发生系统性和区域性金融风险的底线。

学习本章内容，请思考：积极的财政政策实施的背景和目标，财政政策工具的运用及效应。

☞ 解答提示请参考网络教学资源“案例分析”中的相关内容。

第一节 财政政策概述

一、财政政策的含义

财政政策是指一国政府为实现一定的宏观经济目标而调整财政收支规模和收支平衡的指导原则及其相应的措施。财政政策是国家经济政策的重要组成部分，其制定和实施的过程也是国家进行宏观调控的过程。在现代市场经济国家，财政政策已被广泛地接受为调控国民经济运行的一种手段。通过实施一系列财政政策（手段），使资源在促进充分就业、稳定物价和取得满意的经济增长方面得到最充分的利用。

拓展区

阅读网络教学资源“重点解析”栏目第十一章中的“财政政策的全局性和局部性”，对上述内容加深理解。

提示音

财政政策的两个层面

从经济学理论上说，财政政策包含两个层面。第一层面是财政政策的构成要素，它包括三个方面的内容：财政政策目标、财政政策主体和财政政策工具。第二层面是财政政策类型，即通常所说的诸如扩张性财政政策、紧缩性财政政策和中性财政政策等。可见，第一个层面指的是政策的决策框架；第二层面指的是政策的操作模式。

超链接

中华人民共和国教育部：http：//www.moe.gov.cn

中华人民共和国科学技术部：http：//www.most.gov.cn

中华人民共和国国家税务总局：http：//www.chiantax.gov.cn/

二、财政政策目标

在现代市场经济条件下，政府财政政策的目标主要体现在以下几个方面。

（一）资源的优化配置

所谓资源的优化配置，就是如何充分利用现有的人力、物力、财力等社会经济资源，使之达到优化组合，从而保证经济发展速度和效益的统一，即在保持一定发展速度的前提下，求得社会经济效益和社会福利的最大化。

一般来说，资源配置是市场的功能。在市场竞争的环境中，由于受利益原则的诱导和驱动，每一经济活动的主体会不断地调整其对资源的配置。市场机制的运行过程，也就是配置不断调整和趋于合理化的过程。但是，实践证明，市场本身存在很大的缺陷，单靠市场机制的运行并非在任何情况下都能实现社会经济资源的优化配置。由于市场存在着盲目性，在市场环境中存在的经济活动主体从自身利益出发，难免会有不同程度的“近视症”。市场提供的错误信息也往往会把他们引入歧途，使得本来较为合理的资源配置遭到破坏。此外，经济活动主体进行资源配置所需要的种种外部条件也往往是市场所不能提供的。这就需要国家从社会整体利益出发，对资源的配置进行引导和调节，比如表现为对资金流向与流量的不断调整。财政是分配资金的，因而财政政策对资源的配置能够产生举足轻重的影响。

通过财政政策实现资源优化配置，一个核心问题就是财政资金的投向问题。资金的投向是否合理，直接决定着国民经济结构是否合理，社会各产业部门能否协调地发展。在传统体制下，生产建设的投资，特别是国有企业生产建设的投资，基本上由国家财政包下来。也就是说，原来的产业结构是通过国家财政年复一年的巨额投资形成的。改革开放以后，在新旧体制转换的过程中，由于经济活动主体活力的不断增强，自我发展、自我改造能力的不断增强，国家财政已不再统管生产建设资金的分配，但财政每年仍保持一定的资金投入。在这种情况下，如何安排好财政资金的投向，对于调整和改造过去不合理的产业结构，就具有特别的重要意义。从发展市场经济的要求来看，今后财政投入的重点应放在经济活动主体开展正常的生产经营活动所必需的社会经济环境的建设上，即主要用于能源、交通等基础工业、基础设施、先导产业的骨干项目的建设以及非营利性事业，如公共事业，特别是科学、教育、文化、社会福利等“社会公共需要”的事业上。此外，随着社会主义市场经济的不断完善，要把预算外资金逐步纳入到预算内的分配渠道上来，以增强财政政策的调控功能。

通过财政政策实现资源优化配置的另一个问题，就是如何通过财政政策的引导，调整原有资产的存量结构，实现资源的合理流动。我国是一个经济发展水平较低且很不平衡的国家，由于历史的原因，原有资产存量结构很不合理，特别是沿海与内地、东部与西部地区之间经济发展的差距很大，要解决这个问题，仅靠经济落后地区“自力更生”，在短时期内是难以奏效的。因此，一方面要通过改变财政资金的投向，对经济落后地区给予大力扶持；另一方面，在国家能够直接控制和分配的资源毕竟有限的情况下，通过税收、投资政策的鼓励，改变原有资产的存量结构，引导发达地区将一部分资源流向资源不发达地区，或许是更为有效的途径。

在资源配置方面还有一个问题，就是如何提高财政资金的使用效益。优化资源配置，是提供经济效益的前提，而只有充分发挥资源的效益，才能真正实现经济的协调发展。如果忽视投入资源的使用效益，就会造成资源配置不合理或者要投入更多的资源才能保持经济的协调发展。因此，提高财政资金的使用效益是节约投入、实现资源合理配置的重要途径。鼓励节约投入和提高财政资金使用效益，包括改进资金供给方式（如拨款改为贷款）、强化预算约束等措施，在提高资金使用效益、实现资源合理配置方面具有重要作用。

提示音

资源配置功能

资源配置反映了人与自然的关系，它关注在资源总量既定的条件下的社会产品结构，财政政策会影响社会资源的使用方式和产品结构，因而具有资源配置功能。资源配置和收入分配是财政政策的两大微观目标。

（二）收入公平分配

收入公平分配的主要问题就是如何确定合理的税收负担问题。组织财政收入的过程，实际上就是将一部分资源从企业、个人手中流向政府手中的过程。税收负担是否合理，直接影响到经济活动主体的经济利益。在传统体制下，国家对企业实行“统收统支”，企业基本上没有自主支配资金的权力，企业经营的好坏与企业的经济利益不挂钩，劳动者个人贡献的大小与其劳动报酬不挂钩，而在税收税率较为简化单一的情况下，企业之间的税收负担畸重畸轻。这种忽视劳动效率的分配模式，严重挫伤了企业和劳动者的积极性，使我国的经济长期以来缺乏生机和活力。

拓展区

阅读网络教学资源“案例分析”栏目第十一章中的“改革以来我国收入分配方面的变革”，理论联系实际地分析问题。

（三）经济的稳定增长

经济稳定增长表现在适度的经济增长率、稳定的物价水平、充分就业和国际收支平衡上，通过市场来考察，它又集中反映在社会总供给和社会总需求的协调平衡上。

通过财政收支活动，可以对国民经济活动的总量即总供给和总需求进行有效的调节。财政支出总量和财政收入总量的变动，都会以不同的方式和程度，影响社会总供给和总需求的变化。从财政支出方面来说，无论是投资性支出还是消费性支出，在短期内很快就会变为社会的购买活动，直接形成社会总需求的一部分，因而财政支出总量的扩张会增加社会总需求，财政支出总量的收缩会减少社会总需求。从长期看，由于财政支出形成的总需求会通过刺激消费来影响社会总供给，并且财政支出的一部分用于投资，直接促使产量增加，因而财政支出总量的变动对社会总供给也会产生积极的影响。

从财政收入方面来看，收入总量的调整，即国家增加或减少税收，提高或降低国有企业利润分配的比例，从短期看，可以影响企业和个人可支配的收入，因而影响总需求，但同时也会在一定程度上影响总供给。正因为如此，国家能够通过财政收入总量与支出总量的对比关系，来调节社会总需求与社会总供给，促使社会总供给和总需求的平衡，以维持宏观经济的稳定。

拓展区

阅读网络教学资源“重点解析”栏目第十一章中的“财政政策目标之间的互扰性”，对上述内容加深理解。

三、财政政策类型

按照不同的标准可以将财政政策划分为不同的类型，归纳起来主要有以下几种分类方式。

（一）相机抉择的财政政策和自动稳定的财政政策

按照财政政策在调节社会总需求过程中发挥作用的方式不同，可以将财政政策划分为相机抉择的财政政策和自动稳定的财政政策两种类型。

相机抉择的财政政策，又称为“斟酌使用的财政政策”，是指政府根据不同时期的经济形势，相应采取变动政府支出和税收的措施，以消除经济波动，谋求实现经济稳定增长的目标。之所以称之为相机抉择的财政政策，是因为它不是自动地发挥作用，而是一种人为的政策调节。这种财政政策要依靠政府对宏观经济形势的分析和判断，经过深思熟虑再决定采取什么样的政策措施。如果认为总需求已经过大，造成了生产能力的过度紧张和通货膨胀，就采取相应的政策措施抑制总需求；如果认为总需求不足，已经造成了经济水平的下降或经济衰退，就采取相应的政策措施扩大总需求。因此，相机抉择的财政政策的任务是，要么旨在扩大总需求以反经济衰退，执行扩张性财政政策；要么旨在抑制总需求以反通货膨胀，执行紧缩性财政政策。

所谓**自动稳定的财政政策**，就是随着经济形势的周期性变化，一些政府支出和税收自动发生增减变化，从而对经济的波动发挥自动抵消的作用。之所以将它称为自动稳定的财政政策，是因为它不是政府斟酌经济形势变化后所决定的，而是一种非人为的自动调节。这种财政政策不需要政府预先作出判断和采取措施，而是依靠财政税收制度本身所具有的内在机制，自行发挥作用，收到稳定经济的效果。正因为如此，这种自动稳定的财政政策也被称作“内在稳定器”。

拓展区

阅读网络教学资源“重点解析”栏目第十一章中的“相机抉择的财政政策”，对上述内容加深理解。

（二）扩张性财政政策、紧缩性财政政策和中性财政政策

按照财政政策对社会总需求的影响不同，从总量调控的角度，可以将财政政策划分为扩张性财政政策、紧缩性财政政策和中性财政政策三种类型。这是现实经济生活中一种对财政政策最为常见的分类方式，而且这三种类型实际上都属于第一种分类中的相机抉择的财政政策。

扩张性财政政策，又称为膨胀性财政政策或“松”的财政政策，概括说来，当社会总需求水平低于总供给水平，即总需求不足，经济萧条时，政府可以通过扩张性财政政策，扩大财政支出规模，减少政府财政收入（如降低税率），来刺激总需求的增加，从而刺激经济复苏。

提示音

扩张性财政政策并不完全等同于积极财政政策

实施扩张性财政政策，目的是增加总需求，相当于赤字财政，可通过减税或增加财政支出的手段来实现。其中就减税而言，流转税刺激供给更明显；所得税刺激需求更明显。

我国于1998年下半年开始实施积极的财政政策，以便刺激国内需求，拉动经济增长。我国的积极财政政策是在特定环境下采取的，不能把它等同于一般的扩张性财

政政策：第一，它不是在经济低增长或负增长情况下采取的，而是在较高经济发展速度下采取的。第二，它不是通过增加政府直接开支的方式来扩大社会总需求，而是采用发行国债的方式，通过加大基础设施投资来引导社会投资，扩大了财政支出的乘数效应。第三，它不是单纯的减税或增支，还包括加快税费改革步伐，推进预算管理，调整和完善分配制度，加快社会保障体系建设等方面的内容，是多项主动性财政政策的统一称谓。

紧缩性财政政策，又称为盈余性财政政策或"紧"的财政政策，概括说来，当社会总需求水平高于总供给水平，即总需求过剩、经济过热时，政府可以通过紧缩性财政政策，缩小财政支出规模、增加政府财政收入（如提高税率），来抑制总需求的增加，从而遏制通货膨胀。

中性财政政策，又称为平衡性财政政策或均衡性财政政策，概括说来，它是指通过财政收支的大体平衡，以保持社会总需求和社会总供给的同步增长，从而维持社会总供求基本平衡的政策。中性财政政策的出发点是维持社会总供求对比关系的既定格局。因此，它适宜在现实社会总供求矛盾不突出或社会总供求处于基本平衡的经济条件下选用。

（三）宏观财政政策、微观财政政策和中观财政政策

按照财政政策作用的对象不同，可以将财政政策划分为宏观财政政策、微观财政政策和介于二者之间的中观财政政策三种类型。

宏观财政政策是通过作用于经济总量而发挥作用的，这些经济总量通常包括投资、消费、国际收支、货币供给量、失业率、物价总水平和经济增长率。最基本的经济总量是总供给和总需求，所以宏观财政政策也就是影响总供给和总需求的政策，通常也被称为经济稳定政策。

微观财政政策是通过影响个体（个人或企业）的经济行为或经济活动而发挥作用的，这种作用通常是通过影响相对价格，进而影响个体的经济行为或经济活动产生的。常见的例子有政府对企业进行亏损补贴，从而支持企业生产等。

中观财政政策的作用对象是产业结构，其目标是实现产业结构的合理化，特别是产业结构的高级化，即各个产业之间保持适当的比例关系，实现协调发展。它是实现经济发展的有效途径，也是获得社会经济效益的重要来源。这种中观意义上的财政政策，一般被视为产业政策的组成部分，所以大多在产业经济学的范围内加以分析。

（四）配置型财政政策、稳定型财政政策和再分配型财政政策

按照财政政策目标的性质不同，可以将财政政策划分为配置型财政政策、稳定型财政政策和再分配型财政政策三种类型。

配置型财政政策以矫正市场失灵、促进资源有效配置为政策目标；稳定型财政政策着眼于需求管理，通过调节总需求来平抑经济周期，实现经济的稳定增长；再分配型财政政策的目标则是促进收入的公平分配，缩小收入水平的人际差距，即缩小社会成员之间的收入差距。

（五）供给管理型财政政策和需求管理型财政政策

按照财政政策作用的方向不同，可以将财政政策划分为供给管理型财政政策和需求管理型财政政策两种类型。

供给管理型财政政策着眼于促进储蓄，增加生产能力和提高劳动生产率，以增加有效供给；需求管理型财政政策则着眼于对总需求进行“微调”，即致力于总需求的减少或增加，使之与总供给保持协调和平衡。

（六）中长期财政政策和短期财政政策

按照财政政策期限的长短不同，可以将财政政策划分为中长期财政政策和短期财政政策两种类型。中长期财政政策是为国民经济发展的战略目标服务的财政政策，具有长期、稳定的特点；短期财政政策则属于“战术性”政策，适用于特定的时期和特定的范围。

四、财政政策工具

财政政策工具是指为实现既定的财政政策目标所选择的组织工具和操作工具。财政政策工具是为财政政策目标服务的，但是如果没有政策工具，政策目标就无从实现；而如果政策工具选择不当，也会使政策目标发生偏离。一定的财政政策目标需要特定类型的财政政策工具或其组合来实现。主要的财政政策工具包括政府预算、税收、国债、政府购买、财政补贴等。

（一）政府预算

一国财政收支结构及其差额是通过编制政府预算来实现的，政府预算反映了政府财政政策的意图和目标。

预算调节经济的作用主要反映在财政收支的规模和收支差额上。一般说来，当社会总需求大于总供给时，政府预算往往缩减支出规模来抑制需求，以盈余政策调节经济；同样，当社会总需求小于总供给时，政府预算往往扩大支出规模来刺激需求，以赤字政策来调节经济。在供需基本平衡即经济稳定发展期间，政府预算则往往采取中性的平衡政策，保持收支规模的均衡。此外，政府预算还可以通过预算的追加或追减，实现扩张或紧缩的目标。

（二）税收

税收是政府凭借政治权力参与社会产品分配的一种方式，是主要的财政政策工具之一。

当经济处于萧条时期，政府减少税收（如降低税率，停征个别特定税种或实行更多的税收优惠），企业和个人的可支配收入得以增加，从而刺激企业和个人的投资需求和消费需求，引致社会总需求增加，推动经济增长；当经济处于过热时期，政府增加税收（如提高税率，开征个别特定税种或减少税收优惠），企业和个人的可支配收入减少，从而抑制企业和个人的投资需求和消费需求，引致社会总需求减少，促使经济回落。

同时，税收也是政府实现收入分配公平的重要手段。公平税负是财政分配的重要原则，在所得税中，超额累进税率和免征额（或起征点）的设计，可以相对减少高收入者的可支配收入，从而促进收入的公平分配。

（三）国债

随着社会信用的不断发展，国债已成为现代社会弥补政府财政资金不足的重要工具之一，同时也是政府实施宏观调控的重要政策工具。

在国债管理中，通过调整国债的流动性，可以改变整个社会资金的流动状况，从而对经济产生扩张性或紧缩性的影响。其作用传导机制可表述为：国债的流动性程度变动→社会流动性状况变动→经济活动水平变动。

在国债管理中，通过调整国债发行的名义利率或实际利率水平来改变金融市场利率的升降，同样可以对经济施加扩张性或紧缩性影响，其作用传导机制可以表述为：国债的利息率水平变动→金融市场利率水平变动→经济活动水平变动。

拓展区

阅读网络教学资源“案例分析”栏目第十一章中的“供给侧结构性改革中的财政政策工具应用”，理论联系实际地分析问题。

（四）政府购买

政府购买是政府直接购买物品或服务的活动，包括政府购买进行日常政务活动所需的或用于进行国家投资所需的物品或服务的支出。在政府购买项目中，政府一手付出了资金，另一手则相应地获得了物品或服务，并运用这些物品或服务来履行政府的各项职能。也就是说，在这样的一些支出安排中，政府如同其他经济主体一样，在从事等价交换的活动。政府购买对生产、就业以及社会总需求有着直接的影响。这类支出当然也会影响到国民收入的分配，但这种影响是间接的。

当经济处于萧条时期，政府提高政府购买支出水平，拉动社会总需求，缓解或者消除经济衰退；反之，当经济处于过热时期，政府则降低支出水平，抑制社会总需求，促使经济回落。

此外，在市场经济条件下，政府投资的项目主要是具有自然垄断性质或者外部效应比较大的基础产业、公共设施，这样可以克服市场失灵，促进资源的合理配置和产业结构的优化。显而易见，政府投资规模和投资方向对经济结构的调整起着重要的作用。

（五）财政补贴

财政补贴是国家财政调节国民经济和社会生活的重要杠杆，其目的在于支持生产发展，调节供求关系，稳定市场物价，维护生产者和消费者的利益。财政补贴能够有效地贯彻国家的宏观经济政策，通过给予特定产业价格补贴等方式激发私人部门进入该产业，进而以少量财政资金带动社会资本，推动企业的技术改造和产业升级，尽可能消除挤出效应，实现社会经济的稳定。

（六）PPP 模式

政府和社会资本合作（PPP）是中国经济发展新常态下的创新产物，是对传统投资建设模式的改革，为解决经济社会发展中政府在基础设施及公共服务领域遇到的诸多矛盾提供了一剂良方。作为供给侧改革的创新，PPP 模式充分体现了依法、平等，引入社会资本帮助解决经济社会发展中政府遇到的各种挑战，减轻政府当年支出压力，化解政府债务风险，平滑财政中长期规划，推进政府在管理机制上创新，努力打造政府的契约精神，为国家治理的现代化和构建现代财政制度赢得时间，奠定基础。

第二节　财政政策与货币政策的协调配合

一、货币政策

货币政策有广义和狭义之分，当代通常意义的货币政策是就其狭义而言，是中央银行为实现既定的经济目标运用各种工具调节货币供给和利率，进而影响宏观经济的方针和措施的总和。货币政策是通过运用自身的政策工具和一定的传导机制来实现其政策目标的。

（一）货币政策目标

经过一个逐步发展的过程，得到广泛承认的货币政策目标主要有：稳定物价、充分就业、经济增长和国际收支平衡。这四个目标间既具有一定程度的一致性，又具有冲突性。

提示音

货币政策目标间的冲突

1. 经济增长与充分就业正相关：经济增长，就业增加；经济下滑，失业增加。

2. 充分就业与稳定物价的矛盾表现为：两者存在着此消彼长的置换关系。

3. 稳定物价与经济增长的矛盾体现在：经济增长大多伴随着物价的上涨。

4. 经济增长与国际收支平衡的矛盾在于：随着经济增长会增加进口，导致贸易逆差，恶化国际收支。

《中华人民共和国中国人民银行法》确定的货币政策目标为："保持货币币值的稳定，并以此促进经济增长。"

（二）货币政策工具

货币政策工具，又称为货币政策手段，是指各国政府为实现货币政策目标所采取的政策措施。一般性的货币政策工具主要有三个，即法定存款准备金率、再贴现率和公开市场业务。

1. 法定存款准备金率

商业银行在吸收到存款之后并不应该也不可能将所有资金全都放贷出去，而必须将一定比例的存款交存中央银行作为准备金，这里所说的"一定比例"实际上就是法定存款准备金率。

中央银行通过调整法定存款准备金率，可以控制流通中的货币供应量，从而实现对宏观经济的调节。具体说来，在经济过热的时候，中央银行调高法定存款准备金率，商业银行向中央银行交存的存款自然就会增加，而用于放贷的资金相应减少，实际上就减少了货币供应量，从而对经济产生收缩的作用；在经济萧条的时候，中央银行调低法定存款准备金率，根据上面所说的原理，实际上增加了货币供应量，从而对经济产生扩张的作用。

由于法定存款准备金率的调整直接影响到各商业银行的可用资金和利润，因而效果非常猛烈，一般情况下中央银行并不经常使用。

2. 再贴现率

当商业银行面临资金不足时，可以用手中的票据向中央银行进行再贴现，实际上就是向中央银行申请的一种再贷款。当然这种再贷款并不是无偿的，商业银行向中央银行所支付的利息比率就称为**再贴现率**。

中央银行通过调高或调低再贴现率，同样可以控制商业银行能够用于放贷的资金量，由此使流通中的货币供应量产生增减变化，最终实现对宏观经济的调节作用。

3. 公开市场业务

所谓**公开市场业务**，就是指中央银行在金融市场上公开买卖有价证券（特别是短期国库券），以此来调节货币供应量的一种政策性行为。

在经济过热的时候，中央银行通过金融市场卖出有价证券，回笼货币，从而减少货币供给量，对经济产生收缩的作用；在经济萧条的时候，中央银行则通过金融市场买进有价证券，把货币投入市场，从而增加货币量，对经济产生扩张的作用。

由于公开市场业务传导过程短，中央银行通过其可以直接控制货币供应量，所以成为世界各国经常使用的最重要的货币政策工具。

提示音

其他货币政策工具

除了上述三种一般性货币政策工具外，中央银行还经常采用其他一些货币政策手段，如选择性货币政策工具。它是指有选择地对某些特殊领域的信用加以调节和影响的措施，包括消费者信用控制、证券市场的信用控制、不动产信用控制、优惠利率、预缴进口保证金等。又如直接信用控制。它是指从质和量两个方面，以行政命令或其他方式直接对金融机构尤其是商业银行的信用活动所进行的控制，其手段包括利率最高限、信用配额、流动性比率和直接干预等。再如间接信用指导。它是指中央银行通过道义劝告、窗口指导等办法间接影响商业银行的信用创造能力。目前中国人民银行运用的货币政策工具主要有存款准备金制度、再贷款、再贴现、公开市场业务和利率政策等。

（三）货币政策传导机制

从货币政策工具的使用到最后实现政策目标，其间需要一个过程。在此过程中，货币政策通过一定的传导机制传递着政策效应，直至得以体现。具体说来，无论是法定存款准备金率、再贴现率，还是公开市场业务，其直接作用目标都是对货币供应量的调节，对货币供需状况作出调整，从而影响社会产品的供需关系，最终对经济活动水平发挥作用。这种环环相扣的货币政策效应的传递过程，就是货币政策的传导机制。

在我国，货币政策传导机制主要是货币供应量、利率、信贷总额等。在西方，凯恩斯学派和货币主义学派有不同的货币传导机制理论。

1. 凯恩斯学派的货币传导机制理论

凯恩斯学派的传导机制理论可以简单概括为：货币供给的增减影响利率，利率的变化则通过资本边际效益的影响使投资以乘数方式增减，而投资的增减会进而影响总支出和总收入。

在这个传导机制发挥作用的过程中，主要环节是利率：货币供给量的调整首先影响利率的升降，然后才使投资乃至总支出发生变化。

上述分析，凯恩斯学派称之为局部均衡分析，只显示了货币市场对商品市场的初始影响，而没有能反映它们之间循环往复的作用。考虑到货币市场与商品市场的相互作用，遂有进一步分析，凯恩斯学派称之为一般均衡分析。当货币供给增加，假如产出不变，利率会下降，利率下降刺激投资并引起总支出的增加，总需求的增加推动产出量的上升。产出量的上升，货币需求上升，如果没有新的货币供给注入社会，货币供求对比关系改变会使下降的利率回升。这是商品市场对货币市场的作用。利率回升时总需求减少，产量下降，产量下降会使货币需求下降，利率又开始回落。这是一个往复不断的过程，最终会逼近一个均衡点，这个点会同时满足货币市场和商品市场供求两方面的均衡要求。在这个点上，也许利率较原来的均衡水平低，产出量较原来均衡水平高。总之在凯恩斯学派的货币传导机制理论中，对利率这一环节特别重视。

2. 货币主义学派的货币传导机制理论

与凯恩斯学派不同，货币主义学派认为利率在货币传导机制中不起重要作用，而更强调货币供给量在整个货币传导机制中的直接效果。货币主义学派认为，增加货币供给量在开始时会降低利率，银行增加贷款，货币收入增加，物价上升，从而导致消费支出和投资支出增加，引致产出提高，直到物价的上涨将多余的货币量完全吸收掉为止。因此，货币政策的传导机制主要不是通过利率间接地影响投资和收入，而是通过货币实际余额的变动直接影响支出和收入。

提示音

我国的货币政策实践

在传统体制下我国的货币政策实践：传统体制下的货币政策，保证国民经济计划的实现是其政策目标，指令性的信贷计划是其政策工具，现金发行是重要的观测指标，政策传导过程直接简单，政策效果并不理想，在计划价格保持稳定的形势下隐蔽着实际的货币供应过多。

改革以来我国的货币政策实践：货币政策的各个方面都带有计划调节与市场调节的双重特点，发展的趋势是计划色彩由浓向淡，市场色彩日益浓重。

二、财政政策与货币政策的差异

财政政策和货币政策是国家最重要和最常用的宏观经济政策，服务于经济增长、物价稳定、充分就业和国际收支平衡的宏观经济目标。二者都是以货币形态的经济总量加以测度的，所以财政政策和货币政策都有总量政策的鲜明特征，这是两种政策所具有的共性。但财政政策和货币政策之间也存在差异，这些差异主要表现在以下几个方面。

（一）实施政策的主体不同

实施财政政策的主体是政府，而实施货币政策的主体是中央银行。中央银行的主要职能是制定和执行国家的货币政策。因此，中央银行也是国家行使管理经济权力的重要部门，这与政府的身份有相同的一面。在世界各国中，中央银行与政府的相互关系模式有较大的差别。许多国家的中央银行是政府的隶属机构，货币政策的制定和执行须听从于政府，人事安排由政府指定，机构设置也与行政机构的设置保持一致。在这种情况下，中央银行只是名义上的货币政策主体，不能独立地实施货币政策。这一模式的优点在于政府部门可以将货币政策纳入总体的发展战略，便于操作货币政策以服务于多个宏观经济目标，所以为大多数发展中国家和某些发达国家所采用。但这一模式有一个主要缺点，就是政府部门的某些“不规范”行为会干扰货币政策的制定和执行，损害货币政策的实施效果，造成通货膨胀的压力。此外，由于中央银行缺乏独立性和权威性，难以阻止政府部门的行政干预，货币政策在执行过程中往往遇到许多困难。鉴于此，采取上述模式的国家正在不断采取改进措施，逐步加强中央银行的独立性和权威性。在许多经济发达国家中，中央银行相对于政府部门具有很高的独立性，在制定和执行货币政策方面直接对立法机构或直接对总统负责，政府无权左右货币政策的运作。在此情况下，中央银行才真正成为货币政策的主体，这对维护货币政策的权威性和实施效果是十分有利的。

（二）传导过程的差异

从对国民经济的宏观需求管理的角度看，财政政策和货币政策都是通过对社会总需求的调节达到宏观经济目标的，但是，两者的手段不同、操作方式不同，因而从政策调节到实现政策目标过程的传导机制也不同。

货币政策传导机制是指中央银行运用货币政策手段或工具影响中介目标，进而实现最终目标的途径和过程的机能，也就是说，货币政策工具通过中央银行的操作而发挥作用，借以达到最终目标。我国货币政策的传导过程一般经过三个阶段：第一阶段是从中央银行传导至金融机构和金融市场，即中央银行通过法定存款准备金率、再贴现率、公开市场业务等政策手段，调节各金融机构的超额储备和金融市场融资条件，以控制金融机构的贷款能力和金融市场的资金融通。第二阶段是掌握各金融机构和金融市场以至企业和个人的投资与消费。比如，中央银行运用提高贴现率的办法实行从紧的货币政策，各金融机构和企业迫于中央银行政策的压力，会调整自己的行为，从而促使社会投资和消费规模或结构的变化。第三阶段是影响企业、个人的投资量以至产量、物价和就业的变动。比如，中央银行降低利率，扩大货币供应量，产出和就业会发生变化。

财政政策的传导机制比货币政策的传导机制更为直接，财政政策一般是直接作用于企业和居民，进而对国民经济的运行产生影响。如扩大财政支出，就会直接或间接增加企业和个人的收入，而企业和个人收入的增加，就相应增加社会总需求，这对调节社会总需求和总供给的对比态势有积极的效果；再如政府通过调整税率、利用累进的个人所得税的自动稳定器功能，也能调节企业和个人的收入水平。

（三）政策手段不同

财政政策手段主要有税收、预算、补贴、公债等，它们都是经由一定的途径和方式作用于政策目标的。税收是最重要的财政政策之一，如果增加税收，就会减少纳税人的税后可支配的收入，对总需求产生一种收缩效果；如果减少税收，则对总需求产生扩张性效果。需求量的变化可以直接影响到社会总需求和总供给的对比状况，进而会作用于经济增长、物价稳定、就业和国际收支等宏观经济目标。税收影响总需求的方式有两种：一种是“自动稳定器”；另一种是“相机抉择”。预算政策主要是通过总量调节来影响社会总需求和总供给之间的关系的。预算政策无外乎三种情况：一是预算收支平衡政策，这种政策的效果主要在于增加社会总需求和总供给的总量；二是预算扩张政策，这种政策的效果主要在于优先增加社会总需求的总量，通过社会总需求总量的增加来改变原来社会总需求和总供给的对比状况；三是预算收缩政策，这种政策的效果主要在于侧重减少社会总需求的总量，通过社会总需求总量的减少来改变原来社会总需求和总供给的对比状况。财政补贴政策作为一种重要的财政手段，在现代各国的财政政策中得到广泛应用。财政补贴有两个特征：其一，财政补贴是一种财政援助，因此它对受补对象会产生激励作用；其二，财政补贴为特定目标或目的服务的，具有鲜明的政策意图。公债是以政府为主体的信用关系，是政府实施宏观调控经济的重要工具。公债政策的实施既可以从分配领域调节社会总供求结构，实现供求结构的相互协调，也可以从流通领域调节货币流通量及商品流通量，进而实现宏观调控的总量目标。

货币政策的主要手段包括法定存款准备金率、再贴现率和公开市场业务。法定存款准备金率是指法律规定商业银行将其吸收的存款缴存至中央银行的比例。在经济萧条时期，可以通过降低法定存款准备金率，来扩大货币供应量，刺激投资和消费的增加；在经济繁荣时期，可以通过提高法定存款准备金率，来收缩货币供应量，抑制投资和消费的增加。中央银行对商业银行所持有的未到期票据办理的贴现，称为再贴现。中央银行提高再贴现率，意味着中央银行紧缩银根，中央银行降低再贴现率，意味着中央银行放松银根。所以，在经济萧条时期，应采用降低再贴现率的方法；在经济繁荣时期，则应采取提高再贴现率的方法。公开市场业务是指中央银行在公开市场上买进或卖出有价证券。买进有价证券意味着中央银行放松银根，即公众在商业银行的存款增加，再由商业银行的信用创造功能，派生出新的存款，货币供应量增加，导致利率下降，投资需求增加；卖出有价证券意味着中央银行紧缩银根，即公众在商业银行的存款减少，再由商业银行的信用创造功能，减少派生存款，货币供应量下降，导致利率上升，投资需求减少。

（四）政策时滞不同

政策时滞是指从认识到需要采取政策行动到产生效果为止所需要的时间。任何政策都存在着时滞问题。政策时滞越短，政策当局越是能够对有关情况做出及时反应，政策也就越能快速地发挥作用。政策时滞可分为内部时滞和外部时滞。

内部时滞指采取政策行动的过程所需要的时间，具体而言又包括认识时滞、决策时滞和行动时滞。认识时滞指从政策当局意识到发生了问题到决定采取政策之间所需要的时间。这个时滞之所以存在，主要是由于政策当局难以及时发现干预因素以及无法断定可能造成的后果。财政政策的认识时滞同货币政策的认识时滞大致是相同的。决策时滞是指从政策决策者认识到需要采取政策行动到政策制定完毕之间所需要的时间。由于财政手段的变化需要通过较烦琐的决策程序完成，财政政策的决策时滞一般要比货币政策的决策时滞长。此外，行动时滞也是如此，它是指从政策制定完毕到开始执行所需要的时间。货币政策手段一经决定变更，可以立即予以实施，所以行动时滞较短。至此，可以得出初步结论：财政政策的内部时滞比货币政策的内部时滞要长一些。应该注意的是，这是就“相机抉择”的财政政策部分而言的，如果是经由“自动稳定器”实施的财政政策，其内部时滞是不存在的，或者说，内部时滞为零。

外部时滞是指从政策开始执行到政策对目标发挥作用所需要的时间。财政政策通常直接影响收入和支出（包括消费支出和投资支出），货币政策则通过影响货币供应量、利率和财富价值，间接地影响收入、消费和投资。因此，财政政策的外部时滞比货币政策要短一些。这个特点十分重要，因为它表明财政政策能够更快地对经济运行进行调节。但是，这一点常被财政政策所具有的较长的内部时滞所抵消，就总的政策时滞来说，财政政策与货币政策究竟谁长谁短，不能一概而论，应针对具体情况进行具体分析。

三、财政政策与货币政策的搭配

无论是财政政策还是货币政策，按其政策效应的松、紧程度来划分，无外乎扩张性、紧缩性和中性这样三种。就其针对不同的宏观经济状况搭配使用而言，在一般情况下，我们予以关注的主要是扩张性财政政策、紧缩性财政政策与扩张性货币政策、紧缩性货币政策之间的不同组合模式。

（一）扩张性财政政策与扩张性货币政策的配合使用

扩张性财政政策与扩张性货币政策配合使用，在财政政策方面要运用增支减税的政策措施，而在货币政策方面则是采用增加货币供应量的政策措施，或降低法定存款准备金率，或调低再贴现率，或在金融市场上买入有价证券、投放货币。这种“双扩张”政策搭配模式主要适用于经济严重萧条的情况，可以强有力地作用于社会总需求的扩大，从而促使经济复苏。但是，正是由于这种政策模式效应猛烈，所以不宜长期使用，否则物极必反，会引发高通货膨胀，造成经济过热局面的出现。

（二）紧缩性财政政策与紧缩性货币政策的配合使用

紧缩性财政政策与紧缩性货币政策的配合使用与上述“双扩张”政策搭配模式在政策手段和政策效应方面正好相反，即在财政政策方面要运用减支增税的政策措施，而在货币政策措施方面则是着力于减少货币供应量，其政策效应是严格抑制社会总需求，促使经济回落，主要适用于通货膨胀严重的情况。同“双扩张”政策搭配模式一样，这种“双紧缩”政策搭配模式也是由于效应猛烈而不宜长期使用，否则会产生社会总需求不足，经济增长减缓甚至停滞的问题。

（三）扩张性财政政策与紧缩性货币政策的配合使用

扩张性财政政策与紧缩性货币政策的配合使用，则是要求在财政政策措施方面增支减税，而在货币政策措施方面减少货币供应量。一般而言，在经济增长减缓以至于停滞而通货膨胀压力又很大的情况下，或者经济结构失调与严重通货膨胀并存的情况下，这种政策搭配模式能够更好地发挥财政政策和货币政策各自的优点，作用互补，更好地实现宏观经济调节的政策目标。

（四）紧缩性财政政策与扩张性货币政策的配合使用

紧缩性财政政策与扩张性货币政策配合使用的突出特点是，在采取减支增税的财政政策措施的同时，采用旨在扩大货币供应量的货币政策措施。这种政策搭配模式比较适用于财政赤字较大与总需求不足并存的情况，同样可以产生财政政策与货币政策优势互补的政策效果。

前文已经提到，在使用“双扩张”政策搭配模式和“双紧缩”政策搭配模式时，要注意政策措施的适度性，不可用之无度，否则会从一个极端走向另一个极端；而对于扩张性财政政策与紧缩性货币政策的配合使用、紧缩性财政政策与扩张性货币政策配合使用，则更应该关注财政政策与货币政策不同的作用空间，使其能够产生调控合力。

拓展区

阅读网络教学资源“重点解析”栏目第十一章中的“财政政策与货币政策的合理配置可以取长补短”，对上述内容加深理解。

超链接

中国财政金融政策研究中心：http：//www.frc.com.cn

国务院发展研究中心：http：//www.drcnet.com.cn

第三节 我国财政政策的演进与发展

一、近年来我国财政政策的历史演进

（一）积极财政政策

1998年，为应对亚洲金融危机的冲击和国内市场需求不足带来的挑战，我国政府审时度势、果断决策，实施以增发公债、增加政府投资和结构性减税为主要内容的积极财政政策，旨在通过适时适度地扩大财政举债规模和财政支出，增加投资，刺激消费，扩大出口，进而拉动有效需求，促进经济增长。

积极的财政政策的主要内容：一是增加财政支出，改善财政支出结构，特别是大幅度增加了基础设施投资，并以增发长期建设国债为主要筹资来源。二是实行了结构性减税，有序扩大了税收优惠的范围。三是调整了收入分配政策，中央财政通过加大“两个确保”和城市“低保”的投入力度提高了城镇中低水平居民的收入水平，增加了机关事业单位人员和企业退休人员的收入，通过扩大退耕还林、深化农村税费改革、粮食流通机制等千方百计扩大农民收入，促进居民扩大消费。四是建立健全社会保障体系，国家财政通过直接投入和增加转移支付的方式积极支持社会保障体系的建设。

（二）稳健财政政策

2003年下半年，我国经济开始走出通货紧缩的阴影，呈现出加速发展的态势，但与此同时经济运行中的深层次问题也开始凸显。具体表现为：一是结构性问题趋于突出。二是经济增长方式与资源、环境约束的矛盾更加尖锐。三是局部体制改革滞后已影响科学发展观的落实。2004年12月1日中共中央政治局召开会议指出，“根据我国宏观经济形势的发展变化和巩固宏观调控成果的要求，明年要实行稳健的财政政策和货币政策”。国务院总理温家宝在十届全国人大三次会议上的政府工作报告中提到，“鉴于目前投资规模已经很大、社会资金增加较多，有必要也有条件由扩张性的积极财政政策转向松紧适度的稳健财政政策”。这些均意味着，财政政策已经实现了平稳转型，由“积极”转为“稳健”。

所谓稳健财政政策，就其本来含义讲，就是财政收支保持平衡，不对社会总需求产生过大的扩张或紧缩的影响。稳健的财政政策的主要内容包括：一是控制赤字，适当减少财政赤字和长期建设国债。二是优化财政支出投资结构，将财政资金使用的重点集中于国家发展规划确立的战略发展目标，以及与公共卫生体系、教育、科技进步、社会保障关系密切的基础设施建设等方面，逐步退出一般竞争性、盈利性领域，注重通过各种财政政策工具的实施，特别是间接政策工具的运用，降低政府直接投资的规模。三是继续深化税制改革，完善收入分配、社会保障、教育和公共卫生四项制度，支持国有企业和金融体制等改革。四是增收节支，继续深化部门预算、国库集中收付制度和政府采购制度改革，全面深

化预算管理制度改革，建立健全财政预算资金绩效评价体系，推进机关后勤服务社会化改革，科学界定事业单位经费供给范围。

（三）后危机时代积极的财政政策

2008 年 9 月，以美国政府接管“房利美”和“房地美”为标志，次贷危机演变成全面金融危机，随着国际经济形势的突然恶化，国内经济开始下滑。为抑制经济下滑，中央政府及时调整决策，开始实施新一轮以扩大内需为核心的积极财政政策。

新一轮积极的财政政策除了在加强基础设施建设、税费制度改革、调整收入分配方面做出了重新的调整与完善外，还结合了科学发展观的精神，将保障民生、科技创新与环境保护也列入政策的实施范围中。自 2009 年以来，中央政府不断增加公共投资，扩大了即期需求，带动了民间投资和消费，加强了经济社会发展的薄弱环节。

具体来说，一是进一步提高城乡居民收入，扩大居民的消费需求。促进调整国民收入分配格局，增加国家财政对低收入群体的各种补贴，提高他们的收入水平，提高城乡低收入群体消费能力。继续加大对农业生产的支持力度，促进农民增收。与此同时，进一步完善促进消费的一系列政策措施，积极引导消费。二是着力优化投资结构，加强经济社会发展当中的薄弱环节。中央基本建设投资主要是用于保障性安居工程的建设，增加以水利为主要内容的农业和农村基础设施建设，大力促进教育、医疗卫生、文化等社会事业的发展。增加节能减排和生态环保投入，促进经济结构调整，推动一些战略性产业的发展。与此同时，积极引导社会资金的投入。安排好这些公共投资，既扩大内需，也为进一步发展奠定良好的基础。三是进一步完善调整有关的税收政策，推进税费改革，实施结构性减税。结合改革和优化税制，减轻企业和居民税收负担，促进企业发展以及引导居民的消费。改革和完善税收制度，清理、规范行政事业性收费和政府性基金，更好地发挥税收调节经济和调节收入分配的作用，从而加快经济发展方式的转变，促进经济结构的调整、促进服务业的发展等等。四是进一步优化财政支出的结构保障和改善民生。压缩一般性的支出，重点加大对三农、教育、医疗卫生、社会保障等社会事业的支出，增加对欠发达地区的转移支付，促进经济结构调整、环境保护以及科技创新，进一步保障和改善民生，促进国家各项社会事业的发展。五是大力支持经济结构调整和区域协调发展，推动经济发展方式的转变。进一步加大对科技的投入，推进自主创新，促进企业技术改造，促进产业结构的优化升级。继续大力支持节能减排，加快建立生态环境的补偿机制，推进资源节约和环境保护工作。进一步落实各项财税优惠政策，促进城乡统筹发展，推动地区区域发展。尤其是大力支持少数民族地区、贫困地区、革命老区经济社会的发展。

二、以大国治理定位财政政策

无论是积极财政政策，还是稳健财政政策，尽管政策手段不同，政策方向迥异，但其最终的政策目标是一致的，即都是为了推进国家治理体系和治理能力的现代化，充分发挥财政在国家治理中的基础和重要支柱的作用。在计划经济时期和改革开放后，无论是前三十年遭遇封锁，不得不自力更生，还是后三十年的“埋头苦干搞建设，一心一意谋发展”，财政政策都局限于国内，仍然是封闭经济下的思维。在开放经济中，财政政策不能只局限于一国来考虑。一个大国任何财政政策的变化，都必然对周边国家和世界经济产生影响，国外的财政政策变化也会传导到国内。大国财政思维要突破“国内”的界限，从区域化、全球化的角度来思考问题，从更加宏观的视野去看待财政的职能和政策。具体说来，财政政策在如下方面发挥效力。

（一）积极应对全球治理

中国作为一个发展中国家，其中心任务在于适应“新常态”，按照创新、协调、开放、绿色、共享的发展理念，解决好国内亟待解决的经济社会发展问题。与此同时，在国际治理中，要按照量力而行、量入为出、权责平衡原则，从发展中国家这一基本国情出发，根据自身财政经济能力承担相应的国际责任及支出负担，提供国际性公共品，既不做国际社会的“搭便车者”，又不能超前承担超过自身国力的责任和义务，在“共同但有区别的责任原则”下，参与全球性治理，保持国内与国外财政支出、国内公共品提供与国际性公共品提供的动态均衡。对大国而言，通常具有更大的全球公共责任。我国作为崛起中的大国，财政的作用也应从国内转向全球治理，并通过参与全球治理来避免人类发展危机和实现国家利益。具体体现为：一是捍卫全球开放贸易体系，积极履行国家责任，确保全球与地区贸易遵守共同规则。二是确立全球资源新的定价机制，运用关税补贴等财政工具，打破全球大宗商品贸易不合理的矛盾，遏制大宗商品贸易被少数供应商操纵的现象。三是建立主导区域和全球合作发展的新机制，通过“一带一路”“新型大国关系”等理念和构想，拓展财政政策的作用领域和范围，提高中国在国际社会中的认可度和话语权，促进世界经济繁荣和国际和平稳定。

（二）继续增强财政硬实力

建立与大国地位相匹配的财政硬实力。财政硬实力体现在财政规模、结构、效率等方面。在财政规模上，随着经济进入“新常态”，财政收入增速也从高位适度回落。同时，工业化、城镇化以及基本公共服务均等化的加速推进，导致民生性开支刚性不断强化，随着中国国际政治、经济地位的日益提升，中国承担的全球治理成本也将相应增长，给国家财政收支平衡带来的压力将日趋加大，客观上要求保持宏观税负的相对稳定，保持必要的政府汲取能力和财力集中度，提升国家预算能力，以有效协调私人需要与公共需要、私人品与公共品、国内公共品与国际公共品之间的关系。在财政结构上，要按照政府、市场、社会“三维”协同共治的治理结构要求，界定政府与市场、政府与社会、中央政府与地方政府之间的治理边界及支出负担，按照“共同但有区别的责任原则”，明确全球治理中中国应该承担的责任及支出负担，既要优化国内财政支出结构，又要优化国际性财政支出结构，还要优化国内与国际之间的财政支出结构，在结构优化中增强财政治理功能，统筹财政资金、减少专项资金、取消各项挂钩支出、取消一般公共预算中以收定支的规定。在财政效率上，着力通过建立完善各种财政激励约束机制如政府采购、绩效预算、公私合作伙伴关系等，解决政府及公共部门长期普遍存在的低效率问题。进一步深化财政体制改革，强化两级治理架构，国家层面的财政体制要与国家治理架构相适应，地方层面的财政体制要与地方治理架构相匹配。

（三）着力推进区域财政金融合作

区域财政金融合作是大国财政的重要组成部分，也是我国大国财政可以发挥核心作用的重要平台。我国在地理、文化以及与周边国家的睦邻友好关系等方面有独特优势，有能力在区域经济、财政和金融领域等发挥更大作用。服务国家根本利益与注重各国互利共赢的原则是大国财政必须把握的主基调，本着这一原则，我国积极推进了亚投行、金砖国家开发银行的建设与丝绸基金的设立。这些机构和基金是我国政府从国家战略出发共同推进的工作，是促进全球与区域基础设施建设、推动国际财经治理改革的重要举措。在这些形式中，财政直接或间接参与运作，都是大国财政实践的重要载体，相辅相成地发挥作用。

今后，区域财政金融仍需在大国财政的总体布局之下，不断完善顶层设计，朝着区域经济、区域金融体系一体化的方向努力，统筹运用并着力拓展各种多边、双边渠道。进一步加大区域财政金融合作方面的资金和人力投入，巩固和提升我国在区域合作中的地位。根据区域经济、金融体系一体化发展方向和要求，推动相关国家在经济监测、金融市场发展和资金救助等方面开展务实合作。

（四）大幅提升财政文化软实力

从国际视野看，世界现在的财政经济软实力依然被牢牢控制在发达国家手里，国际治理秩序（如世界三大经济组织）也被西方大国所垄断；相比之下，中国真正能对国际组织发挥影响力的软实力平台极为有限。塑造中国的国家形象，需要弘扬中国财政文化、阐明中国特色、讲好中国故事，这是表达中国的重要主题。在全球宣传和推广我们的财政价值观也是大国财政的重要使命。因此，必须讲清楚中国成功故事背后的价值根源、制度根源和文化基因，尤其是中国国家治理体系与发展模式，阐明中国故事背后的财政价值。

拓展区

阅读网络教学资源“专题讨论”栏目第十一章中的“我国财政政策的历史演进”，完成学习活动，并进行讨论。

【历史浏览】

按照以下提示，回顾本章内容，回答复习思考题。

财政政策是指一国政府为实现一定的宏观经济目标而调整财政收支规模和收支平衡的指导原则及其相应的措施。

财政政策一般是由财政政策目标、财政政策主体和财政政策工具三个要素构成的。

在现代市场经济条件下，政府财政政策的主要目标是资源的优化配置、收入的公平分配、经济的稳定增长。

按照财政政策在调节社会总需求过程中发挥作用的方式不同，可以将财政政策划分为相机抉择的财政政策和自动稳定的财政政策两种类型。按照财政政策对社会总需求的影响不同，从总量调控的角度，可以将财政政策划分为扩张性财政政策、紧缩性财政政策和中性财政政策三种类型。按照财政政策作用的对象不同，可以将财政政策划分为宏观财政政策、微观财政政策和介于二者之间的中观财政政策三种类型。按照财政政策目标的性质不同，可以将财政政策划分为配置型财政政策、稳定型财政政策和再分配型财政政策三种类型。按照财政政策作用的方向不同，可以将财政政策划分为供给管理型财政政策和需求管理型财政政策两种类型。按照财政政策期限的长短不同，可以将财政政策划分为中长期财政政策和短期财政政策两种类型。

财政政策工具是指为实现既定的财政政策目标所选择的组织工具和操作工具。主要的财政政策工具包括政府预算、税收、国债、政府购买、财政补贴和PPP。

财政政策和货币政策是国家最重要和最常用的宏观经济政策，服务于经济增长、物价稳定、充分就业和国际收支平衡的宏观经济目标。二者都是以货币形态的经济总量加以测度的，所以财政政策和货币政策都有总量政策的鲜明特征，但财政政策和货币政策之间也在实施政策主体、传导过程、政策手段、政策时滞等方面存在差异。

财政政策与货币政策有四种搭配方式。

【复习思考题】

1. 如何理解财政平衡和财政赤字?
2. 为什么要进行财政政策与货币政策的配合?
3. 如何理解财政政策模式间的转变?
4. 如何进行财政政策和货币政策的搭配?

☞ 请在60分钟内，完成网络教学资源“即时练习”栏目中的本章练习；阅读网络教学资源“参考文献”，了解学习本章的参考文献，如果学有余力，请选择阅读；在网络教学资源“重点概念”中，提供了本章相关概念的检索。

新编 21 世纪远程教育精品教材

公共基础课系列

书名	作者
大学语文（第二版）	黄鹤
应用写作（第四版）（“十一五”国家级规划教材）	孙秀秋
计算机应用基础	李刚
马克思主义哲学原理（第二版）	霍福广
“毛泽东思想和中国特色社会主义理论体系概论”教学专题研究	王向明
全国高校网络教育大学英语词汇必备手册	王建华
全国高校网络教育大学英语学习与考试辅导	王建华
高等数学“学习包”（第二版）	张家琦　曹承宾
北京地区成人本科学士学位英语统一考试历年试题解析	常红梅
北京地区成人本科学士学位英语统一考试辅导（第三版）	常红梅
大学英语学习与考试辅导	常红梅
数据库基础教程	苏俊
毛泽东思想概论	江长仁

经济与管理系列

书名	作者
西方经济学	缪代文
西方经济学（第二版）（微观经济学部分）	刘凤良
西方经济学（第二版）（宏观经济学部分）	刘凤良
经济法概论（第三版）	宋立成
互联网金融的法律与政策	邢会强
国际金融（第二版）	刘震
税务管理	王秀芝
邮政储汇实务	周艳海
中国税制（第二版）	杨虹
投资银行学教程（第二版）	胡海峰　等
金融学概论（第三版）	宋玮
国际贸易实务（第二版）	王晓明
财政管理	王秀芝
保险学	戴稳胜
证券投资学（第二版）	赵锡军　李向科
统计学教程（第三版）	金勇进
财政学（第二版）	安秀梅
中国政治制度史	侯力
经济学原理	韦曙林

续前表

书名	作者
商务英语	王学文
国际贸易理论与政策	王亚星
国际投资	胡曙光
人力资源开发与管理（第四版）	姚裕群
项目管理（第三版）（“十一五”国家级规划教材）	李涛
物流管理（第三版）（“十一五”国家级规划教材）	刘刚
组织行为学（第二版）	徐建平
公共政策原理	谢明
公共政策案例分析	谢明
公共管理伦理学	李传军
公共政策导论（第二版）	谢明
公共经济学导论	代鹏
公共关系学（第二版）	李兴国
领导力	祁凡骅
企业战略管理	邹昭晞
管理学原理	安维
公务员管理	王甫银
秘书工作实务	张大成
人员选拔与聘用管理	苏进　刘建华
绩效管理	徐斌
质量管理学	李晓光
营销渠道决策与管理	吕一林
高级会计学（第二版）	张志凤　谢瑞峰
公司财务管理（第二版）	肖万
财务管理学（第四版）	孙茂竹　范歆
基础会计学（第三版）	徐泓
管理会计（第二版）	孙茂竹
审计学（第二版）	杨闻萍
财务会计学（第三版）	郭建华
成本会计	曹伟
纳税筹划教程	张中秀
会计制度设计（第二版）	阎至刚
计算机会计理论与实务（第二版）	蔡立新
税务筹划教程	张中秀
国际税收（第二版）	杨志清

法学系列

书名	作者
刑事诉讼法（第三版）	王新清　李蓉
民事诉讼法（第二版）	汤维建　等
行政法与行政诉讼法（第三版）	胡锦光　罗杰
宪法学（第三版）	胡锦光　任端平
劳动法和社会保障法（第三版）	黎建飞
保险法（第三版）	贾林青
刑法学（第二版）	黄京平
中国法制史（第二版）	赵晓耕
企业和公司法学（第二版）	王欣新
税法（第三版）	朱大旗
海商法（第二版）	贾林青
刑法学	徐松林
继承法（第二版）	孙若军
破产法学（第二版）	王欣新
经济法（第二版）	吴宏伟
国际法（第二版）	白桂梅　朱利江
法理学（第二版）	张曙光
法律文书写作（第二版）	陈卫东　刘计划
民法学（第二版）	龙翼飞

汉语言文学系列

书名	作者
中国古代文学史（一）（先秦至魏晋南北朝）（第二版）	叶君远
中国古代文学史（二）（隋唐五代宋辽金）（第二版）	冷成金
中国古代文学史（三）（元明清及近代）（第二版）	张国风
古代汉语（第二版）	殷国光
现代汉语（第二版）	吴永焕
外国文学作品导读（第二版）	刘洪涛
中国民间文学概论（第二版）	黄涛
美学概论（第二版）	牛宏宝
文学概论（第二版）	许鹏
中国古代文学作品选读（一）	诸葛忆兵

续前表

书名	作者
中国古代文学作品选读（二）	王燕
中国文学理论史简编	成复旺
中国现当代文学作品导读	姚丹
影视文学教程	邹红
电视剧批评与欣赏	刘晔原
中国现当代文学	刘勇
语言学概论（第二版）	岑运强
西方文论概要	杨慧林
新时期文学思潮（第二版）	张永清
文艺心理学	金元浦

新闻与传播系列

书名	作者
新闻理论教程	陈力丹　张建中
中国新闻传播史	赵云泽　孙萍
外国新闻传播史	陈力丹　钱婕
新媒体实务	黄河
广告学概论	王菲
新闻采访与写作	张征

图书在版编目(CIP)数据

财政学/安秀梅编著．—2版．—北京：中国人民大学出版社，2017.10
新编21世纪远程教育精品教材．经济与管理系列
ISBN 978-7-300-24859-2

Ⅰ．①财… Ⅱ．①安… Ⅲ．①财政学-远程教育-教材 Ⅳ．①F810

中国版本图书馆CIP数据核字（2017）第200146号

新编21世纪远程教育精品教材·经济与管理系列
财政学（第二版）
安秀梅　编著
Caizhengxue

出版发行　中国人民大学出版社
社　　址　北京中关村大街31号　　　**邮政编码**　100080
电　　话　010－62511242（总编室）　　010－62511770（质管部）
010－82501766（邮购部）　　010－62514148（门市部）
010－62515195（发行公司）　　010－62515275（盗版举报）
网　　址　http://www.crup.com.cn
http://www.ttrnet.com（人大教研网）
经　　销　新华书店
印　　刷　北京市鑫霸印务有限公司　　**版　　次**　2006年8月第1版
规　　格　185mm×260mm　16开本　　2017年10月第2版
印　　张　17　　**印　　次**　2017年10月第1次印刷
字　　数　396 000　　**定　　价**　38.00元
